Jean Drèze und Amartya Sen

INDIEN

Jean Drèze
und
Amartya Sen

INDIEN

Ein Land und seine Widersprüche

Aus dem Englischen übersetzt
von Thomas Atzert und Andreas Wirthensohn

C.H.Beck

Mit 35 Tabellen und Abbildungen sowie einer Karte

Der statistische Anhang ist im Internet zu finden unter:
www.chbeck.de/go/Dreze-Sen-Indien-statistischer-Anhang

Titel der englischen Originalausgabe:
«An Uncertain Glory. India and its Contradictions»,
erschienen bei Allen Lane, London 2013

Satz: Fotosatz Amann, Memmingen
Druck und Bindung: CPI – Ebner & Spiegel, Ulm
Umschlagentwurf: Kunst oder Reklame, München
Gedruckt auf säurefreiem, alterungsbeständigem Papier
(hergestellt aus chlorfrei gebleichtem Zellstoff)
Printed in Germany
ISBN 978 3 406 67029 9

www.beck.de

INHALT

VORWORT

Dieses Buch geht zu einem Zeitpunkt in Druck, da Gesellschaft und Politik in Indien beträchtlich in Bewegung geraten sind. In ausgiebigen Debatten werden die politischen Prioritäten des Landes erörtert, und die an der Diskussion Beteiligten sind ebenso zahlreich wie die geäußerten Standpunkte. Lebhafte und bisweilen hitzige Auseinandersetzungen entzünden sich an vielen über lange Zeit vermiedenen Themen: Es geht um Korruption, Behördenversagen, die Todesstrafe, Gewalt gegen Frauen oder Fragen demokratischer Reformen. Auch die wirtschaftlichen Erfolge und Fehlschläge Indiens sind Gegenstand leidenschaftlicher Stellungnahmen.

Eine solche Fülle kritischer Fragen und Diskussionen, gefördert durch eine dynamische Medienlandschaft und robuste demokratische Institutionen, kann eine große Stärke des Landes sein. Beeinträchtigt wird sie allerdings durch eine gewisse Einseitigkeit in der öffentlichen Debatte, insofern als vornehmlich Leben und Belange relativ privilegierter Menschen in den Blick genommen sind, der oberen Zehntausend, und auch derer, die nicht ganz oben stehen, aber im Vergleich zur Mehrheit der indischen Bevölkerung zweifellos privilegiert sind, sei es durch Wohlstand, Ausbildung, den Zugang zu medizinischer Versorgung, kulturelle Ressourcen oder ihre gesellschaftliche Stellung. Fragen hingegen, die das Leben – sogar das Überleben – von grundsätzlich benachteiligten Menschen berühren, wird bemerkenswert wenig Aufmerksamkeit geschenkt.

Als eine sehr positive Entwicklung kann gelten, dass Gewalt gegen Frauen in Indien endlich zu einem großen politischen Thema geworden ist; den Ausgangspunkt markiert die öffentliche Entrüstung nach einem entsetzlichen Fall von Gruppenvergewaltigung im Dezember 2012. Die dadurch ausgelöste Debatte lenkte die Aufmerksamkeit auf zahlreiche Aspekte der Diskriminierung aufgrund des Geschlechts (nicht zuletzt auch auf die gleichgültige Art, mit der die Polizei gewöhnlich reagiert, wenn Fälle sexueller Gewalt angezeigt werden), eine Art der Diskriminierung, die lange Zeit übersehen wurde. Die lange überfälligen und ganz zu Recht lautstark artikulierten Proteste entzündeten sich allerdings nicht von ungefähr an einem Geschehnis, bei dem das Opfer eine Medizinstudentin war, mit der sich die indische Mittelschicht problemlos identifizieren konnte. Ähnliche Fälle brutaler Übergriffe ereignen sich im Leben wirtschaftlich und gesellschaftlich unterdrückter Dalit-Frauen seit Jahren, ohne dass dies in den tonangebenden Medien viel Beachtung erfahren oder nennenswerte öffentliche Entrüstung ausgelöst hätte.

Als ein anderes Beispiel (auf das wir später noch ausführlicher zurückkommen werden) ließe sich der gigantische Stromausfall am 30. und 31. Juli 2012 anführen, durch den das halbe Land plötzlich ohne Elektrizität war; 600 Millionen Menschen waren davon betroffen. Zu Recht empörte man sich landesweit über die Ineffizienz der Behörden. Der Mangel an Kompetenz und Verantwortlichkeit war zweifellos enorm, und Indien ist gefordert zu fragen, wie die zutage getretenen Probleme schnellstmöglich angegangen und abgestellt werden können. In der anschließenden Debatte wurde indes der Umstand kaum einmal angesprochen, dass 200 Millionen der vom Stromausfall betroffenen 600 Millionen Menschen keinerlei Wohlstand genießen und immer schon auf Elektrizität verzichten mussten, da sie nicht einmal über einen Stromanschluss verfügen, auch nie verfügt haben.

Fragen der wirtschaftlichen Entwicklung in Indien lassen sich nur im weiteren Zusammenhang von Demokratie und sozialer Gerechtigkeit betrachten. Legt man das Wachstum des Bruttoinlandsprodukts (BIP) zugrunde, ist der indischen Wirtschaft in den vergangenen zwanzig Jahren ein durchaus erfolgreiches Abschneiden zu bescheinigen – rund sechs Prozent betrug die Wachstumsrate in den neunziger Jahren, und im ersten Jahrzehnt des 21. Jahrhunderts stieg sie auf mehr als sieben Prozent. Indien belegte in den vergangenen beiden Dekaden Platz zwei der am schnellsten wachsenden großen Volkswirtschaften, überflügelt einzig von China. Für eine durch niedrige Einkommen geprägte Ökonomie, die in Jahrhunderten kolonialer Herrschaft immer tiefer im Sumpf der Stagnation versunken war und die auch in den Jahrzehnten nach der staatlichen Unabhängigkeit nur langsam Fortschritte verzeichnete, ist dies zweifellos ein beachtlicher Erfolg. Zwar ist es dringend geboten (wie wir noch erörtern werden), die mit dem raschen Wachstum einhergehenden Umweltschäden in Rechnung zu stellen, doch angesichts der hohen wirtschaftlichen Dynamik Indiens erscheint es möglich, einen stärker verantwortungsorientierten umweltpolitischen Kurs mit vernünftigen Wachstumsraten zu vereinbaren.

Freilich ist der Erfolg hohen Wachstums – und selbst eines *nachhaltigen* hohen Wachstums – letztlich danach zu beurteilen, wie sich ein solches Wirtschaftswachstum auf Leben und Freiheit der Menschen auswirkt. Die Zeit raschen Wachstums kam manchen Menschen, insbesondere aus den privilegierten Schichten, durchaus zugute, während viele andere unnötigerweise weiterhin ein entbehrungsreiches und gefährdetes Leben führten. Nicht dass die Lebensverhältnisse sich überhaupt nicht verbessert hätten, doch für die Masse der Bevölkerung kam der Fortschritt nur im Schneckentempo, und für andere war ein Wandel kaum spürbar. Während Indien im Hinblick auf wirtschaftliche Wachstumsraten zusehends eine Spitzenstellung eroberte, geriet es verglichen mit anderen Ländern ins Hintertreffen, sobald soziale Indikatoren für den Lebensstandard zugrunde gelegt wurden. Konnte das Land beispielsweise beim Durchschnittseinkommen den Abstand zu Bangladesch vergrößern (das indische Pro-Kopf-Einkommen ist heute rund doppelt so hoch wie das im Nachbarland), schneidet Letzteres bei vielen weiteren der üblichen, nicht einkommensbezogenen Lebensstandard-Indikatoren besser ab und behauptet sogar einen beachtlichen Vorsprung – so wie Indien zwei Jahrzehnte zuvor Bangladesch nach den gleichen Maßstäben weit hinter sich gelassen hatte. Die Geschichte der globalen Entwicklung bietet, wenn überhaupt, wenige andere Beispiele einer Volkswirtschaft, deren rasches Wachstum über einen so langen Zeitraum in nur solch geringem Maße auch die menschliche Not linderte.

Ein großer Teil des gegenwärtig in indischen Medien geäußerten Missmuts geht auf das Abrutschen der indischen BIP-Wachstumsrate zurück. Die Tatsache, dass Indiens hohes Wachstum rückläufig ist, verdient sicherlich angemessene Beachtung, obschon im gleichen Zeitraum rund um den Globus eine Abschwächung zu verzeichnen war (nicht zuletzt in China, aber auch in Brasilien, Südkorea und anderen Ländern) und Indien mit einem aktuellen Wachstum von fünf bis sechs Prozent jährlich weiterhin einen Platz unter den weltweit am schnellsten wachsenden Volkswirtschaften behauptet. Aufmerksamkeit verdient das Thema aber dennoch, da Wirtschaftswachstum zweifellos dazu beitragen kann, den Lebensstandard der Bevölkerung zu verbessern (insofern nicht nur das Pro-Kopf-Einkommen steigt, sondern Wachstum auch öffentliche Einnahmen schafft, die dazu verwendet werden könnten, die Menschen in ihrem gesellschaftlichen Vorankommen zu fördern), und eine eingehendere Analyse des Zusammenhangs zwischen Wirtschaftswachstum und sozialem Fortschritt in Indien längst überfällig ist. Bemerkenswert ist auch das Medieninteresse an Wachstumsraten, aber vor allem das nahezu völlige Schweigen angesichts der Tatsache, dass das Wachstum so einseitig wirkt und im Land mehr und mehr eine Situation entstehen lässt, in der aus einem Ozean von Lebensverhältnissen wie in Afrika südlich der Sahara einzelne Inseln kalifornischer Zustände herausragen.

In früheren Arbeiten haben wir dafür plädiert, Entwicklung dadurch angezeigt zu sehen, wie sie die grundlegenden Freiheiten der Menschen und die menschlichen Verwirklichungschancen erweitert. Diese Sichtweise unterstreicht die Bedeutung, die der Wechselbeziehung zwischen Wirtschaftswachstum und der Entfaltung menschlicher Verwirklichungschancen zukommt, und verweist darüber hinaus darauf, nicht zu vergessen, dass die Erweiterung menschlicher Freiheit und Verwirklichungschancen der Zweck ist, dem (neben anderen Faktoren) das Wachstum des BIP als ein wichtiges Mittel dient. Wachstum schafft Ressourcen, die es ermöglichen, öffentliche oder private Anstrengungen systematisch zu mobilisieren, um Einrichtungen in den Bereichen der Bildung, der Gesundheitsversorgung, der Ernährung oder des Sozialen ebenso wie andere unverzichtbare Grundlagen eines in einem umfassenden Sinn freieren menschlichen Lebens für alle auszubauen. Und umgekehrt macht die Erweiterung menschlicher Verwirklichungschancen wiederum Ressourcen und Produktion fruchtbarer, wovon Wirtschaftswachstum letztlich abhängt.

Die genannte Wechselbeziehung ist ein wesentliches Merkmal des sogenannten asiatischen Modells wirtschaftlicher Entwicklung. Dessen Anfänge liegen in Japan unmittelbar im Anschluss an die Meiji-Restauration und erfuhren eine schrittweise Fortsetzung in Südkorea, Taiwan, Thailand und anderen Ländern, bis schließlich China bei der Steigerung des Wirtschaftswachstums wie auch der Erweiterung menschlicher Verwirklichungschancen weltweit an die erste Stelle rückte. Wer davon träumt, Indien werde zur wirtschaftlichen Supermacht, ungeachtet der gewaltigen Zahl unterernährter Kinder, des Fehlens eines ausreichenden Gesundheitssystems, eines extrem defizitären Schulwesens und des Umstands, dass nur jedes zweite Haus über eine Toilette verfügt (was die Hälfte aller Inder zum öffentlichen Defäkieren zwingt), muss nicht nur das eigene Verständnis der Beziehung zwischen Wachstum und Entwicklung neu und kritisch überdenken, sondern darüber hinaus die Erfordernisse sozialer Gerechtigkeit und ihre grundlegende Verbindung mit der Erweiterung menschlicher Freiheiten anerkennen.

Dieses Buch möchte vor allem das Verständnis dieser Wechselbeziehungen vertiefen, von denen die Entwicklung von Lebensstandard und Wohlergehen sowie letztlich auch das wirtschaftliche Wachstum abhängen. Unsere Studie ist zum einen durch diesen empirischen Zusammenhang angeregt, zum anderen war dessen Bedeutung für Fragen sozialer Gerechtigkeit in Indien das wesentliche Motiv. Natürlich erfordert ein Indien mit weniger Not und Ungerechtigkeit sehr viel mehr als nur Wirtschaftswachstum. Wir werden die verschiedenen «sozialen Zusammenhänge» ebenso genau betrachten wie die wirtschaftlichen im engeren Sinn. So deuten beispielsweise verschiedene Anhaltspunkte darauf hin, dass sich die rasche Verbesserung des Lebensstandards in Bangladesch zu einem erheblichen Teil der Handlungsmacht von Frauen verdankt; von Bedeutung war dabei insbesondere, dass Mädchen mehr Zugang zu Bildung hatten und Frauen weithin – und in deutlich höherem Maße als in Indien – beim Ausbau des Grundschulwesens und in der Gesundheitsversorgung, bei Familienplanung sowie anderen öffentlichen Aufgaben einbezogen und auch auf dem gewerblichen Arbeitsmarkt stärker vertreten waren. Ähnliche Lehren lassen sich aus den Erfahrungen anderer Länder und nicht zuletzt bestimmter Regionen Indiens ziehen. Angesichts der Formen und des Ausmaßes der in Indien anzutreffenden geschlechtsbedingten Ungleichheiten erscheint es dringend notwendig, nicht allein die Frage zu stellen, was für indische Frauen getan werden kann (so wichtig das ist), sondern sich gleichermaßen darauf zu konzentrieren, was Frauen für Indien tun können – und so dazu beitragen, es zu einem ganz anderen Land zu machen.

Eine gut funktionierende öffentliche Infrastruktur, insbesondere (aber nicht nur) in den Bereichen Bildung und Gesundheit, ist für die Förderung partizipatorischen Wachstums entscheidend und hilft zugleich sicherzustellen, dass Wachstum die Lebensverhältnisse der Bevölkerung rasch verbessert. Verschiedene indische Bundesstaaten wie Kerala, Himachal Pradesh oder Tamil Nadu haben in dieser Hinsicht bereits recht gute Arbeit geleistet und ernten, was sie gesät haben; zudem gab es in jüngster Vergangenheit auch in manchen anderen Bundesstaaten positive Handlungsansätze. Dessen ungeachtet ist der allgemeine Zustand des öffentlichen Sektors in Indien weiterhin unsäglich schlecht, und insbesondere das Gesundheits- und Bildungssystem des Landes befinden sich in einer schweren Schieflage. Privilegierte Schichten weichen auf private Angebote aus, wie teuer diese auch tendenziell sind, die übrige Bevölkerung aber entbehrt wesentliche Möglichkeiten, die allen von Rechts wegen zu Gebote stehen sollten. Das in hohem Maße privatisierte und zergliederte Gesundheits- und Bildungssystem Indiens (das verschiedenen gesellschaftlichen Gruppen ganz unterschiedliche Chancen bietet) mindert nicht nur die Perspektiven partizipatorischen Wachstums und einer Entwicklung auf breiter Grundlage, sondern perpetuiert zudem soziale Ungleichheiten, statt sie abzubauen, ganz im Gegensatz zu dem, wie Bildungs- und Gesundheitssysteme sowie andere Formen öffentlicher Infrastruktur weltweit für gewöhnlich wirken. Über das Gesundheits- und Bildungswesen hinaus sieht sich Indien großen Problemen gegenüber, was Verantwortung im öffentlichen Sektor insgesamt anbelangt. Die Zukunft des Landes hängt in erheblichem Maße von einer tatsächlichen demokratischen Auseinandersetzung mit diesen folgenschweren Problemen ab.

Ein übergreifendes Thema dieses Buchs ist die Notwendigkeit, das Leben, die Bedürfnisse, Rechte und Forderungen unterprivilegierter Menschen stärker in den Fokus der öffentlichen Debatte, politischer Entscheidungen und demokratischer Politik überhaupt zu rücken. Das Ausmaß und die Formen der in Indien anzutreffenden sozialen Ungleichheit stellen eine ernsthafte Gefahr für die indische Demokratie dar, vor allem insofern Demokratie sich nicht auf Wahlen und bürgerliche Freiheiten beschränkt, sondern auch für eine gerechte Machtaufteilung steht. Während manche Aspekte gesellschaftlicher Unterschiede in Indien in jüngster Vergangenheit an Bedeutung verloren haben, entwickelten sich neue Ungleichgewichte, darunter nicht zuletzt steigende wirtschaftliche Ungleichheiten und eine zunehmende Macht von Konzernen. Doch dessen ungeachtet wäre es ein Fehler zu glauben, die Interessen privilegierter Gruppen seien unüberwindlich und setzten sich zwangsläufig gegen jeglichen Versuch durch, Macht gerechter aufzuteilen.

Tatsächlich bietet die indische Demokratie selbst in ihrem unvollkommenen Zustand demokratischen Bewegungen erhebliche Entfaltungschancen, um der Konzentration der Macht zu widerstehen und die

Interessen der Benachteiligten wahrzunehmen. Wir werden Mittel und Wege erörtern, den Einfluss der öffentlichen Auseinandersetzung (durch Diskussion und Agitation) auszuweiten und die Bedürfnisse der Unterprivilegierten zu thematisieren. Dieses Buch ist daher bedingt optimistisch, auch wenn die Untersuchung der bisherigen Versäumnisse Indiens notwendigerweise integraler Bestandteil eines zukunftsorientierten Ansatzes ist.

Das empirische Material, auf das wir uns in diesem Buch stützen und das im Kontext der jeweiligen Kapitel zitiert wird, findet sich auf der Verlagswebseite unter *www.chbeck.de/go/Dreze-Sen-Indien-statistischer-Anhang*. Dort sind recht detaillierte Informationen zur Entwicklung Indiens und der wichtigsten indischen Bundesstaaten zusammengestellt.

Unser Dank gilt Sabina Alkire, Arudra Burra, Aashish Gupta, Reetika Khera und Emma Rothschild für ihre genauen und hilfreichen Kommentare zu früheren Entwürfen. Für das Buch von großem Nutzen waren darüber hinaus die wertvollen Hinweise, Kommentare und Vorschläge von Ankita Aggarwal, Isher Ahluwalia, Montek Singh Ahluwalia, Manzoor Ahmed, Sudhir Anand, P. Arokiasamy, Izete Pengo Bagolin, Pulapre Balakrishnan, J. Balasubramaniam, Nirmala Banerjee, Pranab Bardhan, Francesca Bastagli, Kaushik Basu, Akansha Batra, Bela Bhatia, Robert Cassen, Ha-Joon Chang, Lincoln Chen, Deepta Chopra, Mushtaque R. Chowdhury, Diane Coffey, Flavio Comim, Gurcharan Das, Monica Das Gupta, Gaurav Datt, Harishwar Dayal, Anuradha De, Arjan de Haan, Angus Deaton, Meghnad Desai, Sonalde Desai, Swati Dhingra, Albina du Boisrouvray, Jesus Felipe, Francisco Ferreira, Pedro H. G. Ferreira de Souza, Raghav Gaiha, Subhash Gatade, Haris Gazdar, Jayati Ghosh, Kaveri Gill, Srinivas Goli, M. Govinda Rao, Ramachandra Guha, Paranjoy Guha Thakurta, Stephen Howes, Arjimand Hussain, Clément Imbert, Rownaq Jahan, Anurodh Lalit Jain, Devaki Jain, Monica Jain, Raji Jayaraman, Ravi Kanbur, Sowmya Kidambi, Geeta Gandhi Kingdon, Stephan Klasen, Atul Kohli, Ashish Kothari, Ashok Kotwal, Gabrielle Kruks-Wisner, Sanjay Kumar, Utsav Kumar, Robert LeVine, Ian MacAuslan, Guru Prasad Madan, Ajay Mahal, Simeen Mahmud, Wahiduddin Mahmud, Manabi Majumdar, Harsh Mander, Silvia Mangatter, Karthik Muralidharan, Rinku Murgai, Karuna Muthiah, Poonam Muttreja, Deepa Narayan, Sudha Narayanan, Christian Oldiges, S.R. Osmani, Felix Padel, Brijesh Pandey, John Papp, Lant Pritchett, Vinod Raina, Jairam Ramesh, Anita Rampal, Kumar

Rana, Bhaskara Rao, Martin Ravallion, Rammanohar Reddy, Vivek S., Meera Samson, K. M. Sathyanarayana, Gita Sen, Mitu Sengupta, A. K. Shiva Kumar, Rukmini Shrinivasan, Abhay Shukla, Ben Siegel, A. K. Singh, Prerna Singh, Shekhar Singh, Amarjeet Sinha, Dipa Sinha, F. V. Soares, Rehman Sobhan, Dean Spears, Nicholas Stern, Aya Taketomi, Vito Tanzi, Dennis Tao Yang, Alessandro Tarozzi, Yoshifumi Usami, Fabio Veras, Vinod Vyasulu, Michael Walton, Yanyan Xiong und Yogendra Yadav.

Von großem Wert für uns waren die zahlreichen redaktionellen Anmerkungen von Stuart Proffitt bei Penguin Books, dessen Rat dem Gang unserer Argumentation und der Präsentation des Materials überaus zugutekam. Danken möchten wir auch Richard Mason für sein sorgfältiges Lektorat unseres recht sperrigen Manuskripts.

Das Department of Economics der Universität Allahabad und das Centre for History and Economics am Magdalene College in Cambridge boten uns beste Voraussetzungen für unsere Arbeit. Die Forschungsmöglichkeiten und die administrativen Strukturen, die das Centre for History and Economics in Cambridge zur Verfügung stellte, wurden durch großzügige Fördermittel der Ford Foundation ergänzt. Unser besonderer Dank für ihre hervorragende Mitarbeit gebührt ferner Aashish Gupta und Aditya Balasubramanian, unterstützt von Meghna Brahmachari, Kirsty Walker und Neesha Harman. In der Verwaltung des Centre standen uns Inga Huld Markan und Mary-Rose Cheadle äußerst hilfreich zur Seite. Ihnen allen schulden wir Dank.

Teile dieses Buchs gehen schließlich auf gemeinsame Arbeiten mit dem Pratichi Trust Forschungsteam unter der Leitung von Manabi Majumdar und Kumar Rana zurück, von denen wir viel gelernt haben.

Jean Drèze und Amartya Sen

Santiniketan, den 15. Februar 2013

1. EIN NEUES INDIEN?

«O, wie erinnert doch der Liebe Frühling / An des Apriltags unbeständigen Glanz», stellt Proteus in *Zwei Herren aus Verona* fest.[1] Die nicht unerheblichen jüngsten Erfolge des modernen, demokratischen Indien ernteten in den vergangenen mehr als zehn Jahren weltweit Anerkennung. Die Bilanz des Landes, seine Rolle als ein Pionier demokratischen Regierungshandelns in der nichtwestlichen Welt werden als Leistung allgemein gewürdigt, ebenso das grundlegende Faktum, sich als säkularer Staat behauptet zu haben, trotz der Herausforderung, die eine multireligiöse Bevölkerung mit sich bringt, und vor dem Hintergrund der überaus problematischen und durch Gewalt geprägten Geschichte gegen Ende der britischen Herrschaft auf dem Subkontinent. Zu den Erfolgen gehört nicht zuletzt das kräftige Wirtschaftswachstum der vergangenen Dekade, das Indien im weltweiten Vergleich auf Platz zwei der am schnellsten expandierenden großen Volkswirtschaften brachte.

Und doch erscheint, ungeachtet der großen Erfolge, der vielzitierte Glanz vom heutigen Indien zutiefst unbeständig, freilich nicht, weil den makellosen Sonnentag aufziehende Schauer zu beenden drohten, wie es der Veroneser Proteus befürchtete. Die Unbeständigkeit ergibt sich vielmehr daraus, dass neben Sonnenschein dunkle Wolken und ergiebige Platzregen längst zum Bild gehören. Es steht deshalb dringend an, Erfolge und Misserfolge, die Indien heute auszeichnen, gleichermaßen in den Blick zu nehmen. Inwieweit sind die überkommenen Schwierigkeiten Indiens behoben? Was bleibt zu tun? Und gibt es neue Probleme, denen das Land sich stellen muss?

Historisch betrachtet sind die Erfolge zweifellos enorm, insbesondere im Vergleich zu 1947, als das Land die Unabhängigkeit erlangte. Indien trat damals aus der auf ihm lastenden Kolonialherrschaft heraus, an der die Machthaber des Britischen Empire unerschütterlich festgehalten hatten; eine Übertragung tatsächlicher Verantwortung hatte vor dem endgültigen Abzug der Briten kaum stattgefunden, und man konnte zu jener Zeit durchaus Zweifel an Indiens Fähigkeiten hegen, funktionierende demokratische Verhältnisse zu etablieren. Eine zweite Herausforderung bestand darin, die Gefahr des Versinkens im Chaos, eskalierender Konflikte oder gar des gewalttätigen Auseinanderbrechens des Landes abzuwenden. In Indien existiert eine lange, Jahrtausende währende Geschichte kultureller Affinitäten, und der Unabhängigkeitskampf trug dazu bei, eine ausgeprägte Einheit der Nation zu schaffen. Und dennoch lieferten die – sprachlichen, religiösen, ethnischen – Unterschiede und Trennungslinien innerhalb des Landes Skeptikern gute Gründe zu befürchten, das Staatswesen werde angesichts des Fehlens einer autoritären Herrschaft zerfallen. Insbesondere die unmittelbar vor der Unabhängigkeit erfolgte chaotische Aufteilung des kolonialen Indien in die beiden Staaten Indien und Pakistan nährte die berechtigte Sorge, es könnte zu weiteren gewaltsamen Abspaltungen kommen.

All diese Bedenken indes erschienen in gewisser Weise als Nebensache und wurden überschattet durch die Armut des Landes, die eine allgemein bekannte Tatsache war – so bekannt, dass Eltern in Europa und Nordamerika ihre Kinder ermahnten, an «die hungernden Inder» zu denken, wenn sie den Teller leer essen sollten. Tatsächlich kam es 1943, gerade einmal vier Jahre vor dem Ende der Kolonialherrschaft, in Indien zu einer gewaltigen Hungersnot, bei der zwischen zwei und drei Millionen Menschen starben.

Indien war keineswegs immer schon der Inbegriff von Armut und Hunger, im Gegenteil. Wir werden uns im folgenden Kapitel der Frage zuwenden, wie das Land so arm wurde. Außer Zweifel steht allerdings, dass die Wirtschaft Britisch-Indiens auffallend stagnierte und ein großer Teil der indischen Bevölkerung kurz vor der Unabhängigkeit unter erschreckenden Bedingungen lebte, und das nicht nur in den Jahren der Hungersnot.[2]

Erfolge und Chancen

Trotz der wenig aussichtsreichen Anfänge konnte das gerade unabhängig gewordene Indien schon bald eine Reihe wichtiger politischer und wirtschaftlicher Erfolge verzeichnen. Die mutige Entscheidung, nach Jahrhunderten der Kolonialherrschaft mit Entschiedenheit unmittelbar den Schritt in eine demokratische staatliche Zukunft zu wagen, erwies sich als vernünftig und tragfähig. Freilich ist in Indien, wie in anderen demokratischen Ländern weltweit auch, Demokratie im vollen

Wortsinn – als Regierung des Volkes, durch das Volk und für das Volk – keineswegs umfassend verwirklicht; weiterhin weist die indische Demokratie Defizite auf, die es zu beheben gilt.[3] Dessen ungeachtet genießt Indien heute, nach mehr als sechzig Jahren eines großteils erfolgreichen demokratischen Wegs, großes Ansehen als eine der führenden Demokratien. Im Unterschied zu vielen anderen jungen unabhängigen Staaten weltweit – nicht zuletzt finden sich in Südasien Beispiele – übernahm das Militär niemals die Regierungsgeschäfte. Indien demonstrierte darüber hinaus recht eindrucksvoll, wie Demokratie ungeachtet einer Vielzahl von Sprachen, Religionen und Ethnien gedeihen kann. In begrenztem Umfang, auch das ist festzuhalten, kommt es vor, dass demokratische Normen nicht beachtet werden, beispielsweise wenn die Zentralregierung militärische Mittel einsetzt, um Unruhen in Randgebieten zu unterdrücken, und zweifellos muss sich da etwas ändern, nicht nur in der Peripherie (wir werden darauf zurückkommen). Doch alles in allem gibt es gute Gründe, den deutlichen Erfolg einer säkularen Demokratie in Indien als eine wichtige Errungenschaft anzusehen. Nicht zuletzt bietet der im Großen und Ganzen relativ gesunde Zustand der demokratischen Institutionen im Land beträchtliche Chancen, für die verbleibenden Probleme vernünftige Lösungen zu finden und darüber hinaus die Reichweite und Verankerung demokratischer Praxis weiterzuentwickeln.

Was die Ökonomie anbelangt, bedeutete das volkswirtschaftliche Wachstum Indiens, obgleich es nach Erlangung der Unabhängigkeit mit rund 3,5 Prozent jährlich mehrere Jahrzehnte lang eher verhalten ausfiel, insgesamt einen immens großen Schritt nach vorn, vor allem angesichts des annähernden Nullwachstums (und bisweilen sogar Schrumpfens), das in der Kolonialzeit die Regel war. Die lang anhaltende wirtschaftliche Stagnation endete unmittelbar mit dem Schritt in die Unabhängigkeit. Vom Nullwachstum wegzukommen, ist indes bestenfalls ausreichend, und so bot die Frage, welche tatsächlichen oder auch eingebildeten Kräfte Indien nach Erlangung seiner Unabhängigkeit jahrzehntelang bremsten, Stoff für zahlreiche Debatten. Glücklicherweise haben sich die Dinge auch in dieser Hinsicht in den vergangenen Jahrzehnten geändert, und Indien war in der Lage, sich als eine der am schnellsten wachsenden Volkswirtschaften weltweit zu etablieren. Tabelle 1.1 zeigt das Wachstum des Bruttoinlandsprodukts (BIP) von der Kolonialzeit bis in die Gegenwart im Überblick.

Tab. 1.1: Wachstumsraten des indischen BIP in konstanten Preisen (Prozent pro Jahr)

	BIP	BIP pro Kopf
Kolonialzeit		
1900/01 bis 1946/47	0,9	0,1
Erste Jahrzehnte nach Erlangung der Unabhängigkeit		
1950/51 bis 1960/61	3,7	1,8
1960/61 bis 1970/71	3,4	1,2
1970/71 bis 1980/81	3,4	1,2
Jüngere Zeit		
1980/81 bis 1990/91	5,2	3,0
1990/91 bis 2000/01	5,9	4,0
2000/01 bis 2010/11	7,6	6,0

Quellen: Siva Sivasubramonian, *The National Income of India in the Twentieth Century*, New Delhi: Oxford University Press, 2000; Government of India, *Economic Survey 2011–12*, New Delhi: Ministry of Finance, 2012. (Weitere Details finden sich in Kapitel 2, Tabelle 2.1.)

In allerjüngster Zeit hat sich das Wachstum der indischen Wirtschaft ein wenig abgeschwächt – zum Teil infolge der weltweiten Rezession. (Ein ähnliches Nachlassen des Wachstums ist in China zu beobachten, wenngleich ausgehend von einem insgesamt höheren Niveau.) Indien ist weiterhin, auch mit einem schwächeren Wachstum von knapp unter sechs Prozent jährlich, eine der am schnellsten wachsenden Volkswirtschaften weltweit. Dies festzustellen dient zunächst einmal dazu, den Sinn für die Realität zu wahren, auch wenn es darüber nachzudenken gilt, welche politischen Veränderungen das indische Wachstum wieder stärker ankurbeln könnten. Das Wachstumspotenzial des Landes ist unverändert hoch und robust; es bleibt eine wesentliche Quelle für Indiens Stärke – insbesondere wenn die Früchte des Wachstums klug eingesetzt werden, um die Lebensverhältnisse der Menschen zu verbessern und ihre Freiheit und Verwirklichungschancen zu entwickeln (ein Grundthema dieses Buches). Ausführlicher werden wir uns der Erfolgsgeschichte des indischen Wachstums im folgenden Kapitel widmen.

Nach zweihundert Jahren Kolonialherrschaft, die mit fast vollständiger wirtschaftlicher Stagnation einhergegangen waren, rüstete sich die indische Volkswirtschaft, die notorisch quälende Armut zu bekämpfen. Das gleichzeitige Durchsetzen und Konsolidieren demokratischer Verhältnisse in einem der ärmsten Länder der Welt machen Indiens Erfolge umso bemerkenswerter. Zudem etablierte sich das Land als ein Zentrum der Innovation auf einigen bedeutenden Feldern der Weltwirtschaft, so nicht nur im Bereich der Informationstechnologie und benachbarter Branchen, sondern auch – nicht weniger bemerkenswert – als einer der großen Anbieter von billigen und zugleich zuverlässigen Medikamenten für die Armen der Welt. Wie ein Leitartikel der *New York Times* im April 2013 formulierte, ist «Indien der weltgrößte Anbieter von Generika», und in der indischen Pharmaindustrie getroffene strategische Weichenstellungen «berühren potenziell Milliarden von Menschen weltweit».[4]

Den wirtschaftlichen Fortschritt begleitete ein bedeutender gesellschaftlicher Wandel. Die Lebenserwartung liegt heute in Indien mit rund 66 Jahren mehr als doppelt so hoch wie 1951, als sie 32 Jahre betrug; die Säuglingssterblichkeit sank im gleichen Zeitraum auf rund ein Viertel des damaligen Werts (44 Sterbefälle je tausend Lebendgeburten heute gegenüber rund 180 im Jahr 1951); die Alphabetisierungsrate von Frauen stieg von neun auf heute 65 Prozent. Tatsächlich lassen sich bedeutende Verbesserungen für zahlreiche Sozialindikatoren belegen, die zu der Zeit, als Indien seine Unabhängigkeit erlangte, noch miserable Werte offenbarten (siehe hierzu Tabelle 1.2).[5] All dies steht im Gegensatz zu den düsteren Prognosen, die in den fünfziger und sechziger Jahren Indiens Zukunft vor allem durch Hunger und Elend bestimmt sahen. Ein wichtiger politischer Erfolg ist, dass im politischen Leben der Demokratie auch Menschen aus zurückgesetzten Bevölkerungsgruppen, Frauen, Minderheiten, benachteiligte Kasten, allmählich führende Rollen einnehmen. Wie wir noch erörtern werden, gibt es weiterhin enorme Ungleichheiten, und viele Formen von Ausschluss bestehen unvermindert fort, doch wenn es selbst im hierarchisierten Bereich der Politik zu bedeutsamen Veränderungen kam, ist das zweifellos ein Grund, daran zu glauben, dass mehr – viel mehr – möglich sein sollte. Bhimrao Ramji Ambedkar, der Fürsprecher der gesellschaftlich und wirtschaftlich Benachteiligten, der sich nicht scheute, die Führer der indischen Nationalbewegung wegen ihres mangelnden Engagements für «wirtschaftliche und soziale Demokratie» zu kritisieren, erklärte, statt aufzugeben bestehe Grund, auf die Kraft des «Erziehens, Agitierens, Organisierens» zu setzen.[6] Da die Strukturen der politischen Demokratie Indiens für ein derartiges Engagement reichlich Raum bieten, ist sein Ausbleiben oder nur zögerliches Einsetzen nicht dem System anzulasten.

Im Hinblick auf die Demokratie ist auch die Entwicklung einer viel-

Tab. 1.2: Indien einst und jetzt

	1951	2011
Population (Millionen)	361	1,210
Bruttoinlandsprodukt (BIP) zu konstanten Preisen (1951 = 100)	100	1,766
Pro-Kopf-Nettoinlandsprodukt zu konstanten Preisen (1950/51 = 100)	100	511
Geschätzte Lebenserwartung bei der Geburt (in Jahren)	32	66
Geschätzte Säuglingssterblichkeit (je 1000 Lebendgeburten)	≈ 180	44
Zusammengefasste Fruchtbarkeitsziffer (Kinder je Frau)	5,9	2,4
Alphabetisierungsquote[a] (in Prozent)		
bei Frauen	9	65
bei Männern	27	82
Geschätzter Bevölkerungsanteil unter der Armutsgrenze[b] (in Prozent)		
auf dem Land	47	22[c]
in Städten	35	20[c]
Anteil der Privathaushalte (in Prozent) im Besitz von		
Fahrrad	≈ 0,4	46[d]
Radio	≈ 0,9	27[d]
Nähmaschine	≈ 0,1	19[d]

[a] 1951: im Alter von 5 Jahren und älter; 2011: im Alter von 7 Jahren und älter.
[b] Auf der Grundlage der vor dem Armutsbericht des Tendulkar Committee geltenden Armutsgrenze (pro Person und Monat 49 Rupien in ländlichen, 57 Rupien in städtischen Gebieten).
[c] 2004/5.
[d] 2007/8.

Quellen: Die Schätzung der Fruchtbarkeitsziffer für 1951 (genauer: 1950/51) stammt aus: United Nations Population Division, *World Population Prospects: The 2010 Revision*, CD-ROM-Edition, New York: United Nations 2011. Die Angaben über die Privathaushalte stammen aus: International Institute for Population Sciences, *District Level Household and Facility Survey (*DLHS-*3), 2007–8: India*, Mubai: IIPS 2010, Tabelle 2.8; die Zahlen für 1951 sind aus Census-Daten extrapoliert, vgl. A. Vaidyanathan, «The Indian Economy since Independence (1947–70)», in: Dharma Kumar/Meghnad Desai (Hg.), *The Cambridge Economic History of India*, Bd. 2: c. 1757–c. 1970, Cambridge: Cambridge University Press 1983, Tabelle 13.3.

fältigen freien Medienlandschaft, wie sie sich seit der Unabhängigkeit herausgebildet hat, ein Grund zur Freude. Im Verlauf unseres Buches werden wir noch darauf zu sprechen kommen, dass es bei den indischen Medien dennoch immense Unzulänglichkeiten gibt, doch sind sie weder das Ergebnis regierungsamtlicher Zensur noch fehlen ausreichend große journalistische Netzwerke. Indien kann stolz sein auf die gewaltige Auflagenhöhe seiner Zeitungen (die weltweite Spitze ist) sowie die unüberschaubare Zahl von Radio- und Fernsehstationen, die unter anderem viele Perspektiven auf die aktuelle Politik (häufig rund um die Uhr) bieten. Zweifellos wurden auf diesem Gebiet demokratische Chancen erfolgreich ergriffen. Gleichzeitig stärkte dies das Funktionieren auch anderer demokratischer Institutionen, nicht zuletzt freie Wahlen und das Mehrparteiensystem.

Wenn wir vom Versagen der Medien sprechen, geht es vor allem darum, dass es kein ernsthaftes Bemühen gibt festzustellen, welche tatsächlichen Ungerechtigkeiten und Unzulänglichkeiten das wirtschaftliche und gesellschaftliche Leben aufweist. Häufig fehlt es (mit einigen löblichen Ausnahmen) an wirklichem Qualitätsjournalismus, der die mediale Aufmerksamkeit für die Einschränkungen und Entbehrungen im Leben vieler, wenn nicht der meisten Menschen im Land erhöhen würde. Stattdessen präsentieren die Medien glitzernde Bilder von Privilegierten und Erfolgreichen. Die Notwendigkeit politischen und sozialen Wandels werden wir noch erörtern (insbesondere in den Kapiteln 7 bis 9). Die indischen Medien könnten, würden sie ihre Berichterstattung und Analysen um neue Inhalte erweitern, zu einem wichtigen Aktivposten im Streben nach Gerechtigkeit, Gleichheit und Effizienz im demokratischen Indien werden.

Unerledigte Aufgaben

Indiens Erfolge sind nicht von der Hand zu weisen. Doch ist das die ganze Geschichte? Das gefällige Bild eines Landes, das im Eiltempo voranschreitet und dabei Entwicklung mit Gerechtigkeit verbindet, wäre alles andere als zutreffend und schon gar nicht ausgewogen. Im Gegenteil, es gibt viele kapitale Unzulänglichkeiten und Pannen, manche davon sind gewaltig, auch wenn privilegierte Gruppen, insbesondere aber die Medien in ihren Jubelgesängen, dazu neigen, über sie hinwegzusehen. Doch haben wir uns einzugestehen, dass es die Gesellschaft letztlich teuer zu stehen kommt, in der öffentlichen Debatte die Schwierigkeiten zu übergehen oder herunterzuspielen; ein demokratischer Umgang mit Defiziten setzt ganz wesentlich voraus, ernste Probleme, die einer Lösung harren, öffentlich anzuerkennen und umfassend zu erörtern.

Angesichts des in jüngster Zeit zu verzeichnenden und zu Recht vielgelobten rasanten Wirtschaftswachstums in Indien ist es extrem wichtig darauf hinzuweisen, dass die gesellschaftliche Reichweite des ökonomischen Vorankommens bemerkenswert beschränkt blieb. So vergrößerten sich in den vergangenen Jahren die Ungleichheiten in der Einkommensverteilung (ein Merkmal, das Indien mit China teilt), während gleichzeitig der in China zu beobachtende deutliche Reallohnzuwachs, von dem die arbeitenden Klassen in erheblichem Maße profitieren konnten, in Indien vollkommen ausblieb, wo die Reallöhne mehr oder minder stagnierten. Von Bedeutung ist darüber hinaus, dass die im Gefolge des Wachstums gestiegenen Einnahmen der öffentlichen Hand nicht dazu verwendet wurden, die soziale und materielle Infrastruktur gezielt und wohlüberlegt auszubauen; auch in diesem Punkt fällt Indien weit hinter China zurück. Nach wie vor bestehen Defizite bei der sozialen Grundversorgung eines Großteils der Bevölkerung, angefangen von Einrichtungen des Bildungs- und Gesundheitswesens bis zur Bereitstellung sauberen Trinkwassers und zur Abwasserentsorgung. Wie wir gleich noch erörtern werden, überholte Indien andere Länder zwar beim Anstieg der Realeinkommen, fiel aber selbst wiederum im Hinblick auf zahlreiche Sozialindikatoren hinter andere, auch südasiatische Länder, zurück. (Ausführlicher nehmen wir eine vergleichende Perspektive in Kapitel 3 ein.)

Indien hat in den vergangenen Jahren, um einen exemplarischen Vergleich zu machen, beim Wachstum des BIP beträchtlich zu China aufgeschlossen, dennoch blieb die Entwicklung bei Indikatoren wie Lebenserwartung, Alphabetisierung, Unterernährung von Kindern oder Müttersterblichkeit deutlich hinter dem großen Nachbarland zurück. Im rein südasiatischen Vergleich gelang es dem viel ärmeren Bangladesch, bei einer Reihe von Sozialindikatoren, darunter Lebenserwartung, Impfschutz, Säuglingssterblichkeit, Unterernährung von Kindern und schulische Ausbildung von Mädchen, Indien einzuholen und zu überholen. Selbst Nepal konnte so weit aufholen, dass es heute bei vielen Sozialindikatoren gleichauf mit Indien rangiert, ungeachtet eines sich gerade einmal auf ein Drittel belaufenden Pro-Kopf-BIP. Konnte Indien vor zwanzig Jahren bei den wichtigsten Sozialindikatoren noch die zweitbeste Bilanz der sechs südasiatischen Länder (Indien, Pakistan, Bangladesch, Sri Lanka, Nepal und Bhutan) vorweisen, steht es heute auf dem vorletzten Platz, und nur das problembeladene Pakistan schneidet schlechter ab. Während Indien beim Pro-Kopf-Einkommen die Leiter emporkletterte, rutschte es bei den Sozialindikatoren steil ab.

Angesichts der Entwicklungs- und Gleichheitsziele, für die Indien während des Ringens um seine Unabhängigkeit eintrat, muss diese Bilanz zweifellos als enormer Misserfolg gelten. Das dem Wirtschaftswachstum entspringende Einkommen findet sich sehr ungleich verteilt, und auch neu geschaffene Ressourcen flossen keiner Verwendungsweise zu, die geeignet wäre, die gewaltige soziale Benachteiligung der gesellschaftlichen Randgruppen abzubauen. Die demokratische Öffentlichkeit interessierte sich, wie wir in späteren Kapiteln noch erörtern werden, für andere Fragen als dafür, die großen Ungerechtigkeiten zu beheben, die das heutige Indien kennzeichnen. Es bleibt daher noch viel zu tun, will man die Früchte des Wirtschaftswachstums sinnvoll nutzen, um die Lebensverhältnisse der Bevölkerung zu verbessern und die gewaltigen Ungleichheiten abzubauen, die Indiens Wirtschaft und Gesellschaft charakterisieren. Die Geschwindigkeit des Wirtschaftswachstums beizubehalten oder noch zu steigern kann in diesem Sinne nur ein Aspekt eines deutlich weitergesteckten Bemühens sein.

Energie und Infrastruktur

Das Fortbestehen gewaltiger Ungleichheiten im indischen Alltagsleben aufgrund von Herkunft und Hintergrund ist das eine große Problem, das viel mehr öffentliche Aufmerksamkeit und politisches Engagement erfordert. Ein anderes sind zweifellos die folgenschweren Versäumnisse von Behörden und Verwaltungen. Die Menschen in Indien sind damit in der einen oder anderen Form tagtäglich konfrontiert, auch wenn das Ausmaß des systematischen Versagens nur phasenweise ins allgemeine Bewusstsein tritt, so etwa, als am 30. und 31. Juli 2012 ein Stromausfall im halben Land die Lichter ausgehen ließ und 600 Millionen Inderinnen und Inder ins Chaos stürzte. Ein unerträgliches Drunter und Drüber im Krisenmanagement und erschreckende soziale Ungleichheiten kamen zusammen. Ein Drittel der 600 Millionen Betroffenen hatte noch nie über einen Stromanschluss verfügt, was die Ungleichheiten im modernen Indien illustriert, und für die anderen zwei Drittel fiel der Strom ohne jede Vorwarnung aus, Ausdruck der Desorganisation im Land.

Die Energieversorgung in Indien ist äußerst mangelhaft, was durch den großen Blackout unübersehbar belegt wurde. Netzausfälle – sogenannte «Lastabwürfe» von Seiten der Netzbetreiber veranlasst, um durch Abschaltungen den Betrieb zu «organisieren», statt ihn stabiler auszubauen – ereignen sich tagtäglich an zahlreichen Orten überall im Land, ohne dass ihnen über die jeweils in Mitleidenschaft gezogenen Gemeinden hinaus viel Beachtung geschenkt würde; für die unmittelbar Betroffenen hat dies keine geringeren Auswirkungen als der große Ausfall 2012, auf den sich die Augen der Welt richteten. Zudem verfügt, wie erwähnt, rund ein Drittel der indischen Bevölkerung über keinen Stromanschluss, während es in China lediglich ein Prozent sind.[7]

Das desolate Bild, das der Energiesektor bietet, ist indes nur ein Aspekt der bedenklichen Nachlässigkeit, mit der man in Indien die Notwendigkeit einer gut ausgebauten Infrastruktur hintanstellt. Ähnliche Defizite offenbaren sich bei der Wasserversorgung, der Abwasser- und Müllentsorgung, im öffentlichen Nah- und Fernverkehr sowie bei einer Reihe weiterer Bereiche. Letztlich sind die materielle wie die soziale Infrastruktur im Land in Schwierigkeiten, und eine gute und praktikable Lösung scheint nicht in Sicht. (Wir werden diese Frage zusammen mit dem Problem von Korruption und Verantwortung ausführlicher in Kapitel 4 diskutieren.) Auch in dieser Hinsicht könnten die Unterschiede zu China nicht deutlicher ausfallen. In diesen Tagen mehren sich überall im Land die Stimmen, die fordern, Indien solle dem Vorbild Chinas folgen und endlich die Probleme in Angriff nehmen, die mit einer schlechten Infrastruktur einhergehen. Tatsächlich ist von China viel zu lernen, doch bei nicht wenigen der von überall her erteilten guten Ratschläge ist festzustellen, dass ihre Verfechter das Bild eines Landes zeichnen, das so in Wirklichkeit nicht existiert. Beispielsweise wird häufig geltend gemacht, der indische Staat solle sich vollständig aus der Energiewirtschaft zurückziehen, wie das angeblich die chinesische Führung getan habe; auch könne Indien «privatisieren und gedeihen»! Zweifellos kann die Privatwirtschaft bei der Energieerzeugung, beim Netzausbau und bei der Distribution eine wichtige Rolle spielen, insbesondere wenn der Wettbewerb funktioniert, und dennoch bedarf dies der Koordination und Kontrolle durch den Staat, da es unbestreitbar Aufgaben gibt, mit denen wenig oder kein Geld zu verdienen ist, die von der Energiewirtschaft aber gleichwohl übernommen werden müssen – beispielsweise den Anschluss entlegener Gebiete, verbunden mit hohen Kosten.

Im Übrigen ist die Privatisierung des Energiesektors etwas, das in China mit Sicherheit nicht stattgefunden hat. Sowohl dort als auch in

Indien ist die Energiewirtschaft staatlich gelenkt; in beiden Ländern übernehmen freilich Privatunternehmen bestimmte Aufgaben in diesem Sektor. Die Unterschiede liegen anderswo, und zwar zum einen in der Art und Weise, wie Staatsunternehmen und Planung in China funktionieren, zum anderen in dem Umstand, dass China über einen langen Zeitraum wesentlich mehr, insgesamt mehr als doppelt so viel, in den Energiesektor investiert hat als Indien, sowohl absolut gesehen als auch im Verhältnis zur Höhe des BIP. Ähnliches gilt in vielen anderen Bereichen der infrastrukturellen Versorgung. Der Hauptunterschied zwischen China und Indien zeigt sich eher in der Effektivität und Zuverlässigkeit der staatlichen Leistung als im Ausmaß der Privatisierung.

Selbst auf die Gefahr hin, stark zu vereinfachen, lässt sich feststellen, dass der bislang unerfüllten Agenda «politischer, wirtschaftlicher und sozialer Demokratie», wie sie zu der Zeit, als Indien unabhängig wurde, beschworen wurde, weiterhin vor allem zwei Hindernisse entgegenstehen: (1) die anhaltende *Disparität* zwischen den Lebensverhältnissen der privilegierten Schichten und denen der übrigen Bevölkerung sowie (2) die notorische *Unfähigkeit* und *Verantwortungslosigkeit*, die in der indischen Wirtschaft und Gesellschaft walten. In einer umfassenderen politischen Perspektive und Vision ließen sich dem natürlich noch weitere Aspekte hinzufügen, und wir könnten überzeugend argumentieren, dass heute und vor allem in Zukunft noch viel mehr möglich ist.[8] Doch wie dringend notwendig es ist, sich zunächst den gewaltigen Disparitäten und Defiziten zuzuwenden, ist kaum zu leugnen, ganz unabhängig von der jeweiligen politischen Position der Betrachtenden.[9] Den festgestellten Defiziten werden wir uns in den folgenden Kapiteln ausführlich widmen.

Die demokratische Praxis

Der Vergleich Indiens mit China bietet sich zweifellos an, gerade um den Vorsprung zu untersuchen, den China in zahlreichen wichtigen Bereichen der Entwicklung genießt – einschließlich des Ausbaus einer sozialen und materiellen Infrastruktur, die für die wirtschaftliche und gesellschaftliche Entwicklung unabdingbar ist. Es gibt daher zweifellos vieles, was Inder an China interessieren müsste. Tatsächlich sprechen praktisch alle sozialwissenschaftlichen Indikatoren, die üblicherweise internationalen Vergleichen zugrunde gelegt werden, also etwa die des *Human Development Report* der Vereinten Nationen oder die Liste der

Millennium-Entwicklungsziele, für China und gegen Indien, und dementsprechend besitzt eine Gegenüberstellung beider Länder mit Blick nicht allein auf Chinas Vorsprung beim Wachstum des Pro-Kopf-BIP im Hinblick auf die Entwicklungsanstrengungen Indiens beträchtliche Aussagekraft.

Allerdings besteht durchaus Grund zur Vorsicht, da vieles, was die Menschen in Indien wie in China umtreibt, in den vergleichenden Tabellen von Sozialindikatoren und Wachstumsraten nicht auftaucht. Die meisten Inderinnen und Inder begrüßen offenbar die demokratischen Strukturen des Landes, also etwa das Mehrparteiensystem, freie und gleiche Wahlen, weitgehend unzensierte Medien, eine grundsätzlich garantierte Meinungsfreiheit oder die Unabhängigkeit der Justiz und andere Kennzeichen einer lebendigen Demokratie.[10] Auch wenn sich das Funktionieren der demokratischen Institutionen in Indien nach wie vor kritisch betrachten lässt – und wir gehören sicherlich zu den Kritikern –, ist nicht zu leugnen, dass eine große Diskrepanz besteht zwischen dem, was Indien an praktischer Demokratie bereits erreicht hat, und dem, was viele andere Länder, einschließlich China, in dieser Hinsicht bislang vorzuweisen haben.

Nicht nur der Zugang zum Internet und dementsprechend zur Weltöffentlichkeit ist in Indien ohne Zensur und Beschränkungen möglich. Eine unüberschaubare Medienvielfalt bietet zudem alle möglichen, auch der Regierung gegenüber häufig äußerst kritischen Standpunkte und Blickwinkel.[11] Wie bereits erwähnt, findet sich in der indischen Presselandschaft ein breites Meinungsspektrum mit ganz gegensätzlichen politischen Sichtweisen, ungeachtet weiterhin bestehender Lücken in der Berichterstattung auch zu bedeutenden Fragen, die es zu schließen gälte. Nicht zuletzt dank des Wirtschaftswachstums hat die Bevölkerung heute überall im Land, in städtischen wie in ländlichen Gebieten, einen besseren Zugang zu Massenkommunikationsmitteln wie Radio, Fernsehen und Internet; unzensierte Nachrichten ergänzen die Möglichkeiten, sich ungehindert an kritischen Debatten in der Öffentlichkeit zu beteiligen.

Meinungsfreiheit ist an sich wertvoll, die meisten Menschen schätzen sie. Zugleich ist sie ein unverzichtbares Instrument politischer Demokratie, das die mögliche und tatsächliche Partizipation der Bevölkerung stärkt. Ein Interesse an gesellschaftlicher und politischer Partizipation scheint heute bis in die ärmsten Schichten der indischen Bevölkerung hinein zu bestehen.[12] Beim Vergleich Indiens mit China fallen noch weitere politische und rechtliche Unterschiede ins Auge, beispielsweise was den Einsatz des Strafrechts und die vom Gesetz vorgesehenen Strafen anbelangt, einschließlich der Todesstrafe. In China wurden häufig binnen einer Woche mehr Menschen hingerichtet als in Indien seit Erlangung der Unabhängigkeit 1947.[13] Wenn wir die Lebensqualität in Indien und in China umfassend vergleichen wollen, können wir uns nicht auf die üblicherweise verwendeten Sozialindikatoren beschränken. Und es gibt Gründe, die demokratischen Verhältnisse anzuerkennen, die Indien zu realisieren bislang in der Lage war, auch wenn wir mehr praktizierte Demokratie im Land fordern.

Gleichzeitig müssen wir aber auch im Auge behalten, wo Indien bislang an Schranken stieß, und fragen, wie demokratische Freiheiten und weitere Anstrengungen, jene Schranken zu überwinden, miteinander vereinbar sind. Beispielsweise entzündeten sich in jüngster Zeit jede Menge politischer Debatten und aufgeregter Auseinandersetzungen an der weit verbreiteten Korruption im Land. Zweifellos stellt sie ein großes Problem dar, doch wäre es lächerlich, die Demokratie dafür verantwortlich zu machen – tatsächlich haben auch viele nichtdemokratische Länder, einschließlich Chinas, unter massiver Korruption zu leiden. Das Problem lässt sich auch nicht, wie es manchmal vorgeschlagen wird, durch undemokratische Mittel lösen, etwa durch Schnellverfahren und drakonische Strafen für alle an korrupten Machenschaften Beteiligten. Es ist keineswegs notwendig, die Grundsätze demokratischer und rechtsstaatlicher Verfahren über Bord zu werfen, um die von vielen in Indien erhobene Forderung zu erfüllen, die Schuldigen umfassender zur Rechenschaft zu ziehen. (Mehr dazu in Kapitel 4.)

Die Medien können in dieser Hinsicht einen bedeutenden Beitrag leisten, indem sie nämlich den wirklichen Beschwerden der Menschen mehr Raum geben, statt im Großen und Ganzen darüber hinwegzusehen, wenn Regeln und Normen verletzt werden, wie es bis vor nicht allzu langer Zeit gang und gäbe war und immer noch ist, wenn die Verstöße sich abseits des Rampenlichts der Öffentlichkeit ereignen. Ein wichtiger Punkt ist auch, dass bestimmte Strukturen der Verwaltung die Korruptionsanfälligkeit erhöhen, wenn etwa staatliche Beamte oder Manager in der Wirtschaft über die Macht verfügen, Gefälligkeiten anzubieten und dafür eine gewisse Belohnung einzustreichen, ohne für diese Übertretung zur Rechenschaft gezogen oder bestraft zu werden. Das System des *licence Raj* (Herrschaft der Genehmigungsverfahren) war in diesem Sinn ein einziger Nährboden für die Kultur der Korruption. Nun lassen sich zwar viele Probleme durch institutionelle Reformen angehen, doch ist es darüber hinaus erforderlich, Verhaltensnormen zu verändern, um die Akzeptanz von Korruption bei einem selbst und bei anderen aufzulösen. Und auch hier kommt den Medien gesellschaftliche Verantwortung zu. Wir werden diese Fragen später erneut aufgreifen; an dieser Stelle wollen wir die Aufmerksamkeit in erster Linie darauf lenken, dass Korruption sowohl das Funktionieren der öffentlichen Versorgung als auch von Marktstrukturen und nicht zuletzt die Ausübung demokratischer Rechte in erheblichem Umfang schwächt.

Der Vergleich Indiens mit China wirft noch eine weitere Frage auf, die wir streifen möchten, bevor wir dieses einleitende Kapitel schließen. Da China im Großen und Ganzen sein Wirtschaftswachstum viel erfolgreicher als Indien einsetzte, um die öffentliche Versorgung und die gesellschaftliche Infrastruktur auszubauen, ließe sich fragen, ob Indiens demokratisches System letztlich ein Hindernis darstellt, wenn es darum geht, die Früchte des Wachstums zu genießen und die soziale Entwicklung im Gesundheits- und Bildungswesen oder in anderen Bereichen zu stärken. Die Antwort auf diese Frage umweht unweigerlich ein Hauch von Nostalgie. Als Indiens Volkswirtschaft noch sehr geringe Wachstumsraten aufwies, wie es bis in die achtziger Jahre hinein der Fall war, lautete ein unter Kritikern weitverbreitetes Argument, die Demokratie sei einem schnellen Wirtschaftswachstum abträglich. Nur schwer ließen sich solch demokratieskeptische Stimmen überzeugen, es komme, um das Wachstum zu beschleunigen, darauf an, das Wirtschaftsklima zu verbessern, statt auf mehr Strenge im politischen System zu setzen. Die Debatte über den vermeintlichen Gegensatz von Demokratie und Wirtschaftswachstum darf heute als beendet gelten, nicht zuletzt aufgrund der hohen Wachstumsraten im demokratischen Indien, doch was ist mit der Behauptung, die Demokratie stehe den Möglichkeiten entgegen, die Früchte des Wirtschaftswachstums für den sozialen Fortschritt einzusetzen?

Wohin ein demokratisches System steuert, hängt hauptsächlich davon ab, welche Fragen politisch in den Vordergrund treten. Manche Probleme sind äußerst einfach zu politisieren, beispielsweise eine Hungerkatastrophe (deren neuerliches Auftreten ein gefestigtes demokratisches politisches System aller Wahrscheinlichkeit nach verhindern wird), während andere, weniger besorgniserregende oder dringliche Probleme den Weg auf die politische Agenda viel schwerer finden. Fragen wie Mangelernährung, die fortbestehende Diskriminierung aufgrund des Geschlechts oder der Kastenzugehörigkeit oder auch das Fehlen einer geregelten medizinischen Versorgung für alle sind viel schwieriger in den Fokus der Aufmerksamkeit zu rücken, und über Erfolg und Misserfolg entscheiden hier vor allem Umfang und Nachdruck des demokratischen Engagements.[14] Bei einigen dieser Themen haben allerdings entschiedene demokratische Anstrengungen in den vergangenen Jahren zu beträchtlichen Fortschritten geführt, etwa im Hinblick auf bestimmte Aspekte geschlechtlicher Herabsetzung. Dessen ungeachtet bleibt es noch ein langer Weg, all die gesellschaftlichen Benachteiligungen und Ungerechtigkeiten anzugehen, unter denen viele Menschen in Indien nach wie vor leiden.

In China werden Entscheidungen im Allgemeinen von oben getroffen, ausschlaggebend sind die Weichenstellungen der politischen Führung, und es gibt wenig Spielraum für demokratischen Druck von unten. Die Tatsache, dass die chinesische Führung, ungeachtet ihrer skeptischen Haltung den Werten von Demokratie und Freiheit gegenüber, mit großem Nachdruck Hunger und Analphabetismus bekämpfte, hat zweifellos zum ökonomischen und sozialen Vorankommen der Volksrepublik beigetragen. Dennoch bleibt der Prozess insgesamt sehr fragil, da es, falls die Staatsspitze ihre Prioritäten kontraproduktiv verschiebt, nur sehr wenig Einflussmöglichkeit gibt. Das reale Bestehen einer solchen Gefahr belegte in verhängnisvoller Deutlichkeit die große Hungersnot der Jahre 1959 bis 1962, der mehr als dreißig Millionen Menschen zum Opfer fielen. Das chinesische Regime war in dieser Situation unfähig zu begreifen, was vor sich ging, und öffentlicher Druck auf die herrschende Politik, wie er in einer funktionierenden Demokratie entstanden wäre, blieb aus. Stattdessen hielt die Führung während der drei verheerenden Hungerjahre an ihren politischen Fehlentscheidungen fest. Eine vergleichbare Fragilität zeigte sich im Zusammenhang mit den Wirtschaftsreformen von 1979, die zwar die Effizienz von Landwirtschaft und Industrie in China erheblich steigerten, doch im Gesundheitswesen, vor allem auf dem Land, durch die Abkehr vom Grundsatz einer umfassenden Versorgung der gesamten Bevölkerung einen großen Rückschritt bedeuteten. Durch radikale Kürzungen im System der genossenschaftlichen ländlichen Gesundheitskooperativen sank binnen weniger Jahre der Anteil der Landbevölkerung mit Zugang zu einer kostenlosen oder stark subventionierten medizinischen Versorgung auf rund zehn Prozent.

In autoritären Systemen bleiben soziale Errungenschaften, die Schutz und Unterstützung bieten, unausweichlich fragil und abhängig von machtpolitischen Interessen der Führung. Ein etabliertes Recht auf medizinische Versorgung ließe sich in einer funktionierenden Demokratie keineswegs so schnell und ohne Weiteres beseitigen. Der Kahlschlag im allgemeinen Gesundheitswesen in China führte zu einem drastischen Knick im Anstieg der durchschnittlichen Lebenserwartung; Chinas deutlicher Vorsprung einer längeren durchschnittlichen Lebenszeit Indien gegenüber schrumpfte in den beiden Jahrzehnten nach den Wirtschaftsreformen von vierzehn auf nur noch sieben Jahre. Doch schließlich erkannte auch die chinesische Führung den Wert des leichtfertig geopferten Gesundheitswesens und führte ab 2004 eine neue Art allgemeiner sozialer Krankenversicherung ein (mit neuen Regelungen einer «neuen kooperativen medizinischen Versorgung»).[15] In China ist heute, verglichen mit Indien, für einen wesentlich größeren Teil der Bevölkerung, für über neunzig Prozent, der Zugang zu medizinischen Leistungen garantiert. Auch der Abstand bei der Lebenserwartung hat sich wieder vergrößert und beträgt heute rund zehn Jahre. Die Reichweite des Gesundheitswesens spielte bei dieser neuerlichen Entwicklung zweifellos eine zentrale Rolle.

In einem demokratischen System, wie es in Indien besteht, bedarf es eines anhaltenden politischen Engagements, um langjährige Versäumnisse zu thematisieren und der Forderung nach einem allen zugänglichen Gesundheitssystem Nachdruck zu verleihen. Nicht nur bei der amtierenden Regierung, auch bei der Opposition muss solchen Anliegen Gehör verschafft werden, was ganz unterschiedliche Formen annehmen kann, doch letztlich auf staatliche Aufmerksamkeit und Ressourcen zielt. Fest steht jedenfalls, dass die Regierung, insbesondere eine Koalitionsregierung, in ihrem Handeln vorrangig auf politischen Druck und öffentlich artikulierte Forderungen reagiert. Demokratisches politisches Engagement zu entwickeln mag unter Umständen ein schwierigeres Unterfangen sein als eine Handvoll Funktionäre in der politischen Führung von der Notwendigkeit eines Politikwechsels zu überzeugen. Eine demokratisch durchgesetzte Struktur ist jedoch weniger fragil als letztlich immer zur Disposition stehende autoritäre Entscheidungen. Um China im Bereich des Gesundheitswesens einzuholen und in puncto Belastbarkeit zu übertreffen, muss Indien die Vorzüge seines demokratischen Systems in viel höherem Maße ausspielen, als dies bislang geschieht. Das Gleiche gilt für das Recht auf Bildung für alle.

Angesichts der vielen Probleme Indiens mag es bisweilen verlockend scheinen – wider die Vernunft –, die lange demokratische Tradition ganz oder teilweise über Bord zu werfen, für die so viele Menschen gekämpft haben und aus der dem Land bis heute so viel Gutes erwachsen ist. Angesichts der Probleme, mit denen so viele Menschen in Indien weiterhin konfrontiert sind, ist es zutiefst enttäuschend, wenn Möglichkeiten, die eine politische Demokratie und eine freie Gesellschaft bieten, häufig ungenutzt bleiben. Doch ist es wichtig zu erkennen, dass der Erfolg der Demokratie letztlich davon abhängt, mit welchem Elan sie praktiziert wird – das wird ein zentrales Thema dieses Buches sein.

Der Aufforderung B.R. Ambedkars, auf die Kraft des «Erziehens, Agitierens, Organisierens» zu vertrauen, eröffnet einer Demokratie Möglichkeiten, die ohne sie nicht gegeben wären. Doch wie Ambedkar ebenfalls hervorhob, setzen Organisieren und Agitieren gründliches und informiertes Nachdenken voraus, und auch der erste Punkt in seinem Aufruf, das Erziehen, spielt eine wichtige Rolle. Wie im Laufe unseres Buchs klar werden wird, hat uns Ambedkars Vorstellung eines informierten und wohlüberlegten öffentlichen Engagements nachhaltig beeinflusst. Die wichtigste Aufgabe lautet weniger, ein neues Indien zu entdecken, als vielmehr, ihm den Weg zu bereiten.

2. DIE INTEGRATION VON WACHSTUM UND ENTWICKLUNG

Im Juni 2012 baten zwei Journalisten einen von uns, das Wirtschaftswachstum in verschiedenen Teilen der Welt zu kommentieren. Der eine Journalist kam aus Paris, und in seinen Fragen nannte er es eine wunderbare Entwicklung, dass die Eurozone im ersten Quartal 2012 ein Nullwachstum verzeichnet hatte (und somit im europäischen Wirtschaftsraum der im vorangegangenen Quartal noch anhaltende Rückgang des BIP gestoppt war); der andere Journalist, aus Neu-Delhi, wollte eine Meinung zu den «enttäuschenden Wachstumszahlen» in Indien – «nur 6,2 Prozent» Wachstum gegenüber dem Vorjahr. Während in Europa das Nullwachstum als gute Nachricht laut bejubelt wurde, zeigten sich die indischen Medien tief besorgt über das «besorgniserregend» verlangsamte Wachstum im Land – das von vormals acht oder neun Prozent jährlich auf eine um nur wenige Prozentpunkte niedrigere Ziffer gesunken war. «Enttäuschend» ist eindeutig ein relativer Begriff.

Ein moderateres Wachstum, wenn wir es so nennen wollen, ist in der jüngsten Vergangenheit zu einem auffälligen Merkmal der Weltwirtschaft geworden; Indien blieb davon gewiss nicht unberührt, und zweifellos trugen die weltweiten Turbulenzen ebenso wie die hausgemachten Probleme des Landes zur konjunkturellen Abschwächung bei. Im Jahr 2011/12 (dem letzten Jahr, für das uns bei Abschluss dieses Buches umfassende Zahlen vorlagen) wies Indien das zweitschnellste Wirtschaftswachstum unter allen großen Volkswirtschaften weltweit auf (ungefähr gleichauf mit Indonesien) und blieb nur ein kleines Stück hinter dem Spitzenreiter China, der ebenfalls eine rückläufige Wachstumsrate zu verzeichnen hatte. Die nächsten Plätze in der Liga der expandierenden Ökonomien belegten Japan, Mexiko, Russland und Südkorea, während andere große Volkswirtschaften der Welt zurückfielen: Europa rangierte, kaum überraschend, am unteren Ende der Skala, und auch die USA schnitten nur wenig besser ab. In Brasilien, einem Land, das eine Zeit lang auf wirtschaftlichem Gebiet Spitzenleistungen gezeigt hatte (und sie in jüngerer Zeit auf anderen Gebieten zeigte, doch dazu mehr im nächsten Kapitel), ist das Wachstum auf einen Wert von 0,8 Prozent zurückgefallen.[1]

Dennoch gibt es gute Gründe, auch die Verlangsamung des indischen Wirtschaftswachstums ernst zu nehmen. Obgleich «enttäuschend» kaum als eine angemessene Beschreibung gelten kann, ist es richtig, unvoreingenommen darüber nachzudenken, wie der konjunkturellen Flaute Zug um Zug entgegenzusteuern wäre. Denn schließlich ist Wirtschaftswachstum tatsächlich wichtig, nicht an sich, sondern wegen der Möglichkeiten, die sich durch die geschaffenen Ressourcen einem Land eröffnen: Durch Wachstum erhöhen sich sowohl die individuellen Einkommen als auch die Einnahmen der öffentlichen Hand, sodass Mittel für gesellschaftliche Investitionen zur Verfügung stehen. Hätten die europäischen Länder auf dem Höhepunkt der Rezession auf Wachstum statt auf unzeitige Sparpakete gesetzt, hätten die so erwirtschafteten staatlichen Einnahmen dazu dienen können, die öffentlichen Haushalte in Ordnung zu bringen, und zwar ohne die gesellschaftliche Verpflichtung massiv preiszugeben, den europäischen Bevölkerungen auch weiterhin eine hervorragende öffentliche Infrastruktur zur Verfügung zu stellen, die anderen Teilen der Welt – von Singapur bis Brasilien – Anregung gewesen war. Wie die europäischen Länder auch schleppt Indien ein beträchtliches Defizit mit sich herum, doch hat das Land entschlossen – und, wie wir überzeugt sind, völlig angemessen – dem Sirenengesang von der Unausweichlichkeit augenblicklichen Sparens widerstanden; das Ergebnis sind eine nach wie vor wachsende Wirtschaft und eine relativ hohe finanzielle Leistungsfähigkeit.[2] Auf Dauer müssen Indiens Staatsfinanzen selbstverständlich saniert werden, was angesichts der finanziellen Spielräume, die hohes Wachstum schafft, kein Problem darstellen sollte. Festzuhalten bleibt indes, dass die öffentliche Infrastruktur in Indien dringend einer substantiellen Erweiterung bedarf (wir werden auf diesen Punkt gleich zurückkommen), und von nicht weniger entscheidender Bedeutung ist zudem, die Einkommenssituation der Armen zu verbessern.

In doppelter Hinsicht also ist das Aufrechterhalten hohen Wachstums ein wichtiges Ziel. Ebenso wichtig ist es sicherzustellen, dass die dadurch geschaffenen öffentlichen Einnahmen sinnvoll verwendet werden. Von Bedeutung ist schließlich auch, den Charakter des Wachstumsprozesses im Auge zu behalten, und dabei nicht zuletzt Fragen sozialer Gerechtigkeit und Nachhaltigkeit. (Auch hierauf werden wir gleich zu sprechen kommen.)

Eine kurze Geschichte schnellen Wachstums

Wie lange währt die Geschichte schnellen Wirtschaftswachstums in Indien schon? Tatsächlich liegt der Auftritt des Landes auf dieser Bühne noch nicht lange zurück. «Mit 60 beginnt man jung zu sein», bemerkte Picasso einmal. Etwas ganz Ähnliches scheint die indische Wirtschaft in den vergangenen Jahren durchlebt zu haben. In ihr steckt heute mehr Leben, als 1947 zu erkennen gewesen war. Damals wurde diesem uralten Land die politische Unabhängigkeit gewährt, doch seine in ein Korsett gezwängte Ökonomie entwickelte sich drei Jahrzehnte lang unerschütterlich langsam, mit Wachstumsraten von rund 3,5 Prozent jährlich. Bisweilen wurde die geringe Entwicklungsdynamik als «Hindu-Wachstumsrate» verspottet, obgleich der Hinduismus nichts damit zu tun hatte – die staatliche Politik hingegen sehr wohl.[3] Die verhaltene Konjunkturentwicklung stand im scharfen Gegensatz zur Geschwindigkeit, mit der in der neu gegründeten Republik politische Veränderungen vonstattengingen: Indien wurde über Nacht der Staat, für den die Unabhängigkeitsbewegung gekämpft hatte, das heißt, eine Demokratie – weltweit das erste entfaltete demokratische System in einem armen Land, das sich schon bald als eine wirklich funktionierende Demokratie erwies.

Wie im vorangegangenen Kapitel erwähnt, prägten Stagnation und bisweilen sogar Schrumpfen die Entwicklung des indischen Bruttoinlandsprodukts während der Kolonialzeit; insofern waren sogar 3,5 Prozent jährliches Wirtschaftswachstum in den Jahrzehnten unmittelbar nach der Unabhängigkeit in gewisser Weise ein großer Sprung. Doch gemessen an den Zielen, das Land rasch voranzubringen und die Armut zu bekämpfen, blieben 3,5 Prozent (die in jenen Jahren einem Pro-Kopf-Wachstum von etwa 1,5 Prozent jährlich entsprachen) schmerzlich wenig. Die bescheidene Expansion der indischen Volkswirtschaft, die von Anfang der fünfziger bis Ende der siebziger Jahre währte, erlebte in den achtzigern eine merkliche Beschleunigung, durch die das Wachstum rund fünf Prozent jährlich erreichte. Die in den frühen neunziger Jahren eingeleiteten Reformen – unter Federführung Manmohan Singhs, damals Finanz- und heute Premierminister Indiens – hatten schließlich zur Folge, dass verstärkte Entwicklung und rasches Wachstum zur Norm wurden und die Wirtschaft des Landes zur Weltspitze aufschloss. Die stabilen, hohen Wachstumsraten verdanken sich zweifellos dem Festhalten am

Reformkurs während der neunziger Jahre, der zugleich das Fundament für die weitere wirtschaftliche Expansion legte. Nachdem sich das Wachstum zunächst zwischen fünf und sechs Prozent jährlich bewegte, sprang es auf sieben Prozent, um dann noch weiter zu steigen und zwischen 2005 und 2008 mehrere Jahre lang bei über neun Prozent zu liegen. Angesichts der fortdauernden Einkommensarmut im Land war eine Phase raschen Wirtschaftswachstums zweifellos notwendig, und ungeachtet der konjunkturellen Abkühlung in den vergangenen Jahren gab es in dieser Hinsicht tatsächlich große Fortschritte (zumal Indien, wie bereits erwähnt, weltweit stabil auf Platz zwei der am schnellsten expandierenden Volkswirtschaften rangiert).

Die Notwendigkeit verstärkten Wachstums ist indes keineswegs passé, da Indien auch nach zwei Jahrzehnten gesteigerter wirtschaftlicher Expansion noch immer eines der ärmsten Länder der Welt ist. So liegt das indische Realeinkommen pro Einwohner weiterhin unter dem der meisten Länder, ausgenommen dem der afrikanischen Staaten südlich der Sahara. Noch schlechter stellt sich das Bild dar, wenn wir die Lebensqualität des unterprivilegierten Teils der indischen Bevölkerung betrachten, jener vielen Hundert Millionen Menschen, denen es nach wie vor am Nötigsten für ein zufriedenstellendes Leben mangelt, an ausreichender, ausgewogener Ernährung ebenso wie an medizinischer Versorgung, an menschenwürdigen Arbeitsbedingungen ebenso wie an warmer Kleidung für den Winter. Wachstum allein wird diese Probleme wohl kaum beenden können, jedenfalls nicht in absehbarer Zeit, doch in einer wachsenden Ökonomie ist es gewiss leichter möglich, die Missstände zu beseitigen. Die Möglichkeiten der indischen Wirtschaft, auch weiterhin auf hohem Niveau zu wachsen, bilden zweifelsohne einen wichtigen Aktivposten für die Entwicklung des Landes, und die Anstrengungen, die Leistungsfähigkeit dieser Wirtschaft zu stärken, müssen weiterhin hohe Priorität haben, zusammen mit dem Bemühen darum sicherzustellen, dass das Wachstum dazu verwendet wird, den Lebensstandard der Menschen zu verbessern.

Vergangenheit und Gegenwart

Wie konnte es dazu kommen, dass Indien so arm, ja eines der ärmsten Länder weltweit wurde? Bemerkenswerterweise bedarf es nicht einmal des Rückgriffs auf ein in mythischer Vergangenheit angesiedeltes goldenes Zeitalter, um zu sehen, dass Indien nicht schon immer ärmer als die meisten anderen Länder war – oder als ärmer galt –, ganz im Gegenteil. Adam Smith etwa betrachtete Indien insgesamt, und besonders Bengalen, als eine der wohlhabendsten Regionen auf dem Erdball, und in seinem Werk *Der Wohlstand der Nationen* (1776) bemühte er sich, in einer gewissen Ausführlichkeit die Wurzeln dieser vergleichsweise hohen Prosperität darzulegen, die in seinen Augen vor allem auf dem florierenden Handel beruhte, dem die schiffbaren Ströme des Subkontinents zugutekamen. Das Land und seine Nachbarländer erschlossen in der Tat bereits seit langer Zeit bestehende Handelsverbindungen, deren Geschichte beinahe zweitausend Jahre zurückreichte. Neben anderen Darstellungen liegt uns aus der Feder des Claudius Ptolemäus eine interessante Beschreibung der Region und ihres auf Handel beruhenden Wohlstands vor. Der berühmte griechische Geograph des zweiten Jahrhunderts unserer Zeitrechnung schilderte darin detailliert gewisse Aspekte der indischen Ökonomie und betrachtete zudem eine Reihe von Orten und Städten, die für den florierenden Handel im Land sowie über die Landesgrenzen hinaus von Bedeutung waren. Auch Plinius der Ältere hinterließ Darstellungen der offenen und blühenden Ökonomie des Subkontinents.[4]

Als die Ostindien-Kompanie nach der Schlacht von Plassey 1757 die Grundlagen für Britanniens sukzessive entstehendes indisches Reich schuf, war Indien nicht zuletzt als Ursprungsland zahlreicher Exportwaren bekannt, insbesondere Textilien verschiedenster Art. Adam Smith stellte fest, Bengalen sei «eine indische Provinz, die durchweg den meisten Reis ausführte», fügte jedoch sogleich hinzu, das Land sei «mehr durch den Export vielerlei Gewerbeerzeugnisse berühmt gewesen als durch die Ausfuhr seines Getreides».[5] Stromaufwärts der Niederlassungen der Ostindien-Kompanie am Ganges gab es weitere Handelszentren, von wo aus Kaufleute aus Portugal, den Niederlanden, Frankreich, Dänemark, Preußen und anderen europäischen Ländern lukrative Geschäfte mit indischen Handelswaren abwickelten, die sie über verschiedene Vertriebskanäle nach Europa und anderswohin ausführten. Die Konkurrenz und Qualität der Exporte aus Indien war für europäische und insbesondere britische Hersteller ein steter Grund zur Sorge. Vor der Errichtung der britischen Herrschaft über Indien sah sich das Parlament in London mehrmals zum Eingreifen veranlasst, um beispielsweise das Tragen indischer Textilien gesetzlich zu verbieten.

Doch genossen die Arbeiterinnen und Arbeiter in den indischen

Manufakturen einen Lebensstandard, der dem beeindruckenden Ruf der exportierten Güter entsprach? Eine solche Frage ist nicht ohne Weiteres zu beantworten, da es an verlässlichen Daten mangelt und der Vergleich von Lebensstandards eine Vielzahl von Problemen aufwirft. Doch eine Gegenüberstellung von Löhnen und Preisen scheint den Schluss zuzulassen, dass die Realeinkommen indischer gewerblicher Arbeitskräfte – und natürlich Handwerker – zu jener Zeit in den Zentren wirtschaftlicher Tätigkeit nicht niedriger und in einigen Fällen sogar höher lagen als die der entsprechenden Beschäftigtengruppen in vielen europäischen Ländern. Beispielsweise zeigen die von Prasannan Parthasarathi vorgestellten Zahlen, dass Mitte des 18. Jahrhunderts die Reallöhne von Weberei-Arbeitskräften – ausgedrückt in Getreideäquivalent – in Großbritannien zwischen 40 und 140 Pfund wöchentlich schwankten, während im entsprechenden Zeitraum die Löhne indischer Weber in Bengalen zwischen 55 und 135 Pfund, in Südindien zwischen 65 und 160 Pfund wöchentlich betrugen.[6]

So wie es nicht des Rekurses auf ein imaginäres goldenes Zeitalter bedarf, um von einem relativen Wohlstand im vorkolonialen Indien zu sprechen, muss man auch kein aggressiver Nationalist sein, um den raschen wirtschaftlichen Niedergang in Britisch-Indien während der Kolonialzeit einzuräumen. Adam Smith zufolge begann der wirtschaftliche Abstieg der britischen Gebiete in Indien durch «untaugliche Verordnungen und ungerechtfertigte Beschränkungen, welche die Ostindische Gesellschaft [...] auferlegte», worin er im Übrigen auch die Hauptursache der großen bengalischen Hungersnot von 1770 sah.[7] Der Niedergang fand während des gesamten 19. Jahrhunderts seine Fortsetzung, einer Zeit, die Britisch-Indien insgesamt zahlreiche Veränderungen brachte – einschließlich einiger sehr positiver, wie der Entwicklung eines modernen Pressewesens oder der Ausbreitung neuer wissenschaftlicher Erkenntnisse im Gefolge der europäischen Aufklärung. Wirtschaftlicher Abstieg und Niedergang aber hielten unerbittlich bis in die erste Hälfte des 20. Jahrhunderts hinein an.

Tatsächlich lässt sich in der Epoche britischer Herrschaft in Indien über lange Zeiträume ein *Rückgang* des Realeinkommens pro Kopf konstatieren. Gab es Wachstum, fiel dies so moderat aus, dass es in aller Regel hinter dem anderer Länder zurückblieb. Siva Sivasubramonians detailreiche Studie zum indischen Nationaleinkommen im 20. Jahrhundert veranschlagt die jährliche Wachstumsrate des Pro-Kopf-Einkommens in den Jahren 1900/1 bis 1946/47 auf rund 0,1 Prozent. Das Wachstum fiel (wenn auch knapp) positiv aus, weil dem im gleichen Zeitraum zu verzeichnenden enttäuschenden – und hier meinen wir wirklich «enttäuschenden» – Wachstum des BIP von 0,9 Prozent ein nur geringes Bevölkerungswachstum von 0,8 Prozent gegenüberstand, zurückzuführen nicht zuletzt auf die hohe Sterblichkeitsrate in Britisch-Indien.[8] Dies alles geschah im Laufe einer Epoche, als der im Anschluss an die Industrielle Revolution sich vollziehende Wandel in Europa und Amerika und selbst in einigen Teilen Lateinamerikas und Asiens die Realeinkommen steigen ließ und der Lebensstandard sich entwickelte.

Wachstum seit der Unabhängigkeit

Vor dem Hintergrund dieser Geschichte ist es nicht allzu schwer zu verstehen, warum eine Wachstumsrate von etwa 3,5 Prozent jährlich, wie Indien sie nach Erlangung der Unabhängigkeit aufwies, eine positive Entwicklung zu signalisieren schien (vgl. Tabelle 2.1). Doch das Wachstum zu beschleunigen gelang der Politik in den ersten Jahrzehnten der Unabhängigkeit ebenso wenig, wie die Lebensbedingungen der Bevölkerung substantiell zu verbessern. Tatsächlich belegen die verfügbaren Zahlen, dass während der drei Jahrzehnte, die auf den ersten, 1951 beschlossenen Fünfjahresplan folgten, in Indien die Armut, insbesondere die Armut auf dem Land, praktisch nicht zurückging.[9]

Angesichts eines solchen Fiaskos ist zu fragen, was genau in der Anfangsphase der indischen Wirtschaftsplanung unmittelbar nach dem Erlangen der Unabhängigkeit falsch lief.[10] Bisweilen wird in diesem Zusammenhang vorgebracht, für Indiens Probleme sei die «sozialistische» Planung verantwortlich gewesen. Nun gibt es natürlich alle möglichen Interpretationen, was sozialistisch bedeuten könnte, doch wenn ein solcher Einwand unterstellen soll, Indien habe eine Planung verfolgt, wie sie für die Sowjetunion und andere kommunistische Länder charakteristisch war, offenbart dies eine beträchtliche Verwirrung. Ein Ziel, das alle kommunistischen Länder – von der UdSSR und China (vor den Reformen der jüngeren Zeit) bis Vietnam oder Kuba – unmittelbar zu verwirklichen sich beeilten, war, ungeachtet aller politischen Indoktrination und allen Dogmatismus, eine unentgeltliche allgemeine Schulbildung. Als Rabindranath Tagore die Sowjetunion 1930 besuchte, hob er besonders die raschen Fortschritte in der «Volkserziehung» hervor,

Tab. 2.1: Wachstumsraten des BIP nach Wirtschaftssektoren in konstanten Preisen

	Primärer Sektor	Sekundärer Sektor	Tertiärer Sektor	BIP*
1900/01 bis 1946/47	0,4	1,5	1,7	0,9 (0,1)
1950/51 bis 1960/61	2,8	6,1	4,1	3,7 (1,8)
1960/61 bis 1970/71	2,1	5,4	4,4	3,4 (1,2)
1970/71 bis 1980/81	2,0	4,2	4,5	3,4 (1,2)
1980/81 bis 1990/91	3,5	5,5	6,6	5,2 (3,0)
1990/91 bis 2000/1	3,3	6,2	7,8	5,9 (3,9)
2000/01 bis 2010/11	3,2	8,5	8,9	7,6 (6,0)

* In Klammern das Wachstum des BIP pro Kopf (berechnet durch Subtrahieren der Wachstumsrate der Bevölkerung von der des BIP)

Quellen: Wachstumsraten für die Zeit vor der Unabhängigkeit nach: Sivasubramonian, *National Income of India*, Tabelle 7.3; Wachstumsraten für das unabhängige Indien beruhen auf Zahlen zum BIP in konstanten Preisen von 2004/5 (berechnet mit Hilfe semilogarithmischer Regression) nach: Government of India, *Economic Survey 2011–12*, Tabellen A3 und A5. Sivasubramonian, *National Income of India*, Tabelle 9.3, präsentiert ähnliche Zahlen für die Frühzeit nach der Unabhängigkeit, beruhend auf einer früheren BIP-Reihe in konstanten Preisen von 1948/49.

selbst im «fernen», asiatischen Teil des Landes: «Das erste, was ich nach dem Betreten russischen Bodens erfaßte, war, daß die Bauern- und die Arbeiterklasse, zumindest auf dem Gebiet der Erziehung, solch enormen Fortschritt in diesen wenigen Jahren gemacht hat, daß nichts Vergleichbares in den letzten 150 Jahren bei uns zu nennen wäre.»[11] Schlug das sozialistische Indien etwa den gleichen Weg ein? Tatsächlich tat es nichts dergleichen, und drei Jahrzehnte der Planung brachten indischen Kindern nur geringfügige Verbesserungen ihrer Bildungschancen.

Der erste Fünfjahresplan, 1951 in Kraft getreten, unterstrich zwar nachdrücklich die Notwendigkeit universitärer Ausbildung und förderte sie auch nach Kräften, sprach sich aber gegen die Einführung regulärer Elementarschulen aus und befürwortete stattdessen das System sogenannter Grundbildung, dem die weitgehend romantische und ein wenig verschrobene Vorstellung zugrunde lag, Kinder sollten in Verbindung mit handwerklicher Arbeit lernen, und die Produktion sollte zur Deckung der Kosten beitragen.[12] Darüber hinaus legte der Fünfjahresplan fest, «Vorhaben zur Eröffnung neuer Grundschulen nicht zu fördern und die Ressourcen so weit als möglich auf die Grundbildung zu konzentrieren, bestehende Grundschulen hingegen nach den Prinzipien der Grundbildung zu optimieren oder neu zu gliedern».[13] Allerdings (und nicht wirklich überraschend) stieß das Projekt, ein reguläres Schulwesen durch eine Grundbildung zu ersetzen, auf wenig Gegenliebe in der Öffentlichkeit. Dessen ungeachtet unterstrich der zweite Fünfjahresplan (ab 1956) erneut, «die gesamte Elementarbildung ist nach den Prinzipien der Grundbildung neu auszurichten». Im Lauf der Zeit musste der Staat jedoch einlenken und das in der Öffentlichkeit immer wieder geforderte reguläre Schulsystem einführen, doch die allgemeine Verwirrung darüber, wozu Schulen da sind, bremste die Entwicklung auch weiterhin und trug dazu bei, dass im Land viel zu wenig öffentliche Mittel bereitstanden, um der Bevölkerung Lesen, Schreiben und Rechnen zu lehren.

Die indischen Planer legten in dieser Frage eine vollkommen andere Haltung an den Tag als die entsprechenden Behörden in kommunistischen Ländern – ob nun in Moskau oder Beijing (selbst in der Zeit vor den Reformen), in Havanna oder Saigon.[14] Die kommunistischen Regierungen bauten alle auf eine unentgeltliche allgemeine Schulbildung, die ihnen als eine grundlegende sozialistische Verpflichtung galt (wie sie bereits im *Kommunistischen Manifest* gefordert worden war); kein kommunistisches Land ließ es zu, dass über Jahrzehnte viele Kinder überhaupt keine Schule besuchten – ungeachtet vom Chaos, das auf manch anderen Feldern im Namen des Sozialismus angerichtet wurde, ganz zu schweigen von der Unterdrückung politischer Bürger- und Freiheitsrechte. Die Vernachlässigung der Schulbildung in den indischen Fünfjahresplänen jener Zeit daher als Folge sozialistischer Planung anzusehen ginge vollkommen an den einheimischen Motiven dieser indischen Verrücktheit vorbei. Tatsächlich war der Aberwitz hausgemacht, und er spiegelte in nicht geringem Maße die Vorurteile einer Oberschicht – und der Angehörigen der oberen Kasten – gegen die Erziehung der Massen wider.

Im Übrigen war auch im eigentlichen Bereich der Wirtschaft Indiens Planung in jenen frühen Jahren nach der Unabhängigkeit nicht besonders sozialistisch, gewiss jedenfalls war sie keine im Stil der Sowjetunion, wie manchmal suggeriert wird. Indien verfolgte eine staatlich gelenkte Entwicklungsstrategie, wie das – in unterschiedlicher Form und mit unterschiedlichem Erfolg – auch viele andere Länder zu jener Zeit taten, und wie es darüber hinaus auch in vielen europäischen Ländern früher gängige Praxis war. Der größte Teil der Wirtschaft war fest im privaten Sektor verankert, die wichtigste Ausnahme bildete, was als die wesentliche öffentliche Infrastruktur angesehen wurde, nämlich insbesondere Eisenbahnen, Energie und Wasser. Zwar intervenierte der Staat auf vielfache Art, doch kam es weder zu weitreichenden Verstaatlichungen noch zu einer umfassenden Landreform.[15] Das bedeutet indes nicht, dass die Wirtschaftsplanung jener Zeit als ein Erfolg anzusehen wäre – tatsächlich war sie das nicht. Doch die damit einhergehenden Merkwürdigkeiten und Verrücktheiten als sozialistisch zu beschreiben macht es sich allzu einfach.

Die Wirtschaftsplanung der frühen Jahre versagte vor allem im Bereich der sozialen Infrastruktur und des tertiären Sektors, weniger deutlich hingegen im Primär- und Sekundärsektor der Wirtschaft. Tatsächlich lagen die Wachstumsraten im primären und sekundären Bereich (also, grob gesagt, in der Landwirtschaft und im produzierenden Gewerbe) in den ersten anderthalb Jahrzehnten nach Inkrafttreten des Fünfjahresplans 1951 *über* denen, die später im Anschluss an die Wirtschaftsreformen von 1991 in der gleichen Zeitspanne erreicht wurden.[16] Im Tertiärsektor verlief in der frühen Zeit der Wirtschaftspläne das Wachstum langsamer, ebenso das des BIP insgesamt – doch ein um etwa vier Prozent jährlich wachsendes BIP, insbesondere im Bereich der in der klassischen Ökonomie sogenannten materiellen Produktion, bedeutete in jenen Jahren ein wirkliches Vorankommen. Das Wachstum hätte selbstverständlich mit einer entsprechend besser abgestimmten ökonomischen Strategie deutlich stärker ausfallen können, wie es das Beispiel der Entwicklung Ostasiens zu jener Zeit belegt, doch die weitverbreitete Auffassung, Wirtschaftsplanung habe in der Nehru-Zeit zu einem Stillstand der indischen Wirtschaft geführt, hat auch nicht mehr Substanz als der Glaube, die Verantwortlichen hätten eine sozialistische Wirtschaftspolitik verfolgt.

Die Phase anhaltenden moderaten Wachstums endete abrupt Mitte der sechziger Jahre (um genau zu sein, in den Jahren 1965 bis 1967), als Indien von den schlimmsten aufeinanderfolgenden Dürreperioden des 20. Jahrhunderts heimgesucht wurde, und das unmittelbar nach dem kostspieligen Indisch-Pakistanischen Krieg von 1965. Die landwirtschaftliche Produktion brach zusammen; das Bruttoinlandsprodukt zeigte, wie es damals in Dürrejahren häufig geschah, ein Negativwachstum. Neue unheilvolle Ereignisse ließen nicht lange auf sich warten: Ein weiterer Krieg mit Pakistan folgte 1971, und Verheerungen durch kürzere Dürrekatastrophen in den Jahren 1971 bis 1973 kamen hinzu. Das

BIP pro Kopf stagnierte in jenem Jahrzehnt der Not zwischen 1965/66 und 1974/75, und die Agrarproduktion pro Kopf sank.

Es war zugleich eine Zeit bedeutender Veränderungen in der Wirtschaftspolitik. Jawaharlal Nehru, der im Mai 1964 starb, war 17 Jahre lang Premierminister und in diesem Amt mehr oder weniger unangefochten gewesen – für die Kongresspartei gab es keine ernsthafte Konkurrenz, für den Regierungschef ebenso wenig. Nehrus Tochter Indira Gandhi, deren erste Amtszeit als Premierministerin von 1966 bis 1977 währte, musste erbitterte politische Kämpfe innerhalb und außerhalb der Partei führen, Kämpfe, bei denen die Wirtschaftspolitik zunehmend eine maßgebliche Rolle spielte.[17] Beispielsweise erfolgte die Verstaatlichung der Handelsbanken 1969 aus eindeutig politischen Motiven (auch wenn es vielleicht noch andere Gründe gab, die den Schritt gerechtfertigt hätten), und der Regierung standen dadurch große Mittel zur Verfügung, eine Klientelpolitik zu verfolgen. Einfuhrgenehmigungen und industrielle Konzessionen wurden vergeben, um willkürlich «Anhänger zu belohnen, Gegnern zu schaden und die Unentschlossenen zu gewinnen».[18] Das ging so weit, dass «jede einzelne, noch so geringfügige Wirtschaftstätigkeit amtliche Genehmigungen benötigte», wie der ehemalige Zentralbankchef Bimal Jalan anmerkt.[19] Die Folgen eines solchen Systems waren verheerend: es lähmte die wirtschaftliche Initiative, förderte die Korruption und den Machtmissbrauch. Ob das alles das natürliche – und logische – Ergebnis der dirigistischen Strukturen war, wie sie zu Nehrus Zeit etabliert wurden, oder eine vermeidbare Degeneration Nehru'scher Grundsätze, die sich in früheren Jahren (ungeachtet der Blindheit gegenüber dem Problem der Schulbildung) als recht effektiv erwiesen hatten, ist eine Ermessensfrage. Tatsache bleibt, die Wirtschaft und die Bevölkerung zahlten einen hohen Preis dafür.

Die Aussichten verbesserten sich in den achtziger Jahren, als in Indien eine zweite Phase beschleunigten Wachstums einsetzte, flankiert durch eine deutliche Erholung der Landwirtschaft. Angesichts eines stetigen, jährlich um rund fünf Prozent wachsenden Bruttoinlandsprodukts gehörte die sogenannte Hindu-Wachstumsrate (was immer das heißen sollte) nunmehr der Vergangenheit an. Darüber hinaus verlief das Wachstum jener Zeit relativ ausgewogen und sozial gerecht. Die «grüne Revolution», die nach den Dürrekatastrophen der Jahre 1965 bis 1967 lanciert worden war und die Abhängigkeit von ausländischer Hilfe verringern sollte, war durch neuerliche Dürren in den frühen siebziger Jahren ins Stocken geraten, doch zeigte sie nun erste Früchte: Die Erträge schnellten in den achtziger Jahren um rund 30 Prozent empor (nach gerade einmal zehn Prozent im vorherigen Jahrzehnt), und der Landwirtschaftssektor wuchs mit mehr als drei Prozent jährlich schneller als jemals zuvor. Hinzu kam, dass auch die Löhne in der Landwirtschaft in einem bisher nicht gekannten Ausmaß stiegen, nämlich real um rund fünf Prozent im Jahr, eine nicht zuletzt im Hinblick auf die Armutsbekämpfung bedeutsame Entwicklung.[20] Zum ersten Mal seit Jahrzehnten war ein anhaltender Rückgang der Armut zu verzeichnen, sowohl in den Städten als auch auf dem Land.[21]

Die achtziger Jahre waren allerdings auch eine Zeit zunehmender Defizite in Staatshaushalt und Handelsbilanz sowie einer steigenden Auslandsverschuldung. 1990 spitzten sich die Ungleichgewichte krisenhaft zu, zum Teil aufgrund anziehender Erdölpreise und der Unterbrechung des Geldtransfers vom Persischen Golf. Indiens Devisenreserven gingen zur Neige, und das Land war gezwungen, Goldreserven bei der Bank von England zu verpfänden, um eine drohende Zahlungsunfähigkeit abzuwenden. Strukturanpassungsprogramme folgten, zunächst (in den Jahren 1991 bis 1993) nahm dabei der Internationale Währungsfonds (IWF) Indien an die kurze Leine, danach setzte die Regierung selbst die Bedingungen fest – ein ursprünglich vorgesehener Nachfolgekredit wurde abgelehnt, weil die indische Regierung überzeugt war, dass «die Vorgaben des IWF zur Haushaltskonsolidierung mehr verlangten, als Indien geben konnte».[22]

Nachdem das Land den IWF los geworden war, traten an die Stelle der Schocktherapie (die beispielsweise umfassende Kürzungen in allen Bereichen der öffentlichen Ausgaben, einschließlich der Sozialausgaben, vorgesehen hatte) behutsamere Wirtschaftsreformen. Im Hinblick auf das Wachstum waren die Ergebnisse zweifellos beeindruckend. Auch wenn das BIP in den neunziger Jahren insgesamt nicht viel schneller anstieg als im Jahrzehnt zuvor (siehe oben, Tabelle 2.1), kam es insbesondere nach Abschluss der wirtschaftlichen Stabilisierungsphase (also ab etwa 1993) zu einer Belebung der Konjunktur, und in den darauffolgenden Jahren stieg die Wachstumsrate beachtlich. Die Reformen zeigten Wirkung, wie das Wirtschaftswachstum belegte: ein zweifellos wichtiger Erfolg.

Der Reformprozess verlief insgesamt recht langsam. Manche Schritte, etwa die stärkere Öffnung für den internationalen Handel und die

Lockerung der Wirtschaftsaufsicht im Inland, erfolgten relativ früh, andere viel später. Und manche Schritte werden immer noch diskutiert, darunter, um nur ein paar Beispiele zu geben, die Privatisierung einzelner Staatsbetriebe, umfangreiche Arbeitsrechtsreformen oder die Zulässigkeit ausländischer Direktinvestitionen in bestimmten Bereichen. Eine solche Politik der kleinen Schritte wird von den Verfechtern ökonomischer Reformen häufig mit Befremden aufgenommen, doch sollte sie in einem demokratischen System zu erwarten sein – schließlich sollte derartigen Reformen, auch wenn sie zweckmäßig sind, zunächst eine sachkundige öffentliche Debatte vorausgehen. Bedauerlicherweise gerät dabei die Argumentation allerdings allzu oft ins Fahrwasser *allgemeiner*, vorgefasster Positionen von Marktbefürwortern oder Marktgegnern, während die Lösung konkreter politischer Fragen es doch notwendig machen würde, in jedem einzelnen Fall das jeweilige Für und Wider abzuwägen. Reformen müssen zudem, und wichtiger noch, nicht nur im Hinblick darauf beurteilt werden, wie sie sich gegebenenfalls auf das Wirtschaftswachstum auswirken, sondern auch und in erster Linie danach, was sie für das Leben der Menschen bedeuten. Wir würden behaupten, eines der Hauptprobleme der Wirtschaftsreformen der neunziger Jahre ist nicht so sehr, worauf sie (tatsächlich mit einigem Erfolg) zielten, sondern das, was sie von vornherein ausblendeten, darunter diverse Deformationen aus früheren Zeiten, die im Zuge des Reformprozesses letztlich beibehalten wurden.

In den vergangenen Jahren setzte sich zunehmend die Erkenntnis durch, dass auch weitreichende Reformen anderer Art notwendig sind, beispielsweise um die Korruption zu bekämpfen, im öffentlichen Sektor mehr Verantwortlichkeit zu schaffen, die soziale Gerechtigkeit zu stärken oder Verwaltung, Rechtsprechung und Gesetzgebung bestmöglich einzurichten. Solche Aspekte werden in der Regel nicht in ihrer engen Verbindung zu Wirtschaftsreformen gesehen, doch letztlich sollte alles Teil des notwendigen Bemühens sein, die wirtschaftlichen und sozialen Institutionen des Landes zu revitalisieren und dafür zu sorgen, dass sie stärker dazu beitragen, die Lebensumstände der Menschen zu verbessern. Darauf – und auf die damit verbundenen Probleme und Chancen – wird in den folgenden Kapiteln noch zurückzukommen sein.

Welches Wachstum?

Indiens rasches Wirtschaftswachstum in den vergangenen Jahrzehnten – und vor allem im ersten des 21. Jahrhunderts – hat verständlicherweise eine gewisse Begeisterung hervorgerufen. Der Lebensstandard der sogenannten Mittelschicht (das heißt der rund 20 Prozent der Bevölkerung am oberen Ende der Einkommensskala) ist heute weit über das hinausgestiegen, was in früheren Dekaden hatte erhofft oder erwartet werden können. Doch für viele andere, wie etwa den Rikscha-Mann, die Hausangestellte oder den Arbeiter am Ziegelofen, ist die Geschichte komplizierter. Für sie und für andere aus ärmeren Bevölkerungsschichten waren die Reformjahre nicht ganz so aufregend. Nicht, dass sich für sie überhaupt nichts verändert hätte, doch der Wandel verlief unerträglich langsam und ihre schlechten Lebensbedingungen hat er nicht wirklich spürbar verbessert.

Um das zu veranschaulichen, lässt sich auf Zahlen aus landesweiten Stichprobenerhebungen des National Sample Survey zurückgreifen, die belegen, dass die durchschnittlichen Pro-Kopf-Ausgaben in ländlichen Gebieten zwischen 1993/94 und 2009/10 die exorbitant niedrige Steigerungsrate von nur einem Prozent jährlich aufwiesen, und selbst in städtischen Gebieten stiegen sie im gleichen Zeitraum lediglich um zwei Prozent jährlich.[23] Bei armen Haushalten liegen in beiden Fällen die Zuwachsraten der durchschnittlichen Ausgaben pro Kopf sogar noch weit niedriger, da sich die soziale Ungleichverteilung im genannten Zeitraum weiter erhöhte.[24] Auch die Entwicklung der Reallöhne in der Landwirtschaft verlangsamte sich in der Zeit nach den Reformen spürbar: Während in den achtziger Jahren die Löhne um beinahe fünf Prozent jährlich stiegen, betrug der Zuwachs im Jahrzehnt darauf nur noch rund zwei Prozent und fiel in der Zeit nach 2000 auf praktisch *null* (siehe auch Tabelle 2.2). Erst nach 2006, als das Gesetz zur Beschäftigungsgarantie in der Landwirtschaft (*National Rural Employment Guarantee Act* – NREGA) in Kraft trat, stiegen die Reallöhne im Agrarsektor, insbesondere für Frauen, wieder leicht an.[25]

Auch in anderen Wirtschaftsbereichen stiegen die Reallöhne relativ langsam, vor allem die von Gelegenheitsarbeitern und «ungelernten Arbeitskräften». Erneut fällt der Unterschied zu China besonders ins Auge. Vergleichszahlen der Internationalen Arbeitsorganisation (*International Labour Organization* – ILO) zufolge zeigten die Reallöhne in

Tab. 2.2: Geschätzte Wachstumsraten der Reallöhne im Agrarsektor

Referenzzeitraum	Geschätzte Wachstumsraten der Reallöhne im Agrarsektor		
	Männer	Frauen	Alle
1983/84 bis 1987/88	5,1	k. A.	3,2
1993/94 bis 1999/2000	1,3	k. A.	1,8
2000/01 bis 2005/6	0,1	-0,05	
2005/6 bis 2010/11	3,82	3,7	

Quellen: Die Angaben für die Jahre vor 2000 stammen aus Himanshu, «Wages in Rural India: Sources, Trends, and Comparability», in: *Indian Journal of Labour Economics* 48 (2005), H. 2, S. 375–406; Grundlage sind Daten der Datenreihe *Agricultural Wages in India* (vgl. auch Jean Drèze und Amartya Sen, *India: Development and Participation*, Oxford: Oxford University Press, 2002). Die Angaben für die Jahre nach 2000 sind berechnet nach Yoshifumi Usami, «Recent Trends in Wage Rates in Rural India: An Update», in: *Review of Agrarian Studies* 2 (2012), H. 1, S. 171–181; Grundlage sind Daten der nachfolgenden Datenreihe *Wage Rates in Rural India*. (Details finden sich in den Erklärungen im statistischen Anhang.) Ähnliche Verläufe auf der Grundlage der Daten des National Sample Survey beschreiben Himanshu, «Wages in Rural India»; Himanshu u.a., «Non-Farm Diversification and Rural Poverty Decline. A Perspective from Indian Sample Survey and Village Study Data», Working Paper 44, Asia Research Centre, London School of Economics, 2011; National Sample Survey Office, *Key Indicators of Employment and Unemployment in India: NSS 66th Round (July 2009 – June 2010)*, New Delhi: NSSO, 2011.

der chinesischen Industrie im ersten Jahrzehnt dieses Jahrhunderts einen beeindruckenden Anstieg von etwa zwölf Prozent jährlich, während es in Indien nur rund 2,5 Prozent pro Jahr waren.[26] Obgleich die offiziellen Zahlen aus China möglicherweise ein wenig übertrieben sind, bestätigen zahlreiche unabhängige Studien die Tatsache, dass die chinesischen Reallöhne im Verlauf der vergangenen zwanzig oder dreißig Jahre rapide anstiegen (siehe Abbildung 2.1).[27] In Indien hingegen blieb im gleichen Zeitraum das Wachstum der Reallöhne deutlich hinter dem des Bruttoinlandsprodukts pro Kopf zurück, und auch der Anteil der Löhne an der Wertschöpfung verzeichnete dementsprechend einen starken Rückgang (siehe Abbildung 2.2).[28]

Solche Tatsachen mögen vielleicht diejenigen überraschen, die die Lebensumstände der armen Bevölkerung lediglich nach amtlichen Armutsberichten beurteilen. Beispielsweise sank laut Angaben der Planungskommission die Quote individueller Armut unter der Landbevölkerung (das heißt der Anteil der unter der Armutsgrenze lebenden Menschen auf dem Land) von rund fünfzig Prozent in den Jahren 1993/94 auf 34 Prozent im Berichtsjahr 2009/10.[29] Auf den ersten Blick scheint das eine große Verbesserung. Doch wie passt das zu den nur geringfügig steigenden und anhaltend niedrigen Pro-Kopf-Ausgaben? Den Schlüssel

Abb. 2.1.: Reallöhne in China und Indien, 1981–2005

Index des Monatsverdienstes gewerblicher Beschäftigter (1981 = 100)

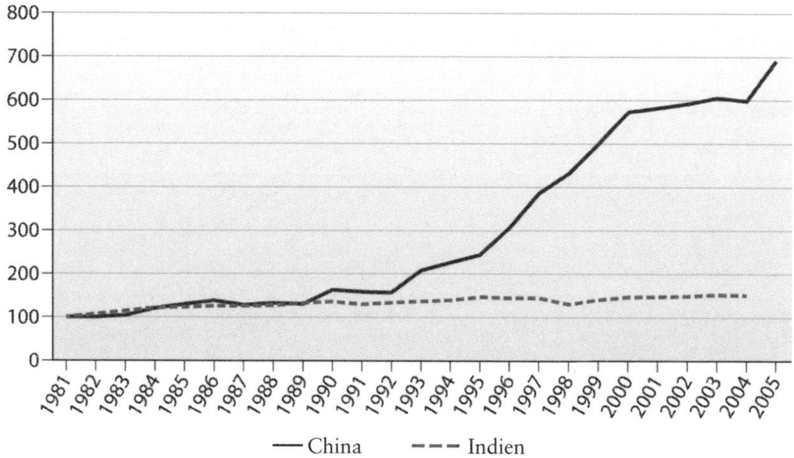

Quelle: Berechnet nach Dennis Tao Yang, Vivian Weijia Chen und Ryan Monarch, «Rising Wages: Has China Lost its Global Labor Advantage?», in: *Pacific Economic Review* 15 (2010), H. 4, S. 482–504, Abb. 5(a).

liefert der sogenannte Verdichtungseffekt, das heißt der Umstand, dass bei vielen Menschen, die knapp unter der offiziellen Armutsgrenze leben, eine nur geringfügige Erhöhung ihres Pro-Kopf-Konsums ausreicht, sie über diese Grenze zu heben. Der Verdichtungseffekt seinerseits spiegelt wider, wie unerhört niedrig die amtliche Armutsgrenze angesetzt ist. (Wir werden darauf in Kapitel 7 zurückkommen.)

Den Sachverhalt verdeutlichte jüngst eine Untersuchung von Ashkok Kotwal, Bharat Ramaswami und Wilima Wadhwa, die sich in den von ihnen präsentierten Überlegungen auf Zahlen des National Sample Survey für 1983 und 2004/5 bezogen.[30] Demnach sank in diesem Zeitraum die Quote individueller Armut in ländlichen und städtischen Gebieten insgesamt, bezogen auf die jeweilige amtliche Armutsgrenze, von 45 auf 28 Prozent.[31] Würde die Armutsgrenze indes doppelt so hoch veranschlagt (auf einen selbst dann noch recht niedrigen Schwellenwert), ergäbe sich nach den Berechnungen von Kotwal, Ramaswami und Wadhwa für 1983 eine Armutsquote von 86 Prozent, für 2004/5 eine von 80 Prozent. Die Verbesserung erschiene somit, angesichts des Zeitraums von über zwanzig Jahren, deutlich bescheidener als der starke Rückgang, der sich aus der Perspektive der amtlichen Armuts-

Abb. 2.2: Reallöhne in der indischen Industrie, 1990–2010

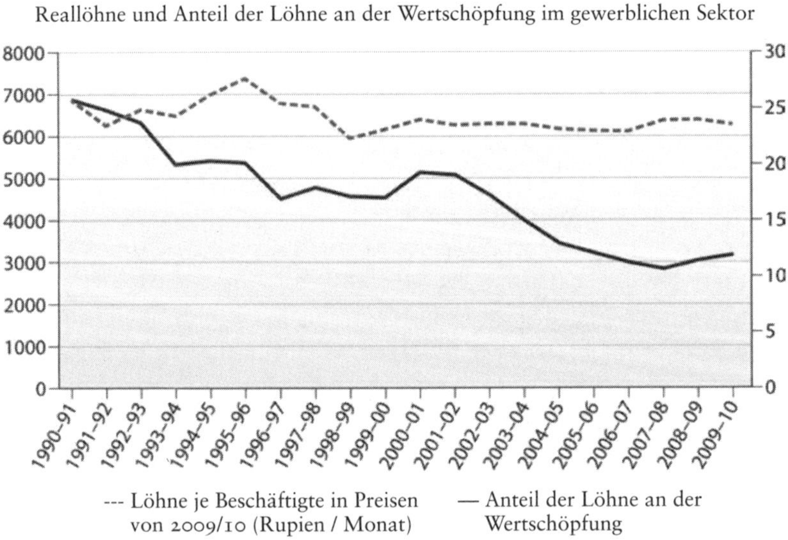

Quellen: Reserve Bank of India, *Handbook of Statistics on the Indian Economy*, Mumbai: RBI, 2012, Tab. 33 und 40; Database on the Indian Economy 2010/11 (online: dbie.rbi.org.in). Löhne sind mithilfe des in den genannten Quellen enthaltenen Verbraucherpreisindex für industriell Beschäftigte deflationiert. Die linke vertikale Achse zeigt Reallöhne, die rechte den Anteil der Löhne an der Wertschöpfung.

statistik ergibt. Weitere Studien aus jüngster Zeit belegen zudem, dass ganz unabhängig davon, wo man die Armutsgrenze zieht, in den vergangenen rund zwei Jahrzehnten in Indien die Armutsquote viel langsamer sank als in anderen Entwicklungs- und Schwellenländern, und das trotz des viel schnelleren Wirtschaftswachstums.

Wir werden später in diesem Buch auf diese Einseitigkeit des Wachstumsprozesses in Indien und andere damit zusammenhängende Aspekte zurückkommen. An dieser Stelle ist festzuhalten, dass die Natur und die Reichweite des wirtschaftlichen Fortschritts viel mehr kritische Aufmerksamkeit verdienen als sie für gewöhnlich bekommen. Dazu gehört es zu fragen, warum das Wirtschaftswachstum im Land den ärmeren Schichten der Bevölkerung nur einen so geringen Anstieg ihrer Löhne und Einkommen bescherte. Es ist nicht allzu schwierig, dahinter das Versäumnis zu erkennen, ausreichend Beschäftigungsmöglichkeiten zu schaffen, was bisweilen – ein wenig vereinfachend vielleicht – als Wachstum ohne Arbeitsplätze beschrieben wurde.[32] Im deutlichen

Unterschied zur Entwicklung in China, wo im Anschluss an die Wirtschaftsreformen zunächst die Landwirtschaft und später auch die Industrie boomten, war in Indien der Motor des schnellen Wirtschaftswachstums vor allem der Dienstleistungssektor. Dienstleistung ist indes eine sehr heterogene Kategorie, und zahlreiche Studien belegen, dass das Wachstum in diesem Sektor vor allem auf Bereiche mit einer hohen Qualifikation der Beschäftigten konzentriert war (beispielsweise auf Software-Entwicklung, Finanzdienstleistungen und andere hochspezialisierte Branchen) und sich weniger in eher traditionellen, arbeitsintensiven Industrien niederschlug. Für besserqualifizierte Arbeitskräfte eröffneten sich somit Möglichkeiten, deutlich höhere Löhne und Gehälter zu verdienen, doch der Großteil der arbeitenden Bevölkerung Indiens findet sich nach wie vor in der Landwirtschaft und auf anderen Gebieten des informellen Sektors; mehr als neunzig Prozent der arbeitenden Bevölkerung sind in diesem Bereich beschäftigt, und Löhne und Produktivität bewegen sich dort – tendenziell auch weiterhin – auf sehr niedrigem Niveau.[33] Diese Strukturen sind ganz offenkundig von Bedeutung, auch wenn darüber hinaus noch viele andere Faktoren dazu beigetragen haben, dass es dem Wachstumsprozess in Indien an jeglichem partizipatorischen Charakter fehlt.[34]

Abgesehen von diesem Problem ist es dringend notwendig, danach zu fragen, wie es um die Verfügbarkeit – und die Qualität – der öffentlichen Infrastruktur und Versorgung bestellt ist. Tatsächlich hängen beide Themen eng zusammen, da insbesondere mangelnde Fortschritte im Bildungs- und Gesundheitswesen die Freiheit der Menschen beschränken, Arbeit in der traditionellen Industrie zu finden, die ihnen eine Perspektive bietet. Solche Zusammenhänge sind eingehender zu untersuchen, doch zunächst ist es wichtig zu erkennen, dass die mangelnden Fortschritte in der öffentlichen Versorgung die Möglichkeiten, die Lebensqualität der Menschen zu verbessern, erheblich beeinträchtigen. Denn tatsächlich ist das nur zögerliche Wachstum der Pro-Kopf-Ausgaben lediglich ein Aspekt der insgesamt enttäuschenden Entwicklung, was die Lebensverhältnisse der Bevölkerung in den vergangenen rund zwanzig Jahren anbelangt. Wie wir im dritten Kapitel noch diskutieren werden, besteht in Indien zudem ein frappierendes Missverhältnis zwischen dem im Hinblick auf die Einkommensentwicklung Erreichten einerseits und der Verbesserung der Lebensbedingungen andererseits, etwa was Lebenserwartung, Gesundheitsvorsorge, Alphabetisierung,

Bildungschancen, Unterernährung bei Kindern, soziale Möglichkeiten und anderes mehr angeht.

Um nur ein Beispiel herauszugreifen: In den vergangenen zwei Jahrzehnten gab es in Indien nur sehr geringe Verbesserungen bei den Ernährungsindikatoren. Die Nährstoffaufnahmemengen der Bevölkerung sind *gesunken* (ob Kalorien, Proteine oder Spurenelemente – praktisch alles außer Fett); die Ursachen sind zwar nicht ganz klar, doch die Erklärungsansätze eignen sich nicht gerade, die Entwicklung für unproblematisch zu halten.[35] Anthropometrische Indikatoren ihrerseits zeigen nur geringe Verbesserungen. Jüngsten statistischen Daten des National Family Health Survey zufolge gab es zwischen 1998/99 und 2005/6 praktisch keine Veränderungen beim Körpergewicht von Kindern, während das Auftreten von Anämien im gleichen Zeitraum *zunahm*. Nun lässt sich gewiss ausführlich über verschiedene Methoden diskutieren, Unterernährung zu messen, doch besteht kein Zweifel, dass in Indien der Anteil unterernährter Kinder immer noch weitaus höher liegt als in beinahe jedem anderen Land der Welt, selbst nach dreißig Jahren raschen Wirtschaftswachstums. In vielen Ländern gelang es in kürzerer Zeit, deutliche Verbesserungen beim Gesundheitszustand und der ausreichenden Ernährung der Bevölkerung zu erreichen, und das auch mit geringeren Wachstumsraten. Wir werden zu diesem Thema in den folgenden Kapiteln noch Verschiedenes anzumerken haben.

Entwicklung, Institutionen und menschliche Verwirklichungschancen

Die Beziehung zwischen Wachstum und Entwicklung – ihre Unterschiede wie auch ihre wechselseitige Abhängigkeit – bildet ein zentrales Thema unseres Buchs. Während die Literatur, die sich der Unterscheidung beider widmet, eher überschaubar bleibt (obgleich der *Human Development*-Ansatz, wie ihn Mahbub ul Haq und andere vertreten, die Aufmerksamkeit genau auf mögliche Widersprüche zwischen beiden lenkt), vergrößert sich die Zahl der Studien ständig, die den Kausalzusammenhang des Wachstums oder auch von Wachstum und Entwicklung gleichermaßen in den Fokus rücken. Manche dieser Arbeiten gehen auf umfangreiche empirische Forschung zurück und unternehmen internationale Ländervergleiche, was sie für unsere Studie zweifellos relevant macht.

Von vielen Seiten wurde in diesem Zusammenhang die Bedeutung von Institutionen (in einem weiten Sinne) hervorgehoben, die wirtschaftliche Initiative und Tätigkeit absichern und fördern.[36] Eine Herausbildung wachstumsfreundlicher Institutionen wird möglicherweise durch soziale Schranken, aber auch durch bestimmte restriktive Regierungstraditionen behindert. In ihrem Buch *Warum Nationen scheitern* beleuchten Daron Acemoglu und James Robinson beide Arten von Hindernissen, wenn sie in knappen Worten die Situation Indiens bereits in vorkolonialer Zeit, besonders aber unter der Kolonialherrschaft zusammenfassen:

> In Indien herrschte eine andere institutionelle Entwicklungstendenz vor und ließ ein beispiellos starres, erblich zementiertes Kastensystem entstehen, das die Möglichkeiten der Berufswahl und die Marktfunktionen noch stärker einschränkte als es die Feudalordnung im mittelalterlichen Europa tat. ... Obwohl indische Kaufleute überall im Umfeld des Indischen Ozeans Handel trieben und eine bedeutende indische Textilindustrie entstand, waren das Kastensystem und der Mogul-Absolutismus ernsthafte Hindernisse für das Aufkommen inklusiver Wirtschaftsinstitutionen. Im 19. Jahrhundert wurden die Voraussetzungen für die Industrialisierung noch ungünstiger, da die Engländer Indien zu einer extraktiven Kolonie machten.[37]

Das Kastensystem stellte tatsächlich für den gesellschaftlichen Fortschritt in Indien ein erhebliches Hindernis dar, und das nicht nur dadurch, dass es kontraproduktive Formen der Arbeitsteilung aufnötigte, sondern, wichtiger noch, worauf bereits B. R. Ambedkar mit großer Klarheit hingewiesen hatte, weil es auf sozial verheerende Weise Menschen in gleichsam in Erz gegossene Kategorien einteilte.[38] Der Kolonialismus wiederum ist ein Hindernis, das Indien mit anderen Ländern in Asien und Afrika teilt. Japan entging diesem Schicksal, indem es sich abschottete und beispielsweise keine Handelsniederlassungen zuließ, die dem Kolonialismus in Indien, China, Indonesien, Malaysia und anderswo den Boden bereitet hatten. Mit der Meiji-Restauration nach 1868 schließlich spielte die japanische Führung ihre Handlungsmöglichkeiten aus und ergriff wohlüberlegt die Initiative, die wirtschaftliche Entwicklung voranzutreiben. Japan war, als nicht kolonial beherrschtes Land, in der Lage, die Voraussetzungen zur «Entwicklung inklusiverer politischer und weitaus inklusiverer wirtschaftlicher Institutionen» zu schaffen, wie Acemoglu und Robinson festhalten.[39]

Eine ganz zentrale Rolle kommt im gesellschaftlichen und wirtschaftlichen Entwicklungsprozess notwendigerweise der Bildung zu, der Vermittlung von Kenntnissen und Fähigkeiten. In seiner Studie *The Gifts of Athena* liefert Joel Mokyr eine bemerkenswerte Analyse der entscheidenden Bedeutung, die gerade der Akkumulation von Wissen bei der Verwandlung vormoderner westlicher Gesellschaften in moderne Volkswirtschaften zufiel. Auch Elhanan Helpman untersucht in seinem Buch *The Mystery of Economic Growth* die Akkumulation von Wissen und vor allem die Rolle des institutionellen Wandels, um unter anderem aufzuzeigen, wie das Rätsel des Wirtschaftswachstums auf die steigende totale Faktorproduktivität verweist, die insbesondere Bildung und die Ausweitung von Kenntnissen und Wissen zur Voraussetzung hat.[40]

Im fünften Kapitel werden wir uns diesem wichtigen Thema widmen und auch der Frage nachgehen, wie Japan die Abwesenheit von Kolonialherrschaft nutzte, um ein Programm wirtschaftlicher Entwicklung zu verfolgen, in dessen nationalistischer Ausrichtung Bildung eine zentrale Rolle spielte. Der *Gakusei*, die grundlegende Bildungsverordnung von 1872, vier Jahre nach dem Beginn der Meiji-Restauration, formulierte die öffentliche Verpflichtung, dafür Sorge zu tragen, dass es zukünftig «keine Gemeinde, in der eine Familie, keine Familie, in der eine Person nicht lesen und schreiben kann», geben werde.[41] Kido Takayoshi, einer der führenden Männer der Reform, erklärte die Grundidee: «Unser Volk unterscheidet sich nicht von den Amerikanern oder Europäern heute; es ist alles eine Frage der Bildung oder eines Mangels an Bildung.»[42]

Bildung und andere Wege, menschliche Verwirklichungschancen zu erweitern, spielen eine unverzichtbare, grundlegende Rolle im Entwicklungsdenken und sind daher auch zentrale Themen dieses Buchs. Das schmälert selbstverständlich keineswegs die Bedeutung angemessener institutioneller Strukturen für die Wirtschaft. Allerdings mag, wie Edward Glaeser, Rafael La Porta, Florencio Lopez-de-Silane und Andrei Shleifer in ihrem kritischen Beitrag «Do Institutions Cause Growth?» zu bedenken geben, die Entwicklung von Humankapital ein erstrebenswerteres Ziel sein – unabhängig vom jeweiligen Unterbau –, als eine im Vorhinein feststehende Liste vermeintlich notwendiger Institutionen zusammenzustellen.[43] Die wesentliche Rolle von Institutionen anzuerkennen bedeutet keineswegs, stereotyp an bestimmten institutionellen Erfordernissen festzuhalten, die historische Untersuchungen als Blaupause für die Zukunft empfehlen. Eine intelligente und sachkundige politische Analyse wird die allgemeine Notwendigkeit von guten, den konkreten Umständen angemessenen Institutionen nicht in Abrede stellen, dabei aber die grundlegenden Verbindungen zwischen wirtschaftlichem Wachstum und der Stärkung von Bildung und Humankapital nicht aus den Augen verlieren.

Die Bedeutung von Institutionen ist kaum zu leugnen, doch lassen sich institutionelle Reformen keineswegs darauf beschränken, eine Checkliste scheinbarer Notwendigkeiten abzuarbeiten. «Alles in allem», so merken Michael Trebilcock und Mariana Prado mit Blick auf eine Fülle empirischer Untersuchungen recht verhalten an, «sprechen zwar zahlreiche empirische Anhaltspunkte dafür, dass Institutionen von Bedeutung sind, wenn es um Entwicklung geht, doch wissen wir sehr wenig darüber, welche Institutionen oder welche besonderen institutionellen Merkmale in welchen Kategorien von Institutionen tatsächlich von Bedeutung sind.»[44] Wir werden keine Checkliste erstellen, doch ist das keine Einladung, die institutionelle Perspektive, wie sie vielleicht ganz allgemein zu nennen wäre, zu übergehen. Vielmehr verweist die Bandbreite der Verbindungen, wie empirische Studien sie aufzeigen, auf die Notwendigkeit, die unter bestimmten Umständen gegebenen, besonderen institutionellen Erfordernisse festzustellen und genau zu untersuchen. Auf die Bedeutung verschiedener Arten von Institutionen für Indien werden wir im Verlauf dieses Buchs noch zurückkommen. Zu erörtern sind dabei sowohl – wie in den gerade angeführten Untersuchungen – Institutionen, die für Wachstum und Entwicklung gleichermaßen wichtig sind, als auch die besonderen institutionellen Anforderungen, um Wachstumserfolge in eine breitere Perspektive der Entwicklung und des menschlichen Wohlergehens zu übersetzen. Die institutionellen Voraussetzungen schnellen Wirtschaftswachstums bedürfen der Ergänzung durch besondere Instrumente und Strukturen, um den Lebensstandard der Menschen zu erhöhen.

Wechselseitigkeit von Wachstum und Entwicklung

Wie sich das Wirtschaftswachstum auf das Leben der Menschen auswirkt, hängt zum einen von der Einkommensverteilung im Land ab, doch in starkem Maß auch davon, wie die Einnahmen verwendet werden, die in Zeiten expandierender Wirtschaft in die Staatskasse fließen. Wenn in China die öffentliche Hand 2,7 Prozent des Bruttoinlandsprodukts für das Gesundheitswesen aufwendet, während es in Indien nur relativ magere 1,2 Prozent sind, so erweist dieser Umstand seine unmittelbare Relevanz im, verglichen mit Indien, weitaus fortgeschritteneren öffentlichen Gesundheitswesen, aber auch beispielsweise durch die um rund acht Jahre höhere Lebenserwartung in China.

Eine Folge der relativ mäßigen Ausstattung des öffentlichen Gesundheitssystems in Indien ist, dass bemerkenswert viele arme Menschen überall im Land auf privatärztliche Versorgung angewiesen sind, wobei die medizinische Ausbildung der Ärzte häufig dürftig ist, wenn überhaupt vorhanden. Zudem ist das Gesundheitswesen ein typischer Fall von asymmetrischer Information, denn insbesondere Patienten wissen oft sehr wenig über ihre Erkrankungen oder auch darüber, welche Arzneien verabreicht werden und warum. Entsprechend groß sind die Möglichkeiten, die Erkrankten und ihre Familien zu übervorteilen, da es an öffentlichen medizinischen Einrichtungen mangelt, die den Patienten mit Hilfe und Rat zur Seite stehen.[45] Wir werden auf das Problem Gesundheit und Gesundheitswesen in Indien in Kapitel 6 zurückkommen.

Indien hatte sich entschieden, auf private Gesundheitsvorsorge zu bauen, ohne durch ein stabiles öffentliches System medizinischer Einrichtungen ein solides Fundament zu schaffen, wie es historisch in beinahe jedem Fall einer nachhaltigen Verbesserung des allgemeinen Gesundheitszustands weltweit Grundlage war – von Großbritannien bis Japan, von China bis Brasilien, von Südkorea bis Costa Rica. Selbst innerhalb Indiens existieren Erfahrungen in dieser Richtung, namentlich in Kerala im Südwesten des Landes, wo man zunächst auf den vorrangigen Ausbau des öffentlichen Gesundheitssystems statt auf private medizinische Versorgung in größerem Umfang setzte. Die Fürsprecher eines privatwirtschaftlich organisierten Gesundheitswesens übersehen nicht selten die tatsächliche Effektivität der öffentlichen Strukturen, etwa wenn sie auf die Fülle privater Angebote in der medizinischen Versorgung hinweisen, wie sie sich heute auch in Kerala findet. Die Verbesserung des Gesundheitszustands der Bevölkerung in diesem Bundesstaat gründete ursprünglich auf den soliden Fundamenten einer staatlich garantierten allgemeinen Versorgung, und erst später entwickelte sich ein rasch wachsendes privatwirtschaftliches Gesundheitswesen, das insbesondere die zu neuem Wohlstand gekommenen Schichten in Anspruch nahmen. In Kerala war ein rasanter Anstieg der Einkommen zu verzeichnen, befördert nicht zuletzt durch die Entwicklung der menschlichen Potenziale im Land (dazu mehr im folgenden Kapitel), sodass hier schließlich die Grundlagen für die Herausbildung eines privaten Gesundheitssektors gegeben waren. Tatsächlich bedeutet es einen himmelweiten Unterschied, ob die zusätzlichen Möglichkeiten privater medizinischer Versorgung zugelassen – und sogar gefördert – werden, um ein ziemlich gut funktionierendes staatliches System abzurunden (wie das in Kerala geschah), oder ob ganz auf eine privatwirtschaftliche Gesundheitsversorgung gebaut werden soll, während der Staat nur in sehr geringem Maß medizinische Einrichtungen zur Verfügung stellt (wie in vielen anderen Bundesstaaten, insbesondere in Nordindien). Nicht zuletzt vor dem Hintergrund der wirtschaftswissenschaftlichen Auseinandersetzung mit Fragen asymmetrischer Information ist zudem Vorsicht angeraten, wenn der Versuch unternommen wird, die Versorgung durch ein privatwirtschaftliches Gesundheitssystem oder eine private Krankenversicherung zu subventionieren, denn durch gewinnorientierte Geschäftstätigkeit bei gleichzeitig sehr ungleich verteiltem Wissen in medizinischen Belangen entstehen Probleme, die nicht allein mit wirtschaftlicher Armut zusammenhängen.[46] Einer Reihe ähnlich gelagerter Schwierigkeiten begegnen wir in Indien auch im Zusammenhang mit der Bildungsplanung, insbesondere im Bereich der Schulen. (Wir werden dies in Kapitel 5 erörtern.)

Wirtschaftswachstum ist zweifellos ein wichtiges Mittel, die Lebensverhältnisse der Menschen zu verbessern, doch wie wir bereits hervorgehoben haben, gilt es zu verstehen, dass Reichweite und Wirkung dieses Mittels in hohem Maße davon abhängen, was mit den Früchten des Wachstums geschieht. In der Beziehung zwischen Wirtschaftswachstum und Steigerung des Lebensstandards kommt es auf zahlreiche Faktoren an, auf wirtschaftliche und soziale Ungleichheiten im Allgemeinen ebenso sehr wie darauf, was der Staat mit den Einnahmen der öffentlichen Hand anfängt, die das Wachstum mehren. Die Bedeutung wirtschaftlicher Expansion ist daher angemessen nur in einem solchen breiteren Kontext zu begreifen. Die Rolle des Wachstums für die Entwicklung im Sinne der Verbesserung menschlichen Lebens und der Stärkung menschlicher Freiheit hervorzuheben ist ebenso notwendig wie umgekehrt zu verstehen, dass die Wachstumsmöglichkeiten eines Landes von der Verbesserung menschlicher Verwirklichungschancen (durch Bildungs-, Gesundheits- und andere Einrichtungen) abhängen und der Staat hierbei sehr konstruktiv ins Spiel kommen kann.[47]

Als Indien in den neunziger Jahren ein längerfristig angelegtes Reformprogramm in Angriff nahm, hatte die wirtschaftspolitische Steuerung im Land in doppelter Hinsicht versagt. Zum einen war es nicht gelungen, sich die *schöpferische Rolle des Marktes* zunutze zu machen, insbesondere im Hinblick darauf, Eigeninitiative zu unterstützen, Effizienz zu fördern und komplexe ökonomische Abläufe zu koordinieren. Das System des sogenannten *Licence Raj* – das es notwendig machte, jegliche private Initiative behördlich genehmigen zu lassen – erschwerte unternehmerischen Vorhaben das Leben ungemein und lieferte sie auf allen Ebenen der Gnade der Bürokratie aus, was nicht nur den Unternehmungsgeist weithin lähmte, sondern auch massiv die Korruption förderte. Die Reformen schufen in diesem Fall gescheiterter wirtschaftspolitischer Steuerung teilweise Abhilfe: Die Streichung willkürlicher Kontrollen und die größere Offenheit für internationale Wirtschaftsbeziehungen verhalfen Indiens Ökonomie zu einer soliden Grundlage für künftige, hohe Wachstumsraten. Es bleibt noch mehr zu tun, sowohl was die Vereinfachung von *Regelungen* oder die Abschaffung widersinniger Vorschriften angeht (denn nach wie vor behindern willkürliche Beschränkungen und bürokratische Einflussnahme die Entwicklung der indischen Wirtschaft), als auch im Hinblick darauf sicherzustellen, dass staatliche *Regulierung* (die ein wesentlicher Aspekt jeder modernen Volkswirtschaft ist) zielgerichtet, effektiv und transparent wirkt – und der Korruption möglichst wenig Angriffsfläche bietet.

Dringende Aufmerksamkeit verlangt indes noch ein anderer Aspekt – das unübersehbare Versäumnis, die *schöpferische Rolle des Staates* für Wachstum und Entwicklung einzusetzen. Obgleich es in der Zeit vor den Reformen jede Menge staatlicher Eingriffe gab, waren diese in der Hauptsache negativer oder restriktiver Art, ließen aber vollkommen außer Acht, dass auf vielen Gebieten konstruktive öffentliche Maßnahmen Beachtliches hätten erreichen können. Nur schleppend wurde darauf reagiert, dass es dringend notwendig war, Indiens erstaunlich unterentwickelte Infrastruktur in Ordnung zu bringen und ein funktionsfähiges, auf Verantwortung und Kooperation gegründetes System der öffentlichen Verwaltung aufzubauen. Hinzu kommt die Vernachlässigung der physischen Infrastruktur (Energie, Wasser, Straßen, Eisenbahnen), die staatliche wie privatwirtschaftliche Initiative erforderte. Viele Bereiche, die in den Wirtschaftswissenschaften «öffentliche Güter» genannt werden, ignorierte man weiterhin.

Der radikale Wandel in den neunziger Jahren trug wenig dazu bei, die Versäumnisse in diesem Bereich zu korrigieren. Wenn die Dinge sich auch hier zu ändern begannen (obgleich recht langsam), so ist das, zumindest teilweise, dem demokratischen politischen System in Indien zu verdanken. Zunehmend ist festzustellen, dass unerfüllte Grundbedürfnisse der Bevölkerung wahlentscheidend sein können, ob es um Schulen, Gesundheit, Wasser oder die Verantwortlichkeit von Beamten geht; verschiedenen sozialen Bewegungen ist es ebenso wie bestimmten Teilen der Medien gelungen, dass elementaren Menschenrechten, aber auch der Bekämpfung der Korruption mehr Aufmerksamkeit zuteilwird.

Wo also steht Indien heute nach all dem? Das Wirtschaftswachstum ist, so viel lässt sich sagen, erfreulich hoch, auch auf dem heutigen, etwas rückläufigen Niveau, nachdem es in fünf von sechs Jahren nach 2005/6 bei rund acht Prozent gelegen hatte, doch die Früchte dieses Wachstums werden nach wie vor auffallend ungleich verteilt. Die Armutsquote ist gesunken, doch bei weitem nicht in einem Maße, wie es zu erreichen gewesen wäre, hätte man der Verteilungsseite sowie der Erfüllung wichtiger öffentlicher Aufgaben mehr Aufmerksamkeit geschenkt. Manche Misserfolge sind gewaltig, wie die nach wie vor bestehende Unterernährung eines großen Teils der Bevölkerung, und insbesondere bei Kindern – Indien gehört in diesem Bereich weltweit zu den Schlusslichtern, selbst im Vergleich zu vielen Ländern, die bezogen auf das reale Pro-Kopf-Bruttoinlandsprodukt bedeutend ärmer sind. Ein weiteres großes Versäumnis bleibt, dass ein öffentliches Gesundheitssystem, das einem Großteil der Bevölkerung medizinische Versorgung böte, nicht existiert. Nicht zu vergessen schließlich der Skandal, dass nach wie vor ein Viertel der Bevölkerung – darunter nahezu die Hälfte aller Frauen – faktisch weder lesen noch schreiben kann, und das in einem Land der Höchstleistungen im Hightech-Sektor, deren Grundlagen hervorragende Studiengänge und die hochspezialisierte Anwendung des Wissens sind. Ein demokratisches Land kann wohl kaum ernsthaft danach streben, teils wie Kalifornien und teils wie Afrika südlich der Sahara zu werden.

Richten wir den Blick nach vorn, lassen sich die beiden Hauptprobleme, vor denen die indische Volkswirtschaft heute steht, wie folgt beschreiben: Erstens geht es darum, die großen Ungleichheiten, die Spaltung zwischen Privilegierten und allen anderen im Land zu beseitigen, und dabei zugleich Wirtschaftswachstum und Konjunktur insgesamt aufrechtzuerhalten und zu fördern; zweitens ist mehr Verantwortlichkeit ins ökonomische Geschehen zu bringen, und zwar insbesondere in die Arbeit öffentlicher Dienstleistungen und der öffentlichen Verwaltung. Im folgenden Kapitel werden wir die gewaltigen Nachteile der großen Ungleichheiten, die Indiens wirtschaftlichen und gesellschaftlichen Fortschritt lähmen, in einer vergleichenden Perspektive diskutieren, um uns dann in Kapitel 4 verschiedenen Schwierigkeiten im institutionellen Gefüge zuzuwenden, die den sozialen und ökonomischen Wandel in Indien behindern und beschränken, insbesondere der Frage der Verantwortlichkeit und dem damit zusammenhängenden Thema einer scheinbar allgegenwärtigen Korruption. Beide genannten Probleme jedenfalls sind ganz entscheidende Punkte auf der unvollendeten Agenda von Wachstum und Entwicklung im heutigen Indien.

Nachhaltige Entwicklung

Ein weiterer Aspekt ist zu bedenken, wenn es um die wirtschaftliche Entwicklung Indiens geht, nämlich der Aspekt der Nachhaltigkeit. Das Thema ist nicht neu. Der Fortbestand und die Belastbarkeit der natürlichen Welt, die wir bewohnen, galt bis zu einem gewissen Grad immer schon als Voraussetzung und Unterpfand menschlichen Lebens. Allerdings wurde das sogenannte menschliche Dilemma, einschließlich unserer Sterblichkeit und Schwäche, für gewöhnlich als ein nur das Individuum berührendes Schicksal begriffen und häufig der Kraft und Fortdauer der Menschheit als kollektiver Wesenheit entgegengestellt; tatsächlich neigten Menschen geschichtlich zu allen Zeiten dazu, die Natur für unvergänglich und unseren Platz in ihr für gegeben zu halten. Die Verletzlichkeit des individuellen Lebens (einschließlich seiner unausweichlichen Vergänglichkeit) wurde typischerweise als ein gleichermaßen individuelles Dilemma betrachtet, das die Menschheit als solche nicht betraf. In den vergangenen Jahrzehnten hat sich diese Wahrnehmung überall auf der Welt dramatisch gewandelt, und tatsächlich lässt sich kaum ein Thema benennen, das bei denkenden Menschen gegenwärtig ähnlich ernste Besorgnis auslöst wie die Verwundbarkeit und Gefährdung der Umwelt, in der wir leben. Menschen sind zutiefst besorgt, wie menschliches Leben sich auch in Zukunft glücklich entfalten, ja möglicherweise überhaupt in der uns bekannten Form fortbestehen kann, wenn der Raubbau an unserer Umwelt in der heute erreichten Geschwindigkeit weitergeht.

In Indien besteht aller Grund zur Sorge über den Umgang mit der Umwelt ebenso wie über die Folgen für das Leben, das Menschen in diesem ökologisch zunehmend belasteten und teilweise zerstörten Land werden führen können. Tatsächlich war das beschleunigte wirtschaftliche Wachstum der vergangenen Jahrzehnte begleitet von Umweltzerstörungen in einem bisher nie gekannten Ausmaß. Wasser wurde hemmungslos vergeudet, was in vielen Gebieten zu einer dramatischen Absenkung des Grundwasserspiegels führte. Aus majestätischen Strömen wurden Rinnsale oder aber Kloaken. Minen, oft illegal entstanden, trafen kaum Vorkehrungen zum Umweltschutz, zerstörten Wälder und vertrieben Gemeinden. Die Luftverschmutzung stieg so weit, dass Indien heute unter 132 Ländern, aus denen Vergleichsdaten vorliegen, bei der Schadstoffbelastung einen Spitzenplatz einnimmt.[48]

Indiens natürliche Reichtümer sind Schätzungen zufolge zwischen 1990 und 2008 wertmäßig um sechs Prozent geschrumpft (und um dreißig Prozent pro Kopf der Bevölkerung).[49] Doch all das sind womöglich nur Vorboten dessen, was noch kommen mag: Umweltschäden verschiedenster Art werden sich in naher Zukunft wahrscheinlich vervielfachen, man denke allein nur an die mehreren hundert geplanten Staudämme entlang des Ganges und seiner Nebenflüsse.[50]

Die grundlegende Aufgabe eines nachhaltigen Umweltschutzes wurde durch die kurzsichtige Konzentration auf die aktuelle Wachstumsrate des BIP beiseitegeschoben; sie ist es, die ganz offenbar in den Medien Beachtung findet, und selbst politische Debatten drehen sich vornehmlich um die Frage, wie Indien den Weg von Wachstum und Entwicklung fortsetzen kann. Dieses mangelnde Interesse an der Umwelt scheint in den vergangenen Jahren noch deutlich zugenommen zu haben. Ramachandra Guha merkt dazu an:

> Im Zuge der Liberalisierung der Wirtschaft [...] wurden Umweltschutzbestimmungen systematisch abgebaut. Das Ministerium für Umwelt und Forsten hat umweltzerstörenden Vorhaben hemmungslos den Weg freigemacht. Sanktionen gegen einzelne, die Umwelt verschmutzende Unternehmen werden praktisch nie durchgesetzt. Auch wenn für jedes neue Vorhaben eine Umweltverträglichkeitsprüfung (*Environmental Impact Assessment* – EIA) vorgeschrieben ist, sind die Genehmigungen, wie Umweltminister Jairam Ramesh im März 2011 freimütig eingestand, ‹letztlich ein Witz›, da nach ‹heute geltenden Regeln die gleiche Person, die das Vorhaben beantragt, auch den Prüfbericht erstellt›.[51]

Die ökologischen Schäden gelten häufig als Symptome eines Konflikts zwischen Umwelt und Entwicklung. Doch ist eine solche Interpretation vollkommen irreführend. Wenn Entwicklung dazu dient, menschliche Freiheiten zu entfalten und Lebensqualität zu erhöhen – ein wesentliches Verständnis von Entwicklung, das wir immer wieder geltend gemacht haben –, so ist eine intakte Umwelt ein unverzichtbarer Teil dessen, was wir bewahren und fördern wollen. Tatsächlich kann eine solche umfassendere Perspektive nicht nur dazu beitragen, Entwicklung und die Sorge um die Umwelt zu integrieren, sondern auch ein besseres Verständnis der ökologischen Herausforderungen fördern, mit Blick auf Qualität und Freiheit menschlichen Lebens – heute und in der Zukunft.[52]

Die Sorge um die Umwelt muss, das gilt es zu verstehen, das Engagement für Entwicklung, für die Beseitigung von Armut und Mangel nicht mindern. In der umfassenderen Perspektive, in der Entwicklung bedeutet, die menschliche Freiheit substanziell zu fördern, besteht notwendig ein enger Zusammenhang zwischen der Bekämpfung der Armut und der Verantwortung für die Umwelt. Entwicklung sind nicht bloß abstrakte Zahlen, die Auskunft über die Möglichkeiten der Befriedigung materieller Bedürfnisse geben, wie etwa das Wachstum des BIP (oder des individuellen Einkommens), noch ist es die Verwandlung der Welt um uns herum, die Industrialisierung, der technische Fortschritt oder die Modernisierung der Gesellschaft. Vielmehr bedeutet Entwicklung letztlich den Fortschritt menschlicher Freiheit und die Möglichkeit, ein Leben zu führen, das Menschen aus gutem Grund für lebenswert halten.

Wenn wir bereit sind, die Notwendigkeit anzuerkennen, die Welt in einer solchen umfassenderen Perspektive zu betrachten, wird unmittelbar deutlich, dass Entwicklung nicht von ökologischen Bedenken und der Sorge um die Umwelt zu trennen ist. Denn sollte beispielsweise zu einem lebenswerten Leben gehören, dass es nicht durch Schadstoffe beeinträchtigt ist, so wird die Bewahrung einer schadstofffreien Atmosphäre notwendigerweise ein bedeutendes Entwicklungsziel. Gerade für arme Menschen, die häufig einen viel größeren Teil ihres alltäglichen Lebens im Freien verbringen – manchmal sogar auf der Straße übernachten –, ist die Luftqualität von ganz entscheidendem Belang für das Ausmaß an Entbehrung in ihrem Leben. Und wenn nicht unerhebliche Teile Indiens – gar nicht zu reden von den Malediven oder weiten Landstrichen in Bangladesch – von steigenden Ozeanfluten überschwemmt werden, was gut möglich ist, wenn die globale Erwärmung weiter fortschreitet, werden die Menschen, die am meisten darunter zu leiden haben, mit Sicherheit zu den ärmeren in den betroffenen Gebieten und Ländern gehören, Menschen, denen kaum Alternativen für ihre künftige wirtschaftliche und soziale Existenz zur Verfügung stehen. Tatsächlich werden, worauf etwa Nicholas Stern hinweist, die mit dem Klimawandel verbundenen Risiken das Leben von Menschen weltweit auf ganz verschiedene Art berühren, und die Zuspitzung von Ungleichheiten wird in diesem Zusammenhang eines der wichtigsten Probleme sein.[53]

Wenn Entwicklung darauf zielt, die Freiheit zu erweitern, wird dies die Abschaffung der Armut ebenso umschließen wie die Aufmerksamkeit für ökologische Fragen; sie sind integrale Bestandteile einer einzigen Sorge, die letztlich der Bewahrung und dem Fortschritt menschlicher Freiheiten gilt. Denn wichtige Bausteine dieser menschlichen Freiheiten – und unverzichtbare Zutaten unserer Lebensqualität – sind durch und durch abhängig von der Beschaffenheit dieser Umwelt, der Luft, die wir atmen, des Wassers, das wir trinken, oder auch der durch Krankheiten und Seuchen gefährdeten Umgebung, in der wir leben. Die Möglichkeit, ein Leben zu führen, das – aus gutem Grund – für lebenswert gehalten wird, hängt unter anderem von der Natur und der Robustheit der Umwelt ab. In diesem Sinn muss Entwicklung die Umwelt einschließen, und der Glaube, Entwicklung und Umwelt befänden sich auf Kollisionskurs, passt nicht zur Erkenntnis, dass beide offenkundig wechselseitig voneinander abhängen und sich ergänzen.

3. INDIEN IN VERGLEICHENDER PERSPEKTIVE

«Das Erste, woran ich mich im Zusammenhang mit Indien erinnere», erzählt Anand Giridharadas in seinem ausgezeichneten Buch *India Calling*, «war, dass meine Eltern beschlossen hatten, das Land zu verlassen. [...] Meine Eltern gingen in den 1970ern aus Indien fort, als im Westen alle Wege voller Möglichkeiten schienen, in Indien hingegen nur voller Schlaglöcher. Und nun, ein Vierteljahrhundert, nachdem mein Vater als Student zum ersten Mal amerikanischen Boden betreten hatte, flog ich zurück Richtung Osten, um in dem Land, das sie verlassen hatten, einen Neuanfang zu wagen.»[1] Eine solche Perspektive auf ein sich rasant veränderndes Indien, das sich auf der Weltbühne einen neuen Platz erobert, ist gleichermaßen sympathisch und aufregend. Dieses alte – und lange Zeit heruntergekommene – Land, das jungen Frauen und Männern gewöhnlich kaum Chancen bot, brummt heute nicht nur vor lauter aufregenden Möglichkeiten im Erwerbs- und Wirtschaftsleben, sondern es steckt auch auf kreativem Gebiet, in Literatur, Musik, Film, in den Natur- und Ingenieurswissenschaften und in anderen Bereichen intellektueller und künstlerischer Beschäftigung voll neuer Energie. Zweifellos «ruft» Indien heute, und es hat viel zu bieten.

Das Leben kann in diesem rasanten Wandel wirklich aufregend sein, und das Bild eines neuen Indien voller dramatischer Veränderungen ist ebenso zutreffend wie bedeutsam. Und doch bleibt, wie in den vorangegangenen Kapiteln bereits erörtert, die Mehrheit der indischen Bevölkerung bei der Verbesserung des Lebensstandards abgehängt. Viele der neuen Freiheiten und frischen Chancen kann lediglich eine Minderheit genießen – gewiss nicht wenige an der Zahl, dennoch eine Minderheit. Vergleicht man daher Indien mit dem Rest der Welt, um festzustellen, wo das Land heute steht, hängt das Ergebnis in erheblichem Maß davon ab, welche Bereiche der indischen Gesellschaft man betrachtet.

Vergleiche Indiens mit anderen Ländern zielen häufig einzig und allein darauf, zu sehen, wie das Land auf internationalem Parkett abschneidet, welchen Rang Indien belegt (etwa beim Ländervergleich nach Bruttoinlandsprodukt pro Kopf). Das mag keine schlechte Vorgehensweise sein – die indische Begeisterung für die Platzierung des Landes im weltweiten Wettbewerb bietet unter Umständen wirklich einen geeigneten Anknüpfungspunkt. Doch hängt viel davon ab, auf welche Variablen sich ein solches Ranking bezieht. Der Hype in der Öffentlichkeit um die Wachstumsrate des Bruttoinlandsprodukts oder auch des Bruttosozialprodukts bezieht seine Attraktivität daher, dass Indien in dieser Liga tatsächlich weit oben mitspielt. Die Erfolgsgeschichte der Spitzenleistungen will allerdings nicht so recht zum eher mittelmäßigen Abschneiden des Landes bei der Verbesserung der Lebensqualität passen, wie das verschiedene soziale Schlüsselindikatoren belegen.

Die glückliche und erfolgreiche Minderheit in Indien ist nach absoluten Zahlen eine relativ große Gruppe. Auch wenn die Schätzungen schwanken, dürfte es sich gewiss um weit mehr als 100 Millionen Menschen handeln – die meisten Länder der Erde erreichen nicht annähernd eine solche Bevölkerungszahl. Doch angesichts der rund 1,2 Milliarden Einwohner Indiens ist die Gruppe der Glücklichen für die Statistik trotz allem nicht bedeutend genug, um bei den landesweiten Durchschnittswerten der meisten Sozialindikatoren tatsächlich den Ausschlag geben zu können. Wenn wir im Folgenden indische Durchschnittszahlen mit Mittelwerten anderer Länder vergleichen, behalten wir dabei dennoch im Sinn, dass selbst das relativ niedrige Niveau der Zahlen aus Indien den tatsächlichen Lebensstandard der Menschen, die nicht der privilegierten Minderheit angehören, noch übertreibt. Obgleich das natürlich auch in anderen Ländern zutrifft, bekommt es im Falle Indiens eine besondere Relevanz durch die enormen Klassen-, Kasten- und Geschlechterungleichheiten in der indischen Gesellschaft. (Wir werden auf diesen Punkt in den Kapiteln 8 und 9 zurückkommen.)

Vergleiche mit armen Ländern außerhalb Afrikas

In einer früheren Studie haben wir festgestellt, dass menschliche Armut in zwei Weltregionen stark konzentriert auftritt, nämlich in Südasien und in Afrika südlich der Sahara.[2] Das traf nun viele Jahrzehnte lang zu, und es gilt größtenteils auch heute noch. So finden sich beispielsweise die meisten der Länder mit einem niedrigen Index menschlicher Entwicklung (*Human Development Index* – HDI) in diesen beiden Regionen. Kambodscha, Haiti, Papua-Neuguinea und Jemen gehören als Länder mit dramatisch hoher Armut zu den wenigen Ausnahmen in anderen Weltregionen.

Obgleich Südasien und Afrika südlich der Sahara die Probleme weitverbreiteter Armut teilen, sind sie selbstverständlich nicht in jeder Hinsicht in der gleichen Situation. Die Lebensbedingungen sind heute in Südasien (und auch in Indien) vielfach bedeutend besser als in den afrikanischen Ländern südlich der Sahara, was zum Teil schnell fortschreitenden Verbesserungen in den vergangenen rund zwei Jahrzehnten geschuldet ist. So liegt heute etwa das durchschnittliche Pro-Kopf-Einkommen in Südasien um fünfzig Prozent über dem in den Ländern Afrikas südlich der Sahara, während 1990 beide Weltregionen noch annähernd gleichauf rangierten. Darüber hinaus liegt Schätzungen zufolge die Lebenserwartung in Südasien um rund zehn Jahre über der in Afrika, während die Kindersterblichkeit in den afrikanischen Ländern südlich der Sahara beinahe doppelt so hoch wie in Südasien ist.[3]

Festzuhalten ist im Übrigen, dass sich der Vorsprung, den Südasien beim Lebensstandard vor den afrikanischen Ländern südlich der Sahara hält, keineswegs in allen Bereichen wiederfindet: Tatsächlich zeigt sich bei einigen sozialen Indikatoren nur ein geringfügig besseres Abschneiden (wenn überhaupt). So ist beispielsweise der Alphabetisierungsgrad unter Frauen in beiden Weltregionen relativ gleich, und zwar nicht nur in der Gruppe der erwachsenen Frauen (50 Prozent in Südasien, 55 Prozent in Afrika südlich der Sahara), sondern auch in jüngeren Altersgruppen (in der Gruppe der 15- bis 24-Jährigen etwa beträgt der Anteil 72 Prozent respektive 67 Prozent).[4] Ungeachtet gewisser Fortschritte in der jüngeren Vergangenheit teilen beide Regionen weiterhin das ernste Problem eines weitverbreiteten Analphabetismus und einer unzureichenden Schulbildung insbesondere unter Frauen – eine Situation, die sie von allen anderen Großregionen der Welt unterscheidet. Schließlich gibt es zumindest einen Bereich – nämlich den ausreichender Ernährung, insbesondere bei Kindern –, in dem Südasien deutlich hinter die afrikanischen Länder zurückfällt. Mehr als vierzig Prozent der südasiatischen Kinder (und ein sogar noch etwas *höherer* Anteil der Kinder in Indien) sind nach Angaben der Weltgesundheitsorganisation WHO untergewichtig, während in Afrika südlich der Sahara der Anteil bei 25 Prozent liegt. In jeder anderen Region der Welt liegt der Anteil, das sei an dieser Stelle erwähnt, bei weniger als zwölf Prozent.[5]

Indien schneidet in der internationalen Gegenüberstellung von Lebensstandards alles andere als gut ab, vom Vergleich mit Afrika südlich der Sahara ganz abgesehen. Die um sich greifende Rhetorik von Indien als einer aufstrebenden wirtschaftlichen Supermacht steht in einem deutlichen Gegensatz zum wahren Bild, selbst im Hinblick auf das Pro-Kopf-Einkommen. Ungeachtet des raschen Wirtschaftswachstums der vergangenen Jahre bleibt Indien – nimmt man afrikanische Länder aus – eine der ärmsten Nationen weltweit. Nach Zahlen der Weltbank hatten nur fünfzehn Volkswirtschaften außerhalb Afrikas südlich der Sahara ein niedrigeres Bruttonationaleinkommen pro Kopf als Indien: Afghanistan, Bangladesch, Haiti, Jemen, Kambodscha, Kirgisistan, Laos, Moldau, Myanmar, Nepal, Pakistan, Papua-Neuguinea, Tadschikistan, Usbekistan und Vietnam. Tatsächlich liegt Indien, was den Lebensstandard anbelangt, weltweit zurück, mit einem Abstand, den es zu überwinden gilt (wie im vorangegangenen Kapitel bereits angesprochen). Anlass zur Sorge, angesichts der Entwicklung der vergangenen Jahre, bereitet nicht so sehr die relativ niedrige Platzierung Indiens im weltweiten Vergleich der Pro-Kopf-Einkommen unter den Ländern außerhalb Afrikas südlich der Sahara, sondern vielmehr, wie schlecht das Land bei anderen, nicht auf Einkommen bezogenen Lebensstandardmerkmalen abschneidet, selbst in dieser Gruppe der ärmsten Nationen. Gut abzulesen ist dies in Tabelle 3.1.

Indien weist in der von uns betrachteten Gruppe das höchste Bruttoinlandsprodukt pro Kopf auf und belegt somit in dieser Kategorie unter den sechzehn Ländern den ersten Rang. Abgesehen davon rangiert Indien, wie die letzte Spalte der Tabelle zeigt, unter den gewählten sechzehn armen Nationen in fast jeder Hinsicht auf Platz 10 oder schlechter. Das indische Abschneiden bleibt bei allen hier dargestellten sozialen Indikatoren (außer bei der zusammengefassten Geburtenziffer und bei der Alphabetisierungsquote von Männern) unter dem Durchschnittswert der anderen fünfzehn Länder; hinzu kommt ein unrühmlicher zehnter Platz bei der Kindersterblichkeit, ein elfter beim Alphabetisierungsgrad von Frauen und bei der durchschnittlichen Schulbesuchsdauer, ein dreizehnter beim Zugang zu hygienischen Sanitäreinrichtungen und bei der Schutzimpfung von Kindern gegen Diphterie, Keuchhusten und Tetanus, schließlich (zusammen mit Jemen) ein katastrophaler letzter Platz, den Indien auch einnimmt, was das Untergewicht bei Kindern anbelangt.[6]

Im vorangegangenen Kapitel haben wir es als ungerechtfertigt bezeichnet, die gegenwärtigen sechs Prozent Wirtschaftswachstum in Indien als

Tab. 3.1: Ausgewählte Indikatoren für die 16 ärmsten Länder der Welt außerhalb Afrikas südlich der Sahara

	Indien	Durchschnitt der 15 anderen Länder[a]	Indiens Rang unter den 16 ärmsten Ländern[b]
BIP pro Kopf (2011) (KKP, in internationalen Dollar, konstante Preise von 2005)	3,203	2,112	1
Lebenserwartung bei der Geburt (2011) (in Jahren)	65	67	9
Säuglingssterblichkeit (2011) (je 1000 Lebendgeburten)	47	45	10
Sterblichkeit bei Kindern unter 5 Jahren (2011) (je 1000 Lebendgeburten)	61	56	10
Zusammengefasste Geburtenziffer (2011) (Kinder je Frau)	2,6	2,9	7
Zugang zu hygienischen Sanitäreinrichtungen (2010) (in %)	34	57	13
Durchschnittliche Schulbesuchsdauer, Altersgruppe 25 Jahre u. älter (2011) (in Jahren)	4,4	5,0	11
Alphabetisierungsquote, Altersgruppe 15 bis 24 Jahre (2010) (in Prozent)			
weiblich	74[c]	79	11
männlich	88[c]	85	9
Unterernährung bei Kindern unter fünf Jahren (2006–2010[d]) (in %)			
Untergewicht	43,5[c]	30	15
Wachstumsstörungen	47,9[c]	41	13
Impfrate bei Kindern (2011) (in %)			
DPT-Schutzimpfung	72	88	14
Masern-Schutzimpfung	74	87	12

[a] Nach Bevölkerungszahl gewichteter Durchschnittswert länderspezifischer Indikatoren. In zwei Fällen fehlender Daten für ein Land (beispielsweise Zahlen zum Grad der Alphabetisierung in Afghanistan) wurde der Durchschnitt aus den Daten der verbleibenden Länder berechnet.
[b] Rangfolge zwischen dem besten (1) und dem schlechtesten (15) Abschneiden. Im Fall eines Gleichstands wurde Indien auf dem besseren Rang eingruppiert.
[c] Zahlen von 2006.
[d] Neueste verfügbare Zahlen aus den Jahren 2006–2010.

Quellen: World Bank, World Development Indicators (online, abgerufen am 1. Januar 2013); durchschnittliche Schulbesuchsdauer nach United Nations Development Programme, Human Development Report 2013: The Rise of the South. Human Progress in a Diverse World, New York: UNDP, 2013; Zahlen zur Unterernährung bei Kindern unter fünf Jahren nach UNICEF, The State of the World's Children 2012, New York: UNICEF, 2012.
Die Tabelle konzentriert sich auf 16 Länder außerhalb Afrikas südlich der Sahara mit einem im Vergleich zum indischen kleineren oder gleichen Bruttoinlandsprodukt pro Kopf. Die Länder sind: Afghanistan, Bangladesch, Haiti, Indien, Jemen, Kambodscha, Kirgisistan, Laos, Moldau, Myanmar, Nepal, Pakistan, Papua-Neuguinea, Tadschikistan, Usbekistan und Vietnam.

enttäuschend zu etikettieren, wie dies verbreitet geschieht, und geltend gemacht, trotz einer gewissen Verlangsamung gehöre die indische damit immer noch zu den am schnellsten wachsenden Ökonomien weltweit – was im Übrigen auch noch gilt, wenn, wie von verschiedenen Agenturen prophezeit, die Wachstumsrate auf fünf Prozent zurückginge. Freilich wäre enttäuschend ein sehr gut geeignetes Attribut für das Bild, das sich aus dem Vergleich von Lebensstandards in Tabelle 3.1 ergibt.

Die folgende Tabelle 3.2 zeigt die Informationen im Detail, die für die zusammenfassende Darstellung in Tabelle 3.1 die Grundlage bilden. Einige Vergleiche sind dabei besonders aufschlussreich. Obwohl zum Beispiel Vietnam ärmer ist, schneidet das Land bei allen Indikatoren besser als Indien ab. Das Gleiche gilt, nebenbei bemerkt, auch für Nicaragua, das darüber hinaus nach Bruttoinlandsprodukt pro Kopf mit Indien praktisch gleichauf rangiert (tatsächlich sogar geringfügig vorne liegt, weshalb Nicaragua nicht zur Vergleichsgruppe gehört). Auch Usbekistan lässt Indien in vielerlei Hinsicht weit hinter sich, beispielsweise erreicht das Land Höchstwerte, was den Grad der Alphabetisierung unter der jüngeren Bevölkerung, das Vorhandensein hygienischer Sanitäreinrichtungen oder auch den Anteil geimpfter Kinder anbelangt – all dies Ziele, die für Indien noch in weiter Ferne liegen. Ein auffälliger Gegensatz besteht zwischen Indien und Nepal, das bei vielen sozialen Indikatoren gleichauf mit Indien liegt, aber kaum *ein Drittel* des indischen Pro-Kopf-Einkommens erreicht – dieser Umstand macht Nepal, an der Seite Afghanistans und Haitis, zu einem der ärmsten Länder außerhalb Afrikas.

Nun ließe sich einwenden, dass von Indien in den meisten Bereichen keine Leistungen wie von anderen Ländern mit gleichem (oder ähnlichem) Pro-Kopf-Einkommen erwartet werden dürften, denn schließlich zeige das Land ein recht schnelles Wachstum und es brauche zweifellos Zeit, bis sich die hohen Pro-Kopf-Einkommen in ein verbessertes Abschneiden bei den verschiedenen sozialen Indikatoren übersetzten. In einem Land mit einer Wachstumsrate je Einwohner von sieben Prozent jährlich verdoppelt sich das Pro-Kopf-Einkommen in zehn Jahren, doch wird es trotz bedeutender Anstrengungen vermutlich um einiges länger dauern, bis die sozialen Indikatoren ein Niveau aufweisen, das dem von Ländern entspricht, die von Anfang an doppelt so reich waren. Der Einwand ist sicherlich stichhaltig, und er formuliert zudem einen weiteren Grund, nicht allein auf Einkommenszuwächse zu vertrauen, wenn sich

Tab. 3.2: Ärmste Länder der Welt außerhalb Afrikas südlich der Sahara (Teil 1)

	Indien	Vietnam	Moldau	Usbekistan	Laos
BIP pro Kopf (2011) (KKP)	3,203	3,013	2,975	2,903	2,464
Lebenserwartung bei der Geburt (2011)	65	75[d]	69	68[d]	67
Säuglingssterblichkeit (2011)	47	17	14	42	34
Sterblichkeit bei Kindern unter 5 Jahren (2011)	61	22	16	49	42
Zusammengefasste Geburtenziffer (2011)	2,6	1,8[d]	1,5	2,5[d]	2,7
Zugang zu hygienischen Sanitäreinrichtungen (2010) (in Prozent)	34	76	85	100	63
Durchschnittliche Schulbesuchsdauer, Altersgruppe 25 Jahre und älter (2011)	4,4	5,5	9,7	10	4,6
Alphabetisierungsquote, Altersgruppe 15 bis 24 Jahre (2010) (in Prozent)					
weiblich	74[a]	96	100	100	79[b]
männlich	88[a]	97	99	100	89[b]
Unterernährung bei Kindern unter fünf Jahren (2006–2010[e]) (in Prozent)					
Untergewicht	43	20	k. A.	4	31
Dystrophie	48	31	k. A.	19	48
Impfrate bei Kindern (2011) (in Prozent)					
DPT	72	95	93	99	78
Masern	74	96	91	99	69

Tab. 3.2: Ärmste Länder der Welt außerhalb Afrikas südlich der Sahara (Teil 2)

	Pakistan	Papua-N.	Kirgisistan	Kambodscha	Jemen	Tadschikistan
BIP pro Kopf (2011) (KKP)	2,424	2,363	2,119	2,083	2,060	2,052
Lebenserwartung bei der Geburt (2011)	65[d]	63	69	63	65	68
Säuglingssterblichkeit (2011)	59	45	27	36	57	53
Sterblichkeit bei Kindern unter 5 Jahren (2011)	72	58	31	43	77	63
Zusammengefasste Geburtenziffer (2011)	3,4[d]	3,9	2,9[d]	2,5	5,1	3,2
Zugang zu hygienischen Sanitäreinrichtungen (2010) (in Prozent)	48	45	93	31	53	94
Durchschnittliche Schulbesuchsdauer, Altersgruppe 25 Jahre und älter (2011)	4,9	3,9	9,3	5,8	2,5	9,8
Alphabetisierungsquote, Altersgruppe 15 bis 24 Jahre (2010) (in Prozent)						
weiblich	61[c]	72	100[c]	86[c]	74	100
männlich	79[c]	65	100[c]	88[c]	96	100
Unterernährung bei Kindern unter fünf Jahren (2006–2010[e]) (in Prozent)						
Untergewicht	31	18	2	28	43	15
Dystrophie	42	43	18	40	58	39
Impfrate bei Kindern (2011) (in Prozent)						
DPT	80	61	96	94	81	96
Masern	80	60	97	93	71	98

Tab. 3.2: Ärmste Länder der Welt außerhalb Afrikas südlich der Sahara (Teil 3)

	Burma	Bangladesch	Nepal	Haiti	Afghanistan
BIP pro Kopf (2011) (KKP)	k. A.	1,569	1,106	1,034	1,006
Lebenserwartung bei der Geburt (2011)	65	69	69	62	48[d]
Säuglingssterblichkeit (2011)	48	37	39	53	73
Sterblichkeit bei Kindern unter 5 Jahren (2011)	62	46	48	70	101
Zusammengefasste Geburtenziffer (2011)	2,0	2,2	2,7	3,3	6,3
Zugang zu hygienischen Sanitäreinrichtungen (2010) (in Prozent)	76	56	31	17	37
Durchschnittliche Schulbesuchsdauer, Altersgruppe 25 Jahre und älter (2011)	3,9	4,8	3,2	4,9	3,1
Alphabetisierungsquote, Altersgruppe 15 bis 24 Jahre (2010) (in Prozent)					
weiblich	96	78	78	70[a]	k. A.
männlich	96	75	88	74[a]	k. A.
Unterernährung bei Kindern unter fünf Jahren (2006–2010[e]) (in Prozent)					
Untergewicht	22	41	39	18	33
Dystrophie	35	43	49	29	59
Impfrate bei Kindern (2011) (in Prozent)					
DPT	99	96	92	59	66
Masern	99	96	88	59	62

[a] Zahlen von 2006.
[b] Zahlen von 2005.
[c] Zahlen von 2009.
[d] Zahlen von 2010.
[e] Neueste verfügbare Zahlen aus den Jahren 2006–2010.

Quellen: World Bank, *World Development Indicators* (online, abgerufen am 1. Januar 2013); durchschnittliche Schulbesuchsdauer nach UNDP, *Human Development Report 2013*; Zahlen zur Unterernährung bei Kindern unter fünf Jahren nach UNICEF, *The State of the World's Children 2012*. Das Bruttoinlandsprodukt pro Kopf der in der Tabelle angeführten Länder liegt unter dem Indiens im Jahr 2011; die Reihenfolge der einzelnen Länder ergibt sich absteigend nach der Höhe des BIP pro Kopf. Da keine aktuelleren Daten vorliegen, erscheint Burma (oder Myanmar, wie die Militärmachthaber den Staat heute beharrlich nennen) an der gleichen Stelle, an der das Land laut *World Development Indicators 2011* (nach BIP pro Kopf) rangierte.

an den Lebensbedingungen etwas ändern soll – einer unserer wichtigsten Punkte. Doch bleibt es bedenklich, dass Indien, aus welchen Gründen auch immer, in vielerlei Hinsicht überhaupt nicht gut abschneidet, selbst verglichen mit einigen der ärmsten Länder der Welt. Damit sollen keineswegs Indiens Leistungen geschmälert werden; es geht vielmehr darum, sie ins rechte Licht zu rücken und sich dabei auf die Defizite zu konzentrieren, die dem Land die meisten Sorgen bereiten und die es zu überwinden gilt.

Indiens Zurückbleiben im südasiatischen Vergleich

Ein Indiz dafür, dass an Indiens Entwicklungsweg etwas nicht stimmt, ist das bei so zahlreichen sozialen Indikatoren feststellbare Zurückfallen hinter alle anderen südasiatischen Nationen (mit Ausnahme Pakistans), auch wenn das Land beim Wachstum des Pro-Kopf-Einkommens nach wie vor beeindruckend besser abschneidet. Einen Überblick bietet Abbildung 3.3.

Der Vergleich Indiens mit Bangladesch ist ein guter Ausgangspunkt. Im Verlauf der vergangenen rund zwei Jahrzehnte wuchs der Vorsprung des reichen Indien gegenüber dem Nachbarland erheblich: Das Pro-Kopf-Einkommen in Indien lag bereits 1990 um sechzig Prozent über dem Bangladeschs, 2011 war es den vorliegenden Berechnungen zufolge rund doppelt so hoch. Im gleichen Zeitraum allerdings gelang es Bangladesch, Indien bei einer ganzen Reihe von Sozialindikatoren zu überholen, darunter Lebenserwartung, Säuglings- und Kindersterblichkeit, Schutzimpfungen, niedrigeren Geburtenziffern und sogar bei verschiedenen (wenn auch nicht allen) Bildungsindikatoren. So lagen beide Länder beispielsweise bei der Lebenserwartung 1990 mehr oder weniger gleichauf, doch belegen die Zahlen von 2011 eine in Bangladesch im Vergleich um vier Jahre höhere Lebenserwartung (von nunmehr 69 Jahren gegenüber 65 Jahren in Indien). Ein ähnliches Bild bietet sich beim tragischen Indikator der Kindersterblichkeit, die in Bangladesch 1990 um rund zwanzig Prozent über der in Indien lag, doch in den Folgejahren rapide sank, sodass 2011 die Sterblichkeitsziffer in Bangladesch um ein Viertel *niedriger* als in Indien war. Bei den meisten sozialen Indikatoren schneidet Bangladesch heute besser ab als Indien, ungeachtet der Tatsache, dass das Pro-Kopf-Einkommen im Land weniger als die Hälfte des indischen beträgt.

Tab. 3.3: Südasien: Ausgewählte Indikatoren (1990 und jüngst)

		Südasien						China
		Indien	Bangladesch	Bhutan	Nepal	Pakistan	Sri Lanka	
BIP pro Kopf (KKP)	1990[*]	1,913	741	1,678	716	1,624	2,017	1,121
(internationale Dollar, konst. Preise 2005)	2011	3,203	1,569	5,162	1,106	2,424	4,929	7,418
Lebenserwartung bei der Geburt	1990[*]	58	59	53	54	61	70	69
(in Jahren)	2011	65	69	67	69	65[f]	75[f]	73[f]
Säuglingssterblichkeit	1990[*]	81	97	96	94	95	24	39
(je 1000 Lebendgeburten)	2011	47	37	42	39	59	11	13
Sterblichkeit bei Kindern unter 5 Jahren	1990[*]	114	139	138	135	122	29	49
(je 1000 Lebendgeburten)	2011	61	46	54	48	72	12	15
Müttersterblichkeit	1990	600	800	1,000	770	490	85	120
(je 100 000 Lebendgeburten)	2010	200	240	180	170	260	35	37
Zusammengefasste Geburtenziffer	1990[*]	3,9	4,5	5,7	5,2	6,0	2,5	2,3
(Kinder je Frau)	2011	2,6	2,2	2,3	2,7	3,4[f]	2,3[f]	1,6[f]
Zugang zu hygienischen Sanitäreinrichtungen (in %)	1990	18	39	k. A.	10	27	70	24
	2010	34	56	44	31	48	92	64
Impfrate bei Kindern (DPT) (in Prozent)	1990[*]	59	64	88	44	48	86	95
	2011	72	96	95	92	80	99	99
Impfrate bei Kindern (Masern) (in Prozent)	1990[*]	47	62	87	57	50	78	95
	2011	74	96	95	88	80	99	99

Tab. 3.3 (Fortsetzung)

Durchschnittliche Schulbesuchsdauer,	1990	3,0	2,9	–	2,0	2,3	6,9	4,9
Altersgruppe 25 Jahre und älter (in Jahren)	2011	4,4	4,8	2,3[e]	3,2	4,9	9,3	7,5
Alphabetisierungsquote (weiblich),								
Altersgruppe 15 bis 24 Jahre (in Prozent)	1991[a]	49	38	–	33	–	93	91
	2010[b]	74	78	68	78	61	99	99
Unterernährung bei Kindern								
(in Prozent)	1990[c]	59,5	61,5	34	39	39	29	13
	2006–2010[d]	43	41	13	31	31	21	4

* Dreijahres-Durchschnitt, wobei das Referenzjahr das mittlere ist (z. B. Durchschnitt der Jahre 1989–1991 für das Jahr 1990).
[a] 1990 für China; die Angabe für Sri Lanka ist interpoliert aus Zahlen zwischen 1981 und 2001.
[b] 2006 für Indien, 2005 für Bhutan, 2009 für Pakistan.
[c] 1988 für Bhutan, 1991 für Pakistan, 1987 für Sri Lanka.
[d] Neueste verfügbare Zahlen aus den Jahren 2006–2010.
[e] 2002–2012.
[f] 2010.

Quellen: Durchschnittliche Schulbesuchsdauer nach *Human Development Report 2013* (online); andere Daten nach *World Development Indicators* (online, abgerufen am 1. Januar 2013). Einige der länderspezifischen Zahlen für 1990 dürften eine erhebliche Schwankungsbreite aufweisen; das Augenmerk sollte im Wesentlichen generellen Mustern statt exakten Zahlen gelten.

Nicht weniger interessant ist der Fall Nepals, das – trotz aller Schwierigkeiten in Politik und Verwaltung – Indien gegenüber rasch aufzuholen scheint und den großen Nachbarn in mancher Hinsicht sogar bereits überholt hat. Um 1990 lag Nepal noch bei praktisch allen Entwicklungsindikatoren weit zurück. Heute haben sich, wie Tabelle 3.3 veranschaulicht, die sozialen Indikatoren beider Länder viel weiter angeglichen, auch wenn Indien in verschiedenen Bereichen noch ein bisschen voraus ist – und das trotz eines Pro-Kopf-Einkommens, das in Indien rund dreimal so hoch wie in Nepal ist.[7]

Selbst der Vergleich mit Pakistan, bei dem Indien im Allgemeinen günstiger abschneidet, ist nicht wirklich schmeichelhaft. Zwischen 1990 und 2011 stieg das reale Pro-Kopf-Einkommen zu konstanten Preisen in Pakistan um rund 50 Prozent, in Indien um rund 170 Prozent (wie die beiden ersten Zeilen in Tabelle 3.3 verdeutlichen). Doch der Abstand bei den sozialen Indikatoren (bei denen 1990 einige Male Indien, andere Male Pakistan vorne lag) hat sich in den meisten Fällen nicht grundlegend geändert; bei einigen Indikatoren, etwa bei der Schutzimpfungsquote, scheinen die Fortschritte in Pakistan größer als in Indien.

Um der gleichen Fragestellung noch aus einem anderen Blickwinkel nachzugehen, zeigt Tabelle 3.4 den jeweiligen Rang Indiens unter den sechs südasiatischen Ländern 1990 und aktuell (das heißt, bezogen auf die zum Zeitpunkt der Fertigstellung dieses Buchs neuesten verfügbaren internationalen Vergleichszahlen). Wie zu erwarten, verbesserte Indien seine Platzierung bei der Höhe des realen Pro-Kopf-Einkommens und rangiert nun statt an vierter (hinter Bhutan, Pakistan und Sri Lanka) an dritter Stelle (hinter Bhutan und Sri Lanka). Mit Blick auf das Einkommenswachstum pro Kopf steht Indien nunmehr unbestritten an der Spitze der Ländergruppe (was aber auch für die Mehrzahl von Ländervergleichen weltweit zuträfe). Doch bei den meisten anderen Indikatoren hat Indiens Platzierung sich verschlechtert, in vielen Fällen sogar recht deutlich. Während das Land in der Gesamtschau aller Sozialindikatoren 1990 in Südasien noch den zweiten Platz hinter Sri Lanka belegte, steht Indien heute auf dem vorletzten Rang, gefolgt nur noch vom problembeladenen Pakistan.

Der vergleichende Blick auf Südasien wird in der Entwicklungsforschung, besonders in Indien, häufig vernachlässigt. Doch lässt sich gerade vom Vergleich mit den südasiatischen Nachbarn viel lernen. Beispielsweise wäre es für viele indische Entwicklungsexperten, die

Tab. 3.4: Indiens Rang in Südasien

Indikator	Indiens Rang unter den sechs Ländern Südasiens (Spitzenplatz = 1, Schlusslicht = 6)	
	1990	um 2011
1. BIP pro Kopf	4	3
2. Lebenserwartung	4	5
3. Säuglingssterblichkeit	2	5
4. Sterblichkeit unter 5 Jahren	2	5
5. Müttersterblichkeit	3	4
6. Zusammengefasste Geburtenziffer	2	4
7. Zugang zu hygienischen Sanitäreinrichtungen	4–5[a]	5
8. Impfrate bei Kindern (DPT)	4	6
9. Impfrate bei Kindern (Masern)	6	6
10. Durchschnittliche Schulbesuchsdauer, Altersgruppe 25 Jahre und älter	2–3[a]	4
11. Alphabetisierungsquote (weiblich), Altersgruppe 15 bis 24 Jahre	2–3[a]	4
12. Unterernährung bei Kindern	4–5[a]	6

[a] Platzierung unklar, da Angaben für Bhutan fehlen (bzw. beim Indikator «Unterernährung bei Kindern» Angaben für Nepal).

Quellen: Wie Tabelle 3.3. Die sechs hier betrachteten Länder sind Indien, Bangladesch, Bhutan, Nepal, Pakistan und Sri Lanka.

heute gerne als Befürworter privatwirtschaftlicher Initiative im Schulwesen auftreten, vermutlich interessant zu erfahren, dass in Sri Lanka, diesem bei allen sozialen Indikatoren und insbesondere bei Schulbesuch und Alphabetisierungsgrad weit vor Indien rangierenden Land (siehe Tabelle 3.3), Privatschulen praktisch nicht existieren – tatsächlich sind sie seit den sechziger Jahren verboten. Ähnlich lehrreich könnte die Tatsache sein, dass in Sri Lanka «nur wenige Menschen weiter als 1,4 Kilometer entfernt vom nächsten Gesundheitszentrum leben».[8] Auch viele andere politische Maßnahmen und Leistungen in den Nachbarländern verdienten die Aufmerksamkeit indischer Planer – und der indischen Öffentlichkeit insgesamt. Von seinen Nachbarn kann Indien, ungeachtet seiner gewaltigen Größe und seines rasanten Wirtschaftswachstums, eine Menge lernen.

Bangladeschs Fortschritt und die Rolle der Frauen

Bangladesch hat es in den vergangenen vier Jahrzehnten weit gebracht. In der ersten Hälfte der siebziger Jahre war das Land durch einen verheerenden Wirbelsturm verwüstet worden (Schätzungen zufolge soll der Zyklon von 1970 bis zu einer halben Million Menschen getötet haben), es war Schauplatz eines Volksaufstands und eines ausgewachsenen Befreiungskriegs (der 1971 schließlich zur Unabhängigkeit des Landes führte) sowie einer katastrophalen Hungersnot (rund sechs Prozent der Bevölkerung waren 1974 zum Überleben auf die Verteilung kostenlosen Essens bei *Langar Khanas*, das heißt Armenspeisungen, angewiesen). Nur wenige zeitgenössische Beobachter hätten erwartet, dass Bangladesch binnen weniger Jahrzehnte große soziale Fortschritte machen würde. Tatsächlich schien die Hungersnot von 1974 jenen Propheten des Untergangs Recht zu geben, die Bangladesch schon längst als einen hoffnungslosen Fall abgeschrieben hatten, als ein Land, das Hilfe nicht verdiente, weil klar war, dass es den Wettlauf zwischen Bevölkerungswachstum und Nahrungsmittelangebot verlieren würde.

Heute ist Bangladesch noch immer eines der ärmsten Länder der Welt, und großen Teilen der Bevölkerung mangelt es weiterhin an vielem für ein Leben in Würde. Und doch erzielte Bangladesch besonders in den vergangenen zwanzig Jahren beachtliche Fortschritte und konnte in einigen wesentlichen Punkten den Lebensstandard spürbar verbessern – bei vielen sozialen Indikatoren gelang es dem Land, Indien zu überholen, und das trotz seines langsameren Wirtschaftswachstums.

Einige Merkmale der Erfahrung Bangladeschs sind für Indien von besonderer Relevanz. Bangladesch bietet indes nicht ohne Weiteres ein Entwicklungsmodell. Ungeachtet seiner Fortschritte in jüngster Zeit bleibt es eines der ärmsten und entbehrungsreichsten Länder weltweit, und viele der politischen Schwierigkeiten, die wir in diesem Buch mit Blick auf Indien diskutieren, ließen sich ebenso gut an Bangladesch erörtern. Mit einem Bruttoinlandsprodukt pro Kopf, das nur halb so hoch wie das indische ist, und öffentlichen Ausgaben von nicht mehr als zehn Prozent des BIP (auch dies nur etwa halb so viel wie in Indien) bleiben die öffentliche Versorgung und Infrastruktur in Bangladesch unausweichlich beschränkt; der bestehende Sektor öffentlicher Einrichtungen wiederum leidet unter ernsten Problemen mangelnder Verantwortung, ganz wie in Indien.[9] Auch demokratische Institutionen stecken in Bangladesch in so manchen Schwierigkeiten, beispielsweise hält sich bei den Oppositionsparteien offenkundig die Gewohnheit, dem Parlament fernzubleiben. Und doch gibt es ein paar erstaunliche Besonderheiten der Entwicklung in Bangladesch, die unser Interesse und eine eingehendere Beschäftigung verdienen.

Die Wurzeln des sozialen Fortschritts in Bangladesch liegen nicht wirklich offen und bedürfen einer weitaus genaueren Betrachtung, als ihnen bislang zuteilwurde.[10] Allerdings gibt es diverse Anhaltspunkte, die zunächst festgehalten werden sollten. Der vielleicht wichtigste Anhaltspunkt ist ein wiedererkennbares Muster, das auf einen nachhaltigen positiven Wandel in den Geschlechterbeziehungen hindeutet. Bei vielen geschlechterbezogenen Indikatoren schneidet Bangladesch heute weitaus besser ab als Indien, wie Tabelle 3.5 aufweist. Beispielsweise ist die Erwerbstätigkeit von Frauen in Bangladesch beinahe doppelt so hoch wie in Indien (57 Prozent gegenüber 29 Prozent). Diese Tatsache wird, ebenso wie der höhere Grad der Alphabetisierung unter Frauen und ihre bessere Bildung insgesamt, weltweit als ein wichtiges Moment der gesellschaftlichen Stärkung von Frauen angesehen, und Bangladesch ist diesen Weg sehr viel weiter gegangen als Indien.[11] Insbesondere im Primarschulbereich hat Bangladesch bemerkenswerte Fortschritte in Richtung der Gleichstellung der Geschlechter aufzuweisen, die so weit reichen, dass Mädchen dort heutzutage beim Schulbesuch und beim Alphabetisierungsgrad sogar geringfügig vor den Knaben liegen – auch in diesem Fall im Gegensatz zu Indien, wo die geschlechterbezogenen Verzerrungen, die Benachteiligungen von Mädchen, fortbestehen. Tatsächlich ist Bangladesch heute eines der wenigen Länder weltweit, in dem die Zahl der Schülerinnen die der Schüler übertrifft. Selbst der Frauenanteil im Parlament ist in Bangladesch höher als in Indien, auch wenn Frauen in beiden Ländern bei weitem nicht die Hälfte der Abgeordneten stellen.[12]

In welchem Maß die Handlungsmacht von Frauen und die Geschlechterbeziehungen tatsächlich dafür verantwortlich waren, dass Bangladesch in den vergangenen zwanzig Jahren Indien eingeholt und auf manchen bedeutenden Gebieten sogar überholt hat, bedarf eingehenderer Untersuchungen. Von Bedeutung war dieser Aspekt mit Sicherheit, schließlich ist die Rolle der Handlungsmacht von Frauen für Entwicklungsprozesse belegt. Beispielsweise ist es eine weithin anerkannte Tatsache, dass

Tab. 3.5: Geschlechterbezogene Indikatoren in Indien und Bangladesch

	Indien	Bangladesch
Beteiligung von Frauen am Erwerbsleben, Altersgruppe 15 Jahre und älter (2010) (in Prozent)	29	57
Weiblicher Anteil an der Bevölkerung (2011) (Frauen/Mädchen je 1000 Männer/Knaben)		
insgesamt	940	997
Altersgruppe 0 bis 6 Jahre	914	972[a]
Sterblichkeitsziffer, Verhältnis weiblicher und männlicher Todesfälle (2009)[b]		
Altersgruppe 0 bis 1 Jahr	1,01	0,89
Altersgruppe 1 bis 4 Jahre	1,55	1,25
Einschulungsziffer, Verhältnis weiblicher und männlicher Anmeldungen (2010) (in Prozent)		
Primarschulen	100[c]	104[d]
Sekundarschulen	92	113
Alphabetisierungsquote, Altersgruppe 15 bis 24 Jahre (2010) (in Prozent)		
weiblich	74[e]	78
männlich	88[e]	75
Anteil der Erwachsenen (25 Jahre und älter) mit Sekundarschulbildung (2010) (in Prozent)		
Frauen	27	31
Männer	50	39
Anteil weiblicher Abgeordneter im nationalen Parlament (2011) (in Prozent)	11	20
Zusammengefasste Geburtenziffer (2011) (Kinder je Frau)	2,5	2,2

[a] Altersgruppe 0 bis 4 Jahre.
[b] 2007 für Bangladesch.
[c] 2008.
[d] 2009.
[e] 2006.

Quellen: *World Development Indicators* (online, abgerufen am 1. Januar 2013); darüber hinaus: Angaben zu Erwachsenen mit Sekundarschulbildung nach United Nations Development Programme, *Human Development Report 2011*, New York: UNDP, 2011, S. 141; Frauenanteil an der Bevölkerung für Indien nach Government of India, «Provisional Population Tables», in: *Census of India 2011*, Series 1 (India), Paper 1 of 2011, New Delhi: Office of the Registrar General, 2011, S. 88; für Bangladesch nach Bangladesh Bureau of Statistics, *Population and Housing Census. Preliminary Results July 2011*, Dhaka: Ministry of Planing, Government of the People's Republic of Bangladesh, 2011, S. 7; Sterblichkeitsziffern für Indien nach Government of India, *Sample Registration System Statistical Report*, New Delhi: Office of the Registrar General, 2009; für Bangladesch nach National Institute of Population Research and Training, *Bangladesh Demographic and Health Survey 2007*, Dhaka/Calverton, MD: NIPRT/Mitra/Macro International, 2009, Tab. 8.3, S. 104.

sowohl Alphabetisierung als auch Erwerbsarbeit von Frauen wichtige Faktoren des demographischen Übergangs sind, also sinkender Sterbe- und Geburtenziffern.[13] Wie zudem überzeugend gezeigt werden konnte, ist die Unterdrückung von Frauen ein wesentliches Moment zur Erklärung des südasiatischen Rätsels, des Umstands also, dass in dieser Region proportional mehr Kinder an Unterernährung leiden als in vielen anderen, deutlich ärmeren Gegenden der Welt. Es ist daher höchst plausibel anzunehmen, dass die Fortschritte Bangladeschs in den vergangenen Jahren nicht unerheblich durch die neue Rolle von Frauen in der dortigen Gesellschaft und den positiven Wandel der Geschlechterverhältnisse beeinflusst sind. Einige Erfolge beruhen sogar ziemlich unmittelbar und offenkundig auf dem Wirken von Frauen. Beispielsweise stehen Frauen heute in großer Zahl an vorderster Linie im Gesundheitswesen (im Dienst nichtstaatlicher Hilfsorganisationen wie auch des Staates).[14] Auf diesem Gebiet, aber auch auf vielen anderen, auf denen Frauen in Bangladesch heute tätig sind, würde das Land ohne die positive Rolle ebendieser Frauen zweifellos ganz anders – und deutlich weniger erfolgreich – aussehen.

Ein vergleichbarer Wandel ist in Indien nicht zu beobachten, auch und besonders nicht im indischen nördlichen Herzland.[15] Seit Jahrzehnten stagniert in Indien die Erwerbsbeteiligung von Frauen auf sehr niedrigem Niveau, im deutlichen Gegensatz nicht nur zu Bangladesch, sondern auch zu vielen anderen asiatischen Ländern, in denen heute Frauen in großer Zahl einer bezahlten Erwerbsarbeit nachgehen. Darüber hinaus offenbaren sich in Indien nach wie vor gravierende Probleme einer geschlechtsspezifischen Benachteiligung bei Kindern (was sich beispielsweise in wesentlich höheren Sterbeziffern und einer niedrigeren Schulbesuchsdauer von Mädchen im Vergleich zu Knaben widerspiegelt), und neue Erscheinungsformen kommen hinzu, etwa selektive Abtreibungen weiblicher Föten. Wie wir in Kapitel 8 noch erörtern werden, zeigt sich geschlechtsspezifische Disparität auch an einem niedrigen Mädchenanteil in der Bevölkerung: 2011 gab es in Indien nur 914 Mädchen je 1000 Knaben, während in Bangladesch der Mädchenanteil den der Knaben überstieg, was zum einen auf eine geringere Benachteiligung von Kindern aufgrund des Geschlechts schließen lässt, zum anderen auf ein relativ seltenes Vorkommen selektiver Abtreibungen (siehe Tabelle 3.5).[16] Dessen ungeachtet bleibt Bangladesch, wie Indien auch, eine männlich dominierte Gesellschaft und zeigt sich in vielerlei Hinsicht auch heute noch sehr patriarchalisch. Doch zumindest gibt es deutliche Zeichen eines Wandels, der Bangladesch verändern wird, viel mehr jedenfalls als insgesamt Indien.

Ein zweiter Anhaltspunkt, der dazu beiträgt, Bangladeschs Entwicklung zu verstehen, bezieht sich insbesondere auf die Erfolge im Gesundheitswesen: Offenkundig war Bangladesch in der Lage, sich in gewisser Weise auf bestimmte, entscheidende Punkte im Gesundheits- und Bildungssektor zu konzentrieren, wie das in Indien nicht der Fall war. Unterstützt wurden die Anstrengungen des Landes durch die engagierte Tätigkeit nichtstaatlicher Organisationen, die von umfangreichen Entwicklungsprojekten bis zu zielgerichteten Mikrokredit-Initiativen reichten (unter Federführung von Organisationen wie dem BRAC oder der Grameen Bank). Gleichzeitig gab es vorsichtige Vorstöße im staatlichen Sektor, die sich stark an der Sicherung von Grundbedürfnissen orientierten. Obgleich das Volumen der für die medizinische Versorgung zur Verfügung stehenden öffentlichen Mittel in Bangladesch nach wie vor sehr niedrig ist und obwohl gleichzeitig die drückenden Probleme der Steuerung im öffentlichen Gesundheitswesen ganz ähnlich gelagert sind wie in Indien, konnte Bangladesch durch wichtige, dabei kostengünstige Maßnahmen insbesondere im Bereich der öffentlichen Gesundheit beträchtliche Fortschritte erzielen. Leicht ablesen lässt sich das an Indikatoren, wie sie Tabelle 3.6 präsentiert. Nimmt man die Informationen aus den beiden Tabellen 3.5 und 3.6 zusammen, zeigt sich der deutliche Kontrast zwischen Bangladesch und Indien: Elementare Gesundheitsmaßnahmen wie die Benutzung von Toiletten und Sanitäreinrichtungen, ein voller Impfschutz für Kinder oder etwa der Einsatz von Trinklösungen zur oralen Rehydration (zur Behandlung gefährlicher Diarrhoen) gehören heute in Bangladesch weithin zur akzeptierten gesellschaftlichen Norm, während das in Indien nach wie vor nur für einen Teil der Bevölkerung zutrifft und der Gesundheitsschutz äußerst lückenhaft bleibt.

Die Angaben zu den hygienischen Verhältnissen verdienen genauere Betrachtung. Nur 56 Prozent der Haushalte in Bangladesch verfügen über häusliche Einrichtungen, die – wie beispielsweise moderne Toiletten – nach WDI-Maßstäben als «verbesserte sanitäre Einrichtungen» gelten. (In Indien ist der Anteil noch geringer, nämlich 34 Prozent, siehe Tabelle 3.3.) Doch verfügen bangladesische Haushalte überwiegend, nämlich zu mehr als neunzig Prozent, über einfache sanitäre Einrichtungen, möglicherweise eine simple Latrine oder schlichte Waschgelegen-

Tab. 3.6: Indien und Bangladesch: Ausgewählte Indikatoren öffentlicher Gesundheit

	Indien (2005/6)	Bangladesch (2007)
Anteil der Haushalte, die offene Defäkation praktizieren (in Prozent)	55	8,4
Anteil der Kinder (12–23 Monate) mit vollständigem Impfschutz (in Prozent)	44	82
Anteil der Kinder, die in den ersten 24 Stunden nach der Geburt gestillt werden (in Prozent)	55	89
Anteil der Kinder (9–59 Monate)[a], die Vitamin A-Nahrungsergänzungsmittel erhalten (in Prozent)	18	88
Anteil der Bevölkerung mit dauerhaftem Zugang zu verbesserter Wasserversorgung (in Prozent)	88	97
Anteil der Diarrhoe-Erkrankungen bei Kindern, die durch eine Therapie zur oralen Rehydrierung behandelt wurden (in Prozent)	39	81

[a] Altersgruppe 6–59 Monate in Indien.

Quellen: Zahlen für Bangladesch nach National Institute of Population Research and Training, *Bangladesh Demographic and Health Survey 2007*; für Indien nach Government of India, *National Family Health Survey 2005–06*, Mumbai: International Institute for Population Science, 2007. Beide Erhebungen (*BDHS* und *NFHS*) arbeiten mit sehr ähnlichen Fragebögen und Erhebungsmethoden, beide sind Varianten des weltweit in Entwicklungsländern eingesetzten standardisierten DHS-Programms.

heit, sodass nur 8,4 Prozent darauf angewiesen sind, offene Defäkation zu praktizieren (siehe Tabelle 3.6). In Indien waren nach Angaben des jüngsten Zensusberichts im Jahr 2011 volle fünfzig Prozent der Haushalte zu offener Defäkation gezwungen – ein höherer Bevölkerungsanteil als in fast jedem anderen Land, für das Zahlen zur Verfügung stehen. Offene Defäkation bedeutet nicht nur eine erhebliche Gesundheitsgefährdung, sondern ist ein Affront gegen die Menschenwürde, und sie belastet insbesondere Frauen, die häufig vor Tagesanbruch aufstehen, um ihre Notdurft verrichten zu können.[17] Solche Not bleibt in der Regel unbemerkt, und tatsächlich spielte die Dringlichkeit, den Zugang zu grundlegenden sanitären Einrichtungen zu verallgemeinern, in indischen Planungsüberlegungen bis in jüngste Zeit eher keine große Rolle. In Bangladesch hingegen wurden überall im Land Toiletten gebaut und der großen Mehrheit der Bevölkerung so das Elend und die Gesundheitsgefahren erspart, die mit offener Defäkation verbunden sind. Auch wenn die Toiletten teilweise recht rudimentär ausfallen, sind sie doch ein Schritt in Richtung angemessener sanitärer Einrichtungen.[18] Der Umgang mit diesem Problem illustriert zugleich anschaulich die Möglichkeiten effektiver Gesundheitsvorsorge auch mit sehr knapp bemessenen öffentlichen Mitteln.

Ein anderer Bereich von besonderem Interesse ist die Familienplanung in beiden Ländern. Bangladesch implementierte ein relativ effektives, zwangfreies Familienplanungsprogramm, das binnen recht kurzer Zeit zu einem eindrucksvollen Rückgang der Geburtenziffer führte: von etwa sieben Kindern je Frau in den frühen siebziger Jahren auf 4,5 im Jahr 1990 und auf 2,2 im Jahr 2011 (was dem Reproduktionsniveau von 2,1 sehr nahe kommt). Einen Beobachter motivierte das zu der Feststellung, Familienplanung sei heutzutage für Frauen in Bangladesch ebenso alltäglich wie Dal Bhat, das traditionelle und im Land äußerst populäre Reis-Linsen-Gericht. Auch statistische Erhebungen, beispielsweise der nationale *Bangladesh Demographic and Health Survey*, kommen zum gleichen Ergebnis: Sie zeigen einen hohen Grad von Sensibilität für Fragen der Familienplanung unter bangladesischen Frauen und eine im Vergleich zu Indien deutlich weiter verbreitete Anwendung moderner Verhütungsmethoden. Und um schließlich ein letztes Beispiel auf dem Gebiet der Gesundheit zu nennen: Schon früh machte Bangladesch Erfahrungen und Fortschritte bei der Entwicklung und beim Einsatz kostengünstiger Generika durch öffentliche Stellen und Non-Profit-Institutionen.[19] Es ist zum Teil der Konzentration auf derart Wesentliches geschuldet, dass das Land in der Lage war, trotz eines sehr niedrigen Pro-Kopf-Einkommens die Gesundheit der Bevölkerung nachhaltig zu verbessern.

Ein dritter Anhaltspunkt, Bangladeschs Weg zu verstehen, ergibt sich, wenn wir die Bedeutung gesellschaftlicher Normen im Gesundheitswesen, Bildungsbereich und auf ähnlichen Gebieten betrachten und zugleich bedenken, welche Rolle öffentliche Kommunikationsstrategien und soziale Mobilisierung spielen, um einen Wandel solcher gesellschaftlichen Normen in Gang zu setzen. Die meisten der relativ erfolgreichen Programme Bangladeschs auf den genannten Feldern haben in der einen oder anderen Weise auf diese sozialen Faktoren gesetzt.[20] Zehntausende Sozialarbeiterinnen und Sozialarbeiter, mobilisiert von nichtstaatlichen Hilfsorganisationen oder auch im Dienst der Regierung, waren jahrelang vor Ort aktiv, sind von Dorf zu Dorf und von Haus zu Haus gegangen, haben dafür geworben, dass Kinder geimpft werden, haben über Verhütungsmethoden aufgeklärt, bessere hygienische Verhältnisse propagiert, Programme für eine bessere Ernährung organisiert, Schwangere und Stillende beraten und vieles mehr. Auch in Indien gab es selbstverständlich ähnliche Programme, doch bleibt von Bangladesch immer noch viel zu lernen, sowohl was die erforderliche Intensität solcher Aufklärungs- und Mobilisierungskampagnen anbelangt, als auch im Hinblick auf die Notwendigkeit, dabei soziale Schranken zu überwinden, die dem Erfolg häufig im Wege stehen.

Indien im Kreis der BRIC-Staaten

Während in der indischen Diskussion der Blick auf die Nachbarländer in Südasien weitgehend unterbleibt, gilt weiten Kreisen als der eigentliche Vergleichsmaßstab die Gruppe der BRIC-Staaten: Brasilien, Russland, Indien und China. Ihnen gemein sind einige wichtige Merkmale, angefangen mit gewaltigen Bevölkerungszahlen.

Doch tatsächlich ist Indien im Kreis der BRIC-Staaten, wie Tabelle 3.7 verdeutlicht, eher die Ausnahme, und das in mehrfacher Hinsicht. So ist in jedem Land der Gruppe die jüngere Bevölkerung vollständig (oder zumindest fast vollständig) des Lesens und Schreibens mächtig, nur Indien ist immer noch recht weit davon entfernt, diese elementare Voraussetzung partizipatorischer Entwicklung zu erreichen: Ein Fünftel der jungen Inder zwischen 15 und 24 Jahren und ein Viertel der Inderinnen der gleichen Altersgruppe waren 2006 nicht alphabetisiert. Ähnliches lässt sich mit Blick auf Schutzimpfungen feststellen: In jedem andern Land der Gruppe werden Kinder praktisch durchgängig geimpft, doch nicht in Indien. Tatsächlich ist die Impfrate in Indien, wie wir bereits sahen, entsetzlich niedrig, selbst im Vergleich zu anderen südasiatischen Ländern wie Bangladesch oder Nepal. Auch was das Ausmaß der Unterernährung bei Kindern anbelangt, bildet Indien eine dramatische Ausnahme. Dieses schreckliche Problem ist in den anderen BRIC-Staaten weitgehend verschwunden, doch in Indien nach wie vor virulent, wo mehr als vierzig Prozent aller Kinder unter fünf Jahren untergewichtig sind und ein noch höherer Anteil (annähernd 50 Prozent) Wachstumsstörungen zeigt.

In gewisser Weise zeigt sich an diesen Indikatoren, dass Indien immer noch weitaus ärmer ist als die anderen BRIC-Staaten: Das indische

Tab. 3.7: Ausgewählte Indikatoren für die BRIC-Staaten

	Indien	China	Brasilien	Russland
BIP pro Kopf (2011) (KKP, in internationalen Dollar, konstante Preise von 2005)	3,203	7,418	10,279	14,821
Lebenserwartung bei der Geburt (2010)				
weiblich	67	75	77	75
männlich	64	72	70	63
Säuglingssterblichkeit (2011)	47	13	14	10
Sterblichkeit bei Kindern unter 5 Jahren (2011)	61	15	16	12
Zusammengefasste Geburtenziffer (2011)	2,6	1,6	1,8	1,5
Zugang zu hygienischen Sanitäreinrichtungen (2010) (in Prozent)	34	64	79	70
Durchschnittliche Schulbesuchsdauer, Altersgruppe 25 Jahre und älter (2011)	4,4	7,5	7,2	11,7
Alphabetisierungsquote, Altersgruppe 15 bis 24 Jahre (2010) (in Prozent)				
weiblich	74[a]	99	99[c]	100
männlich	88[a]	99	97[c]	100
Unterernährung bei Kindern unter fünf Jahren (2006–2010[b]) (in Prozent)				
Untergewicht	43	4	2	k. A.
Wachstumsstörungen	48	10	7	k. A.
Impfrate bei Kindern (2011) (in Prozent)				
DPT	72	99	96	97
Masern	74	99	97	98
Öffentliche Gesundheitsausgaben (2010)				
als Anteil an den gesamten Gesundheitsausgaben (in Prozent)	29	54	47	62
als Anteil des BIP (in Prozent)	1,2	2,7	4,2	3,2
pro Kopf (KKP, in internationalen Dollar, konstante Preise von 2005)	39	203	483	620
Öffentliche Bildungsausgaben als Anteil des BIP (2010) (in Prozent)	3,3	k. A.	5,6[c]	4,1[d]

a 2006.
b Neueste verfügbare Zahlen aus den Jahren 2006–2010.
c 2009.
d 2008.

Quellen: *World Development Indicators* (online, abgerufen am 1. Januar 2013); Angaben zur durchschnittlichen Schulbesuchsdauer nach *Human Development Report 2013*; zur Unterernährung bei Kindern nach UNICEF, *The State of the World's Children 2012*, New York: UNICEF, 2012. Die Länder sind aufsteigend nach dem Bruttoinlandsprodukt pro Kopf aufgeführt.

Bruttoinlandsprodukt pro Kopf beläuft sich (bemessen nach Kaufkraftparität) auf weniger als die Hälfte des chinesischen, auf ein Drittel des brasilianischen und auf ein Viertel des russischen. Um die genannten riesigen Unterschiede zu überbrücken, ist indes offenkundig weitaus mehr nötig, als nur beim Pro-Kopf-Einkommen aufzuholen. Schnelles Wirtschaftswachstum für sich allein ist kein Erfolg und hat während der vergangenen zwei Jahrzehnte in Indien nicht dafür gesorgt, etwa das entsetzliche Ausmaß der Unterernährung bei Kindern zu verringern oder die Zahl der Schutzimpfungen signifikant zu erhöhen. Und auch für den raschen und entschlossenen Schritt zur allgemeinen Alphabetisierung bedarf es mehr als steigender Pro-Kopf-Einkommen, die es den Eltern erleichtern, ihre Kinder zur Schule zu schicken.

Das notwendige Aufholen hängt, mit anderen Worten, nicht allein vom Pro-Kopf-Einkommen ab, sondern auch – und wichtiger noch – von der öffentlichen Infrastruktur, von sozialer Absicherung und ökonomischer Verteilung. Tatsächlich ist hervorzuheben, dass unter den vier BRIC-Staaten Indien der einzige ist, der (zumindest bislang) weder eine massive Ausweitung öffentlicher Daseinsvorsorge noch eine ökonomische Umverteilung größeren Ausmaßes erlebte. China machte sehr früh enorme Fortschritte (insbesondere im Vergleich zu Indien) und schuf allgemeine Zugänge zu Schulbildung, zur medizinischen Versorgung und zur sozialen Absicherung – und das lange vor dem Einsetzen marktorientierter Wirtschaftsreformen im Jahr 1979. Auch wenn es auf einigen Feldern in den achtziger und neunziger Jahren soziale Rückschritte gab, am deutlichsten im Bereich des Gesundheitswesens, konnte Chinas auf Wachstum ausgerichteter Kurs jener Zeit von den zuvor geschaffenen soliden Grundlagen menschlicher Entwicklung profitieren, an die man auch später in vielerlei Hinsicht anknüpfte, beispielsweise durch den garantierten und gleichen Zugang zu Ackerland in ländlichen Gebieten. Der Kahlschlag, der das sozialisierte Gesundheitswesen in China in den achtziger und neunziger Jahren zerstört hatte – und für den das Land einen hohen Preis zahlte –, wurde ab etwa 2004 in gewisser Weise zurückgenommen (wie bereits in Kapitel 1 erörtert).[21] Das Prinzip einer allgemein zugänglichen öffentlichen medizinischen Versorgung wurde wieder Bestandteil der chinesischen Gesundheitspolitik, und schnelle Fortschritte stellten sich ein: Wie es scheint, erreicht das umgestaltete, öffentlich finanzierte Gesundheitssystem heute wieder annähernd 95 Prozent der Bevölkerung in China.

Auch Russland hatte in kommunistischer Zeit ein umfassendes System der sozialen Absicherung und staatlichen Vorsorge geschaffen. Durch Wirtschaftsreformen in den frühen neunziger Jahren geriet das System wie in China – in Russland allerdings weitaus extremer – in schwere Turbulenzen. Der Zusammenbruch in Russland war außerordentlich ernst und mit einem Wirtschaftskollaps verbunden, der möglicherweise schlimmsten Rezession der Zeitgeschichte. Sie hielt fast ein Jahrzehnt an, nicht zuletzt aufgrund der tödlichen Ratschläge westlicher Wirtschaftsexperten, die der neuen russischen Marktwirtschaft sogar dann noch ein unmittelbar bevorstehendes Wirtschaftswunder prophezeiten, als diese immer weiter zusammenbrach.[22] Tatsächlich stellte sich zu Beginn des 21. Jahrhunderts ein begrenzter Aufschwung ein, doch erst nachdem die wirtschaftliche und soziale Infrastruktur vollkommen ruiniert und in die Hände von Oligarchen gefallen war. Die lang anhaltende Wirtschaftskrise ging einher mit einer gleichermaßen katastrophalen Verschlechterung des Gesundheitszustands der russischen Bevölkerung, besonders der männlichen, deren heutige durchschnittliche Lebenserwartung auf indischem Niveau liegt (siehe Tabelle 3.7). Dennoch blieben einzelne soziale Errungenschaften aus früheren Zeiten erhalten, darunter etwa die allen zugängliche Elementarbildung und ein Schulsystem, das weit mehr bietet als Alphabetisierung. Wie in China gab es auch in Russland in den vergangenen Jahren größere Anstrengungen, die öffentliche Daseinsvorsorge und das System sozialer Absicherung wiederherzustellen, nicht zuletzt vor dem Hintergrund des seit der Jahrhundertwende anhaltenden Wirtschaftswachstums.[23]

Ähnliches ereignete sich in gewisser Weise auch in anderen Teilen der ehemaligen Sowjetunion und in den Ländern Osteuropas. Oft wird vergessen, dass vor dem Zusammenbruch der Sowjetunion 1991 die öffentlich finanzierten Sozialsysteme in West- und Osteuropa sich nicht allzu sehr unterschieden – in beiden Fällen gab es in den meisten Ländern einen gut ausgebauten Wohlfahrtsstaat, und ein großer Teil des Bruttoinlandsprodukts floss in Gesundheit, Bildung und Daseinsvorsorge oder diente ähnlichen sozialen Zwecken.[24] Nach dem Zerfall der Sowjetunion und verstärkt durch den sich in den meisten Ländern Osteuropas anschließenden Wirtschaftskollaps gerieten auch die Sozialausgaben dort unter enormen Druck (insbesondere in Ländern mit schwachen demokratischen Institutionen). Die Schäden wurden zum Teil bis heute nicht wieder behoben.

In Brasilien blickt progressive Sozialpolitik auf eine vergleichsweise kurze Geschichte zurück; sie begann im Gefolge eines rasanten Wirtschaftswachstums, statt ihr, wie etwa in China, vorausgegangen zu sein. Nicht uninteressant ist dabei, dass Brasilien und China sich heute in Hinblick auf viele soziale Indikatoren ähneln, auch wenn sie zu diesen vergleichbaren Verhältnissen auf ganz unterschiedlichen Wegen gelangten (siehe Tabelle 3.7). Über lange Zeit verband sich in Brasilien das schnelle Wirtschaftswachstum mit einem repressiven Staat, massiven Ungleichheiten und endemischer Not. Doch wie wir im folgenden Abschnitt sehen werden, hat sich dieses Bild im Laufe der vergangenen zwei Jahrzehnte grundlegend gewandelt. In diese Zeit fielen ehrgeizige und weitreichende Initiativen auf den Feldern Gesundheit, Bildung und soziale Sicherheit, angetrieben in erster Linie durch den Aufschwung demokratischen Engagements nach dem Ende der Militärdiktatur, und ihre Ergebnisse sind beeindruckend.

Das alte und das neue Brasilien

Im Rahmen unserer Untersuchung der Reichweite einer wachstumsinduzierten Entwicklung in einem früheren Buch diskutierten wir auch die Fallstricke eines Überflusses ohne Zweck – das wahllose Streben nach Wachstum und Wohlstand, ohne allzu viele Gedanken daran, wie die Früchte zu teilen und die Lebensumstände der Menschen zu verbessern wären.[25] Zu jener Zeit, Ende der achtziger Jahre, war Brasilien in vielerlei Hinsicht ein Paradebeispiel für eine solche Entwicklung. In den sechziger und siebziger Jahren hatte die brasilianische Ökonomie ein Wachstum gezeigt, das zu den schnellsten weltweit zählte, doch die missliche Lage des Großteils der Bevölkerung war unverändert schlecht geblieben. Als wir ein halbes Jahrzehnt später noch einmal darauf zurückkamen und die brasilianische Entwicklung mit den gerechteren und stärker partizipatorischen Formen des Wirtschaftswachstums in Südkorea verglichen, schrieben wir: «Indien läuft Gefahr, den Weg Brasiliens statt den Südkoreas zu gehen.»[26] Jüngste Erfahrungen verstärken die Befürchtungen über den von Indien womöglich eingeschlagenen Weg – der Überfluss ohne Zweck im Land ist heute jedenfalls in beträchtlicher Höhe vorhanden.

Interessanterweise hat Brasilien in den letzten beiden Jahrzehnten seinen Kurs grundlegend geändert und verfolgt nun einen stärker inklusiven Ansatz, gegründet auf eine aktive Sozialpolitik. Dieser Wandel verdankt sich größtenteils dem Aufblühen der Demokratie in der Zeit nach der Verabschiedung der neuen demokratischen Verfassung von 1988, bald nach dem Ende der lange Zeit währenden Militärdiktatur. Zu den bemerkenswerten Aspekten dieser neuen Orientierung gehören ein starkes Engagement für eine kostenlose allgemeine medizinische Versorgung, umfassende Programme zur sozialen Absicherung, einkommensunterstützende Maßnahmen sowie nicht zuletzt erhebliche Anstrengungen, die Reichweite und Qualität im Elementarbildungsbereich zu verbessern. Zweifellos bestehen weiterhin viele Unvollkommenheiten, doch sind die Probleme heute Gegenstand leidenschaftlicher öffentlicher Kritik und Debatten in Brasilien.[27]

Das Recht auf Gesundheit ist in der neuen demokratischen Verfassung Brasiliens festgeschrieben, nicht als ein unverbindlicher Grundsatz wie in der indischen Konstitution, sondern als materielles, einklagbares Recht. Um dieser verfassungsmäßigen Verpflichtung nachzukommen, schuf Brasilien das Einheitliche Gesundheitssystem (*Sistema Único de Saúde* – SUS), durch das den Menschen im Land eine uneingeschränkte und kostenlose medizinische Versorgung garantiert werden sollte, und zugleich lancierte die Regierung ein ehrgeiziges Familiengesundheitsprogramm. Im Gesundheitssystem treten sowohl öffentliche als auch private Gesundheitsanbieter auf, doch die gesamte Versorgung wird öffentlich finanziert. Das System hat dazu geführt, dass bedeutend mehr Menschen, insbesondere aus unterprivilegierten Schichten, Zugang zu medizinischer Versorgung erhielten. Nach Angaben der Weltgesundheitsorganisation verlassen sich heute 75 Prozent der Bevölkerung «in ihrer Gesundheitsvorsorge ausschließlich auf das *Sistema Único*».[28] Bei den gesundheitsbezogenen sozialen Indikatoren schneidet Brasilien heute recht gut ab: Praktisch alle Kinder werden geimpft, die Kindersterblichkeit liegt bei 14 von 1000 (gegenüber 47 in Indien), und nur zwei Prozent der Kinder unter fünf Jahren sind untergewichtig (gegenüber erschreckenden 43 Prozent in Indien).

Als ein besonderes Merkmal des heutigen brasilianischen Gesundheitswesens fällt auf, dass es in starken gesellschaftlichen Basisbewegungen verankert ist. Das *Sistema Único* selbst geht größtenteils auf Entwürfe von Gesundheitsaktivistinnen und -aktivisten zurück und ist Teil eines umfassenderen «sozialpolitischen Projekts der sozialen Bewegungen», das nicht zuletzt der «demokratischen Transformation von Staat und

Gesellschaft» dienen soll.[29] Interessanterweise wird das Projekt in Brasilien selbst als Gesundheitsreform bezeichnet – was daran erinnert, dass «Reform» viele Konnotationen haben kann und nicht zwangsläufig bedeutet, wie man in Indien häufig meint, dass der Staat sich aus einem Bereich zurückzieht. Die brasilianische Erfahrung erinnert uns zudem daran, dass Gesundheit in einer Demokratie durchaus ein starkes Thema von politischer Bedeutung sein kann, wie im Übrigen auch Erfahrungen aus Westeuropa sowie, in jüngster Zeit, aus den USA belegen. Hieraus gilt es zu lernen, gerade in Indien, wo das Gesundheitswesen auf der Liste der Themen, die führende Politiker, oppositionelle Parteien oder Gastgeber in Talkshows interessieren, ganz unten rangiert. (Wir werden in Kapitel 6 darauf zurückkommen.)

Programme zur Einkommensumverteilung und zur sozialen Absicherung, wie Brasilien sie – auch das ein Auftrag der neuen demokratischen Verfassung – auf den Weg brachte, zeitigten ebenfalls beachtliche Erfolge. In einer aufschlussreichen Studie vergleicht der Weltbank-Ökonom Martin Ravallion die Geschwindigkeit und die Ergebnisse der Programme zur Armutsbekämpfung in Brasilien, Indien und China zwischen 1981 und 2005. Während der zweiten Hälfte des Untersuchungszeitraums (zwischen 1993 und 2005) wuchs Brasiliens Bruttoinlandsprodukt pro Kopf um gerade einmal ein Prozent, in Indien hingegen waren es annähernd fünf Prozent. Dennoch griffen in Brasilien die erheblichen Umverteilungsmaßnahmen jener Jahre, und die Armut ging dort – ablesbar am jährlichen Sinken der Armutsquote – deutlich zurück, im Gegensatz zu Indien, wo die wirtschaftliche Ungleichverteilung weiter zunahm.[30] Neuere Studien bestätigen, gestützt auf aktuelle Datenreihen (bis 2009), die Bedeutung der ökonomischen Umverteilung für den Rückgang der Armut in Brasilien.[31]

Die Umverteilungsmaßnahmen zur Armutsbekämpfung umfassten verschiedene Anstrengungen zur sozialen Absicherung, darunter ein umfangreiches Rentenprogramm, Mindestlohnbestimmungen und, ab 2003, das bekannte Sozialprogramm *Bolsa Família*, das durch gezielte Geldtransferleistungen inzwischen rund ein Viertel der Bevölkerung unterstützt, und zwar in erster Linie Menschen außerhalb des formellen Sektors der Ökonomie.[32] Das Ausmaß der *Ungleichheit* in Brasilien beeinflusste diese Programme indes nur begrenzt – tatsächlich ist Brasilien weiterhin (zusammen mit Indien, China und Südafrika) eines der Länder mit der größten Ungleichverteilung weltweit. Die Erfolge liegen auf dem Gebiet der Armutsbekämpfung, insbesondere der Bekämpfung extremer Armut.[33]

Weniger bekannt als die Programme *Bolsa Família* oder *Fome Zero* (Null Hunger, die brasilianische Initiative zur Ernährungssicherheit), aber deshalb nicht weniger wichtig, sind der anhaltende Ausbau und die Verbesserung der Schul- und Bildungsangebote in Brasilien während der vergangenen rund zwei Jahrzehnte.[34] Selbst in der in hohem Maß durch Ungleichheiten gekennzeichneten brasilianischen Gesellschaft ist der Anteil der Kinder, die im Primarbereich Privatschulen besuchen, deutlich niedriger als in Indien (10 Prozent gegenüber 30 Prozent), und er scheint auch nicht zu steigen – im Gegensatz zu Indien.[35] Das staatliche Schulsystem wiederum wurde grundlegend reformiert. So ging die Schulträgerschaft im Wesentlichen an die Städte und Gemeinden über, ein Finanzausgleichsgesetz wurde verabschiedet, um die gerechte Verteilung der Mittel zur Schulfinanzierung zu gewährleisten, die Lernfortschritte der Schülerinnen und Schüler werden regelmäßig in standardisierten landesweiten Schultests überprüft, Mittel aus Transferprogrammen (zunächst *Bolsa Escola*, später dann *Bolsa Família*) sind an die Bedingung regelmäßigen Schulbesuchs geknüpft, und schließlich hat Brasilien – nicht zu vergessen – die Vorschulerziehung erheblich ausgebaut, die heute mehr als achtzig Prozent der Kinder im Vorschulalter erreicht.[36]

Die Ergebnisse können sich sehen lassen. Mindestens drei bedeutende Erfolge hat das Bildungswesen anerkanntermaßen vorzuweisen. Erstens nahmen in den jüngeren Altersgruppen Regelmäßigkeit, Dauer und Erfolg des Schulbesuchs zu. 2009 besuchten 98 Prozent der 6- bis 14-Jährigen eine Schule, und der Grad der Alphabetisierung lag in der Gruppe der 15- bis 24-Jährigen bei ebenfalls 98 Prozent.[37] Zweitens war gleichzeitig auch ein starker Rückgang der Bildungsungleichheiten zu verzeichnen. So sank der Gini-Koeffizient für die durchschnittlich absolvierten Schuljahre von 0,41 im Jahr 1995 auf 0,29 im Jahr 2009.[38] Bildungsreformen, aber auch die Maßnahmen zum Finanzierungsausgleich trugen dazu bei, dass schwächere Regionen (wie beispielsweise der Nordosten) zum Rest des Landes aufschlossen. Drittens schließlich verbesserten sich (wie Tests belegen) die schulischen Leistungen dramatisch, auch wenn der Ausgangspunkt, international betrachtet, auf einem sehr niedrigen Niveau lag. Tatsächlich zeigten brasilianische Schülerinnen und Schüler zwischen 2000 und 2009 in den PISA-Tests der OECD Lernfortschritte, die zu den höchsten aller teilnehmenden Länder gehörten.[39] Um diese Veränderungen und ihre Geschwindigkeit noch aus einem anderen Blickwinkel zu betrachten, sei angemerkt, dass 2009 in Brasilien die durchschnittlichen Bildungschancen von Kindern aus dem ärmsten Einkommensquintil nicht weit unter denen lagen, die sechzehn Jahre zuvor Kinder aus dem *reichsten* Einkommensquintil genossen hatten.[40]

Die Sozialquote, das heißt die Höhe der öffentlichen Sozialausgaben im Verhältnis zum Bruttoinlandsprodukt, liegt heute in Brasilien mit über 25 Prozent höher als in jedem anderen lateinamerikanischen Land, von Kuba (mit rund 40 Prozent) abgesehen; sie ist damit etwa viermal so hoch wie in Indien, wo sie sich auf gerade einmal rund sechs Prozent beläuft.[41] Wie in vielen anderen lateinamerikanischen Ländern auch, zeigten sich bei den Sozialausgaben (insbesondere bei Ausgaben für die soziale Absicherung) zunächst relativ deutliche regressive Effekte in dem Sinn, dass sie überproportional eher bessergestellten Teilen der Bevölkerung zugutekamen.[42] Allerdings haben Bemühungen in jüngster Zeit die Reichweite der sozialen Unterstützungsmaßnahmen für die benachteiligten Schichten nachdrücklich erweitert und so frühere Verzerrungen beträchtlich korrigiert. Die Erfolge und die Geschwindigkeit der Veränderung – das meiste passierte binnen zwei Jahrzehnten nach der Verabschiedung einer demokratischen Verfassung – sind geeignet, sie als Ansporn und Anregung zu verstehen.

Innerindische Vergleiche und Lehren[43]

So viel für Indien von anderen Ländern zu lernen ist, eine Menge lässt sich auch aus der Vielfalt von Erfahrungen *im eigenen Land* lernen. Die regionalen Eigenheiten in diesem großen Land könnten unterschiedlicher nicht sein, und würde man einzelne Bundesstaaten vom Rest Indiens trennen, ergäbe sich ein ganz anderes Bild, als es der nationale Durchschnitt liefert. Eine Reihe von Bundesstaaten – beispielsweise Kerala und Tamil Nadu – kämen, würde man sie als eigene Länder behandeln, in Vergleichen mit anderen südasiatischen Staaten auf Spitzenplätze, andere – etwa Uttar Pradesh und Madhya Pradesh – schnitten erheblich schlechter ab. So sind es vor allem Vergleiche einzelner indischer Bundesstaaten miteinander, die nachdrücklich vor Augen führen, wie viel dieses so vielgestaltige Land aus den Erfahrungen der erfolgreicheren seiner Regionen lernen kann.

Die Gegensätze sind mitunter extrem. Beispielsweise beträgt die Lebenserwartung von Frauen in Kerala 76 Jahre, doch in vielen der großen Staaten Nordindiens liegt sie weiterhin unter 60 Jahren. Darüber hinaus unterstreichen solche Gegensätze in vielfacher Hinsicht die Lehren, die sich aus der vergleichenden Betrachtung internationaler Erfahrungen für Entwicklungsstrategien ergeben. Insbesondere zeigt sich, dass die besser abschneidenden indischen Bundesstaaten mehr oder weniger solche sind, die schon früh solide Grundlagen für partizipatorische Entwicklung und soziale Absicherung geschaffen sowie aktiv die Erweiterung menschlicher Verwirklichungschancen gefördert haben, nicht zuletzt im Hinblick auf Bildung und Gesundheit.

Die Disparitäten zwischen den einzelnen indischen Bundesstaaten illustriert Tabelle 3.8, die eine Auswahl grundlegender Entwicklungsindikatoren aus den Bereichen Bildung, Gesundheit und Lebensstandard vergleicht.[44] Im Anschluss präsentieren wir in Tabelle 3.9 zwei zusammenfassende Indizes von Armut und Entwicklung: zum einen den Index für menschliche Entwicklung (*Human Development Index* – HDI), einen Standard-Wohlstandsindex, der die neun Indikatoren aus Tabelle 3.8 gleichgewichtig vereint, zum anderen einen Index, der den Anteil der multidimensional armen Bevölkerung widerspiegelt.[45]

Sieben große Bundesstaaten, in denen 2011 insgesamt 545 Millionen Menschen lebten (und somit ungefähr die Hälfte der indischen Bevölkerung), sind seit langem gekennzeichnet durch ein schlechtes Abschneiden bei grundlegenden sozialen Indikatoren und durch hohe Armut: Bihar, Chhattisgarh, Jharkhand, Madhya Pradesh, Odisha, Rajasthan und Uttar Pradesh.[46] Die für große Teile der Bevölkerung katastrophalen Lebensbedingungen in diesen Staaten verdeutlicht Tabelle 3.8. Die Zahlen belegen beispielsweise, dass in einigen dieser Staaten weniger als die Hälfte aller Kinder zwischen acht und elf Jahren auch nur einen einfachen Text lesen und verstehen kann (um ein wenig über die liberale Definition von Alphabetisierung hinauszugehen), dass in Uttar Pradesh nur 23 Prozent der Kleinkinder über einen vollständigen Impfschutz verfügen und dass in Bihar mehr als die Hälfte der Bevölkerung unterhalb der Armutsgrenze lebt, die amtlicherseits bereits extrem niedrig angesetzt ist.

Wollte man internationale Vergleiche ziehen, würden sich einige dieser Bundesstaaten im Hinblick auf das Ausmaß menschlicher Deprivation kaum von den ärmeren Ländern Afrikas unterscheiden. Bestätigt wird

Tab. 3.8: Ausgewählte Indikatoren für die größeren indischen Bundesstaaten

	Bildungsindikatoren			Gesundheitsindikatoren			Armutsindikatoren		
	Alphabetisierungsquote bei Frauen, Altersgruppe 15 bis 49 Jahre (2005/6) (in %)	Anteil der Kinder, die eine Schule besuchen, Altersgruppe 6 bis 14 Jahre (2005/6) (in %)	Anteil der Kinder, die einen einfachen Test zum Lesenverstehen bestehen, Altersgruppe 8 bis 11 Jahre (2004/5) (in %)	Sterblichkeit bei Kindern unter 5 Jahren (2005/6) (je 1000)	Anteil der Kleinkinder mit vollem Impfschutz (2005/6) (in %)	Anteil erwachsener Frauen mit zu niedrigem BMI (2005/6) (in %)	Anteil der Bevölkerung, die unter der Armutsgrenze lebt (2004/5) (in %)	Anteil der Bevölkerung im untersten Wohlstandsquintil Indiens (2005/6) (in %)	Mittleres Pro-Kopf-Einkommen (2004/5) (in Rupien/Jahr)
Andhra Pradesh	49,6	81,4	50	63,2	46,0	33,5	29,6	10,8	6,241
Assam	63,0	84,4	72	85,0	31,4	36,5	34,4	19,8	6,000
Bihar	37,0	62,2	44	84,8	52,8	45,1	54,5	28,2	3,530
Chhattisgarh	44,9	81,3	61	90,3	48,7	43,4	49,4	19,6	5,306
Gujarat	63,8	83,0	64	60,9	45,2	36,3	31,6	7,2	6,300
Haryana	60,4	84,1	65	52,3	65,3	31,3	24,1	4,1	9,443
Himachal Pradesh	79,5	962	83	41,5	74,2	29,9	22,9	1,2	9,942
Jammu u. Kaschmir	53,9	87,8	40	51,2	66,7	24,6	13,1	2,8	8,699
Jharkhand	37,1	71,7	59	93,0	34,2	43,0	45,3	49,6	4,833
Karnataka	59,7	84,0	53	54,7	55,0	35,5	33,3	10,8	5,964
Kerala	91,0	97,7	82	16,3	75,3	18,0	19,6	1,0	9,987
Madhya Pradesh	44,4	89,1	46	94,2	40,3	41,7	48,6	36,9	4,125
Maharashtra	70,3	87,2	66	46,7	58,8	36,2	38,2	10,9	7,975[a]
Odisha	52,2	77,5	58	90,6	51,8	41,4	57,2	39,5	3,450
Punjab	68,7	85,3	66	52,0	60,1	18,9	20,9	1,45	9,125
Rajasthan	36,2	75,4	55	85,4	26,5	36,7	34,4	24,2	6,260
Tamil Nadu	69,4	93,9	79	35,5	80,9	28,4	29,4	10,6	7,000
Uttar Pradesh	44,8	77,2	39	96,4	23,0	36,0	40,9	25,3	4,300
Uttarakhand	64,6	90,4	63	56,8	60,0	30,0	32,7	6,0	6,857
Westbengalen	58,8	79,7	51	59,6	64,3	39,1	34,2	25,2	6,250
Indien	55,1	79,6	54	74,3	43,5	35,6	37,1	20,0	5,999

[a] einschließlich Goa

Quellen: Zahlen, die sich auf das Jahr 2005/6 beziehen, nach dem *National Family Health Survey 2005–06* (= NFHS-3); Zahlen zum Schulbesuch nach bundesstaatlichen Berichten; Zahlen zur Armut für das Jahr 2004/5 basieren auf dem Bericht der Tendulkar-Kommission, wiederabgedruckt in: Government of India, «Press Note on Poverty Estimates, 2009–10», New Delhi: Planning Comission, März 2012; Zahlen zur Lesefähigkeit und zum mittleren Einkommen nach Sonalde B. Desai, Amaresh Dubey, Brij Lal Joshi, Mitali Sen, Abusaleh Sharif und Reeve Vanneman, *Human Development in India. Challenges for a Society in Transition*, New Delhi: Oxford University Press, 2010. Zu weiteren Details siehe Jean Drèze und Reetika Khera, «Regional Patterns of Human and Child Development», in: *Economic and Political Weekly*, 29. September 2012, S. 42–49.

Tab. 3.9: Menschliche Entwicklung und multidimensionale Armut: Zusammenfassende Indizes für die größeren indischen Bundesstaaten

	Index menschlicher Entwicklung (2005)[a]	Anteil der «multidimensional» armen Bevölkerung (2005/6)[b] (in Prozent)
Kerala	0,970	12,7
Himachal Pradesh	0,846	29,9
Tamil Nadu	0,749	30,5
Punjab	0,742	24,6
Haryana	0,670	39,3
Jammu und Kaschmir	0,655	41,0
Uttarakhand	0,612	39,5
Maharashtra	0,601	37,9
Gujarat	0,520	41,0
Karnataka	0,500	43,2
Andhra Pradesh	0,458	44,5
Westbengalen	0,446	57,4
Assam	0,411	60,1
Rajasthan	0,301	62,8
Chhattisgarh	0,271	69,7
Madhya Pradesh	0,230	68,1
Odisha	0,229	63,2
Uttar Pradesh	0,212	68,1
Jharkhand	0,170	74,8
Bihar	0,106	79,3
Indien	0,400	53,7

[a] Grundlage sind Daten des *National Family Health Survey 2005–06* (NFHS), des *National Sample Survey 2004–05* (NSS) und des *India Human Development Survey 2004–05* (IHDS).
[b] Grundlage sind Daten des *National Family Health Survey 2005–06* (NFHS).

Quellen: Der hier präsentierte *Human Development Index* ist berechnet aus den nicht gewichteten Werten der neun Indikatoren in Tabelle 3.8; siehe auch Drèze und Khera, «Regional Patterns of Human and Child Development». Zahlen zur multidimensionalen Armut, vgl. Sabina Alkire und Suman Seth, «Multidimensional Poverty Index (MPI) Rates in Rural and Urban Indian States», vervielf. Ms., Oxford Poverty and Human Development Initiative, University of Oxford, 2012 (online verfügbar: ophi.qeh.ox.ac.uk). Die Bundesstaaten sind absteigend nach ihrem HDI für 2005 aufgeführt.

dies durch jüngste Forschungsarbeiten zur multidimensionalen Armut. Beispielsweise stehen aktuellen Berechnungen des Multidimensionalen Armutsindex (*Multidimensional Poverty Index* – MPI) zufolge Bundesstaaten wie Bihar und Jharkhand auf einer Stufe mit einigen der ärmsten afrikanischen Länder – mit Ländern also wie Mosambik oder Sierra Leone.[47] Die sieben erwähnten Staaten – Bihar, Chhattisgarh, Jharkhand, Madhya Pradesh, Odisha, Rajasthan und Uttar Pradesh – zusammengenommen befinden sich unter dem Gesichtspunkt multidimensionaler Armut auf dem Niveau der 27 ärmsten afrikanischen Länder und weisen auch ungefähr die gleiche Bevölkerungszahl auf.[48] Im Großen und Ganzen zeigen die MPI-Werte somit, dass *die Lebensbedingungen in der ärmeren Hälfte Indiens kaum besser (wenn überhaupt) als in der ärmeren Hälfte Afrikas* sind.

Betrachten wir das andere Ende der Skala in Tabelle 3.9, so sehen wir dort drei Bundesstaaten, die sich durch ein relativ hohes Niveau menschlicher Entwicklung abheben: Kerala, Himachal Pradesh und Tamil Nadu. Punjab und Haryana liegen nicht weit hinter ihnen; tatsächlich rangiert Punjab im Hinblick auf multidimensionale Armut sogar ein wenig vor Himachal Pradesh und Tamil Nadu. Es gibt indes zwei entscheidende Gründe, das Augenmerk insbesondere auf Kerala, Himachal Pradesh und Tamil Nadu zu richten: Erstens schneiden sie bei geschlechter- und kinderbezogenen Indikatoren wesentlich besser ab als Punjab oder Haryana; zweitens sind Kerala, Himachal Pradesh und Tamil Nadu drei Staaten, die vor gar nicht langer Zeit (das heißt noch in den fünfziger und sechziger Jahren) selbst sehr arm waren – im Unterschied zu Punjab und Haryana, die schon seit langem zu den relativ prosperierenden Regionen Indiens gehören.[49] Das alles zusammen motiviert das Interesse, die Leistungen dieser Bundesstaaten zu betrachten – das erfolgreiche Bemühen, die Lebensbedingungen zu verbessern, die gelungene Steigerung des Pro-Kopf-Einkommens, verbunden nicht zuletzt mit der Erweiterung menschlicher Verwirklichungschancen.

Die sozialen Errungenschaften in Kerala haben eine lange Geschichte und wurden ausführlich erörtert – unter anderem von uns in früheren Arbeiten.[50] Festzuhalten bleibt, dass Kerala weiterhin auf vielen Gebieten rasante Fortschritte macht und der Vorsprung vor anderen Bundesstaaten im Lauf der Zeit augenscheinlich nicht kleiner wurde. Schon seit den achtziger Jahren wurden immer wieder Warnungen laut – hauptsächlich von Kommentatoren, die staatliche Eingriffe immer schon voller Argwohn betrachteten –, Keralas Entwicklung sei nicht nachhaltig, auf Sand gebaut und werde in ein «Debakel» führen.[51] Wie sich indes schließlich zeigte, hält die Verbesserung der Lebensbedingungen in Kerala nicht nur an, sondern beschleunigt sich sogar, unterstützt durch ein rasches Wirtschaftswachstum, das wiederum von einer Fokussierung im Bundesstaat auf schulische Bildung und andere grundlegende Entwicklungschancen profitieren konnte.

Wie Kerala lancierte auch Himachal Pradesh ehrgeizige Sozialprogramme, darunter etwa eine groß angelegte Kampagne zur allgemeinen Schulbildung, und das in den frühen siebziger Jahren, also zu einer Zeit, als der Bundesstaat tatsächlich recht arm war.[52] Die Geschwindigkeit der Entwicklung war, wie Tabelle 3.8 veranschaulicht, wirklich beeindruckend. Himachal Pradesh ist heute im Hinblick auf schulische Bildung gleichauf mit Kerala, und bei anderen Sozialindikatoren holt der Staat auf. In rund vier Jahrzehnten gelang Himachal Pradesh der Übergang von einer Region sozialer Rückständigkeit und Not (so das damalige Bild) zu einem relativ entwickelten Bundesstaat, in dem Elend und Entbehrung weithin verschwunden sind.

Ein weiterer interessanter Fall ist Tamil Nadu, ebenfalls ein Staat mit schnellen Fortschritten in relativ kurzer Zeit, obgleich auch hier am Anfang Armut, Entbehrung und Ungleichheit in erschreckenden Ausmaßen standen. Während der gesamten siebziger und achtziger Jahre zeigten die amtlichen Statistiken für Tamil Nadu ein über dem indischen Durchschnitt liegendes Armutsniveau, gleichermaßen für Stadt und Land – rund die Hälfte der Bevölkerung lebte damals unterhalb der extrem niedrig angesetzten Armutsgrenze der Planungskommission.[53] Ebenso wie im damaligen Kerala waren auch die gesellschaftlichen Verhältnisse extrem rigide und ausgrenzend. Dalits (und andere Angehörige niedrigerer Kasten) waren gezwungen, in separaten Siedlungen zu leben, die als «Kolonien» bezeichnet wurden, sie waren vom öffentlichen Leben generell ausgeschlossen und häufig waren ihnen sogar einfache Dinge des Alltags verwehrt, beispielsweise ein Hemd zu tragen oder Fahrrad zu fahren. Zu jener Zeit begann Tamil Nadu, sehr zur Verwunderung vieler Ökonomen, ambitionierte Sozialprogramme aufzulegen, führte beispielsweise eine allgemeine mittägliche Schulspeisung an Grundschulen ein und schuf zudem eine ausgedehnte öffentliche Infrastruktur, darunter Schulen, Gesundheitszentren, Straßen, öffentliche Verkehrsmittel, Wasser- und Elektrizitätsversorgung und vieles mehr. In solchen Initiativen zeigte sich keineswegs die herrschende Elite von ihrer barmherzigen Seite, sondern die Maßnahmen waren Ergebnis demokratischer Politik und organisierten öffentlichen Drucks. Benachteiligte Gruppen, besonders Dalits, mussten um jeden einzelnen Schritt kämpfen.[54] Heute verfügt Tamil Nadu über die vielleicht beste öffentliche Infrastruktur aller indischen Bundesstaaten, und viele Einrichtungen stehen ohne Unterschiede der gesamten Bevölkerung zur Verfügung. Wir werden in

Kapitel 6 auf die Erfahrung in Tamil Nadu zurückkommen, insbesondere im Hinblick auf Gesundheit und Ernährung.

Nun kann jedes dieser Beispiele möglicherweise isoliert und als ein Sonderfall betrachtet werden, deshalb verdient es zunächst festgehalten zu werden, dass in den genannten drei Staaten zusammen weit über 100 Millionen Menschen leben. Die Bevölkerung Tamil Nadus allein zählte 2011 rund 72 Millionen Menschen und somit mehr als in den meisten Staaten der Welt. Die Vorstellung, es hier lediglich mit Sonderfällen zu tun zu haben, übersieht zudem, dass in allen drei Bundesstaaten die jeweiligen Entwicklungswege, trotz aller Unterschiede, Gemeinsamkeiten aufweisen, die sehr interessant sind. So bildet erstens eine aktive Sozialpolitik einen wichtigen Aspekt jener gemeinsamen Erfahrung. Besonders ins Auge springt dieser Umstand bei der energisch betriebenen Bildungspolitik, doch sind auch andere Bereiche berührt, so etwa Gesundheit, soziale Absicherung oder öffentliche Einrichtungen.

Zweitens folgten die genannten Bundesstaaten bei der Schaffung und Bereitstellung öffentlicher Infrastruktur und Dienstleistungen universalistischen Prinzipien. Bemerkbar machte sich das besonders in Tamil Nadu, wie in Kapitel 6 noch weiter zu erörtern sein wird; doch auch in Himachal Pradesh und Kerala traf dieser Punkt zu. Im Grundsatz bedeutet universalistisch, dass Angebote wie Schulunterricht, grundlegende Gesundheitseinrichtungen, Schulspeisungen, Elektrizitätsversorgung, Lebensmittelkarten oder Trinkwasser so weit wie möglich tatsächlich allen ohne Unterschied, nach dem Prinzip der Gleichbehandlung, zugänglich sind, statt auf bestimmte Gruppen oder Schichten der Bevölkerung zugeschnitten zu sein. Im Übrigen wurden in vielen Fällen grundlegende Dienstleistungen und Einrichtungen nicht nur universell, sondern auch kostenlos zur Verfügung gestellt.[55]

Drittens erleichterte es die Anstrengungen ungemein, dass ein funktionierender und vergleichsweise effizienter öffentlicher Dienst sie trug. Die beteiligten Staaten schufen ihre Angebote auf relativ traditionelle Art und Weise, es wurde kaum auf die in jüngster Zeit verbreitet zum Einsatz kommenden marktgerechten Lösungen zurückgegriffen, es wurden also beispielsweise keine Aushilfslehrer statt regulärer Lehrer eingesetzt, Transferzahlungen wurden nicht an Bedingungen geknüpft, und es gab auch keine Schulgutscheine für Privatschulen, anstatt öffentliche Schulen zu schaffen. Die Helden dieser erfolgreichen Anstrengungen waren «altmodische» öffentliche Institutionen – funktionierende Schulen,

Gesundheitszentren, staatliche Behörden, Strukturen der lokalen Selbstverwaltung wie die *Gram Panchayats*, Kooperativen. Solche traditionellen öffentlichen Institutionen ließen der privaten Initiative im späteren Verlauf der Entwicklung viel Raum, doch schufen sie in allen drei Fällen die Grundlagen des schnell einsetzenden Fortschritts.

Ein wichtiger Aspekt der Erfahrungen in den drei Bundesstaaten war viertens der Umgang mit sozialen Ungleichheiten. In allen Fällen konnte die Bürde historisch tradierter Ungleichheiten auf die eine oder andere Weise verringert werden. In Kerala und Tamil Nadu trugen zur Durchsetzung der Prinzipien staatsbürgerlicher Gleichheit und universeller Ansprüche engagierte soziale Reformbewegungen ebenso bei wie leidenschaftlich um ihre Gleichberechtigung kämpfende benachteiligte Gruppen – so insbesondere Dalits, deren Kampf gegen überkommene Herabsetzung und Diskriminierung keineswegs der Vergangenheit angehört.[56] Himachal Pradesh konnte von günstigeren gesellschaftlichen Voraussetzungen profitieren, einschließlich relativ egalitärer, überlieferter Normen und einer starken Tradition sozialer Kooperation. Auch wenn in allen drei Staaten weiterhin Klassen-, Kasten- und Geschlechterunterschiede von immenser Bedeutung bleiben, ist es benachteiligten Gruppen doch zumindest gelungen, selbst aktiv – und mit zunehmendem Gewicht – im öffentlichen Leben und in demokratischen Institutionen aufzutreten.

Fünftens spiegeln die Erfahrungen rasanter sozialer Entwicklung nicht nur eine konstruktive staatliche Politik wider, sondern vor allem das engagierte Handeln von Menschen in demokratischen politischen Prozessen. Die sozialen Bewegungen, die gegen traditionelle Ungleichheiten (und insbesondere Kastenunterschiede) kämpften, sind Teil dieser umfassenderen Erfahrung.[57] Gesellschaftliche Fortschritte, mehr Bildung und das Wirken demokratischer Institutionen (mit all ihren Unvollkommenheiten) versetzen Menschen – Frauen und Männer – in die Lage, öffentlich mitzureden und über politische und gesellschaftliche Fragen mitzuentscheiden, und zwar auf eine Art und Weise, die in vielen anderen Staaten noch nicht in Sicht ist.

Schließlich deutet nichts darauf hin, dass die Entwicklung und Entfaltung menschlicher Möglichkeiten in irgendeiner Weise auf Kosten des wirtschaftlichen Erfolgs im konventionellen Sinn ginge, also etwa schnellen Wirtschaftswachstums. Im Gegenteil, die genannten Staaten zeigen alle hohe Wachstumsraten, wie man sie aufgrund solider wirtschaftlicher Verhältnisse wie auch vor dem Hintergrund internationaler Erfahrungen (einschließlich der Erfolgsgeschichte in Ostasien) erwarten sollte. Während viele der großen sozialen Initiativen und Errungenschaften auf frühere Zeiten zurückgehen, als es diesen Regionen noch nicht besonders gut ging, bilden heute Kerala, Himachal Pradesh und (in etwas geringerem Umfang) Tamil Nadu die Spitzengruppe unter den indischen Bundesstaaten, wenn es um das höchste Pro-Kopf-Einkommen und die niedrigste Armutsquote geht (siehe Tabelle 3.8). Und Wirtschaftswachstum wiederum ermöglicht es den Staaten, ihre aktive Sozialpolitik aufrechtzuerhalten und auszubauen. Wir sehen hier ein anschauliches Beispiel der Komplementarität zwischen ökonomischem Wachstum und der Wahrnehmung öffentlicher Aufgaben, wie wir sie weiter oben erörterten.

Vor nicht allzu langer Zeit galt Kerala in vielerlei Hinsicht als Anomalie unter den indischen Bundesstaaten. Die Besonderheiten der Gesellschaft, Geschichte und politischen Kultur schienen Kerala abzuheben und machten es schwer vorstellbar, dass ein anderer Staat einen ähnlichen Weg verfolgen könnte. Heute sieht die Situation ein wenig anders aus. Kerala ist anderen weiterhin in verschiedener Hinsicht voraus, doch einige weitere Staaten haben inzwischen große Fortschritte gezeigt, was die Verbesserung der Lebensqualität angeht – nicht auf genau die gleiche Art, aber doch so, dass viele interessante Aspekte auf die Erfahrung Keralas verweisen. Andere Bundesstaaten haben allen Grund, aus diesen positiven Erfahrungen zu lernen, so wie Indien auch aus Erfolgen und Fehlschlägen anderer Länder lernen kann.

4. VERANTWORTLICHKEIT UND KORRUPTION

Am Ufer des Govind Ballabh Pant Sagar, eines Stausees im Distrikt Sonebhadra des Bundesstaates Uttar Pradesh, steht ein riesiges Kraftwerk, das von der National Thermal Power Corporation (NTPC) betrieben wird. In der Nähe des Kraftwerks, inmitten einer freundlichen, parkähnlichen Anlage, befindet sich die lokale Firmenzentrale der Betreibergesellschaft, die einer von uns einmal besuchte. In großer Zahl laufen dort den ganzen Tag Klimaanlagen mit voller Leistung (es war mitten im Sommer), selbst in der verlassenen Lobby des Gästehauses. Außerhalb des Firmengeländes, auf der anderen Seite der Mauer, die es umgibt, leben Angehörige der Dom (einer niederen Kaste), die seit einem Vierteljahrhundert als Reinigungskräfte für die NTPC arbeiten. In ihren Hütten gibt es keine Elektrizität (und auch keine andere Annehmlichkeit der modernen Zeit). Doch wenn man mit ihnen spricht, wollen sie sich über ihre missliche Lage nicht beklagen, denn sie haben Angst, ihren Job zu verlieren. Ein Stück weiter wohnen Menschen, die beim Bau des Kraftwerks vertrieben worden waren. Eine nennenswerte Entschädigung haben sie nicht erhalten; jetzt versuchen sie, irgendwie ein neues Leben aufzubauen. Wie bei ihren Dom-Nachbarn gibt es auch bei ihnen keine Elektrizität, doch auch sie haben Angst, sich zu beklagen.

Eine funktionierende öffentliche Infrastruktur und der öffentliche Sektor insgesamt sind heute in jedem Land der Welt eine Angelegenheit von allgemeinem Interesse und überall anzutreffen. Größe und Aufgabenbereich des öffentlichen Sektors variieren naturgemäß von Land zu Land, doch durchgängig stellt sich das Problem, Grundsätze der Verantwortlichkeit zu verankern. Eine Besonderheit Indiens ist der Nachdruck, mit dem – aus im Übrigen vollkommen einleuchtenden Gründen – unablässig auf die Notwendigkeit eines großen öffentlichen Sektors hingewiesen wird, gepaart mit der fast völligen Gleichgültigkeit, ob und wie in diesem riesigen Bereich Verantwortung an den Tag gelegt wird. Angesichts des Umfangs des öffentlichen Sektors und der maßgeblichen Rolle, die er in der indischen Entwicklungsstrategie spielt, drängt sich die Frage auf, wie Verantwortlichkeit in diesem Bereich gefördert und gestärkt werden kann. Leider stand bislang im Mittelpunkt der öffentlich und nichtöffentlich geführten Debatten im Land das Problem, inwieweit Wirtschaft und Menschen einen gut geführten öffentlichen Sektor brauchen, und weniger, wie genau solche möglicherweise benötigten öffentlichen Einrichtungen und Unternehmen zu führen seien – und was die Entscheidungsträger und Beschäftigten dort motivieren könnte, Verantwortung zu übernehmen.

Allzu häufig wird unterstellt, dem Thema der Verantwortung und Verantwortlichkeit im öffentlichen Sektor hafte etwas politisch Reaktionäres an. Doch werden dabei zumeist zwei ganz verschiedene Fragen vermengt:

1. In welchen Bereichen ist der öffentliche Sektor, entsprechend gut abgestimmt, dem privaten Sektor überlegen, wenn es darum geht, die Belange der Menschen im Blick zu behalten?
2. Wie lassen sich Prinzipien der Verantwortung in Einrichtungen und Unternehmen des öffentlichen Sektors etablieren, damit diese bestimmungsgemäß funktionieren?

Die Berechtigung der zweiten Frage hervorzuheben, bedeutet dabei keineswegs, die Relevanz der ersten in Abrede zu stellen.

Zunächst einmal gibt es zweifellos gute Argumente, bei wirtschaftlichen Entscheidungen privates Profitstreben zurückzustellen, insbesondere in einem Land wie Indien. Kommen Faktoren ins Spiel, die Ökonomen Externalitäten nennen – die Verschmutzung von Luft und Wasser beispielsweise oder der Raubbau an natürlichen Ressourcen –, so treten tendenziell immer und überall private und gesellschaftliche Interessen auseinander. Auch asymmetrische Information zwischen Kunden und Anbietern – oder allgemeiner das Fehlen ausreichenden Wissens, wodurch die nicht oder nur unzureichend informierte Seite nicht in der Lage ist, eine kluge und gute Entscheidung zu treffen – kann dazu führen, dass privates Gewinnstreben und soziale Wohlfahrtsziele auseinanderklaffen. Fehlender Wettbewerb ist ein weiterer Grund für Verzerrungen, die Folge sind möglicherweise übertrieben hohe Preise für Produkte, die unter Wettbewerbsbedingungen – gäbe es sie – fallen müssten.[1] Schließlich sind auch Armut und gesellschaftliche Ungleichheit Gründe, nicht ausschließlich auf die Privatwirtschaft zu setzen: Insofern Profitabilität

Zahlungsfähigkeit auf Seiten der Konsumenten (oder vielmehr: Käufer) voraussetzt, dürfte das Kalkül privaten Profits häufig einen sehr ungeeigneten Maßstab für die Prioritäten und Bedürfnisse der Menschen abgeben. Manche der angedeuteten Probleme lassen sich durch den Einsatz von Abgaben oder Subventionen eventuell in den Griff bekommen, bei anderen wiederum versagen solche Instrumente, etwa in Fällen asymmetrischer Information oder des Auftretens von (mächtigen) Monopolen.

Es kann also triftige Gründe geben, gut geführte staatliche Unternehmen zu haben, neben der Notwendigkeit, die soziale Grundversorgung der Bevölkerung durch öffentliche Einrichtungen und Infrastruktur zuverlässig sicherzustellen – was in der Regel in den meisten Ländern weltweit vom Staat übernommen wird. Natürlich gibt es zahlreiche Felder, auf denen die Privatwirtschaft in Indien bislang bereits exzellente Arbeit leistete und zum allgemeinen Wohl des Landes beitrug. Nicht allzu viele Inderinnen und Inder dürften sich danach sehnen, dass staatliche Unternehmen die Mobiltelefonbranche übernehmen oder sich stärker in der Kommunikations- und Informationstechnologie engagieren. Der Ruf von Staatsbetrieben ist heute rund um die Erde ziemlich nachhaltig angekratzt, und zwar auf allen möglichen wirtschaftlichen Gebieten, von der kollektivierten Landwirtschaft bis zu staatlich geführten Hotels. Und doch gibt es Bereiche (insbesondere wären das Erziehung, Gesundheit, Ernährung, aber auch einige andere), wo die Notwendigkeit eines Engagements des öffentlichen Sektors sehr deutlich wird. In diesen Bereichen wirken öffentliche Einrichtungen und Unternehmen nicht nur in hohem Maße zum Wohl der Menschen, sondern tragen auch zum Prosperieren der übrigen Wirtschaft bei, einzelner Unternehmen ebenso wie des gesamten privaten Sektors. Wir werden in den folgenden Kapiteln auf dieses Thema zurückkommen, insbesondere im Zusammenhang mit der Notwendigkeit öffentlichen Engagements bei der medizinischen Versorgung, im Primar- und Sekundarschulbereich und auf ähnlichen Gebieten.

Doch zunächst: Die Notwendigkeit, die beiden oben formulierten Fragen zu unterscheiden, bleibt bestehen, und die Antwort auf die erste ist offenkundig bedingt durch die zweite. Nun genießen, wie sich kaum leugnen lässt, öffentliche Unternehmen in Indien selten ein hohes Ansehen, ja oft ist es sogar verheerend. Natürlich können auch privatwirtschaftliche Unternehmen fürchterlich ineffizient sein, doch entsteht ein gewisses Maß an Verantwortlichkeit dadurch, dass Unfähigkeit zu Verlusten führt oder zumindest Gewinne schmälert; letztlich sorgen so die Logik des Geschäftslebens und die Disziplin des Marktes dafür, ein solches Verhalten zu bestrafen. Zugleich, wir haben bereits darauf hingewiesen, fragen private Kosten-Nutzen-Kalküle selten nach sozialen Kosten, und in vielen Fällen weichen sie erheblich ab von dem, was im öffentlichen Interesse läge; Skepsis bleibt daher angebracht, ob der Privatsektor wirklich die Lösung aller Probleme sein kann, denn auch wenn in ihm ein System der Verantwortung existiert, ist dieses doch fest innerhalb der Grenzen der eigenen Logik – der Logik des Profits – verankert. Verantwortung lässt sich nicht trennen von den Zielen, die verfolgt werden. Doch auch wenn Profitstreben sich in vielen Fällen nicht mit öffentlichem Interesse deckt, ist daraus nicht zu folgern, bei einem staatlichen Unternehmen wäre eine solche Diskrepanz von vornherein ausgeschlossen, ohne entsprechende Strukturen der Verantwortung und kritischen Überprüfung.

Das Plädoyer für das Engagement der öffentlichen Hand hängt in hohem Maße von der Möglichkeit ab, zuverlässig funktionierende und rechenschaftspflichtige Strukturen für öffentliche Unternehmen und Einrichtungen zu etablieren. In Indien schafften die meisten politischen Debatten es tragischerweise immer wieder, die Frage der Stärkung von Verantwortlichkeit im öffentlichen Sektor letztlich zu umgehen: Entweder wurde diesem Bereich insgesamt die Existenzberechtigung abgesprochen, um stattdessen die vermeintlich makellosen Vorzüge des privaten Unternehmertums zu preisen, oder aber der Privatsektor erschien als die Wurzel allen Übels, während auf der anderen Seite eine Traumwelt existiert, in der engagierte öffentliche Bedienstete ihre gesellschaftliche Pflicht mit bewundernswerter Effizienz und Menschlichkeit erfüllen. Wir sollten uns von solchen Märchen nicht beeindrucken lassen.

Wenn wir die entscheidende Bedeutung dieser Fragen hervorheben, so nicht, weil wir glauben, eine Lösung stelle sich ein, sobald wir sie nur suchen. Aber gleichzeitig sind wir überzeugt, dass wir einer Lösung nicht näherkommen, solange wir *nicht* danach suchen.[2] Diese Suche hatte in der politischen Ökonomie Indiens lange Zeit keinerlei Priorität, und das ganze Thema beginnt gerade erst, die Aufmerksamkeit zu erfahren, die es verdient. Wir werden gleich darauf zurückkommen.

Infrastruktur und Machtlosigkeit

Das Thema der Verantwortung stellt sich auf den verschiedensten Ebenen, wenn wir uns den Problemen der Infrastrukturplanung in Indien auch nur nähern. Zunächst einmal gibt es in Indien aber eine erstaunlich weitverbreitete Tendenz, Fragen der Infrastruktur hintanzustellen: sowohl im Hinblick auf die materielle und technische Infrastruktur (Energie, Straßen, Wasser, Kanalisation und Ähnliches), als auch was die soziale Infrastruktur anbelangt (Bildung, Gesundheitssystem und andere Bereiche, die zur Entwicklung menschlicher Verwirklichungschancen beitragen). Neben Problemen mit Verantwortlichkeit auf der Ebene einzelner Einrichtungen und Unternehmen gibt es gravierende Schwierigkeiten auf höheren Ebenen, bei denen es um die Steuerung und den Betrieb ganzer Bereiche geht.

Ein anschauliches Beispiel für einen Kollaps öffentlicher Versorgung war der nationale Stromausfall Ende Juli 2012, der im halben Land mit einem Schlag die Lichter ausgehen ließ und Indien den wenig schmeichelhaften Beinamen «*Blackout Nation*» einbrachte (wie das Wirtschaftsmagazin *The Economist* titelte). Wie konnte das passieren? An Erklärungen herrscht kein Mangel:

- Die produzierte Strommenge hielt nicht mit der steigenden Nachfrage Schritt.
- Einzelne Bundesstaaten verbrauchten mehr als ihre Strommengenkontingente, ohne die für die Netzaufsicht zuständigen Behörden zu informieren.
- Es gibt keine Möglichkeiten, rasch zu reagieren und in solchen Fällen Staaten daran zu hindern, ihre Kontingente zu überschreiten.
- Ein verspäteter Monsun in Teilen des Landes führte zu höherem Stromverbrauch, und die Behörden haben dem zu wenig Beachtung geschenkt.
- Große Mengen Strom werden gestohlen oder nicht in Rechnung gestellt, was verschiedenen zuständigen Stellen zwar bekannt ist, doch ist man dort nicht gewillt, dem nachzugehen, da das erhebliche politische Konsequenzen hätte.
- Es existiert kein effektives Frühwarnsystem, das den zuständigen Stellen rechtzeitig signalisiert, wenn etwas schiefzugehen droht.

Darüber hinaus gibt es noch zahlreiche weitere kleinteilige Erklärungsversuche. In den meisten steckt ein Quäntchen Wahrheit, aber das Zeichen, das der massive Blackout setzte, ist mehr als die Summe der verschiedenen identifizierbaren Teile.

Doch nicht nur an Erklärungen für die Gründe des Stromausfalls, auch an Vorschlägen für Sofortmaßnahmen, um die Probleme vermeintlich unverzüglich in den Griff zu bekommen, herrscht kein Mangel. So existiert die Vorstellung, die ganzen Schwierigkeiten rührten daher, dass der Energiesektor in staatlicher Hand ist, die einfachste Lösung sei es deshalb, ihn zu privatisieren, wie das angeblich in China geschah. Nun funktioniert die Stromversorgung in China recht gut, jedenfalls im Vergleich zu Indien, und die Bewunderung für die chinesischen Leistungen, wozu im Übrigen auch ein Netzzugang fast aller Haushalte gehört, ist größtenteils durchaus berechtigt. Die genannte Erklärung für Chinas Erfolge auf diesem Gebiet allerdings geht ins Leere: Chinas Energiesektor ist (wie bereits in Kapitel 1 erörtert) in Wirklichkeit keineswegs privatisiert. Wie in Indien kontrolliert in China der Staat sowohl die Stromerzeugung als auch das Netz weitgehend selbst. Gewiss gibt es in China private Energieunternehmen, doch fügen sie sich in das Gesamtbild ein; das Gleiche gilt für Indien und Unternehmen wie Reliance Power, Tata Power und andere. Eine gewisse Überlegenheit erlangt China allerdings, weil die staatlich gelenkte Energiewirtschaft des Landes effizienter funktioniert und in der Tat besser zu steuern ist.

Die Unterschiede gehen teils darauf zurück, dass China im Gegensatz zu Indien bereit war, massiv in den Energiesektor zu investieren, insgesamt nämlich, bezogen auf das Bruttoinlandsprodukt, in mehr als doppelter Größenordnung. China hat mit steigendem Energiebedarf die Kapazitäten ausgebaut, was in Indien nicht passierte.[3] In China scheinen Investitionen im Energiesektor zudem eine signifikante Rendite abzuwerfen, während die Branche in Indien anhaltend Defizite erwirtschaftet. Wie der Ökonom Pranab Bardhan anmerkt, beläuft sich der Subventionsbedarf der staatlichen Elektrizitätsgesellschaften in vielen Bundesstaaten auf mehr als zehn Prozent ihres aktuellen Haushaltsdefizits.[4] Warum haben uns die ständigen Defizite im Energiesektor so fest im Griff?

Es ist, einmal mehr, ein Problem der Verantwortung. Selbst auf höchster Ebene scheinen es die Hüter der indischen Energiepolitik nicht für nötig zu halten, die Dinge in Ordnung zu bringen, und sie fühlen sich auch nicht gedrängt, die Verantwortung für die katastrophalen Versäumnisse bei der Planung im Energiesektor zu übernehmen. Das grundlegende Nichtvorhandensein systematischer Kontrolle und Verantwortlichkeit in den Bereichen Stromerzeugung und Netzbetrieb in Indien war mit dem Blackout schmerzhaft deutlich geworden, doch schien es nach wie vor unmöglich, irgendeinen der Energiebosse zur Verantwortung zu ziehen. Auf den ersten Blick ist es einleuchtend – und natürlich gerechtfertigt –, mehr Kompetenz auf Seiten der Manager und Planer zu verlangen, die einzelne Unternehmen und den Energiesektor insgesamt führen. Der grundlegende Fehler jedoch ist die fast vollständige Abwesenheit von Strukturen der Verantwortlichkeit, sodass Personen, die Entscheidungen treffen und Weisungen erteilen, nicht gezwungen sind, persönlich Konsequenzen zu ziehen, wenn Dinge wirklich schiefgehen.[5] Das Fehlen von Verantwortlichkeit scheint sich durch alle Schichten der Hierarchie zu ziehen, sodass man Geschehnisse wie das Desaster vom Juli 2012 – in kleinerem Maßstab passieren solche Dinge tagein, tagaus – wie unerwartete Naturkatastrophen aussehen lassen kann, wie ein Erdbeben, nicht von Menschenhand verursacht. Selbst im Jahr 2013 existieren im Energiesektor immer noch keine Strukturen der Verantwortlichkeit; die Branche leidet weiterhin unter chronischem Geldmangel und ist angewiesen auf gewaltige staatliche Subventionen, die Mittel verschlingen, die dringend für soziale Zwecke gebraucht würden.

Ein weiterer Grund für die Mängel und Unzulänglichkeiten des indischen Energiesektors ist die Praxis, die auflaufenden riesigen Defizite der staatlichen Kraftwerksgesellschaften einfach zu tolerieren (und letztlich dafür aufzukommen), Defizite, zu denen sich Fehlinvestitionen, schlecht eingesetzte Subventionen, nicht eingetriebene Elektrizitätsrechnungen, Stromdiebstahl, Übertragungsverluste und andere Kosten summieren – größtenteils zum Vorteil von Großverbrauchern, die dank ihres politischen Einflusses jeglichen Versuch blockieren, erforderliche Schritte zur Kostendeckung durchzusetzen. Dieses merkwürdige System führt zu massiven Verlusten und zur Verschwendung öffentlicher Mittel, statt dass, wie in China, starke Anreize entstehen, im Energiesektor zu investieren. Wenn Energie ein Verlustgeschäft ist, haben auch die Netz- und Vertriebsunternehmen durch einen Ausbau der Kapazitäten und Reichweiten oder auch nur durch die Sicherstellung einer unterbrechungsfreien Elektrizitätsversorgung kaum etwas zu gewinnen.[6] Die lautstarken Fürsprecher subventionierter Energie bekommen so, was sie wollen, doch viele der indischen Armen, etwa eine Drittel der Bevölkerung (rund 400 Millionen Menschen), verfügen weiterhin nicht einmal über einen Stromanschluss. Es ist erstaunlich, wie wenig Gehör man denen schenkt, die immer schon im Dunkeln sitzen, im Gegensatz zu manchen – durchaus berechtigten – Beschwerden jener, die von Zeit zu Zeit ohne Licht auskommen müssen. Im verantwortungslosen Chaos der Planung im Energiesektor finden diejenigen, die am meisten darunter zu leiden haben, kaum Aufmerksamkeit.

Subventionen für gut vernetzte Verbraucher

Der Bankrott des Energiesektors in Indien ist Teil eines allgemeinen politischen Problems, das es als Ganzes in den Blick zu nehmen gilt; es geht dabei um die Notwendigkeit, sich des politischen Einflusses mächtiger Interessengruppen zu erwehren (oder ihm entgegenzuwirken). Obgleich das Problem im Energiesektor vor allem am Ende der Versorgungskette sichtbar wird – auf der sogenannten letzten Meile bis zum Netzanschluss der Endverbraucher –, wirkt sich die damit verbundene enorme ökonomische Belastung auch in anderen Bereichen der Energieerzeugung und Stromwirtschaft aus.

Indiens Energiebranche erwirtschaftet massive Verluste, indem sie Elektrizität zu nicht kostendeckenden Preisen verkauft (und in manchen Bundesstaaten sogar Strom für die Landwirtschaft kostenlos anbietet); hinzu kommen Kosten, um Netzverluste, Stromdiebstahl, nichtbezahlte Rechnungen und anderes auszugleichen. Solche Konsumsubventionen, ob explizit intendiert oder implizit hingenommen, blockieren die weitere Entwicklung. Sie sind im indischen Energiesektor Ursache ernster Probleme bis hin zu möglichen Insolvenzen, drücken auf Investitionen für Kraftwerke und den Netzausbau und führen letztlich dazu, dass Hunderte Millionen Menschen auch weiterhin ohne Stromanschluss bleiben. Öffentliche Mittel werden in erheblichem Umfang in derartige Konsumsubventionen umgeleitet, wodurch sie im Wesentlichen eher bessergestellten Verbrauchern zugutekommen, während das Geld andernorts fehlt, etwa um das Bildungsangebot für Menschen auszubauen, die bislang keine Schule besuchen konnten, oder eine medizinische Versorgung für die, denen sie bislang vorenthalten war – oder auch natürlich um die bis heute nicht versorgten Haushalte ans Stromnetz anzuschließen. Den Abfluss von Ressourcen zu beenden und der Subventionslobby die Stirn zu bieten, ist eine schwierige politische Herausforderung, doch solange sich die Menschen in Indien – Beamte, Politiker, die breite Öffentlichkeit – ihr nicht stellen, wird der indische Energiesektor weiterhin scheitern (unabhängig davon, wie die Eigentumsverhältnisse aussehen), und öffentliche Mittel werden weiterhin in die Taschen der eher Wohlhabenden fließen.[7] Auch hierbei geht es um Verantwortung, was – eines der Hauptthemen dieses Buchs – die verzerrte politische Diskussion in der indischen Öffentlichkeit nicht wirklich deutlich werden lässt. Für die Regierung ist nichts einfacher, als das gegenwärtige irrationale und ungerechte System der Verschiebung öffentlicher Mittel unangetastet zu lassen. Sollen regressive Konsumsubventionen gekürzt werden, tragen gut organisierte Interessengruppen ihre Proteste auf die Straße, doch niemand regt sich, wenn die Menschen, die immer noch ohne Stromanschluss sind, es auch weiterhin bleiben oder wenn die Subventionen aus öffentlichen Töpfen finanziert werden und das Geld für dringendere oder erstrebenswertere soziale Zwecke nicht zur Verfügung steht.

Ähnliche Verzerrungen kommen in den Blick, wenn wir die Preisgestaltung bei anderen Energieträgern wie Benzin, Diesel oder Heizöl betrachten: Auch hier werden die relativ Wohlhabenden implizit bevorzugt, statt die zu unterstützen, die über wenige Möglichkeiten – und keine Mittel – verfügen, um mit verbilligtem Treibstoff wirklich etwas anzufangen. Neben privilegierten Städtern, die so auf öffentliche Kosten den Luxus aller möglichen technischen Geräte genießen und einen komfortablen Lebensstil pflegen, sind es vor allem Telekommunikationsunternehmen und vollklimatisierte Einkaufszentren, die von den Energiesubventionen profitieren.[8] Versuche, die Subventionen für Heizöl oder Treibstoff zu reduzieren, provozieren gewöhnlich einen regelrechten Aufschrei der mächtigen Verbraucherlobbys und Interessengruppen, sodass sie häufig nach wenigen Tagen schon wieder zu den Akten gelegt werden. Das Festhalten an der regressiven Subventionierung besänftigt die lautstark auftretenden Verteidiger privilegierter Interessen – es sind keine Tycoons, doch leben sie in einem Wohlstand, den die Masse der indischen Bevölkerung nicht kennt. Die Lobby der Wohlhabenden in ihren Forderungen zu unterstützen, mag für die Opposition politisch nützlich sein, und ebenso für die Regierung, deren Ansinnen letztlich zu akzeptieren, doch ist es wahrlich unzutreffend, solche Konzessionen an die Mächtigen als Offenheit für die Stimme des Volkes zu beschreiben, wie es manchmal geschieht, denn der Nutzen für den Großteil der Bevölkerung ist zweifellos gering.[9]

Auch bei der Subventionierung von Düngemitteln ergibt sich ein ähnliches Bild. Lange Zeit war dieser Bereich für Indiens Staatsfinanzen ein Fass ohne Boden; 2008/9 etwa beliefen sich die Zuschüsse auf rund 1,5 Prozent des gesamten Bruttoinlandsprodukts, während gleichzeitig die öffentlichen Ausgaben für Gesundheit (auf nationaler Ebene und auf der der einzelnen Bundesstaaten zusammen) nicht einmal dieses Volumen erreichten – ein ziemlich offensichtlicher Fall verzerrter Prioritäten. Als die Subventionierung von Kunstdünger in den späten siebziger Jahren eingeführt wurde, also in den frühen Tagen der «grünen Revolution», war die staatliche Intervention vermutlich recht sinnvoll, doch ist es schwierig, angesichts ihrer regressiven Wirkung und auch der negativen Umweltfolgen ihr Fortbestehen bis heute zu rechtfertigen – noch dazu in diesem Umfang. Regressiv wirken die Subventionen, weil neben überproportional begünstigten großen landwirtschaftlichen Betrieben die Hauptnutznießer mächtige Düngemittelunternehmen sind.[10] Zwar gab es in den vergangenen Jahren gewisse Kürzungen, doch die Düngersubventionen blieben immer noch hoch – 2011/12 beliefen sie sich auf annähernd 700 Milliarden Rupien (rund 0,8 Prozent des indischen BIP, umgerechnet rund 8,7 Milliarden Euro).

Bei all dem geht es nicht darum, staatliche Subventionen für grundsätzlich falsch zu halten oder abschaffen zu wollen. Nur spricht gegen eine regressiv wirkende öffentliche Förderung gerade die Möglichkeit, die aufgewendeten Mittel viel sinnvoller zum Wohl der Benachteiligten einsetzen zu können. Was in der gegenwärtigen Debatte zutiefst fehlt, ist eine objektive und trennscharfe Bewertung, welche Art von Unterstützung wen begünstigt.[11] Beispielsweise bezeichnen Ausdrücke wie Mittelklasse oder *aam aadmi* (der einfache Mann) häufig auf eine sehr verwirrende Art und Weise relativ privilegierte Gruppen und stellen sie als Benachteiligte dar. (Auf dieses Thema werden wir in Kapitel 9 zurückkommen.) Wirklich Benachteiligte hingegen spielen in der ganzen Debatte kaum eine Rolle.

Regressive Subventionen wirken nicht nur dort schädlich, wo sie sichtbar und explizit eingesetzt werden, beispielsweise in den Fällen öffentlicher Bezuschussung von Diesel oder Kunstdünger, sondern auch als implizite Subventionen. Dazu gehören insbesondere die sogenannten Steuereinbußen des Fiskus, Steuern also, die in die Staatskasse hätten fließen können, aber aufgrund verschiedener Ausnahmeregelungen oder Stimulierungsmaßnahmen nicht erhoben wurden. Auch in diesem Fall sind manche der Ausnahmen und Stimuli vermutlich zu rechtfertigen, doch viele andere sind nichts weiter als maskierte Geschenke an mächtige Interessengruppen, vorzugsweise Wirtschaftslobbys. Das Finanzministerium beziffert die Steuereinbußen für das Haushaltsjahr 2011/12 auf erschreckende 5,29 Billionen Rupien (umgerechnet über 66 Milliarden Euro), das heißt auf mehr als fünf Prozent des gesamten indischen Bruttoinlandsprodukts.[12] Allein die Einbußen aus nicht erhobenen Zöllen auf «Diamanten und Gold» beliefen sich auf 570 Milliarden Rupien (über 7 Milliarden Euro). Wir werden in Kapitel 9 auf das traurige politische Schicksal zurückkommen, das den Versuch – einen sehr zaghaften Versuch – ereilte, diese implizite Subvention der Goldschmiede- und Juwelenindustrie geringfügig zu kürzen; nach lautstarken Protesten verschwanden die Pläne jedenfalls umgehend wieder in der Schublade.[13]

Wie wir bereits sahen – und auch im Folgenden noch erörtern werden –, sorgen das Machtungleichgewicht und die Begünstigung der relativ Privilegierten im Land für eine Verzerrung des vorrangigen Entwicklungsziels Gerechtigkeit, dem Indien eigentlich, den einmal formulierten Leitprinzipien der indischen Verfassung folgend, verpflichtet ist. Die Herausforderung, Verantwortung zu entwickeln, hat indes viele Aspekte, und sie lässt sich nicht lösen vom allgemeinen Problem des Machtgefälles zwischen Privilegierten und dem Rest, dem man überall in Indiens sozialer Wirklichkeit begegnet. Dieses allgemeine Problem wird zentrales Thema der Kapitel 8 und 9 sein.

Energiekosten, Externalitäten und Ungewissheit

Neben bedeutenden Schwierigkeiten mit operativer Effizienz und politischer Verantwortlichkeit begegnet uns in Indiens Energiesektor eine weitere Herausforderung, nämlich die einer rationalen Abwägung der Vor- und Nachteile verschiedener Energieträger. Die Linien sind in dieser Frage nicht so klar gezogen wie im Fall der Verzerrung politischer Prioritäten durch übermächtige Interessengruppen. Die Entscheidung für oder gegen einzelne Energiequellen – Kohle, Erdöl, Erdgas, Kernkraft, Sonne und so weiter – erfordert technische Erwägungen, obschon, wie wir gleich sehen werden, die jeweiligen Interessen unterschiedlicher Gruppen dabei ebenfalls eine Rolle spielen.

Indien verfügt über große Kohlevorkommen, auch wenn die aktuellen Fördermengen der lizensierten Bergwerksunternehmen (in erster Linie des Staatsbetriebs Coal India) hinter der unmittelbaren Nachfrage der Kohlekraftwerke zurückbleiben. Allerdings ist die Frage der Fördermenge nicht die einzige, die hier eine Rolle spielt, und vor allem auf lange Sicht möglicherweise nicht einmal die wichtigste. Die Umweltkosten der Kohle können sehr hoch sein; das gilt gleichermaßen für die Förderung wie für die energetische Nutzung. Je nach Lage der Kohlevorkommen und Art der Förderung wird Bergbau eventuell Wälder und andere Naturressourcen zerstören und menschliche Lebensräume gefährden. Und ist die Kohle erst gefördert und wird sie genutzt, sind mit der Verfeuerung enorme negative Umweltfolgen verbunden, sowohl lokal (durch Schadstoffbelastung) als auch global (durch die Auswirkungen auf die Erwärmung der Atmosphäre).

Neben der kurzfristigen, operativen Aufgabe, das Land mit dringend benötigter Energie zu versorgen, muss es also in längerfristiger Perspektive darum gehen, zwischen verschiedenen Energieträgern rational abzuwägen. Engpässe bei der Energieversorgung, aber auch ein Ereignis wie der landesweite Stromausfall im Juli 2012 könnte Indien zum Anlass nehmen, die Kohlefördermengen zu erhöhen und mehr Elektrizität aus Kohle zu erzeugen, doch gleichzeitig gibt es da das umfassendere gesellschaftliche Problem der Gesamtkosten, zu denen auch Externalitäten gehören, die durch erhöhte Fördermengen und die stärkere energetische Nutzung von Kohle entstehen – für das Land und die Welt in ihrer Gesamtheit. Indiens Energieverbrauch trägt bereits heute in signifikantem Umfang zum Weltenergieverbrauch bei und wird, angesichts des Wachstums der indischen Wirtschaft, sehr wahrscheinlich schnell steigen. Es wäre daher ethisch nicht zu vertreten, sich in Indien nur um die schädlichen Auswirkungen auf die Umwelt vor Ort zu kümmern, auch wenn diese schon beunruhigend genug sind.

Aufgrund von Externalitäten, darunter insbesondere die Emissionen bei der Erzeugung und Nutzung von Energie, klaffen Marktkosten und soziale Kosten in diesem Bereich tendenziell erheblich auseinander. Darüber hinaus schlagen die sozialen Kosten des Bergbaus zu Buche, so vor allem die damit verbundenen Gefahren für das Leben von Menschen und für die lokale Umwelt. Solche Externalitäten finden in Indien nicht die geringste Beachtung. Es gab zahlreiche Fälle, in denen Menschen von ihrem Land und aus Gebieten, in denen sie seit langem ansässig waren, zwangsumgesiedelt oder auch brutal vertrieben wurden, und nur selten gab es Hilfestellungen, anderswo neu anzufangen und wieder Fuß zu fassen. Wie (unter anderem) Umweltaktivistinnen hervorhoben, sind die menschlichen Kosten unfreiwilliger Umsiedelung in Indien enorm.[14]

Vom ökonomischen Kalkül wird in solchen Fällen gewiss keine wirkliche soziale Orientierung ausgehen. Marktentscheidungen berücksichtigen Externalitäten in der Regel nicht, solange sie nicht dazu gezwungen sind, sei es durch ein Gesetz oder eine Verordnung, die öffentliche Meinung oder aber durch Gebühren, Abgaben, Subventionen und ähnliche Instrumente staatlicher Steuerung. Selbstverständlich wäre es wünschenswert, ein allgemeiner und grundlegender Bewusstseinswandel veranlasste die Menschen, sich um das Leben anderer Sorgen zu machen, auch wenn das eigene nicht unmittelbar betroffen oder gefährdet ist, doch auf der Folie der Werte marktförmiger Kultur, die das soziale Leben im heutigen Indien prägen, ist es eher unwahrscheinlich, dass dies in naher Zukunft geschehen wird.

Das bedeutet, dass am Markt orientierte Entscheidungen in Fragen künftiger Energieerzeugung auf in der Regel unzutreffenden – da gravierende Externalitäten nicht berücksichtigenden – Kosten-Nutzen-Kalkülen basieren und die realen sozialen Folgen verfehlen. Betrachten wir beispielsweise, ausgehend von einem typischen Marktkalkül, die Kosten der vorherrschenden Arten der Energieerzeugung, scheint Kohle als Energieträger am günstigsten, gefolgt von fossilen Brennstoffen anderer Art (wie etwa Öl), während Sonnenenergie und Windkraft viel teurer sind. Als ein weiterer, neuer Energieträger tauchte in jüngster Zeit Schiefergas auf, das im Moment insbesondere in den USA gefördert wird und das noch kostengünstiger als Kohle sein soll – allerdings entstehen durch die Fördermethode, das Fracking, in der Umgebung möglicherweise gravierende Externalitäten. Die Kosten der Kernenergie liegen irgendwo dazwischen: In diesem Fall existieren so viele verschiedene Kostenrechnungen, dass es kaum möglich ist, wissenschaftliche von interessegeleiteten Argumenten zu unterscheiden. Es gibt allerdings ernst zu nehmende Berechnungen, wonach Kernenergie günstiger produziert werden kann als Energie aus Erdöl und gegebenenfalls sogar als solche aus Kohle – ungeachtet der niedrigeren Marktkosten der Kohle –, insofern Externalitäten wie Emissionen und Schadstoffbelastungen in die Kostenkalkulation eingehen.

Engagierte Streiter gegen Emissionen neigen in ihrem kompromisslosen Kampf gegen die globale Erwärmung nicht selten dazu, der zivilen Nutzung der Kernenergie gegenüber recht nachsichtig zu sein. Die Gründe dafür sind offensichtlich, doch ist es mutmaßlich ein schwerwiegender Fehler, bei Externalitäten nur an Kohlenstoffemissionen und die damit zusammenhängende Verschmutzung zu denken. Die Kernkraft hat ihre eigenen Externalitäten, mit erheblichen und möglicherweise verheerenden Folgen. Ernste Fragen wirft die Entsorgung der Rückstände auf, ein Problem, das sich umso dringlicher stellt, je stärker ein Land auf Atomkraft als Hauptenergiequelle setzt. Darüber hinaus besteht die Gefahr eines Diebstahls nuklearen Materials durch Terroristen; Unfälle in Nuklearanlagen können zu Katastrophen führen; Sabotage ist ein weiteres Risiko, auch hier wären verheerende Havarien eine mögliche Folge.[15] Der allgemein anerkannte Umstand, dass selbst bei umsichtiger Planung Fehler passieren können, bestätigt durch Fälle, in denen es tatsächlich zu Lecks und Unglücken kam (wie zuletzt 2011 in Fukushima Daiichi – also selbst in einem so durchorganisierten Land wie Japan), lässt kaum daran glauben, die Wahrscheinlichkeit unvorhergesehener Zwischenfälle sei durch entsprechende Vorsichtsmaßnahmen nahezu oder ganz auf Null zu senken. Es ist wie beim berüchtigten Blackout im Juli 2012: Niemand mag mit einem Unglück rechnen, bis es passiert – doch im Nachhinein werden sich jede Menge Gründe finden, warum es zu erwarten war.

Tatsache ist, dass die Katastrophe von Fukushima sich in einem wissenschaftlich und technologisch fortgeschrittenen Land ereignete, dessen Bevölkerung in einem weltweit einzigartigen Maß diszipliniert erscheint (was sich etwa daran zeigt, dass es in Japan möglich ist, ein Gebiet zu evakuieren, ohne dass es zu einer Massenpanik kommt), und doch forderte die Havarie einige Todesopfer, deren Zahl sich in den Teilen Japans, die in Reichweite der radioaktiven Wolke lagen, leicht hätte vervielfachen können – selbst Tokio hätte dem Vernehmen nach betroffen sein können. Im Hinblick auf Kraftwerksplanungen für die Zukunft sollte der Reaktorunfall weltweit die Alarmglocken schrillen lassen – sogar in Frankreich (ungeachtet der offenkundigen Überzeugung dort, dass französische Sicherheitsvorkehrungen Fehler und Zwischenfälle ausschließen). Die indischen Atommeiler umgibt ein solch dichtes Netz der Geheimhaltung, dass verlässliche Informationen über sie kaum zu bekommen sind, doch viele Stellen, darunter nicht zuletzt die Internationale Atomenergie-Organisation (IAEO), sprachen bereits Warnungen aus, es gebe deutliche Hinweise, dass die zivilen Nukleareinrichtungen Indiens als besonders unsicher einzustufen seien.[16] Das alles kann für uns nur Anlass sein, uns um Indiens Zukunft zu sorgen – und um die der Erde, da immer mehr Länder weltweit auf Nuklearenergie setzen, eine vermeintlich billige und im Hinblick auf Umweltfolgen unschuldige Art der Energiegewinnung. Wir müssen bedenken, dass jene Gefahren sich ausbreiten, je häufiger Kernkraft weltweit zur wichtigsten Energiequelle wird. Die Anhäufung geringer Wahrscheinlichkeiten kann sich gewaltig aufsummieren (wie uns John Burdon Sanderson Haldane vor beinahe einem Jahrhundert gelehrt hat) – erschreckende Aussichten einer unerwarteten Dezimierung menschlichen Lebens und Lebensraums.

Mit Blick auf die Umweltfolgen scheinen wir eingezwängt zwischen der altbekannten Aussicht darauf, an den Abgasen fossiler Brennstoffe (Kohle, Öl und Erdgas) zu ersticken, und den neuen Gefahren nuklearer Kontamination, freigesetzt durch Reaktorunfälle oder auch durch Sabotage und terroristische Akte. Das Dilemma tritt hier offen zutage. Gleichwohl muss die Lösung sich nicht darauf beschränken, nach sorgfältiger Abwägung aller Gewiss- und Ungewissheiten (so wichtig dies kurzfristig auch ist) die geringere Gefahr zu wählen. Notwendig ist vielmehr, endlich die Nutzung anderer Energiequellen weiterzuentwickeln (darunter Sonnenenergie und Windkraft), die keine der beiden bedeutendsten Umwelt-Externalitäten verursachen (die Verschmutzung der Atmosphäre und das Risiko einer nuklearen Katrastrophe), die heute die Welt gefährden.

Das Einbeziehen von Externalitäten – und sei es nur probabilistisch – ist entscheidend. Ausgehend von dem, was der Markt signalisiert, werden alternative Energiequellen wie Wind- und Sonnenenergie in Indien ohne Unterstützung durch öffentliche Mittel niemals sehr weit kommen – vor allem angesichts der oben erörterten großzügigen Subventionierung konventioneller Energien durch den indischen Staat. Benötigt werden wirksame und gut austarierte Anreize durch Abgaben und Subventionen, um den Markt dazu zu bringen, auf soziale Bedürfnisse zu reagieren, zusätzlich zu dem, was staatlich geförderte Forschung in öffentlichen und privaten Institutionen erreichen kann. Sonnenenergie und Windkraft mögen heute noch nicht umfassend zu nutzen sein, doch mit all der Kreativität, zu der Menschen fähig sind, ist die Technologie weiterzuentwickeln. Es gibt keinen Grund, warum Indien mit seinen vielen wissenschaftlichen Talenten und Leistungen nicht zu einem führenden Land der Erforschung und Entwicklung neuerer Technologien auf diesem für die Welt gegenwärtig so ungeheuer wichtigen Gebiet werden sollte.

Korruption und institutioneller Wandel

Das Problem der Verantwortlichkeit hängt eng mit dem der Korruption zusammen, das jüngst in politischen Debatten in Indien sehr viel Aufmerksamkeit erfuhr. Mangelt es an Prinzipien der Verantwortlichkeit, kommt es vermutlich nicht nur zu Pflichtverletzungen, sondern Beamte werden auch eher geneigt sein, das zu hohen Preisen zu verkaufen, was sie im Rahmen ihrer Tätigkeit eigentlich kostenlos zu erledigen hätten. Das «Entgelt» korrumpiert nicht nur die öffentlichen Bediensteten, sondern entzieht möglicherweise denjenigen Unterstützung und Hilfe, die Anspruch darauf hätten, und lässt sie anderen zukommen, die über die Mittel verfügen und bereit sind, für Gefälligkeiten zu bezahlen. Korruption ist heute ein solch weitverbreitetes Merkmal in Indiens Verwaltung und Geschäftsleben, dass sich in manchen Teilen des Landes ohne Schmiergeld nichts in die gewünschte Richtung bewegt.

Es ist eine gute Sache, dass dieses seit langem bestehende Problem in den vergangenen Jahren weithin diskutiert wurde und sich dabei auch jede Menge öffentlicher Unmut artikulierte. So sollte es sein, denn Korruption belastet die Wirtschaft schwer – und ganz unmittelbar auch das Leben der Menschen im Land. Doch kann sich Demokratie nicht darin erschöpfen, dass die Leute ihrem Ärger über die schlechten Gepflogenheiten Luft machen, sondern es ist notwendig, zu einem ernsthaften *öffentlichen Nachdenken* darüber zu kommen, was vernünftigerweise getan werden kann, um das Problem aus der Welt zu schaffen. Es mag für viele Menschen verlockend erscheinen, der Korruption dadurch ein Ende zu bereiten, dass man Schnellverfahren einführt, die den in Indien vorgesehenen Rechtsweg umgehen (was angesichts der verbreiteten Unzufriedenheit mit der bestehenden Justiz nicht verwundert), doch sind solche Vorschläge äußerst kontraproduktiv. Abgesehen davon, dass man Gefahr läuft, jemanden allein aufgrund einer Beschuldigung (die falsch sein kann) zu bestrafen, statt die tatsächlichen Schuldigen in einem ordentlichen Verfahren zu ermitteln, erzeugt Schnelljustiz lediglich die (recht kostspielige) Illusion, dass etwas getan werde, um ein korruptes System zu verändern, das korruptes Handeln hervorbringt. Wir sollten uns um wirkliche und wirksame Abhilfe bemühen, statt bloß Vergeltung an Schuldigen – oder Beschuldigten – zu üben. Korruption wird durch fehlende Strukturen der Verantwortlichkeit begünstigt und genährt, doch lassen sich gerade solche nicht durch die weithin geforderten, von einer Schnelljustiz verhängten harten Strafen schaffen. Selbst über umfassende Befugnisse verfügende Ombudsleute, die außerhalb der Gerichte drakonische Strafen verhängen könnten (wie es einige Entwürfe des Lokpal-Gesetzes vorsahen), würden unter Umständen eher Probleme schaffen, als zu ihrer Lösung beitragen. Ist ein System fehlerhaft und vermittelt die falschen Anreize – sodass Beamte ihre Pflichten verletzen und Schmiergeld nehmen, ohne dass ein solches Verhalten innerhalb des Systems geahndet würde –, so ist es notwendig, das System selbst zu verändern. Jedes System, in dem Staatsbedienstete praktisch allein oder als Teil oligarchischer Strukturen entscheiden und beispielsweise Genehmigungen (wie Einfuhrgenehmigungen oder Bergbaulizenzen) erteilen, ohne dass es eine Kontrolle oder Dienstaufsicht gibt, kann sich zum Minenfeld korrupter Machenschaften entwickeln.[17]

Welcher Art könnte der institutionelle Wandel sein, welche Wege führen dorthin? Nimmt im öffentlichen Dienst Korruption überhand, spielen mindestens drei Aspekte eine zentrale Rolle. Erstens gedeiht Korruption hervorragend, wenn möglichst wenig nach außen dringt: Sie wächst, ihrer Natur nach, am besten im Geheimen. Ein institutioneller Umbau, der Transparenz und den umfassenden Zugang zu Informationen fördert, kann mit einigem Nachdruck die Alltäglichkeit von Schmiergeldzahlungen und Gefälligkeiten stören. Korruption überlebt zweitens in einem sozialen Umfeld, in dem über Vergehen hinweggesehen wird, ganz unabhängig davon, wie integre Menschen solche Vergehen tendenziell beurteilen. Der allgemeine Glaube, Korruption sei ganz normal und entsprechend tolerierbar, solange sie nicht in aller Öffentlichkeit geschehe oder außergewöhnlich eklatant sei, kann dazu führen, dass Menschen, die sich bestechen lassen, sich weder von anderen noch von ihrem eigenen Gewissen gedrängt fühlen, ihr Verhalten zu ändern. Drittens können drohende Verfolgung und Sanktionen Korruption tatsächlich eindämmen. Allerdings kann es schwierig sein, die Verfolgung sicherzustellen, wenn es keine Zeugen gibt, die bereit sind auszusagen, und auch keine sonstigen Beweise; Ermittlungen und Sanktionen gegen bestechliche Beamten stoßen so auf erhebliche Hindernisse, was wiederum auf deren Seite ein Gefühl der Immunität entstehen lässt. Darüber hinaus gibt es noch weitere Aspekte, die in diesem Zusammenhang von Bedeutung sind (einige davon haben wir bereits zuvor erörtert), doch das Trio aus Informationsdunkel, sozialer Nachsicht und Schwierigkeiten bei der Strafverfolgung gehört mit Sicherheit zu den wichtigsten Faktoren, die dazu beitragen, eine Kultur der Korruption aufrechtzuerhalten.

Wie also ist mit jedem dieser drei Aspekte umzugehen? Es gab ein paar wirkliche Fortschritte, was das erste Problem anbelangt – das der Verdunkelung von Informationen. Ein Gesetz von 2005, der Right to Information Act, bedeutet einen wichtigen Schritt in Richtung größerer Transparenz und eines umfassenderen Zugangs zu Informationen, indem es staatliches Handeln für die Öffentlichkeit stärker einsehbar macht und so dazu beiträgt, Prinzipien der Verantwortlichkeit zu stärken und gleichzeitig die Korruption einzuschränken. Obwohl schon heute reger Gebrauch von den Möglichkeiten gemacht wird, die das Gesetz eröffnet, steckt in ihm noch erheblich mehr Potential, insbesondere im Hinblick auf die stärkere Durchsetzung der Pflicht zur aktiven Offenlegung staatlichen Handelns sowie auf obligatorische Sanktionen bei Zuwiderhandlungen. Ergänzend haben andere technische und soziale Innovationen, darunter die rasante Entwicklung und Ausbreitung der Informationstechnologie sowie (in verschiedenen Bundesstaaten) die Institutionalisierung von Sozialaudits, das heißt einer Kontrolle von unten, den Trend zu mehr Transparenz konsolidiert.[18] Auch hier gibt es substantielle Fortschritte, aber ebenso noch viel Potential für weitere Erfolge.

Auch im Hinblick auf den zweiten Aspekt, die verbreitete soziale Nachsicht, ist größere Transparenz zumindest indirekt hilfreich. So ist möglicherweise etwas zu erreichen, wenn Schuldige in der Öffentlichkeit namentlich genannt und bloßgestellt werden. Engagierte öffentliche Kampagnen und der versierte Einsatz der Möglichkeiten, die der Right to Information Act bietet, kombiniert mit einer kreativen Medienarbeit (auch in den sozialen Medien), können in diesem Zusammenhang sehr hilfreich sein und wirken nicht zuletzt auf die öffentliche Wahrnehmung dessen, was als akzeptabel gilt und was nicht. Ein solcher Ansatz wurde bereits mit guten Ergebnissen in verschiedenen Zusammenhängen praktiziert, so etwa bei öffentlichen Untersuchungen zum Hintergrund und zu möglichen kriminellen Verstrickungen politischer Kandidaten oder auch bei Recherchen zu den Steuererklärungen und Geschäftsverbindungen bekannter Persönlichkeiten; die Möglichkeiten sind auch in diesem Fall bei weitem noch nicht ausgeschöpft. Der Zurückhaltung, von solchen Vorgehensweisen stärker Gebrauch zu machen, liegt zweierlei zugrunde, nämlich zum einen, was vielleicht die Trägheit sozialer Normen genannt werden kann (wir werden gleich darauf zurückkommen), und darüber hinaus die – häufig implizite – Überzeugung, dass Normen sich nur ändern, wenn es gegen eine prominente Person zu strafrechtlichen Ermittlungen samt Prozess (und Verurteilung) kommt und dadurch der Fall exemplarisch viel Aufmerksamkeit erfährt.

Was den dritten Aspekt, die wirksame Strafverfolgung, anbelangt, so wurde in dieser Hinsicht bisher recht wenig erreicht. Gewiss ist es nicht besonders überraschend, dass Korruptionsvergehen eher schwer aufzudecken sind und es zudem an Beweisen mangelt, die zur Eröffnung eines Strafverfahrens ausreichen. Doch selbst eine relativ kleine Zahl erfolgreicher Fälle von Strafverfolgung, überzeugend geführt und mit ausreichend Publizität, hätte erheblich abschreckende Wirkung und würde dazu beitragen, Korruption zurückzudrängen.[19] Die Zahl strafrechtlicher Verurteilungen ist indes so «lächerlich niedrig» (so die indische Law Commission 1999 in ihrem einschlägigen Bericht), dass der Prevention of Corruption Act, das Gesetz zur Bekämpfung der Korruption, nicht einmal seine Mindestziele erreicht hat. Offenkundig bereitet die Beweisführung in Korruptionsfällen erhebliche Schwierigkeiten.

Ein Aspekt des Problems ist, dass Zeugen sich scheuen, vor Gericht auszusagen oder überhaupt Beweise zu liefern. Ein gangbarer Weg wäre hier, wie der Entwicklungsökonom Kaushik Basu vorschlägt, die Gebenden, also Schmiergeld zahlenden Klienten in solchen Fällen von der Strafverfolgung auszunehmen, in denen sie selbst Opfer einer sogenannten aufgenötigten Bestechung wurden, das heißt gezwungen wurden, für eine Leistung zu zahlen, auf die sie von Rechts wegen Anspruch hatten (beispielsweise die Ausstellung eines Passes oder einer Aufenthaltsgenehmigung). Die Strafbefreiung brächte die Klienten möglicherweise dazu, die Bestechung anzuzeigen, und zugleich veranlasste das Wissen darum bestechliche Beamte möglicherweise, gar nicht erst die Hand aufzuhalten.[20] Tatsächlich sieht der Prevention of Corruption Act eine solche Strafbefreiung prinzipiell vor, doch da die entsprechenden Bestimmungen des Gesetzes (die Abschnitte 12 und 24) offenkundig unterschiedlich interpretierbar sind, wäre es unter Umständen angeraten, in Fällen aufgenötigter Bestechung mehr Rechtsklarheit zu schaffen und die Bestechenden eindeutig von der Strafverfolgung auszunehmen.[21]

Basus zweifellos wertvolle Anregung wirft jedoch zugleich einige ernst zu nehmende Fragen auf. Erstens ist zu erwägen, ob die Strafbefreiung des Schmiergeld zahlenden Klienten nicht integre Menschen dazu verleitet, sich Gefälligkeiten zu erkaufen, was sie sonst keinesfalls tun würden. Zweitens ist zu fragen, ob in der Praxis eine Unterscheidung zwischen aufgenötigter Erpressung und anderen Formen, bei denen Klienten sich Leistungen erkaufen, auf die sie von Rechts wegen keinen Anspruch haben, nicht schwierig wird. Drittens stellt sich das Problem, ob der Staat nicht seine Glaubwürdigkeit untergräbt, wenn er solche kriminellen Machenschaften duldet, insbesondere da die praktischen Vernunftgründe, die Schuldfähigkeit von Bestechenden und Bestochenen zu unterscheiden, den meisten Menschen entgehen dürften. Solcherart Zweifel und Bedenken müssten gegebenenfalls bei der Neuformulierung der Ausnahmebestimmungen im indischen Antikorruptionsgesetz erwogen werden.[22]

Doch stehen einer aussichtsreichen Strafverfolgung noch zahlreiche weitere, und möglicherweise gewichtigere, Hindernisse entgegen, darunter die Ineffizienz des Rechtssystems, die politische Patronage von Korruption, ein nicht ausreichender Schutz von Informanten oder auch die nur widerstrebende Bereitschaft in den Behörden, Ermittlungen gegen die eigenen Leute zuzulassen. Insbesondere der letzte Punkt ist wichtig, da erstaunlicherweise immer noch der Rechtsgrundsatz gilt, dass kein Staatsbediensteter ohne vorherige amtliche Zustimmung wegen Dienstvergehen verfolgt werden kann – und die Zustimmung erfolgt selten. Im Antikorruptionsgesetz (Abschnitt 19) heißt es ausdrücklich, dass es der «vorherigen Bestätigung» der betroffenen Behörde bedarf, um einen Verstoß gegen das Gesetz seitens eines Beamten oder einer Beamtin auch nur «zur Kenntnis» zu nehmen. Ein solcher Vorbehalt ist ein haarsträubendes Beispiel bürokratischer Abschottung und muss dringend gestrichen werden. Es gibt noch weitere, ähnlich weitreichende Immunitätsbestimmungen, etwa für Minister und Abgeordnete, und selbst wo Ermittlungen möglich sind, stehen die Strafverfolger, etwa das Central Bureau of Investigation, die nationale Polizeibehörde, unter der Kontrolle der Regierung, was unabhängige und unvoreingenommene Untersuchungsverfahren sehr schwierig macht. Es überrascht daher nicht, dass Parlamentsabgeordnete sehr zurückhaltend sind, wenn es um Änderungen an diesem System der Immunität und Straffreiheit geht, ungeachtet zahlreicher Anregungen und Vorschläge, die auf einen Wandel drängen. Der angesehene Verfassungsrechtler A. G. Noorani brachte es auf den Punkt: «Trotz ihrer lautstark und erbittert geführten Redeschlachten reichen sich die politischen Parteien gegen stärkere Maßnahmen für Verantwortlichkeit die Hände.»[23]

Das veranschaulicht ein wenig die allgemeinen Schwierigkeiten, Prinzipien der Verantwortlichkeit durchzusetzen und die Korruption zu zerschlagen. Der Ausgang der Schlacht hängt zu einem guten Stück von der Bereitschaft des Staates ab, die notwendigen Vorkehrungen zu treffen, doch gibt es für die Exekutive wenig Anreiz, der Bevölkerung gegenüber Verantwortung zu übernehmen. Das ist ein Grund, warum Gesetzgebungsverfahren, wenn es darum geht, Verantwortlichkeit festzuschreiben (wie beim Right to Information Act), oft auf gewaltige Widerstände stoßen. Diese Widerstände zu überwinden ist eine wesentliche Aufgabe demokratischer Praxis.

Wandel ist möglich

Eines der größten Hindernisse auf dem Weg zu stärkerer Verantwortlichkeit ist die ungemein pessimistische Einstellung, nichts werde sich in dieser Hinsicht ändern, außer vielleicht zum Schlechteren. Eine solche Einstellung geht nicht zuletzt auf die Erfahrung zurück, dass in vielen Bereichen des staatlichen Handelns und des öffentlichen Lebens in Indien Verantwortung seit Jahrzehnten *schwindet*. Es existiert freilich kein Grund, warum ein solcher Trend sich nicht umkehren ließe. Und in mancher Hinsicht wurde bereits begonnen, ihn umzukehren – es besteht also begründete Hoffnung.

Erstens treten die Menschen selbstbewusster und deutlicher in ihren Ansprüchen auf, was teils einem steigenden Bildungsniveau zu verdanken ist. Pflichtverletzung und Bestechlichkeit sind Formen der Ausbeutung, bisweilen schwerer Ausbeutung – beispielsweise, wenn Staatsbedienstete hilfesuchende Antragsteller wiederholt auffordern, sie mögen morgen wiederkommen. Bildung und Selbstbewusstsein tragen dazu bei, sich eines solchen Machtmissbrauchs zu erwehren, individuell, aber auch durch kollektives Handeln.

Zweitens bewirken legislative und institutionelle Veränderungen unter Umständen eine ganze Menge. Ein beeindruckendes Beispiel aus jüngerer Vergangenheit in Indien bietet der bereits mehrmals erwähnte Right to Information Act. Als eine der stärksten derartigen Rechtsnormen weltweit führte das Gesetz bereits zu einer Reihe durchaus radikaler Neuerungen, nicht nur im Hinblick auf den Zugang der Öffentlichkeit zu Informationen, sondern auch, indem es Voraussetzungen schuf, im öffentlichen Leben eine Kultur der Transparenz zu fördern und dem staatlichen Machtmissbrauch einen Riegel vorzuschieben. Der Right to Information Act garantiert jeder Bürgerin und jedem Bürger Indiens auf Nachfrage binnen 30 Tagen den uneingeschränkten Zugang zu praktisch jedem behördlichen und staatlichen Dokument (und beschränkt sich dabei nicht auf Dokumente im engeren Sinn, sondern begreift «Information» wesentlich umfassender). Darüber hinaus verpflichtet das Gesetz alle Behörden zur aktiven Offenlegung aller wesentlichen Informationen, das heißt, die Angelegenheiten sind der Öffentlichkeit zugänglich zu machen, ohne dass jemand danach fragen muss. Kommen Staatsbedienstete der gesetzlichen Verpflichtung nicht nach, die geforderten Auskünfte in der festgelegten Frist zu geben, droht ihnen ein Bußgeld. Diese Rechte und Pflichten werden aktiv von unabhängigen, mit relativ großen Befugnissen ausgestatteten Informationsbeauftragten überwacht. Doch das vielleicht Ermutigendste an der ganzen Sache sind die enorme Popularität des Informationsgesetzes und vor allem die breite Nutzung der Zugangsrechte: Jedes Jahr gibt es mehr als eine Million Informationsanfragen, und ein sehr großer Teil ist erfolgreich und führt zu den gewünschten Auskünften.[24]

Der Right to Information Act ist nur ein Beispiel aus einer ganzen Reihe gesetzgeberischer und institutioneller Anstrengungen, die darauf zielen, im öffentlichen Leben Korruption zu unterbinden und Verantwortlichkeit zu stärken. Die vieldiskutierte Lokpal-Gesetzesinitiative ist ein anderes bekanntes Beispiel, doch gibt es noch zahlreiche weitere, darunter Gesetze und Gesetzesentwürfe, die sich mit der Beseitigung von Missständen, richterlicher Verantwortung, öffentlicher Auftragsvergabe, Reformen des Wahlrechts, Lobbytätigkeit, dem Schutz von Informanten oder dem Recht auf öffentliche Leistungen befassen. Von diesen Gesetzesinitiativen sind viele noch im Legislationsprozess, andere wurden in verwässerter Form verabschiedet, und wieder andere weisen nach Lage der Dinge gravierende Schwachstellen auf (darunter auch das Lokpal-Gesetz). Nichtsdestoweniger stehen diese Initiativen für eine entscheidende Entwicklung in der indischen Politik, die recht vielversprechend ist.

Drittens eröffnet der verstärkte Einsatz moderner Technologie ganz neue Möglichkeiten für einen effektiveren öffentlichen Dienst und nicht zuletzt im Kampf gegen die Korruption. Ein offenkundiges Beispiel bietet die Computerisierung. Mehrere Bundesstaaten waren durch die Einführung von Computern in der Verwaltung des öffentlichen Verteilungssystems (*Public Distribution System* – PDS) in der Lage, Unterschlagungen wirksam zu reduzieren; andere beeilten sich daraufhin, diesem Beispiel zu folgen.[25] Mobiltelefone machen es heute viel einfacher, Beamte zu erreichen, die es gewohnt waren, die meiste Zeit gerade mal nicht am Platz zu sein. Chipkarten erleichtern es, manipulationsgeschützt Akten zu führen, und biometrische Merkmale können Identitätsbetrug verhindern helfen. All diese Innovationen stoßen natürlich auch an ihre jeweiligen Grenzen, sie können instrumentalisiert werden oder führen auf kurze Sicht zu Verunsicherungen, selbst wenn sie sich langfristig als nützlich erweisen.[26] All das erfordert kritische Evaluationen und öffentliche Debatten, doch sollte es nicht davon abhalten, die Möglichkeiten zu nutzen und die technologischen Innovationen konstruktiv einzusetzen. Eine wichtige Aufgabe ist dabei, die neuen Technologien stärker gesellschaftlichen Zwecken zuzuführen, nicht bloß privaten (wo sie bereits allgegenwärtig sind).

Viertens: Die Dezentralisierung von Macht und Entscheidung steht noch ganz am Anfang. Auf die meisten Bundesstaaten wartet noch die Aufgabe, funktionierende lokale (Selbst-)Verwaltungsinstitutionen aufzubauen wie etwa Gram Panchayats und Gram Sabhas – eine rühmliche Ausnahme bildet Kerala. Der Vorsteher oder die Vorsteherin eines Gram Panchayat mag unter Umständen auch nicht volksnäher sein als ein Verwaltungsbeamter, etwa ein Block Development Officer, doch zumindest sind er oder sie gewählt und dementsprechend für Wählerinnen und Wähler eher ansprechbar und ihnen verantwortlich. In den Institutionen des dezentralen Panchayat-Systems (*Panchayati Raj Institutions* – PRIs) gibt es zudem Quoten für Frauen und für benachteiligte Gruppen. Untersuchungen zufolge trägt dies dazu bei, «benachteiligten Gruppen vor Ort zufriedenstellenden Zugang zu öffentlichen Gütern» zu sichern.[27] In Bundesstaaten mit PRIs lernten die Menschen recht schnell, sich solcher Institutionen zu bedienen, um ihre Interessen geltend zu machen. Beispielsweise zeigt eine Erhebung unter 2000 Haushalten in 105 Dörfern in Rajasthan (im indischen Vergleich nicht gerade einer der progressiven Bundesstaaten), dass drei Viertel der Befragten «sich mit ihren Anliegen an Offizielle wenden» und in zwei von drei Fällen die ersten

Ansprechpartner Angehörige des Gram Panchayat sind.[28] Auch in diesem Fall gibt es, selbst wenn die Erfolge bislang überschaubar blieben, für die Zukunft noch erhebliches Potential.

Fünftens ist mit all diesen Entwicklungen – und ebenso weiteren Formen demokratischer Auseinandersetzung mit Fragen der Verantwortlichkeit (von Enthüllungsberichten in den Medien bis zu öffentlichen Debatten) – die Aussicht verbunden, nicht nur im Hinblick auf gesellschaftliche Normen und Denkmuster, sondern auch, was bestimmte Arbeitsroutinen anbelangt, einen signifikanten Wandel herbeizuführen. In gewissem Umfang ist das sogar bereits geschehen. Beispielsweise würde man heute vermutlich darüber spotten, wenn eine Akte als vertraulich klassifiziert ist (was früher die Regel war, selbst wenn lediglich triviale Dinge darin festgehalten waren), außer vielleicht, die Inhalte betreffen die nationale Sicherheit. Nur widerwillig wollte die Bürokratie das Prinzip der Transparenz akzeptieren, doch schließlich hat es sich durchgesetzt. Die Hoffnung ist deshalb nicht unbegründet, dass eines Tages ein Beamter, der die Hand aufhält, ebenfalls verspottet (oder aber bloßgestellt oder angezeigt) wird, weil Bestechlichkeit dann – im Gegensatz zu heute – einfach nichts mehr sein wird, was dazugehört. Erst wenn den meisten Menschen allein schon *der Gedanke fremd* erscheint, sich öffentliche Mittel zum privaten Vorteil anzueignen, wird die Schlacht gegen die Korruption wirklich gewonnen sein.

Zu guter Letzt sind auch die politischen Positionen in Bewegung, was die Haltung zur Frage der Verantwortung im öffentlichen Sektor anbelangt. Bis vor nicht allzu langer Zeit gab es keine organisierte Unterstützung für eine Stärkung von Verantwortlichkeit. Auf der politischen Linken wusste man mit dem Problem wenig anzufangen – bei den Beschäftigten im Staatsdienst waren Indiens etablierte kommunistische Parteien traditionell stark verankert, und man verschwendete auch nicht wirklich einen Gedanken daran, dass ausgerechnet Staatsbedienstete möglicherweise den Interessen des öffentlichen Wohls im Wege stehen könnten. Die Hardliner der politischen Rechten hatten den öffentlichen Sektor ohnehin bereits abgeschrieben – ein bisschen mehr oder weniger Ineffizienz war für sie kein Thema. Ihnen ging es einzig darum, den öffentlichen Dienst zu privatisieren, nicht ihn zu verbessern. Alles zusammen ergab zwischen Links und Rechts eine merkwürdige Koalition der Apathie dem Problem der Verantwortung im öffentlichen Sektor gegenüber.

Die Apathie beginnt nachzulassen, nicht zuletzt dank der Menschen, die sukzessive lernen, mehr Verantwortlichkeit einzufordern, und auch dank einer Vielzahl von öffentlichen Initiativen und sozialen Bewegungen, die einer solchen Forderung gleichfalls Ausdruck verleihen.[29] Manche dieser Initiativen sind zweifellos inspirierender als andere, doch allein die Tatsache, dass Parlamentsabgeordnete und Staatsbedienstete heute sehr viel stärker im Licht der Öffentlichkeit stehen, ist sicher ein Schritt nach vorn. Die oben erwähnten gesetzgeberischen Reformen sind zu einem guten Teil Ergebnis des wachsenden Drucks demokratischer Bewegungen für mehr Verantwortlichkeit im politischen und öffentlichen Leben.

Erste Anzeichen sprechen dafür, dass die Dynamik des Wandels allmählich anfängt, etwas zu bewirken. Ginge man nach Medienberichten, könnte sich der Eindruck einstellen, die Korruption nehme weiterhin sprunghaft zu. Bestimmte Arten von Korruption, insbesondere die Bestechungspraktiken großer Konzerne, haben wirklich beispiellose Dimensionen angenommen. Doch gleichzeitig ist festzustellen, dass Korruption in gewisser Weise *sichtbarer* wurde – dank einer wachsenden öffentlichen Aufmerksamkeit ebenso wie dank der neuen Möglichkeiten, sie sichtbar zu machen (besonders durch den Right to Information Act). Kaum etwas deutet darauf hin, dass die Öffentlichkeit heute alltäglich wachsender Korruption ausgesetzt wäre. Der jüngsten Korruptionsstudie des Centre for Media Studies zufolge sank der Anteil der Befragten, die der Meinung waren, im Vorjahr habe die Korruption zugenommen, zwischen 2005 und 2010 von 70 Prozent auf 45 Prozent; der Anteil derer, in deren Augen die Korruption abgenommen hat, verfünffachte sich im gleichen Zeitraum von sechs auf 29 Prozent. Vielleicht noch wichtiger ist ein anderes Ergebnis: Der Anteil der ländlichen Haushalte, die angaben, im Vorjahr selbst Schmiergelder gezahlt zu haben, ist stark gefallen, von 56 Prozent im Jahr 2005 auf 28 Prozent im Jahr 2010.[30] Es gibt keinen Anlass zu Selbstgefälligkeit, denn die Ergebnisse zeigen einerseits eine nach wie vor grassierende Korruption und andererseits, dass in der Wahrnehmung einer Mehrheit das Problem weiterhin zunimmt; und dennoch ist es wichtig, die unübersehbaren Zeichen eines Wandels festzuhalten, insbesondere den offensichtlichen Rückgang des Anteils von Haushalten, die wirklich Bestechungsgelder zu zahlen hatten.

Es wäre naiv anzunehmen, die Schlacht um mehr Transparenz und Verantwortlichkeit sei so gut wie gewonnen – doch zweifellos tobt der

Kampf. Noch vor nicht allzu langer Zeit wäre jeder Anlauf, eine Kampagne gegen die Korruption zu lancieren, als hoffnungslos romantisches Unterfangen angesehen worden. Heute sind Millionen Menschen auf die eine oder andere Weise in diesen Kampf involviert. Sein Ausgang ist von entscheidender Bedeutung für die Aussichten des indischen Staates, im Leben seiner Bürgerinnen und Bürger eine stärker konstruktive – und nützliche – Rolle spielen zu können.

Verhalten und gesellschaftliche Normen

Neben der Reform institutioneller Strukturen bleibt natürlich die wichtige Aufgabe, Verhaltensweisen und Verhaltensnormen zu verändern, um dem öffentlichen Dienst das Prinzip der Verantwortlichkeit ein wenig näherzubringen. Ohne Zweifel ist es ungeheuer schwierig, die Art und Weise, wie Menschen sich verhalten, einzig durch politische Entscheidungen und ein öffentliches Werben zu beeinflussen. Es braucht Zeit, und häufig klafft eine Lücke zwischen intellektueller Einsicht und tatsächlichem Handeln. Skepsis ist aus diesen Gründen durchaus berechtigt, doch Skepsis sollte nicht dazu führen, sich fatalistisch mit bestehenden Verhaltensweisen abzufinden. Fatalismus und Zynismus sind auf diesem Feld zumindest implizit verbunden mit der oft anzutreffenden Überzeugung, menschliches Verhalten sei im Wesentlichen egozentrisch und am eigenen, persönlichen Vorteil ausgerichtet, ganz gleich, welche gesellschaftlichen Werte dem geopfert werden müssten.

Nun belegen allerdings zahllose Beispiele aus allen Sphären des wirtschaftlichen, politischen und gesellschaftlichen Lebens, dass Menschen in den konkreten Formen ihres Handelns unausgesprochen die verschiedensten selbstauferlegten Verhaltensregeln befolgen und darüber hinaus für allerlei Bedenken jenseits des engstirnigen Eigennutzes Raum lassen. Selbst Gangster, scheinbar nur darauf aus, Geld zu machen, folgen gewöhnlich einem bestimmten Verhaltenskodex der Unterwelt, und die Diebesehre ist keineswegs nur leere Rhetorik. Ganz viel hängt davon ab, welche Verhaltensregeln in einer Gesellschaft etabliert sind. Adam Smith dachte darüber in seiner *Theorie der ethischen Gefühle* nach:

> Viele Menschen benehmen sich sehr anständig und verstehen es, durch ihr ganzes Leben hindurch jedem stärkeren Tadel aus dem Wege zu gehen, die doch vielleicht niemals die Empfindung wirklich fühlten, auf deren Schick-

lichkeit wir die Billigung ihres Betragens gründen, sondern die nur aus Achtung vor demjenigen handelten, was, wie sie sahen, die allgemein geltenden Regeln des Benehmens waren.[31]

Das Problem im heutigen Indien scheint darin zu bestehen, dass im Geschäftsverkehr wie im öffentlichen Leben jene allgemein geltenden Regeln des Benehmens zunehmend verkamen, sodass illegale Nebeneinkünfte zu einer Selbstverständlichkeit werden konnten. Und doch bleibt das Gegenteil eines Circulus vitiosus ein Circulus virtuosus, und eine zunehmende Beachtung integrer Verhaltensregeln im Wirtschaftsleben erzeugt ein immer weitergehendes Einhalten genau dieser Regeln.[32]

Wenn wir gesellschaftlich nützliche Verhaltensregeln vorschlagen, so nicht um durch und durch egozentrische Individuen in vollkommen altruistische Menschenfreunde zu verwandeln. Es geht um eine gewisse Fokusverschiebung in einem Bündel von Verhaltensweisen mit einer Vielzahl von Zielen, die den meisten Menschen zu Gebote stehen. Jenes zusätzliche Element ist in jeder Art sozialen menschlichen Verhaltens vorhanden – im Verhältnis zur Familie, zu Freunden, Kollegen, politischen Mitstreitern, Geschäftspartnern, anderen Gang-Mitgliedern und letztlich allen Mitmenschen.

Bemühungen um den Wandel von Verhaltensnormen und -praktiken allein, so wichtig sie sind, bieten indes keinen Ersatz für institutionelle Reformen anderen Typs. Auch im Hinblick auf die Ökonomie gilt es Regeln zu etablieren, und gerade die Verbindung zwischen dem Geschäftsleben und der Politik erfordert Anstrengungen auf gesetzgeberischer und institutioneller Ebene; das Bemühen darum, hier voranzukommen, darf nicht in der Hoffnung auf veränderte Verhaltensmuster aufgegeben werden. Institutionelle Reformen und der Wandel von Verhaltenskodizes funktionieren komplementär; sie beeinflussen und verstärken einander ganz wesentlich.

Eine aktive Rolle kommt schließlich zweifellos den Medien zu, sowohl wenn es darum geht, institutionelle Reformen einzufordern und zu unterstützen, als auch durch ihren Einfluss auf das menschliche Verhalten. Menschen reagieren auf Anreize. Der Wunsch, dass es einem gut geht, ist nicht mit Habgier gleichzusetzen, und es ist keine Schande für die Menschheit anzuerkennen, dass vollkommene Selbstlosigkeit sehr selten anzutreffen ist. Anreize sind nicht nur finanzieller oder materieller Art, sondern auch Lob und Anerkennung in der Öffentlichkeit können ein Ansporn sein, ebenso wie umgekehrt eine öffentliche Bloßstellung möglicherweise abschreckend wirkt. Adam Smith bemerkte, es sei der Sinn für das «Lobenswerte», der uns in unserer Tugend leite, erkannte aber auch, dass es das tatsächliche Lob ist, das den Menschen ermutigt (und tatsächlicher Tadel, der ihn zögern lässt).[33] Die Medien spielen dabei gegebenenfalls eine große Rolle.

Mediale Wachsamkeit allein, so wichtig sie auch sein mag, reicht allerdings niemals aus, Verantwortlichkeit durchzusetzen oder Korruption zu verhindern. Auch die vernunftgeleitete öffentliche Debatte wird, auf sich gestellt, nichts bewirken können, ungeachtet ihrer Bedeutung, wenn es darum geht, die Missbilligung korrupten Verhaltens mit klaren Worten deutlich zu machen. Und ebenso werden institutionelle Reformen alleine den Wandel nicht schaffen, trotz einschneidender Veränderungen, um dunklen Machenschaften ihre Lukrativität zu nehmen und normale Verhaltensweisen zu belohnen. Doch all dies zusammen kann, sukzessive, wirklich etwas in Gang setzen, die Atmosphäre verändern, in der Bestechlichkeit gedieh, und die Gesellschaft zu anderen – in den Worten Adam Smiths – «allgemein geltenden Regeln des Benehmens» bewegen.

Es gibt keine Patentlösung, die gewissermaßen im Alleingang mehr Verantwortlichkeit hervorbringt. Vielmehr geht es darum, auf das Zusammenwirken einer Reihe von Strategien zu setzen, wozu gehört, öffentliche Verwaltungen und Untersuchungsbehörden zu reformieren, Anreizstrukturen zu verändern, notwendige Gesetzesreformen durchzusetzen, die gesellschaftliche Akzeptanz von Unehrlichkeit zu erschüttern, die Anwendung bereits bestehender Rechtsnormen (wie des Right to Information Act und ähnlicher Gesetze) auszuweiten und investigative Journalistinnen und Journalisten darin zu bestärken, systematisch unverantwortliches Fehlverhalten anzuprangern. Fortschritte werden sich möglicherweise zunächst ein wenig zögerlich einstellen, doch nach und nach wird die positive Dynamik veränderter Verhaltensmuster Fahrt aufnehmen und sich mit unerwarteter Geschwindigkeit durchsetzen – jedenfalls nach dem zu urteilen, was in anderen Ländern geschah, beispielsweise in Italien, das vor noch nicht allzu langer Zeit in einer, wie man es nennen könnte, deontologischen Krise steckte.[34] Schon oft erlebte die Welt, dass Situationen aussichtslos schienen, aber gar nicht so ohne Hoffnung waren.

5. DIE ZENTRALE BEDEUTUNG DER BILDUNG

Mit eindringlichen Worten hatte Rabindranath Tagore seinen Befund formuliert: «In meinen Augen gründet das turmhoch aufragende Elend, das heute Indiens Herz beschwert, einzig auf der Abwesenheit von Bildung.»[1] Eine extrem zugespitzte Feststellung, gewiss, die unter den vielen Problemen Indiens ein einzelnes herausgreift. Und doch zeugt Tagores Urteil von einer tiefen Einsicht.

Für Entwicklung und sozialen Fortschritt spielt Elementarbildung eine weitreichende und unendlich wichtige Rolle. So sind, erstens, Lesen, Schreiben und Rechnen Fähigkeiten, die entscheidenden Einfluss auf unsere Lebensqualität haben: auf unsere Freiheiten, die Welt zu verstehen, uns zu informieren, mit anderen zu kommunizieren und ganz allgemein bei dem, was geschieht, auf dem Laufenden zu bleiben. In der Gesellschaft, in der modernen Welt überhaupt, in der so vieles auf Geschriebenem beruht, ist nicht lesen zu können wie eingesperrt zu sein – Elementarbildung öffnet ein Tor, um diesem Gefängnis zu entfliehen.

Zweitens hängen unsere wirtschaftlichen Möglichkeiten und unsere Beschäftigungsaussichten in hohem Maß von Bildungsabschlüssen sowie erworbenen Fähigkeiten und Fertigkeiten ab. Die Fähigkeit etwa, schriftliche Informationen zu verstehen, Zahlen zu erfassen und damit verbundene Operationen auszuführen, ist selbst für einfache Tätigkeiten häufig eine unabdingbare Qualifikation, erst recht angesichts der zunehmenden Spezialisierung in Produktion und Logistik. Bildung ist angesichts der Globalisierung von Handel und Gewerbe notwendiger denn je, und der wirtschaftliche Erfolg von Ländern wie China beruht in erheblichem Umfang auf den Fähigkeiten recht gut ausgebildeter Arbeitskräfte, die die Anforderungen in puncto berufliche Bildung und Qualitätsmanagement erfüllen, die heute mit der Produktion von Gütern und Dienstleistungen für den Weltmarkt verbunden sind.

Analphabetismus dämpft, drittens, die politische Stimme der Menschen und trägt so unmittelbar dazu bei, ihr Leben unsicherer zu machen. Der Zusammenhang zwischen eigener Stimme und Sicherheit wird oft verkannt. Das soll nicht in Abrede stellen, dass Demokratie selbst dann durchaus funktionieren kann, wenn viele Menschen noch nicht alphabetisiert sind: Diesen Punkt hervorzuheben, ist uns wichtig, nicht zuletzt angesichts des weitverbreiteten, zutiefst reaktionären Arguments, Menschen, die nicht lesen und schreiben können, wüssten mit demokratischen Rechten nichts anzufangen. Doch dessen ungeachtet reicht die demokratische Stimme der Menschen viel weiter, wenn die politischen Möglichkeiten sich verbinden mit sozialer Bestärkung und Befähigung zur Selbstbestimmung, einschließlich der Fähigkeit, Zeitungen, Zeitschriften und Bücher zu lesen und schriftlich mit anderen zu kommunizieren. Die Frage ist gar nicht, ob Demokratie funktionieren kann, sondern um wie viel besser sie funktionieren kann, wenn die Nebel ungenügender Elementarbildung vertrieben sind und die zuvor durch Analphabetismus gedämpften Stimmen der Menschen vernehmbar werden.

Viertens kann Elementarbildung auch eine wichtige Rolle spielen, wenn es darum geht, Gesundheitsprobleme und insbesondere die Probleme der öffentlichen Gesundheit anzugehen. Der Nutzen spezieller Gesundheitserziehung (Aufklärung etwa über Infektionswege oder darüber, wie Krankheiten sich vermeiden lassen) liegt auf der Hand, doch allgemeine Bildung entwickelt darüber hinaus die individuellen intellektuellen Fähigkeiten und schafft ein Verständnis für soziale Zusammenhänge, was beides – angesichts beispielsweise epidemiologischer Gefahren – von großer Wichtigkeit sein kann. Verschiedene Untersuchungen kommen sogar zu dem Ergebnis, eine allgemeine Schulbildung könne letztlich im Hinblick auf Gesundheit mehr Wirkung zeigen als eine spezielle Gesundheitserziehung. Schulbildung vereinfacht zudem tendenziell die Durchführung von Maßnahmen im Bereich der öffentlichen Gesundheit, also etwa im Hinblick auf Impfungen, Hygienemaßnahmen oder die Prävention von Epidemien.

Entwicklung im Bildungsbereich war, fünftens, häufig die treibende Kraft beim Wandel der öffentlichen Wahrnehmung der Bedeutung und Reichweite dessen, was sich in einem weiten Sinn als das Gebiet der Menschenrechte definieren lässt.[2] So war beispielsweise der Ausbau des Schulwesens in Kerala – oder, erst in jüngerer Zeit, in Himachal Pradesh – ein wichtiges Moment im Hinblick auf die mit Nachdruck erhobene Forderung nach medizinischer Versorgung, ausgehend von einer deutlicheren Vorstellung der Wichtigkeit von Gesundheit und darüber hinaus der Rolle und Verantwortung der Gesellschaft für die Bereitstellung medizinischer Einrichtungen und Leistungen. Das Verständnis und die Vorstellung dessen, was Menschenrechte sind – Gesundheit gehört heute in globaler Perspektive mit Sicherheit dazu –, wird durch die Verallgemeinerung von Elementarbildung und Alphabetisierung zweifellos geschärft.

Sechstens wirkt sich Bildung auch auf das grundsätzliche Verständnis und die Inanspruchnahme (gesetzlicher) Rechte aus – so etwa im Falle bereits verabschiedeter Gesetze, die Menschen bestimmte Rechte zugestehen, die diese jedoch mitunter nicht nutzen können. Wer des Lesens und Schreibens unkundig ist, wird auch nur sehr begrenzt in der Lage sein, die eigenen gesetzlichen Rechte zu verstehen, in Anspruch zu nehmen oder auszuüben. Das gilt in besonderem Maße für Frauen, wie die Menschenrechtsanwältin Salma Sobhan schon vor vielen Jahren am Beispiel Bangladeschs aufzeigte, wo der Analphabetismus eines der Haupthindernisse für die Realisierung von Frauenrechten war.[3] Mangelnde Schulbildung kann unmittelbar zu Unsicherheiten führen, insofern den Benachteiligten Mittel und Wege verstellt sind, sich gegen eine Verletzung der ihnen zustehenden Rechtsansprüche zu wehren.

Siebtens zeigen inzwischen zahlreiche Untersuchungen, dass bei Mädchen und jungen Frauen der Schulbesuch dazu beiträgt, ihre Stimme und ihr Durchsetzungsvermögen bei späteren familiären Entscheidungen entscheidend zu stärken. Abgesehen von der allgemeinen Bedeutung der Gleichheit innerhalb der Familie kann die Stimme der Frauen den Anstoß zu einer ganzen Reihe sozialer Veränderungen geben. Eine der wichtigsten zeigt sich darin, dass die gesellschaftliche Stärkung der Frauen tendenziell zu einem deutlichen Rückgang der Geburtenzahlen führt. Das kann keineswegs überraschen, denn es ist ja vor allem das Leben junger Frauen, das häufige Schwangerschaften und die Erziehung der Kinder am meisten beeinträchtigen; alles, was ihre Stimme stärkt und ihren Interessen mehr Gewicht verleiht, wird in aller Regel dazu beitragen, dass die Anzahl der Schwangerschaften zurückgeht. Darüber hinaus haben Schulbildung und Alphabetisierung der Frauen auch eine Verringerung der Kindersterblichkeit zur Folge. Tatsächlich besteht eine direkte Beziehung zwischen dem Grad weiblicher Bildung und dem Überleben der Kinder, wie Studien für zahlreiche Länder belegen.[4]

Achtens: Auch wenn Bildung keine Patentlösung bietet, um Klassenschranken zu überwinden, kann sie in hohem Maße dazu beitragen, die Ungleichheiten abzuschwächen, die sich aus Klassen- und Kastenunterschieden ergeben. Wie wir bereits in Kapitel 1 erörterten, bleibt die soziale Schichtung nach wie vor ein Haupthindernis für die wirtschaftliche und gesellschaftliche Entwicklung Indiens, und die weitere Verallgemeinerung von Bildung ist insofern ein wichtiges Mittel, um dieses lähmende Problem der indischen Gesellschaft anzugehen.

Und zu guter Letzt können Lernen und Nachdenken ungemein angenehme, kreative und fesselnde Tätigkeiten sein, wenn Engagement und die notwendige Unterstützung vorhanden sind, und auch die Schulzeit selbst kann das Leben junger Menschen bereichern, ganz abgesehen von den längerfristigen Vorteilen, die ihnen die Schule bietet. Für das durchschnittliche indische Schulkind mag das nicht unbedingt glaubhaft klingen, angesichts der tristen und abweisenden Umgebung, die das Lernen häufig umgibt, und angesichts körperlicher Strafen, die in vielen Fällen an der Tagesordnung sind. Und doch ist für die meisten der Unterricht nicht nur tausendmal besser als Kinderarbeit, häusliche Pflichten oder ähnliche Alternativen, sondern er kann auch, außer sich zu lohnen, wirklich Spaß machen.

Welch großen Unterschied Elementarbildung im Leben eines Menschen bedeuten kann, ist leicht nachzuvollziehen; selbst bitterarme Familien verstehen ihn sofort. Im Gegensatz zu verbreiteten Anekdoten über indische Eltern, die angeblich kein Interesse hätten (oder es sogar ablehnten), ihre Kinder, und insbesondere Mädchen, in die Schule zu schicken, fällt auf, wie wichtig selbst sozial extrem benachteiligten und armen Familien in Indien die Bildung ihrer Kinder ist. Zu diesem bemerkenswerten Ergebnis kommen sowohl der bereits 1999 veröffentlichte Bericht zur Elementarbildung (bekannt als PROBE-Bericht) als auch Studien neueren Datums, beispielsweise die des Pratichi Trust.[5] Ungeachtet landläufiger Vorurteile fanden die systematischen empirischen Untersuchungen auf Seiten der Eltern keinerlei ernsthafte Einwände gegen den Schulbesuch der Kinder – Söhne und Töchter –, vorausgesetzt allerdings, in ihrer Nachbarschaft gab es tatsächlich erschwingliche und funktionierende (sowie sichere) Schulangebote. In den wenigen Fällen, in denen die Studien Einwände registrierten, waren sie in der Regel durch die Art des Schulangebots begründet, also beispielsweise durch Sorgen um die Sicherheit der Kinder, insbesondere Mädchen, durch eine zu große Entfernung der Schule vom Arbeitsplatz der Eltern oder auch etwa durch den Umstand, dass in der Schule nur eine Lehrkraft zur Verfügung steht (die zudem an bestimmten Tagen abwesend ist).[6]

Entwicklung und Bildung

Die Verbindung zwischen Bildung und Entwicklung, einschließlich der ganz entscheidenden Verantwortung der öffentlichen Hand für die Einrichtung eines Bildungssystems, sah bereits vor mehr als zweihundert Jahren Adam Smith mit großer Deutlichkeit, als er seine klassische Analyse des Marktgeschehens formulierte und die Bedingungen für dessen Erfolg beschrieb. Smith forderte, für «die Erziehung des einfachen Volkes» in viel stärkerem Umfang staatliche Mittel aufzubieten, und machte geltend: «Mit nur geringem Aufwand kann der Staat fast der gesamten Bevölkerung diese Schulausbildung erleichtern, sie dazu ermutigen, ja sogar dazu zwingen.»[7] Die Erfahrungen in Europa und Amerika, durch umfangreiche Untersuchungen belegt, zeigen äußerst eindrucksvoll die ganz zentrale Rolle, die Bildung und Erziehung – in der Regel in staatlicher Verantwortung – dabei zukommt, wirtschaftliche und gesellschaftliche Entwicklung zu fördern und aufrechtzuerhalten.

Diese Erfahrungen inspirierten seit dem 19. Jahrhundert auch die aufstrebenden Wirtschaftsmächte Asiens. Bereits um die Jahrhundertmitte wurde in Japan die Bedeutung schulischer Bildung für den angestrebten Wandel mit bemerkenswerter Klarheit erkannt – was die Entwicklung einer modernen Ökonomie anbelangte, wurde das Land in Asien zum Pionier.[8] 1868, zur Zeit der Meiji-Restauration, war die Alphabetisierung der Bevölkerung in Japan bereits weiter fortgeschritten als in Europa, obgleich dem Land die Modernisierung und Industrialisierung noch bevorstanden, die in Europa schon ein Jahrhundert lang währten. Die 1872 erlassene grundlegende Bildungsverordnung, auf die wir bereits in Kapitel 2 zu sprechen kamen, formulierte unmissverständlich die öffentliche Verpflichtung, dafür Sorge zu tragen, dass es zukünftig «keine Gemeinde, in der eine Familie, keine Familie, in der eine Person nicht lesen und schreiben kann», geben werde. Es war der aktiv planende – wenn auch autoritäre – Staat, der mit Macht die Verallgemeinerung der Schulbildung in Japan vorantrieb.

Während der Meiji-Zeit (1868–1912), der frühen Phase der Entwicklung in Japan, rückte Bildung entschieden in den Fokus. Zwischen 1906 und 1911 beispielsweise verschlang das Schulwesen stolze 43 Prozent der Haushaltsmittel der Städte und Gemeinden in ganz Japan.[9] Zu jener Zeit verzeichnete insbesondere der Bereich der Elementarbildung überaus rasche Fortschritte. Während noch 1893, wie die Musterungsoffiziere der japanischen Armee erstaunt feststellten, ein Drittel der Rekruten Analphabeten waren, gab es bereits 1906 praktisch keinen mehr, der nicht lesen und schreiben konnte. 1910 war Japan beinahe vollständig alphabetisiert, zumindest galt das für die jüngere Bevölkerung, und obwohl das Land nach wie vor deutlich ärmer war als etwa Großbritannien oder Amerika, erschienen 1913 in Japan mehr Bücher als im Vereinigten Königreich und mehr als doppelt so viele wie in den USA. Die Konzentration auf Bildung bestimmte in hohem Maße den Charakter und die Geschwindigkeit des wirtschaftlichen und gesellschaftlichen Fortschritts in Japan.

Ein Verständnis dafür, dass menschliche Entwicklung im Allgemeinen und Schulbildung im Besonderen in erster Linie Verbündete der Armen sind – eher jedenfalls als der Reichen und Wohlhabenden –, durchzieht die moderne Geschichte und die Strategie wirtschaftlicher Entwicklung Japans. Später sollten Südkorea, Taiwan, Singapur, Hongkong und natürlich auch China ähnliche Wege beschreiten und dabei die im Wesentlichen staatlich verantwortete Elementarbildung fest im Blick behalten. Häufig – und vollkommen zu Recht – wird, um das rasche wirtschaftliche Vorankommen Ostasiens zu erklären, die Bereitschaft der verschiedenen Länder hervorgehoben, die Chancen des Weltmarkts zu nutzen. Doch nicht zuletzt war es die Entwicklung des öffentlichen Bildungswesens in diesen Ländern, die den Fortschritt trug. Eine solch starke Stellung in der Weltwirtschaft ist kaum vorstellbar, solange die Menschen nicht lesen und schreiben können.

Indien fällt zurück

Ungeachtet der starken Bildungsrhetorik in der indischen Nationalbewegung verlief der Ausbau des Schulwesens in Indien sonderbarerweise bemerkenswert schleppend – viel langsamer jedenfalls als in Ostasien. Tatsächlich blieb Indien um Längen hinter Ostasien zurück, wie Tabelle 5.1 illustriert. Besonders auffällig ist der Rückstand im Hinblick auf das Niveau der Elementarbildung indischer Frauen, insbesondere auch junger Frauen, die bis zum heutigen Tag zu einem großen Teil nicht lesen und schreiben können. Der Kontrast zu Ostasien könnte nicht deutlicher sein: In Indonesien beispielsweise lag die Alphabetisierungsrate früher (noch 1960) nicht viel höher als in Indien, doch heute können in den jüngeren Altersgruppen mehr oder weniger alle lesen und schreiben.

Zwischen verschiedenen Teilen Indiens existieren allerdings grundlegende Unterschiede. Im Bundesstaat Kerala (nach der Unabhängigkeit entstanden aus zwei indischen Fürstenstaaten, Travancore und Cochin, die während der Zeit der britischen Herrschaft innenpolitisch nominell selbstständig waren) hatte die Förderung der Elementarbildung bereits eine eigene Geschichte – im Gegensatz zu den meisten anderen Regionen Indiens. Das Schulprogramm fand nach Erlangung der Unabhängigkeit, gefördert durch die starke politische Linke im Land, seine Fortsetzung und Vertiefung, was Kerala im nationalen indischen Vergleich im Bereich der Schulbildung einen bedeutenden Vorsprung verschaffte. In einem kleineren Teil des neuen Kerala, im Distrikt Malabar (in Britisch-Indien Teil der Provinz Madras), war das Bildungswesen vor der Unabhängigkeit Indiens eher unterentwickelt geblieben, doch konnte der neue Distrikt den Rückstand zum übrigen Kerala bald aufholen. Kerala blieb im Hinblick auf Bildung allerdings die große Ausnahme im ansonsten rückständigen Indien nach der Unabhängigkeit; eine andere Ausnahme bildete beispielsweise Sri Lanka, das ebenfalls eine eigene bildungspolitische Geschichte hatte und das Schulwesen rasch ausbaute.[10] Im größten Teil Indiens hingegen gab es erstaunlich wenig Schulbildung – bezogen auf das ganze Land lag bei Abzug der Briten die Alphabetisierungsrate unter Erwachsenen bei rund 18 Prozent. Wie wir bereits in den Kapiteln 2 und 3 diskutierten, hielt sich die Vernachlässigung der Schulbildung über viele Jahre nach Erlangung der Unabhängigkeit, und das bis in die jüngste Zeit.

Selbst 2005/6 besuchten rund 20 Prozent der Kinder in Indien in der Altersgruppe zwischen 6 und 14 Jahren keine Schule, und rund 10 Prozent aus dieser Altersgruppe waren sogar niemals eingeschult worden.[11] Besonders ausgeprägt ist die Vernachlässigung, wenn es um Mädchen geht: Fast die Hälfte aller Mädchen ging in weiten Teilen Indiens (so beispielsweise in Bihar) im genannten Berichtsjahr nicht zur Schule. In dieser Hinsicht ähneln die Verhältnisse in Indien und ganz Südasien viel eher denen in Afrika südlich der Sahara als denen im übrigen Asien. Und auch im Vergleich zu anderen Ländern Südasiens schneidet Indien nicht besonders gut ab. Bangladesch etwa, obwohl viel ärmer, hat Indien beim Bildungsniveau von Mädchen eingeholt und in einigen Bereichen sogar überholt, wie in Kapitel 3 erörtert. In Nepal, sogar noch ärmer,

Tab. 5.1: Alphabetisierungsquoten in ausgewählten asiatischen Ländern

Land	Alphabetisierungsquote von Erwachsenen (in Prozent der Lese- und Schreibkundigen in der Altersgruppe über 15 Jahren)			Alphabetisierungsquote von Mädchen und jungen Frauen (in Prozent der Lese- und Schreibkundigen in der Altersgruppe zwischen 15 und 24 Jahren)	
	1960	1980[a]	2010[b]	1980[a]	2010[b]
Südasien					
Indien	28	41	63	40	74
Bangladesch	22	29	56	27	77
Nepal	9	21	60	15	77
Pakistan	15	26	55	24	61
Sri Lanka	75	87	91	90	99
Ostasien					
China	k. A.	65	94	82	99
Indonesien	39	67	93	82	99
Malaysia	53	70	93	87	98
Philippinen	72	83	95	93	98
Thailand	68	88	94	96	98
Vietnam	k. A.	84	93	94	96

[a] 1981 für Bangladesch, Indien, Nepal, Pakistan und Sri Lanka; 1979 für Vietnam; 1982 für China.
[b] 2006 für Indien; 2009 für Indonesien und Pakistan; 2008 für die Philippinen; 2005 für Thailand.

Quellen: World Bank, *World Development Report 1980*, Washington, D.C.: World Bank, 1980, Tab. 23 (für die Daten von 1960); *World Development Indicators* (online, abgerufen am 1. Januar 2013; für die Daten der anderen Jahre). Altersgruppenspezifische Alphabetisierungsquoten aus der indischen Erhebung von 2011 waren zum Zeitpunkt der Fertigstellung des Buchs nicht verfügbar, für die Altersgruppe der über 7-Jährigen wird die Quote mit 74 Prozent angegeben.

erreichte noch 1980 der Grad der Alphabetisierung nur die Hälfte des indischen Niveaus, doch heute hat das Land in den jüngeren Altersgruppen weitgehend mit Indien gleichgezogen (siehe Tabelle 5.1).

Und selbst die zwischen Indien und Pakistan klaffende Alphabetisierungslücke stellt sich aktuell wesentlich kleiner dar als noch zwanzig Jahre zuvor (gleichwohl liegt Indien immer noch vorne). Ins Auge fällt eine alarmierende Geschichte der Vernachlässigung der Elementarbildung, insbesondere bei Mädchen – Bildung aber ist im Prozess wirtschaftlicher und gesellschaftlicher Entwicklung von entscheidender Bedeutung.

Herausforderungen höherer Bildung

Auf den verschiedensten Bildungsebenen begegnen uns in Indien zahlreiche Probleme – von der Vorschulerziehung bis zu den höchsten Graden akademischer Bildung. Wir konzentrieren uns in diesem Buch in der Hauptsache auf die Vernachlässigung der Schulen – und des Unterrichts – in Indien, da diese Defizite an sich bereits entscheidendes Gewicht besitzen, darüber hinaus aber auch weitgehend determinieren, was auf jedem denkbaren nachfolgenden Bildungs- oder Ausbildungsweg erreicht werden kann oder nicht. Die Möglichkeiten, an Colleges und Universitäten zu studieren, sind für einen erheblichen Teil der Bevölkerung durch den Ausschluss bereits auf der Ebene der Elementarbildung und in noch viel höherem Maße auf der Ebene guter weiterführender Schulbildung stark eingeschränkt; für die höhere Schulbildung und die Hochschulen bringt das die Schwierigkeit mit sich, dass sie ihr Potential nicht einmal annähernd entfalten können. Allerdings gibt es spezifische Probleme höherer und akademischer Bildung, die ihren Ursprung anderswo haben. Ein kurzer Blick auf den Zustand und die Qualität der Hochschulbildung in Indien insgesamt erscheint daher sinnvoll.

Zunächst aber ein paar Worte zur Tradition. Europa und später Nordamerika sind seit annähernd tausend Jahren die beherrschenden Zentren der an Universitäten eingerichteten Bildung. Im italienischen Bologna entstand im Jahr 1088 die älteste heute noch bestehende Universität der Welt. Die Gründung der Pariser Universität erfolgte nur drei Jahre später 1091. Andere Hochburgen der Gelehrsamkeit entwickelten sich in verschiedenen europäischen Ländern, darunter die Universitäten in Oxford 1167 und Cambridge 1209. Rund um den Globus – und Indien ist da keine Ausnahme – gilt universitäre Forschung und Lehre in gewisser Weise als durch und durch westlicher Beitrag zur Weltkultur. Das Jahrtausend universitärer Geschichte bestätigt diese Sichtweise im Großen und Ganzen, und doch ist in diesem Zusammenhang daran zu erinnern – und als ein Ansporn zu verstehen –, dass Indien in gewissem Sinn eine sogar noch länger zurückreichende Geschichte der Hochschulbildung hat.

Zu denken ist an die Universität von Nalanda, eine buddhistische Gründung, die aber auch von Hindu-Königen Unterstützung erfuhr – und die sich zu einer tatsächlich panasiatischen Hochschule entwickelte (insofern aus ganz Asien Studenten dorthin strömten). Als die älteste europäische Universität 1088 in Bologna gegründet wurde, war Nalanda bereits mehr als sechshundert Jahre alt.[12] Die Universität war ein klassisches Zentrum der Gelehrsamkeit, das Studenten aus zahlreichen Ländern der Welt anzog, darunter aus China, Korea, Japan, Thailand, Indonesien und anderen Regionen Asiens, aber darüber hinaus auch aus Ländern weit im Westen wie der Türkei. In ihrer Blütezeit im 7. Jahrhundert lebten und studierten in der Universitätsstadt Nalanda rund 10 000 Studenten.

Eine gemeinsame Initiative von Teilnehmern des Ostasiengipfels ist dabei, eine Neugründung der alten Universität auf den Weg zu bringen. Währenddessen ergründen Forscher noch immer die in Nalanda einst unterrichteten Fächer, was sich nicht ganz einfach gestaltet, da alle Dokumente des alten Zentrums ausnahmslos verbrannten, als Bakhtyar Khilji und seine Eroberungsarmee die Universitätsstadt Ende des 12. Jahrhunderts zerstörten und brandschatzten. Zeitgenössische Quellen berichten, drei Tage lang habe das Flammenmeer gewütet, das die große und bedeutende Bibliothek – den gleichen Quellen zufolge in einem neunstöckigen Gebäude untergebracht – vernichtete. Nach der Zerstörung bestand Nalanda unter schwierigen Bedingungen zwar noch eine Weile fort, erlangte aber nie wieder Größe, Rang oder Ansehen wie zuvor. Wenn wir alle bekannten Zeugnisse zusammennehmen, insbesondere Berichte ehemaliger Studenten der Universität (hauptsächlich aus chinesischen Quellen), so wissen wir, dass Forschung und Lehre sich einst in Nalanda mit Religion, Geschichte, Recht, Sprachwissenschaft, Medizin, öffentlicher Gesundheit, Architektur und Bildhauerei befassten. Und, nicht zu vergessen, mit Astronomie: Ein großes Observatorium beschrieb Xuanzang, ein chinesischer Gelehrter, der im 7. Jahrhundert in Nalanda studierte, als in den diesigen Morgenstunden majestätisch aus dem Nebel emporragend. Die Umstände sprechen dafür, dass auch Mathematik zu den Fächern in Nalanda gehörte, einmal aufgrund der engen Verbindung zur Astronomie, aber nicht zuletzt auch aufgrund der geographischen Nähe Nalandas zum alten Zentrum der indischen Mathematik in Kusumpur bei Pataliputra, dem heutigen Patna.

Das Interesse an Medizin und Fragen der öffentlichen Gesundheit war in Nalanda besonders ausgeprägt. Es war Yi Jing, ein anderer aus China stammender Gelehrter und ehemaliger Student in Nalanda, dem es zufiel, als erster Autor der alten Welt eine vergleichende Studie der medizinischen Kunst zweier Länder zu verfassen, nämlich Chinas und

Indiens. Nalanda war, nebenbei bemerkt, im Altertum die einzige Hochschule außerhalb Chinas, die chinesische Gelehrte zu Studienzwecken besuchten. Es lässt sich kaum eine Anerkennung denken, die den Rang der Lehre dort besser bestätigte. Anzumerken bleibt indes, dass die Universitätsstadt Nalanda zwar als Hochschule in Indien – und weltweit – zweifellos Bahnbrechendes leistete, doch nicht einmalig war: Im ersten Jahrtausend entstanden in Indien noch weitere Zentren der Gelehrsamkeit, nicht selten durch Nalanda inspiriert, unter ihnen Vikramashila, ebenfalls im heutigen Bundesstaat Bihar. Auch diese Universität war eine buddhistische Gründung und wetteiferte mit Nalanda, nicht zuletzt im Hinblick auf ihr Lehrangebot und ihren hervorragenden Ruf.

All das liegt lange Zeit zurück. Allen indischen Universitäten, auch der in Neugründung befindlichen in Nalanda, kann die lange Geschichte der Hochschulbildung in Indien gewiss Ansporn und Inspiration sein, doch bleibt die Tatsache, dass die Leistungen heutiger indischer Universitäten eher mäßig sind. Die Qualität von Hochschulen ist natürlich schwer zu beurteilen (und bietet bestenfalls Anlass zu Kontroversen), doch wenn wir etwa der im *Times Higher Educational Supplement* vom Oktober 2011 veröffentlichten Liste der 200 weltweit führenden Hochschulen folgen, stellen wir fest, dass sich der weitaus größte Teil der Spitzenuniversitäten in den USA befindet. Die ersten fünf Plätze gehen ausschließlich an amerikanische Hochschulen, und zwar absteigend an Harvard, das California Institute of Technology, das Massachusetts Institute of Technology, Stanford und Princeton. Britische Universitäten schließen sich an, sodass wir unter den ersten zehn noch Cambridge, Oxford und das Imperial College in London finden.

Das Übergewicht westlicher Hochschulen in dieser Liste der 200 weltweit führenden Universitäten ist wirklich beeindruckend.[13] Unter den ersten zwanzig findet sich keine einzige aus Asien, und auch wenn einige der asiatischen Eliteuniversitäten auf weiteren Plätzen folgen, darunter die Hochschulen in Hongkong, Tokio, Pohang, Singapur, Peking, die University of Science and Technology in Hongkong, die Universität Kyoto, die Tsinghua-Universität in Peking und einige wenige weitere, so bilden sie doch nur eine kleine Minderheit in der akademischen Weltspitze. Besonders ins Auge fällt allerdings, dass unter den 200 besten Hochschulen weltweit nicht eine einzige indische Universität zu finden ist.

Da die ganze Welt vom Vorhandensein erstklassiger akademischer

Forschung und Lehre im Westen profitiert, gibt es für nichtwestliche Nationen keinen Grund, angesichts der Exzellenz des Westens auf diesem so entscheidenden Gebiet zu grollen. Das gilt umso mehr, als an allen westlichen Universitäten Studierenden aus der ganzen Welt die Tore offenstehen – vorausgesetzt, sie können sich die Studiengebühren leisten, die, zugegebenermaßen, prohibitiv hoch sein können. (Andererseits bestehen für die Studierenden auch Möglichkeiten, Stipendien oder akademische Fördermittel anderer Art seitens der Hochschule oder aus anderen Quellen zu erhalten.) Doch angesichts des akademischen Potentials Indiens und auch angesichts der langen Geschichte der Hochschulbildung, auf die das Land zurückblicken kann, wäre von indischen Universitäten selbstverständlich ein sehr viel besseres Abschneiden zu erwarten als das aktuell gezeigte.

Um zu diesem Urteil zu gelangen, genügt es natürlich nicht, sich das Ranking im *Times Higher Educational Supplement* anzuschauen, das durchaus, wie ihm manchmal vorgeworfen wird, kulturell voreingenommen sein kann. Doch auch viele andere Indizien führen zum gleichen Schluss. Selbst die Beurteilung der Hochschulen durch die Studierenden und insbesondere die Angaben darüber, an welchen Universitäten Studierende sich bewerben, bestätigen tendenziell, dass Qualitätsmängel ein beachtliches Problem sind. Indische Studierende schaffen brillante Abschlüsse, wenn sie an einer der führenden Universitäten weltweit studieren konnten – etwas, das ihnen beschränkt auf die indischen Universitäten kaum gelingt. Die Situation lässt sich zweifelsohne ändern, und in gewissem Maße geschieht dies offenbar bereits. Viele führende indische Universitäten haben in einzelnen Bereichen exzellente Lehreinrichtungen und Labors, doch das Gesamtabschneiden auch dieser Universitäten wird durch die niedrige oder durchschnittliche Qualität anderer Fakultäten abgewertet. Spezialisierte Einrichtungen wie das nationale Indian Statistical Institute oder die verschiedenen ingenieurwissenschaftlich orientierten Institutes of Technology sowie einige der Management-Institute bieten im Großen und Ganzen eine erstklassige Ausbildung, und zudem arbeiten sie daran, ihre Qualität auch aufrechtzuerhalten, was für die indischen Universitäten allgemein nicht gilt.

Die Probleme der indischen Universitäten – einschließlich ihrer akademischen Ausgestaltung und Gliederung, ihrer Berufungs- und Vergütungsregeln – können und sollten kritisch überprüft werden. Das größte

Hindernis für den Horizont und die Leistungsfähigkeit der Hochschulbildung in Indien bleiben allerdings die Beschränkungen, überhaupt an Colleges und Universitäten studieren zu können, und um diese Situation zu verbessern, ist eine Reform, ja eine grundlegende Neugestaltung des Schulwesens im Land von größter Wichtigkeit.

Leistungen und Defizite

Die Aufmerksamkeit, die in jüngster Zeit hier und da der lange vernachlässigten Schulbildung zuteilwurde, ist ermutigend. Doch ist es noch ein weiter Weg, eine solche, lange bestehende Geringschätzung zu überwinden. Wichtig ist es daher zu fragen, welche Fortschritte es bereits gab und welche Mängel weiterhin bestehen. Die amtlichen indischen Statistiken verzeichnen eine ständig steigende Zahl von Einschulungen – von Knaben und Mädchen gleichermaßen – wie auch einen anhaltenden Fortschritt bei der Schulausstattung. Weichenstellungen der Regierung, aber auch der Oberste Gerichtshof mit seinen einschlägigen Urteilen haben zu dieser Entwicklung beigetragen, und die Verabschiedung des Right to Education Act 2010, der kostenlose Bildung und Schulpflicht regelt, ist ungeachtet seiner noch ungewissen Auswirkungen mit Sicherheit ein Versuch, die Dinge voranzubringen. Die Kampagne «Erziehung für alle», Sarva Shiksha Abhiyan (SSA), die auf der Ebene der Bundesstaaten mit Unterstützung der Zentralregierung lanciert wurde, trug ebenfalls in erheblichem Umfang dazu bei, schulische Einrichtungen überall im Land auszubauen und zu verbessern.

Der erreichte Fortschritt findet sich nicht nur auf dem Papier der amtlichen Statistiken – in der Öffentlichkeit bestehen erhebliche Zweifel an der Verlässlichkeit solcher Quellen –, sondern er wird auch durch unabhängige Studien belegt. So beispielsweise durch die jüngst veröffentlichten Ergebnisse einer Folgeuntersuchung zur oben erwähnten PROBE-Erhebung von 1996 in 200 stichprobenartig ausgewählten Dörfern aus sieben Flächenstaaten in Nordindien (Bihar, Chhattisgarh, Jharkhand, Madhya Pradesh, Rajasthan, Uttar Pradesh und Uttarakhand); in der ursprünglichen Erhebung hatte das Forschungsteam ein vergleichsweise niedriges Niveau im Hinblick auf Schulbesuchsdauer und Bildung festgestellt.[14] Nun zeigte sich, dass sich selbst in diesen Staaten zwischen 1996 und 2006 die Schulbesuchsquote von Kindern im Alter zwischen sechs und zwölf Jahren von 80 auf 95 Prozent erhöht hatte.[15] Besonders auffällig war der Anstieg in benachteiligten Bevölkerungsgruppen: 2006 erreichte die Schulbesuchsquote von Kindern der gleichen Altersgruppe aus Dalit-, muslimischen und (in etwas geringerem Ausmaß) Adivasi-Haushalten beinahe die durchschnittlichen 95 Prozent der Gesamtstichprobe. Obgleich das Ziel noch nicht erreicht ist, sind die großen Schritte hin zur Verallgemeinerung des Schulbesuchs quer durch alle gesellschaftlichen Gruppen doch beeindruckend.

Auch die Ausstattung der Schulen in den Dörfern der PROBE-Erhebung hatte sich verbessert. 2006 verfügten 73 Prozent der untersuchten Schulen über mindestens zwei Räume, die unabhängig von den Witterungsverhältnissen zu nutzen waren, während das 1996 bei nur 26 Prozent der Schulen der Fall gewesen war. 60 Prozent der Einrichtungen hatten 2006 eigene Toiletten und nahezu drei Viertel verfügten über eine eigene Trinkwasserversorgung. In mehr als der Hälfte der Schulen wurden Schülerinnen und Schülern nun unentgeltlich Schuluniformen zur Verfügung gestellt (gegenüber 10 Prozent 1996), und kostenlose Schulbücher gab es 2006 in nahezu allen Schulen (gegenüber weniger als 50 Prozent ein Jahrzehnt zuvor). Als mindestens ebenso bedeutend anzusehen ist die Einführung warmer Mittagsmahlzeiten, nicht nur aus Gründen ausreichender Ernährung, sondern auch, weil die Kinder nicht mehr durch Hunger vom Unterricht abgelenkt wurden. Das Schulspeisungsprogramm wurde zwischen den beiden Erhebungsjahren lanciert. 2006 funktionierte es in 86 Prozent der untersuchten Schulen.[16]

Und dennoch bestehen im Schulsystem weiterhin ernste, vielleicht sogar verheerende Defizite. Am Tag der Erhebung waren, den Schulregistern zufolge, nur zwei Drittel der Schülerinnen und Schüler anwesend, laut Auskunft der unmittelbar anwesenden Wissenschaftler waren es sogar noch weniger. Auch bei den Lehrkräften sind Fehlzeiten ein erhebliches Problem, neben verbreitetem Zuspätkommen oder vorzeitigem Verlassen des Unterrichts. Der Anteil der Schulen, an denen nur eine Lehrkraft zur Verfügung steht, ist nach wie vor hoch und beträgt rund 12 Prozent. Es herrscht ein chronischer Mangel an regulären Lehrkräften, hauptsächlich aufgrund der Weigerung der zuständigen Behörden, die offenen Stellen zu besetzen – und dabei das nach indischen Maßstäben recht ansehnliche Lehrergehalt zu zahlen, das ihnen nach den Richtlinien der für die Löhne und Gehälter im öffentlichen Dienst zuständigen Gehaltskommission, der Central Pay Commission, zusteht. Die Ausfälle werden bisweilen mit sogenannten Vertragslehrern überbrückt, die für deutlich niedrigere Gehälter verpflichtet werden, deren Unterrichtsleistung aber auch recht unklar bleibt – ebenso wie die Zukunftsfähigkeit eines solch diskriminierenden Zweiklassensystems im Umgang mit der Lehrerschaft.

Neben dem Mangel an regulären Lehrkräften ist es vor allem das Fernbleiben, das dazu beiträgt, dass viele Schulen nur über eine einzige Lehrkraft verfügen. So arbeiteten zum Zeitpunkt der Erhebung von 2006 faktisch 21 Prozent der untersuchten Schulen mit nur einer Lehrkraft, entweder weil es eben nur eine Stelle gab oder weil andere Lehrkräfte am Tag der Erhebung fehlten. Darüber hinaus fällt Unterricht in erschreckendem Umfang aus, selbst wenn die Lehrkräfte auftauchen. Tatsächlich fand in der Hälfte der Schulen am Tag des unangekündigten Besuchs der Wissenschaftler *überhaupt kein* Unterricht statt – weder 1996 noch 2006.[17] Das Bild, das sich hier bietet, ist mit Sicherheit keines, das dort, wo es am nötigsten wäre, Vertrauen in die Zuverlässigkeit des Schulsystems aufbaut. Während in vielen anderen Teilen der Welt und selbst in weiten Teilen Indiens Schülerinnen und Schüler eifrig lernten, taten die Schulen der untersuchten Staaten so gut wie nichts dafür, den Kindern Wissen und Kenntnisse zu vermitteln. In Vernachlässigung ihrer Pflichten ignorierten sie das Recht ihrer Schülerinnen und Schüler auf elementare Bildung auf ihrem Weg in die moderne Welt.

Der Preis, den dieser katastrophale Zusammenbruch eines regulären und geordneten Schulbetriebs fordert, lässt sich ermessen, wenn man bedenkt, wie wenig aktive Schultage pro Jahr den Schulkindern – diesen Untersuchungsergebnissen zufolge – überhaupt noch bleiben, vom unzureichenden Niveau des Unterrichts einmal ganz abgesehen. In den Bundesstaaten, die das PROBE-Team untersuchte, liegt die offizielle Zahl der Schultage jährlich bei etwa zweihundert. Angesichts einer Fehlquote von rund 20 Prozent unter Lehrkräften und von 33 Prozent unter Schülerinnen und Schülern beträgt die Wahrscheinlichkeit, dass Kind *und* Lehrer am gleichen Tag da sind, nur gerade einmal 50 Prozent. Das reduziert die Zahl der tatsächlichen Unterrichtstage auf nur noch einhundert oder so. Leider ist das noch nicht alles: Wie die Erhebung zeigt, findet auch an diesen verbleibenden hundert Tagen während rund der Hälfte der Zeit kein wirklicher Unterricht statt. Die reale Unterrichtszeit verkürzt sich damit auf rund fünfzig Tage – gerade noch *ein Viertel* dessen, was in einem ordentlich funktionierenden Schulsystem zur Verfügung stünde.

Bildungsstandards

Die Schulbildung in Indien leidet unter zwei grundlegenden Mängeln: erstens dem unzureichenden Umfang und zweitens dem schlechten Niveau dessen, was gelehrt und gelernt wird. Während sich im Hinblick auf das erstgenannte Problem kleine Fortschritte abzeichnen, scheint die Qualität des Unterrichts an indischen Schulen in weiten Bereichen unverändert auf außerordentlich schlechtem Niveau zu bleiben. Methodisch ist der Unterricht allzu häufig geprägt durch ein stupides Auswendiglernen, durch Nachsprechen von Vorgelesenem, oft ohne jegliches Verständnis, oder durch gemeinsames Aufsagen von Multiplikations- und anderen Tabellen. In solchen Schulen lernen die Kinder recht wenig. Wie Tests gezeigt haben, die 2006 im Rahmen der im vorhergehenden Abschnitt angesprochenen Erhebung durchgeführt wurden, beherrschte fast die Hälfte der Schülerinnen und Schüler der Klassen 4 und 5 weder das Multiplizieren einstelliger Zahlen noch eine einfache Division durch fünf. Auch die Kenntnisse und das Wissen auf anderen Gebieten waren im Großen und Ganzen unglaublich dürftig. Die Erhebung bezog sich auf eine relativ kleine Stichprobe, doch die Ergebnisse über die Leistungen der Schulkinder stimmen weitgehend mit denen einer ganzen Reihe anderer Studien überein, wie Tabelle 5.2 illustriert.

Das Bildungsangebot der meisten öffentlichen Schulen Indiens ist also schlecht, doch offenkundig gilt ein ähnlicher Befund selbst für die vermeintlichen Spitzenschulen in größeren indischen Städten wie Delhi, Mumbai, Chennai, Kolkata und Bangalore. So ergab eine Untersuchung von 83 solchen Spitzenschulen, das die WIPRO, ein führendes IT-Unternehmen, und das Bildungsberatungsunternehmen Educational Initiatives (EI) 2011 gemeinsam durchführten, dass Wissen und Fähigkeiten der Schülerinnen und Schüler dieser Schulen ebenfalls sehr begrenzt waren. Beispielsweise konnte nur ein Drittel der Spitzenschüler aus der vierten Klasse angeben, welche der folgenden vier Personen noch lebte: Mahatma Gandhi, Indira Gandhi, Rajiv Gandhi oder Sonia Gandhi – interessanterweise meinte eine Minderheit sogar, dass Mahatma Gandhi die noch lebende Person sei. Rund zwei Drittel der Viertklässler konnten nicht die Länge eines Bleistifts mithilfe eines Lineals bestimmen. Den Befragten mangelte es zudem in auffallender Weise an Bewusstsein für soziale Fragen.[18]

Obgleich die indischen Behörden die Aufnahme des Landes in internationale Schul- und Bildungsvergleiche bislang ablehnten, ermöglichen einige Untersuchungen aus jüngster Zeit eine Gegenüberstellung der Leistungen indischer Schülerinnen und Schüler und der ihrer Altersgenossen anderswo, beispielsweise die 2009 durchgeführte Studie PISA Plus. Die Testergebnisse aus Indien lagen im Feld der 74 verglichenen Länder und ausgewählten Regionen sehr weit unten, und das obwohl die beiden an PISA Plus teilnehmenden indischen Bundesstaaten, Tamil Nadu und Himachal Pradesh, zwei Staaten mit einem vergleichsweise guten Schulsystem sind.[19] Im Vergleich des Lesevermögens von 15-Jährigen rangierten beide indischen Staaten unter den letzten drei der 74 Teilnehmer (zusammen mit Kirgisistan). Bei anderen Tests, darunter Aufgaben zum Schreiben, zur naturwissenschaftlichen Grundbildung und zur Mathematik, schnitten die indischen Schülerinnen und Schüler gegenüber Gleichaltrigen aus anderen Ländern der PISA-Studie ähnlich schwach ab.

Bisweilen wird gegen solche Tests – PISA und andere – der Einwand erhoben, sie seien kulturell voreingenommen und bevorzugten einseitig westliche Prioritäten. Es ist schwer nachvollziehbar, warum Lesen, Schreiben und einfache Mathematik als eindeutig westlich definierte Fähigkeiten angesehen werden sollten, aber vielleicht ist hier zumindest der Hinweis angebracht, dass die Weltspitze in diesen Tests tendenziell eher aus Asien und erst dann aus Europa kommt: Die ersten drei Plätze beim Vergleich des Lesevermögens belegten Shanghai (China) und Südkorea gemeinsam mit Finnland, zu den ersten fünf gehörten daneben noch Hongkong und Singapur. Indiens Probleme rühren offenkundig keineswegs daher, vom Westens ausgeschlossen zu sein, und auch nicht daher, in Asien und nicht in Europa oder Amerika zu liegen. Es ist ein spezifisch indisches – und südasiatisches – Unvermögen, sich die Einsicht in die Bedeutung guter Bildung zunutze zu machen, wie sie die Entwicklungserfahrungen der meisten Länder in Asien, Europa und Amerika prägte.

Neben der Widrigkeit einer allgemein niedrigen Bildungsqualität an indischen Schulen stellt auch die Bandbreite der unterschiedlichen schulischen Leistungen in verschiedenen Regionen Indiens ein Problem dar. Wie Tabelle 5.3 zeigt, schneiden die beiden in der PISA-Studie vertretenen indischen Staaten Himachal Pradesh und Tamil Nadu im Vergleich zu den meisten anderen großen Bundesstaaten am besten ab. Nach internationalen Maßstäben weist die Bildung in beiden Staaten zwar ernste

Tab. 5.2: Schulische Leistungen im Primarschulbereich

Quelle	Basis	Ergebnisse
India Human Development Survey (2004/5)	Umfangreiche, auf ganz Indien bezogene Stichprobenerhebung	• Nur die Hälfte aller 8- bis 11-Jährigen, die eine staatliche Schule besuchen, ist fähig, einen einfachen Textabschnitt, der aus drei Sätzen besteht, zu lesen. • Weniger als die Hälfte (43 Prozent) dieser Kinder ist fähig, eine zweistellige Zahl von einer anderen zweistelligen Zahl zu subtrahieren. • Mehr als ein Drittel (36 Prozent) ist nicht fähig, einen einfachen Satz zu schreiben, etwa: «Der Name meiner Mutter ist Madhuben.»
ASER Survey (2011)	Umfangreiche, auf ganz Indien bezogene repräsentative Erhebung unter Schulkindern in ländlichen Gebieten	• Nur 58 Prozent der Kinder, die die Klassen 3 bis 5 besuchen, sind fähig, einen für die erste Klasse bestimmten Text zu lesen. • Weniger als die Hälfte (47 Prozent) ist fähig, eine einfache zweistellige Subtraktionsaufgabe zu lösen. • In den Klassen 5 bis 8 ist nur die Hälfte der Kinder fähig, einen Kalender zu verwenden.
PROBE Revisited (2006)	Stichprobenerhebung unter Schulkindern an 284 staatlichen Schulen in ländlichen Gebieten in hindi-sprachigen Bundesstaaten	• Nur 37 Prozent der Kinder, die die Klassen 4 oder 5 besuchen, sind fähig, flüssig zu lesen. • Weniger als die Hälfte (45 Prozent) ist fähig, 20 durch 5 zu dividieren. • Ein Drittel ist nicht fähig, mit Übertrag zu addieren.
CORD–NEG Village Studies (2010/11)	Stichprobenerhebung unter Kindern an staatlichen Schulen in 9 Dörfern in peripheren Distrikten von Bihar, Jharkhand und Odisha	• Von 110 Kindern, die die Klassen 4 oder 5 besuchten, war nur die Hälfte fähig, eine zweistellige Zahl zu erkennen. • Weniger als ein Viertel dieser 110 Kinder war fähig, eine zweistellige Zahl von einer anderen zweistelligen Zahl zu subtrahieren.
WIPRO–EI Quality Education Study (2011)	Erhebung unter mehr als 20 000 Schülerinnen und Schülern an 83 Spitzenschule› in fünf Metropolen (Bangalore, Chennai, Delhi, Kolkata und Mumbai)	• Lesefähigkeiten und Mathematikkenntnisse der Kinder in Klasse 4 der indischen Spitzenschule› liegen unterhalb des internationalen Niveaus. • Nur 16 Prozent der Kinder in Klasse 4 waren fähig, die Länge eines Bleistifts mithilfe eines Lineals zu bestimmen. • Nur 22 Prozent der Kinder in Klasse 4 waren fähig zu begreifen, dass sich durch das Zerknüllen eines Stücks Papier nicht dessen Gewicht verändert.

Quellen: Desai u.a., *Human Development in India*, S. 93; Pratham Education Foundation, *Annual Status of Education Report (Rural) 2011. Provisional Report*, Mumbai: Pratham Education Foundation, 2012, S. 58, 68; Anuradha De, Reetika Khera und Meera Samson, *PROBE Revisited. A Report on Elementary Education in India*, New Delhi: Oxford University Press, 2011, S. 57; Anuradha De, Meera Samson, Arpita Chakraborty und Sushmita Das, «Schooling for Children in Inter-State Border Areas» (2010), Untersuchung im Auftrag von NEG-FIRE, S. 94–97 (online verfügbar: www.cordindia.com); Meera Samson und Neha Gupta, «Schooling for Children on the Bihar Jharkhand Border Between Katihar and Sahibganj Districts» (2012), Untersuchung im Auftrag von NEG-FIRE, S. 145–148 (online verfügbar: www.cordindia.com); Educational Initiatives, *Quality Education Study*, Bangalore: Educational Initiatives, 2011, S. 4, 34, 36.

Defizite auf, doch in anderen Teilen Indiens ist die Situation tendenziell noch schlimmer – und sogar viel schlimmer. Erschreckend ist es beispielsweise zu sehen, dass in sieben indischen Flächenstaaten, in denen die Hälfte der Bevölkerung des Landes lebt, nur ein Viertel bis die Hälfte der Acht- bis Elfjährigen an staatlichen Schulen in der Lage ist, einen einfachen Lesetest zu meistern (der die offizielle Alphabetisierungsschwelle nur geringfügig überschreitet).[20]

Studien aus den vergangenen Jahren verweisen noch auf andere beunruhigende Aspekte im Hinblick auf die schulischen Leistungen indischer Kinder (darunter grundlegende Kompetenzen wie einfache Arithmetik oder Lese- und Schreibfähigkeit).[21] So fallen erstens nicht nur das extrem niedrige Niveau, sondern auch die *sehr langsamen Lernfortschritte* der Kinder im Fortgang ihrer Schullaufbahn auf. Beispielsweise waren einer neueren Schulleistungsstudie zufolge 80 bis 90 Prozent der Schülerinnen und Schüler, die an einer sehr einfachen Mathematikaufgabe scheiterten (eine vertikale Addition einstelliger Zahlen), ein Schuljahr später *immer noch nicht fähig*, dieselbe Aufgabe zu meistern.[22] Dazu passt das verbreitet zu beobachtende Phänomen, dass Lehrkräfte sich eher den Besseren in der Klasse zuwenden und so häufig diejenigen vernachlässigen, die in besonderem Maße Aufmerksamkeit bräuchten. Langsame Lernfortschritte finden sich, zweitens, nicht nur in staatlichen Schulen. Letztlich fallen die Leistungsunterschiede zwischen staatlichen und privaten Schulen, wie Tests sie ergaben, nicht besonders signifikant aus, insbesondere wenn man den unterschiedlichen gesellschaftlichen und wirtschaftlichen Hintergrund der Schülerinnen und Schüler in Rechnung stellt (siehe in diesem Zusammenhang auch die letzte Zeile in Tabelle 5.3).[23] Selbst in teuren Privatschulen lassen die schulischen Leistungen sehr zu wünschen übrig, auch wenn sie gewöhnlich besser ausfallen als in normalen staatlichen Schulen. Zu guter Letzt gibt es wenig Hinweise auf eine allgemeine Verbesserung der Leistungen in jüngerer Zeit. Tatsächlich deuten insbesondere die Erhebungen für den Bildungszustandsbericht (*Annual Status of Education Report* – ASER) seit 2005 darauf hin, dass die durchschnittlichen schulischen Leistungen sich in den vergangenen Jahren im Gegenteil eher verschlechterten.[24]

Es bietet sich ein sehr entmutigendes Bild, das indes immer noch darauf wartet, in der indischen Bildungsdebatte angemessen zur Kenntnis genommen zu werden. Die kognitive Entwicklung von Schulkindern und die Bildungsqualität allgemein sind Fragen von erheblicher Bedeu-

Tab. 5.3: Schulische Leistungen in größeren indischen Bundesstaaten 2004/5

	Anteil der 8- bis 11-Jährigen in staatlichen Schulen, die fähig waren zu:		
	Lesen[a]	Subtrahieren[b]	Schreiben[c]
Himachal Pradesh	81	64	77
Kerala	80	64	84
Tamil Nadu	78	67	82
Assam	73	45	97
Maharashtra, Goa	65	53	71
Haryana	63	58	61
Gujarat	60	36	64
Chhattisgarh	58	31	46
Odisha	58	48	73
Punjab	54	61	65
Uttarakhand	53	35	62
Jharkhand	51	54	56
Westbengalen	51	56	72
Rajasthan	50	37	53
Karnataka	45	48	76
Andhra Pradesh	44	46	62
Bihar	40	43	65
Madhya Pradesh	39	25	38
Uttar Pradesh	29	22	51
Jammu und Kaschmir	26	50	67
Indien[d]	50 (69)[d]	43 (64)	64 (79)

[a] Mindestens einen einfachen Textabschnitt, der aus drei Sätzen besteht.
[b] Eine zweistellige Zahl von einer anderen zweistelligen Zahl, mit Übertrag.
[c] Einen einfachen Satz, mit maximal zwei Fehlern.
[d] In Klammern die entsprechenden Quoten in Privatschulen.

Quelle: Desai u.a., *Human Development in India*, S. 94, basierend auf dem *India Human Development Survey* (IHDS). In Indien werden Kinder in der Regel im Alter von 6 Jahren in der Grundschule eingeschult, unter Umständen auch mit 5 Jahren. Die Bundesstaaten sind absteigend nach den Leseleistungen aufgeführt.

tung. Wie oben bereits erörtert, spielen Bildung und Ausbildung in vielerlei Hinsicht – wirtschaftlich, sozial, politisch, kulturell etc. – eine zentrale Rolle, und außerdem leisten sie auch einen enorm wichtigen Beitrag, wenn es darum geht, die Macht der Ungleichheiten von Klasse, Kaste und Geschlecht zurückzudrängen. Jüngste Forschungsergebnisse zeigen darüber hinaus insbesondere die Bedeutung kognitiver Entwicklungen für Wirtschaftswachstum und Partizipation. Schulische Leistungen, so lassen die Ergebnisse erkennen, besitzen offenkundig im Hinblick auf Wachstum und Entwicklung weitaus mehr Aussagekraft als der Indikator der durchschnittliche Schulbesuchsdauer.[25] Die ungeheure Expansion der Wirtschaftsaktivitäten wie auch die zunehmende Erwerbstätigkeit von Frauen in Ost- und Südostasien verdanken sich in erheblichem Maße den in diesen Ländern – im Unterschied zu Indien – zu verzeichnenden Bildungserfolgen. Dieser Zusammenhang bleibt in indischen Diskussionen vergleichsweise unterbelichtet, ein Versäumnis, das in gewisser Weise die mangelnde Beachtung widerspiegelt, die man der Entwicklung menschlicher Verwirklichungschancen schenkt. Doch gerade sie bildete die eigentliche Grundlage der wirtschaftlichen Entwicklung, die in Japan begann und sich mit großem Erfolg in Ostasien sowie, in gewissem Umfang, auch in Südostasien fortsetzte. Und nicht zuletzt unterstreichen jüngste Erfahrungen aus anderen Weltregionen, wie etwa Lateinamerika, die seit längerem belegte Bedeutung schulischer Bildungsstandards für Wirtschaftswachstum und Lebensqualität. Für das Versäumnis, ein gut funktionierendes Schulsystem zu schaffen, zahlt Indien, wie durch immer neue Bildungsstudien zunehmend klar wird, einen enormen Preis.

Privilegierte Exzellenz und soziale Spaltungen

Das große Rätsel in diesem Zusammenhang ist indes, wie es angesichts der offenkundig niedrigen Bildungsqualität in Indien geschehen kann, dass gut ausgebildeten Indern überall auf der Welt regelmäßig großes Lob zuteilwird. Ungeachtet seiner gewaltigen Schranken erfährt das indische Bildungswesen nicht selten spektakuläre Anerkennung aus dem Ausland. Das wirft eine interessante erkenntniskritische Frage auf – was verschafft dem indischen Bildungssystem eigentlich den internationalen Beifall? –, hat aber auch praktische Konsequenzen, insofern das falsche Gefühl entsteht, man könne sich zurücklehnen, im Großen und Ganzen sei ja in Indien mit der Bildung alles im Lot.[26] Wir hören, gut ausgebildete Inder würden Menschen im Westen, die sich bislang keine Sorgen machen mussten, um gute Beschäftigungschancen bringen – solcherlei Rhetorik war etwa im Wahlkampf vor den jüngsten US-Präsidentenwahlen zu vernehmen. In führenden amerikanischen Zeitungen wurden Forderungen laut, allgemeine und berufliche Bildung in den USA zu verbessern und auszubauen, um gegen den Ansturm qualifizierter Arbeitskräfte aus den Ländern Asiens, einschließlich Indiens, bestehen zu können, die dem Vernehmen nach nur darauf warteten, einfachen Amerikanern die besten Jobs wegzuschnappen.

Handelt es sich dabei um das gleiche Indien, dessen Bildungswesen so furchtbar schlecht abschneidet? Wie kann das sein? Nun, zweifellos existieren für eine große Zahl Inderinnen und Inder – insgesamt zwar eine Minderheit, aber dennoch viele – exzellente Ausbildungsmöglichkeiten in Indien. Es gibt Eliteschulen, moderne Hochschulzentren und eine Gesellschaft, in der hervorragende Leistungen eine hohe Wertschätzung genießen und honoriert werden. Selbst in eher zweitklassigen Schulen werden die Besten häufig zusätzlich unterstützt und gefördert. Wie wir bereits weiter oben anmerkten, bieten verschiedene Hochschulinstitute wie die Indian Institutes of Technology (IITs) und die Indian Institutes of Management (IIMs) Forschung und Lehre auf Weltklasseniveau, und manche Abteilungen und Fachbereiche an einer Reihe indischer Universitäten stehen ihnen darin in nichts nach. Gut ausgebildet und selbstbewusst sind zahlreiche indische Führungskräfte weltweit extrem erfolgreich und gehören in den Branchen und Berufen, in denen sie arbeiten, zur Weltspitze. Darüber hinaus sind indische Unternehmen für den internationalen Wettbewerb hervorragend gerüstet und übernehmen die Aufgaben ausgelagerter Geschäftsbereiche amerikanischer und europäischer Firmen – nicht nur gering- und mittelqualifizierte Arbeiten (wie etwa in sogenannten Callcentern), sondern mitunter auch Aufträge mit komplexen technologischen Anforderungen in Planung und Design.

Tatsache ist, dass das indische Bildungssystem außerordentlich große Unterschiede aufweist, und das auf eine zudem eigentümliche Art: Eine vergleichsweise kleine Gruppe, Kinder aus privilegiertem Hause, genießt gute – und oft hervorragende – Bildungschancen, während die große Masse mit Bildungsangeboten Vorlieb nehmen muss, die in vielerlei Hinsicht schlecht und unzulänglich sind. Ausstattung und Möglichkeiten weisen dabei enorme Unterschiede auf, und das vom ersten Schultag bis zum akademischen Abschluss. Die privilegierte kleine – in absoluten Zahlen jedoch nicht unbedeutende – Gruppe steht von Anfang an ganz oben auf der Leiter, alle anderen bleiben weit darunter. Ganz auf der Linie der allgemeinen Trennung zwischen den Privilegierten und dem Rest scheint das indische Bildungssystem sicherzustellen – nimmt man alle sozialen, ökonomischen und organisatorischen Elemente zusammen –, dass aus einer riesigen Menge junger Menschen einige wenige mit exzellenter Bildung hervorgehen. Die Auswahl erfolgt nicht durch irgendwelche systematischen Vorkehrungen, um bestimmte Menschen auszuschließen (ganz im Gegenteil), sondern durch Differenzierungen auf der Folie wirtschaftlicher und gesellschaftlicher Ungleichheiten in Verbindung mit Privilegien aufgrund von Klasse, Kaste und Geschlecht, des Ortes oder der sozialen Herkunft.

Die Privilegierten schneiden im Großen und Ganzen sehr gut ab – wie man ihnen zugutehalten kann, verschwenden sie in der Regel keine Chancen. Ihr Erfolg stellt sich zuerst in den Bildungseinrichtungen selbst ein und dann in der Welt draußen, und in Indien wie im Ausland schlägt ihnen Bewunderung entgegen. Das ganze Land feiert hingebungsvoll den nationalen Triumph. Für die *first boys* (und zunehmend auch *first girls*) kommt zum Erfolg im Leben das – bei aller gebotenen Bescheidenheit – befriedigende Lob, dass ihr Land stolz auf sie sei. Unterdessen sind die *last boys* und insbesondere die *last girls* nicht einmal des Lesens und Schreibens mächtig, ihnen hat sich nie die Chance einer einigermaßen ordentlichen Bildung geboten.

Wir haben, um es ganz deutlich zu sagen, nichts gegen die *first boys* selbst. Das Land braucht sie, und ihre Aufgaben sind zahlreich: Sie sorgen dafür, dass die akademische Welt gedeiht, die Wirtschaft prosperiert, Naturwissenschaft und Technik voranschreiten, die Medizin sich entwickelt und letztlich die große Menge wirtschaftlicher, sozialer, administrativer und ökologischer Herausforderungen, mit denen Indien konfrontiert ist, effizient in Angriff genommen wird. Uns treibt dabei nicht die Sorge um, die *first boys* könnten uns enttäuschen. Falsch – und ein Beitrag zum Fortbestehen der enormen Stratifizierung der indischen Gesellschaft – ist hingegen die Perspektive, in der der Erfolg des gesamten Bildungsunternehmens einzig nach der Leistung einer kleinen (und in hohem Maße in sich geschlossenen) Elite beurteilt wird, während man den Rest ignoriert, und in der die Ungerechtigkeit und das Unrecht solch unerhörter Ungleichheiten mit bemerkenswerter sozialer Indifferenz betrachtet werden.

Ungeachtet der großen Erfolge der *first boys* weist Indiens Bildungssystem ungeheure Mängel auf, was seine Reichweite und Qualität angeht – das gilt es zu erkennen. Die extrem steile Bildungshierarchie, mit der man sich in Indien arrangiert hat, ist nicht nur furchtbar ungerecht, sondern auch in hohem Maße ungeeignet, das Fundament wirtschaftlicher Dynamik und gesellschaftlichen Fortschritts zu legen. Nur in einer strukturellen Perspektive, in der sich Effizienzdenken und Gleichheitsvorstellungen verbinden, können wir verstehen, dass – und wie sehr – das Land verliert, wenn es sich ausschließlich auf einige wenige konzentriert, die überwältigende Mehrheit der Inderinnen und Inder hingegen außer Acht lässt, denen wirtschaftliche Benachteiligung, Kastenunterschiede, Klassenschranken, Geschlechterungleichheiten und soziale Spaltungen aufgrund ethnischer oder Gemeinschaftszugehörigkeit zu schaffen machen.

Schulmanagement und Lehrerberuf

Der Siegeszug der Alphabetisierung rund um die Welt verdankt sich in den allermeisten Fällen staatlichen Bildungssystemen. Das gilt für alle Großregionen und Kontinente, wo grundlegende Bildungsentwicklung zu Gesellschaften führte, in denen die Lese-, Schreib- und Rechenkompetenzen sich verallgemeinerten. Staatliches Handeln war im 19. Jahrhundert das Fundament dieses Bildungswandels in Europa und Amerika, ebenso kurze Zeit später beim Aufstieg Japans. Dem folgte die rasante Expansion des Bildungswesens unter den kommunistischen Herrschern in der Sowjetunion (und im sowjetischen Asien), in China, Kuba, Vietnam und anderswo, und mit großem Erfolg beschritt auch Ostasien diesen Weg (ungeachtet der im Allgemeinen gezeigten Neigung, eher auf eine privatisierte Marktwirtschaft zu bauen). Es ist kaum vorstellbar, dass Indien annähernd zu gleichen Bildungsresultaten kommen könnte ohne einen Staat, der sich mit ähnlichem Nachdruck engagiert und bemüht – und doch gibt es unter Entwicklungsexperten in Indien einige lautstarke Verfechter einer Stärkung des Privatschulsektors. Wie wir zeigen werden, ist leicht einzusehen, was privatwirtschaftliche Lösungen so attraktiv macht, wenn es um die Fortentwicklung des indischen Schulsystems geht, doch bleiben die Möglichkeiten, die dieser ungewöhnliche Weg dem Wandel im Bildungswesen erschließt, letztlich recht überschaubar. Doch bevor wir uns den Problemen zuwenden, die in unseren Augen ein allzu großes Vertrauen auf privatisierte Bildungseinrichtungen birgt, müssen wir die gewaltigen Schwierigkeiten des staatlichen Bildungswesens in Indien seit der Unabhängigkeit, aber auch drängende aktuelle Fragen diskutieren. Wenn auch die *Lösung*, die eine Privatisierung für die zahlreichen und massiven Defizite des indischen öffentlichen Bildungssystems bietet, unserer Meinung nach größtenteils unrealistisch ist, so sind die *Probleme* doch real genug.

Zu den klassischen Problemen des indischen Schulwesens gehört die staatliche Unterfinanzierung. Das war schon in Britisch-Indien vor der Unabhängigkeit so gewesen, und als die Briten abzogen, hatten vier Fünftel aller Inderinnen und Inder noch nie eine Schule betreten. Doch auch im gerade unabhängig gewordenen Indien sollte sich daran nichts ändern, die massive Unterfinanzierung durch die öffentliche Hand setzte sich fort, ungeachtet einer mitreißenden Rhetorik, die das Gegenteil versprach und behauptete: «Bildung hat oberste Priorität.» Das Problem der Unterfinanzierung besteht bis heute, auch wenn es geringer geworden ist – die kleinen Fortschritte, die wir in den vorangegangenen Abschnitten erörterten, verdanken sich nicht zuletzt einer erheblich erweiterten Mittelausstattung der Schulen und des Bildungswesens. Doch obschon die Finanzierungsengpässe, zumindest teilweise, behoben wurden, bleiben andere Probleme, die dem öffentlichen Bildungssektor in Indien zunehmend zusetzen und zudem extrem regressiv wirken.

An erster Stelle unter diesen Problemen steht das des Unterrichtsausfalls. Wir haben bereits oben die Fehlzeiten der Lehrkräfte erwähnt, ein Verhalten, das in manchen Gegenden des Landes gehäuft auftritt; hinzu kommt, dass in zahlreichen Fällen, wie ebenfalls schon erörtert, die Lehrer ihren Schulen zwar nicht fernbleiben, aber trotzdem nicht geneigt sind, tatsächlich zu unterrichten. Der Gedanke ist irgendwie erschreckend, dass ein großer Teil (womöglich fast die Hälfte) der Kinder im Land an durchschnittlichen Schultagen im Klassenraum sitzt, lernbegierig, aber ohne jegliche Anleitung – und in vielen Fällen dazu verdammt, irgendwann die Schule zu verlassen und nicht einmal lesen und schreiben zu können. Die meisten der Kinder wären natürlich zweifellos in der Lage, nicht nur lesen und schreiben zu lernen oder sich die Grundrechenarten anzueignen, sondern auch, über das verfassungsmäßig garantierte Minimum von acht Jahren hinaus, weiterhin eine Schule zu besuchen oder zu studieren.[27] In einem solchen Versagen des Schulsystems, das die Wissbegier und die Begabungen ignoriert, manifestiert sich eine kolossale Ungerechtigkeit, die jedoch viele Jahrzehnte keinerlei Beachtung erfuhr.

Könnte die gleichgültige Haltung vieler Lehrkräfte etwas damit zu tun haben, dass ihre Gehälter zu niedrig sind? Tatsächlich waren sie einmal sehr niedrig. (Einer von uns erinnert sich noch, wie er als Collegestudent in den frühen fünfziger Jahren in Kalkutta mit anderen auf die Straße ging und für eine ordentliche Bezahlung für unsere Lehrer demonstrierte.) Doch das ist lange her. Heute lässt sich kaum mehr so argumentieren, denn Lehrer an Schulen erlebten einen steilen Anstieg ihrer Bezüge, nachdem mehrere Pay Commissions nacheinander die Lehrergehälter (und die Einkommen anderer Beschäftigter im öffentlichen Dienst) auf ein Niveau getrieben haben, das noch vor ein paar Jahrzehnten vollkommen unrealistisch geklungen hätte. Die Gehälter von Lehrern an staatlichen Schulen in Indien fallen heute tatsächlich nicht nur gegenüber dem Privatsektor, sondern auch im internationalen Maßstab durchaus aus dem Rahmen.

Als Richtgröße, um die Bezüge von Lehrern an Elementarschulen zu vergleichen, eignet sich beispielsweise das Verhältnis zum Bruttoinlandsprodukt pro Kopf.[28] 2001 lag dieses Verhältnis in China schätzungsweise bei rund eins, in den meisten OECD-Staaten bewegte es sich irgendwo zwischen eins und zwei, in Entwicklungsländern wiederum war es ein wenig höher, doch über drei lag es in keinem der Länder, für die Daten zur Verfügung standen – außer in Indien. Erhebungen aus jüngerer Zeit lassen ähnliche Verhältnisgrößen von Lehrergehalt zu Pro-Kopf-Einkommen für die Jahre 2005 und 2010 erkennen.[29] So bewegte sich der OECD-Durchschnitt zwischen 2000 und 2009 bei etwa 1,2. In Indien allerdings lag das Verhältnis offenkundig bereits ungefähr bei drei, bevor die Gehaltstabelle der 6. Pay Commission in Kraft trat (was 2009 geschah, rückwirkend ab 2006), wodurch das Verhältnis auf fünf bis sechs emporschoss (siehe Tabelle 5.4). Die Verhältnisgrößen für einzelne Bundesstaaten lagen, bezogen auf das Bruttoinlandsprodukt auf Landesebene, sogar noch höher – und zwar viel höher –, insbesondere in den ärmeren und bildungsfernen Staaten (das Verhältnis in Uttar Pradesh lag beispielsweise bei über 17). Was also immer das Motiv für die geringe Arbeitsdisziplin der Lehrkräfte sein mag, angeblich zu niedrigen Gehältern lässt sich die Schuld dafür nicht zuschieben.

Wenig Grund gibt es offenbar auch zu der Annahme, hohe Gehälter wären dazu angetan, die Unterrichtsstandards zu steigern.[30] Hohe Gehälter ermöglichen es dem Staat zwar zum einen, aus einer größeren Bewerbergruppe auswählen zu können oder beispielsweise eine höhere Mindestqualifikation zu fordern. Andererseits verwandeln hohe Gehälter Lehrerstellen jedoch auch in «Hängemattenjobs», die alle anziehen, die irgendwie die Qualifikation nachweisen können – auch solche, die überhaupt kein Interesse am Unterrichten haben. Hohe Gehälter vergrößern darüber hinaus, und vielleicht wichtiger noch, die soziale

Tab. 5.4: Lehrergehälter im Primarbereich im Verhältnis zum Bruttoinlandsprodukt pro Kopf

Land/Bundesstaat	Bezugsjahr	Geschätzter Anteil des Lehrergehalts am: Pro-Kopf-BIP	Pro-Kopf-BIP(B)
OECD-Durchschnitt	2009	1,2	–
Asiatische Länder			
China	2000	0,9	–
Indonesien	2009	0,5	–
Japan	2009	1,5	–
Bangladesch	2012	≈ 1	–
Pakistan	2012	≈ 1,9	–
Indien			
Ausgew. Flächenstaaten[a]	2004–5	3,0	4,9
Uttar Pradesh[b]	2006	6,4	15,4
Bihar	2012	5,9	17,5
Chhattisgarh	2012	4,6	7,2

BIP = Bruttoinlandsprodukt
BIP(B) = Bruttoinlandsprodukt auf Bundesstaatsebene

[a] Andhra Pradesh, Bihar, Gujarat, Jammu und Kaschmir, Madhya Pradesh, Maharashtra, Rajasthan, Uttar Pradesh, Westbengalen. Die Zahlen in dieser Zeile beziehen sich auf *alle* Lehrkräfte im Elementarschulbereich (einschließlich der Vertragslehrer, die deutlich geringere Gehälter beziehen als reguläre Lehrer) *vor* der Anpassung durch die 6. Pay Commission.
[b] Basierend auf den von der 6. Pay Commission vorgeschlagenen Besoldungsstufen (angenommen 2009, rückwirkend ab 2006 gültig).

Anmerkung: Die internationalen Zahlen beziehen sich auf die jeweilige gesetzlich oder tariflich geregelte Besoldung von Lehrern im Primarbereich nach 15 Dienstjahren. Soweit nicht anders angegeben, beziehen sich die Angaben zu Indien auf reguläre Lehrer (im Gegensatz zu Vertragslehrern). Detailliertere Informationen nach Ländern bietet OECD, *Education at a Glance 2011. OECD Indicators*, Paris: OECD Publishing, 2011, Tab. D 3.4.

Quellen: Für den OECD-Durchschnitt, Indonesien und Japan: OECD, *Education at a Glance 2011*, Tab. D 3.4, S. 419; für China: Maria Teresa Siniscalco, «Teachers' Salaries» (2004), in: UNESCO, *Education for All. Global Monitoring Report 2005. Background Papers*, Abb. 4 und Appendix, S. 3 (nur online verfügbar); für Bangladesch und Pakistan: eigene informelle Schätzungen, basierend auf Daten, freundlicherweise zur Verfügung gestellt von der BRAC University (Dhaka) sowie dem Collective for Social Science Research (Karachi); für Indien: Zahlen für die neun Flächenstaaten berechnet nach Geeta Kingdon, «The Implications of the Sixth Pay Commission on Teacher Salaries in India», RECOUP Working Paper 29, Faculty of Education, University of Cambridge, 2010, Tab. 1, basierend auf bevölkerungsgewichteten Durchschnittswerten für die einzelnen Bundesstaaten; für Uttar Pradesh: neu berechnet nach ebd., unter Verwendung von Daten des *Economic Survey* für Pro-Kopf-BIP und -BIP(B); für Bihar und Chhattisgarh: eigene Schätzungen, basierend auf Angaben über Lehrergehälter der zuständigen Education Departments und von Daten der Planning Commission zum BIP(B).

Distanz zwischen Lehrkräften und Eltern. In vielen indischen Bundesstaaten beläuft sich heute ein Grundschullehrergehalt auf mehr als das *Zehnfache* dessen, was Landarbeiterinnen und Landarbeiter verdienen, gesetzt den Fall, Letztere finden das ganze Jahr jeden Tag Arbeit und be-

Abb. 5.1: Einkünfte von Professoren und von Beschäftigten in der Landwirtschaft

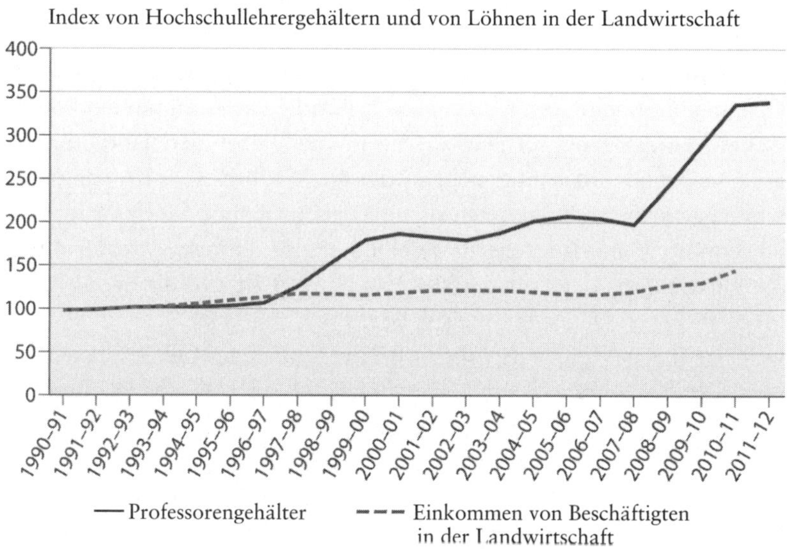

Quellen: Der Index der Hochschullehrergehälter bezieht sich auf das konsolidierte durchschnittliche Einkommen eines Professors an der Delhi School of Economics, deflationiert mit dem Verbraucherpreisindex für Industriearbeiter; der Index der Löhne in der Landwirtschaft ergibt sich aus der Verknüpfung zweier Reallohn-Reihen: eine Reihe basierend auf *Agricultural Wages in India* (vorgestellt in Drèze und Sen, *India. Development and Participation*) und eine neuen Reihe, basierend auf *Rural Wages in India* (vorgestellt in Usami, «Recent Trends in Wage Rates»), unter Verwendung von 1999/2000 als Verknüpfungsjahr.

kommen den gesetzlichen Mindestlohn. Nicht zuletzt aufgrund solch gewaltiger Einkommensunterschiede hat der soziale Abstand zwischen Lehrkräften und Eltern aus meist ländlichen Familien im Laufe der Jahre immer weiter zugenommen und belastet die Kooperation beider Seiten, die aber für den schulischen Erfolg sehr wichtig wäre.

Die relativ hohen Lehrergehälter haben aber eine weitere Konsequenz: Der Ausbau des staatlichen Schulsystems verteuert sich immens, noch dazu in einem Land mit einer großen Zahl Menschen, die qualifiziert und bereit sind, als Lehrerinnen und Lehrer zu arbeiten. In diesem Zusammenhang ist es wichtig zu verstehen, dass verhältnismäßig hohe Gehälter nicht nur bei Lehrern, sondern im gesamten öffentlichen Sektor in Indien ein Problem sind. Im Land existiert ein merkwürdiges System, diese Besoldungstarife festzulegen: Sie beruhen auf den Empfehlungen der von der Regierung ernannten Central Pay Commission, die über die Besoldungsstufen für alle im öffentlichen Dienst Beschäftigten befindet, allerdings keinerlei Verantwortung dafür trägt aufzuzeigen, wie die finanzielle Bürde der Gehälter fiskalisch gegenzufinanzieren wäre oder, wichtiger noch, welche Folgen die Gehaltserhöhungen im öffentlichen Dienst für das Leben der Menschen haben, deren Lohn *nicht* von einer Gehaltskommission festgesetzt wird.[31] Für die Pay Commission besteht wenig Veranlassung, all jene zu enttäuschen, über deren Besoldungshöhe sie befindet (darunter nicht zuletzt die Mitglieder der Kommission), wohingegen sie anderen, seien sie nun Landarbeiter oder das städtische Proletariat, keine Rechenschaft schuldet. Abbildung 5.1 konfrontiert die Entwicklung der Löhne in der Landwirtschaft und die der Gehälter im öffentlichen Dienst (am Beispiel der Professorengehälter an den Universitäten); das Maß, in dem dieses bizarre System der Gehaltsfestsetzung im Laufe der Jahre zur Verstärkung ökonomischer Ungleichheiten beigetragen hat, ist wirklich frappierend.

Angesichts der Kostensteigerung, die mit dieser Gehaltsentwicklung verbunden ist, haben viele Bundesstaaten aufgehört, weitere reguläre Lehrkräfte einzustellen, und den Unterricht stattdessen Vertragslehrern übertragen.[32] Diese Aushilfskräfte verdienen in der Regel nur einen Bruchteil eines regulären Lehrergehalts (in vielen Fällen nur etwa ein Fünftel). Für gewöhnlich verfügen sie zudem über eine geringere formale Qualifikation und eine schlechtere Ausbildung als reguläre Lehrkräfte. Viele Vertragskräfte haben sogar im eigentlichen Sinn keine fachliche Ausbildung absolviert oder vielleicht auch nur an einem mehr oder weniger dubiosen Fernkurs teilgenommen. Auf der anderen Seite erwartet man von ihnen mehr Zuverlässigkeit, da sie auf die Verlängerung ihrer befristeten Verträge angewiesen sind, die bisweilen zudem von lokalen Behörden oder Gram Panchayats abhängig ist. Einiges deutet darauf hin, dass die Vertragslehrkräfte, was die Vermittlung grundlegender Fähigkeiten im Lesen, Schreiben und Rechnen angeht, nicht schlechter abschneiden als reguläre Lehrer – und das zu weitaus niedrigeren Kosten.[33] Nicht schlechter ist allerdings nicht gut genug angesichts dessen, was wir oben über die – im Vergleich zu anderen Ländern – bemerkenswert schlechte Schulbildung in Indien festgestellt haben. Die Strategie, auf Vertragslehrkräfte zu setzen, hat zweifellos eine schnelle Expansion des Schulwesens erleichtert, indem sie die Kosten pro Einheit senkte, doch kann sie sich leicht als ein massives Hindernis erweisen, wenn es um die Verbesserung der Unterrichtsstandards geht.

Im Ergebnis sehen wir einen merkwürdig zusammengesetzten Lehrkörper: Fachlich qualifizierte, aber oft desinteressierte Festangestellte arbeiten Seite an Seite mit formal weniger versierten, aber häufig engagierteren Vertragskräften, die einen Bruchteil des Gehalts ihrer Kolleginnen und Kollegen verdienen. Schön wäre es, wenn sich daraus eine Art Mittelweg entwickeln würde, mit neuen allgemeinen Rahmenbedingungen für den Lehrerberuf, mit ordentlicher Bezahlung, guter Qualifikation und einer gewissen Beschäftigungssicherheit, aber keine unkündbaren Hängemattenjobs auf Lebenszeit, die jede Arbeitsmotivation untergraben und das Ansehen der Zunft ruinieren. Ein interessanter Vorschlag lautete, Lehrkräfte mit beiden Arten von Beschäftigungsverhältnissen im Hinblick auf die Karriereleiter gleichzustellen, um die fähigsten Lehrerinnen und Lehrer ausmachen und fördern zu können.[34] Doch solche und andere Alternativen zu erkunden und zu diskutieren, ließ die schnell polarisierte Debatte für oder wider Vertragslehrer kaum Raum, und so bleibt offenbar nur eine Entscheidung nach dem Prinzip alles oder nichts.

Die Umsetzung des vor noch nicht langer Zeit verabschiedeten Right to Education Act mag vielleicht eine Gelegenheit bieten, die allgemeinen Rahmenbedingungen der Beschäftigung von Lehrern in Indien neuerlich zu überdenken. Das Gesetz sieht unter anderem eine höhere Dichte von Schulen vor, und es legt für alle Schulen ein Schüler-Lehrer-Verhältnis von maximal 30 : 1 fest. Für alle Lehrer sind Mindestqualifikationen festgeschrieben, die Details regelt die Zentralregierung. Wollte man nun diese gesetzlichen Normen durch die Neueinstellung regulärer Lehrkräfte nach dem Besoldungsplan der 6. Pay Commission erfüllen, wäre das insbesondere für die ärmeren Bundesstaaten mit ihren großen Haushaltsdefiziten ein finanzielles Desaster.[35] Wollte man hingegen versuchen, den Lehrerbedarf durch die Einstellung schlecht ausgebildeter Vertragskräfte zu decken, wäre das, genau besehen, illegal. Vielen Staaten bleibt daher gar nichts anderes übrig, als einen Mittelweg zwischen beiden unbefriedigenden Extremen zu suchen. Scheitern sie damit, ist die beschleunigte Privatisierung des Schulwesens (weil verärgerte Eltern ihre Kinder aus staatlichen Schulen nehmen) bedauerlicherweise ein mögliches – und sogar wahrscheinliches – Szenario.

Privatschulen als eine Alternative

Die mannigfachen Probleme der staatlichen Schulbildung bestärkten zahlreiche Beobachter in ihrem Plädoyer für die Privatisierung des Schulwesens. Die Gründe sind leicht einzusehen. Doch wie gangbar ist eine solch vermeintlich überlegene Alternative? In der Tat bieten Privatschulen andere Möglichkeiten, aber dennoch sind sie keineswegs imstande, die Rolle staatlicher Schulen zu übernehmen, die diese in jedem Land der Welt im Prozess der Bildungstransformation gespielt haben.

Da sind zunächst einmal, als Hauptproblem, die unausweichlich beträchtlichen Schulgebühren, denn ohne solche ließen sich private Schulen nicht profitabel betreiben. Das aber ist kaum der Weg, auf dem die Kinder aus armen Familien und benachteiligten Gemeinschaften in Indien in den Genuss von Unterricht und Bildung kommen.

Selbst wenn, zweitens, die Kostenprobleme irgendwie überwindbar wären (beispielsweise durch ein System privater Förderung des Schulbesuchs oder auch durch Schulgutscheine), bleiben andere Probleme davon unberührt. Schulbildung und Unterricht sind exemplarische Gebiete begrenzter und ungleicher Information, insbesondere für Eltern ohne eigenen Bildungshintergrund; das immense Ausmaß der Informationsasymmetrie beruht nicht zuletzt darauf, dass Schulbehörden und eben auch private Schulunternehmen über weit mehr Wissen darüber verfügen, was sie anbieten können (und wollen), als die Familien oder die potentiellen Schülerinnen und Schüler. Das ist wohl kaum ein ideales Gebiet, um ein Gutscheinsystem einzusetzen, das die Probleme hoher Schulgebühren überwinden helfen soll, denn letztlich unterstellt ein solches System gut informierte Eltern, die, gestützt auf die Kaufkraft ihrer Gutscheine, eine optimale Wahl treffen.[36]

Drittens wären Privatschulen in den ländlichen Gebieten Indiens sehr häufig relativ konkurrenzlos und könnten ihr Geschäftsmodell darauf gründen, mit einem sehr bescheidenen Bildungsangebot den Leuten das Geld aus der Tasche zu ziehen. Sollen Märkte gut funktionieren, bedarf es des Wettbewerbs, das gilt auch für den Bildungssektor. Selbstverständlich gibt es auch zahlreiche gut gemeinte Bemühungen im Bereich nicht-öffentlicher Schulen, und die eingenommenen Gebühren kommen dem Ausbau und der Entwicklung solcher Schulen zugute. Die jüngsten Erfahrungen mit Privatschulen in Indien zeigen gleichermaßen Beispiele engagierter Erfolge wie auch hochprofitabler Unternehmen, die, häufig verdientermaßen, in dem Ruf stehen, in ihren Leistungen deutlich hinter ihren Ankündigungen zurückzubleiben. Im Hinblick auf die durchschnittlichen schulischen Lernerfolge jedenfalls schneiden, wie wir bereits sahen, Privatschulen in Indien nicht wesentlich besser ab als staatliche Schulen, was darauf hindeutet, dass da vielleicht keine einfache Lösung nur darauf wartet, genutzt zu werden.

Viertens weist Schulbildung, worauf weltweit schon oft hingewiesen wurde, zahlreiche Merkmale dessen auf, was wir mit Paul Samuelson als «öffentliches Gut» bezeichnen können.[37] Schulbildung ist verknüpft mit Externalitäten, und das angehäufte Wissen ist seiner Natur nach unteilbar. All das macht Marktmechanismen im Hinblick auf Betrieb und Ergebnisse einer Schule potentiell recht unvollkommen. Solche Schwierigkeiten wiegen nicht notwendigerweise schwerer als die Probleme des staatlichen Schulwesens, doch sollte deutlich werden, dass es unabdingbar ist, nüchtern und unvoreingenommen zu überprüfen und zu kontrollieren, was Privatschulen wirklich leisten (und insbesondere gegenüber dem, was sie zu leisten versprechen). Zweifellos ist das zentrale Problem der Schulaufsicht bei staatlichen Schulen gleich gelagert. Umso wichtiger ist es, für Privatschulen keine Ausnahmen von der Regel kontinuierlicher Bewertung zuzulassen.

Eine indirekte negative Folge der Privatisierung im Schulwesen schließlich besteht darin, dass tendenziell gerade solche Kinder die staatlichen Schulen verlassen, deren Eltern durch Kritik und Forderungen am ehesten dazu beitragen könnten, dass diese öffentlichen Schulen verantwortlicher und zuverlässiger arbeiten. Entsprechend wird eine Entscheidung für Privatschulen die Probleme des Staatssektors vergrößern, da die etwas wohlhabenderen Eltern, die auch stärker dazu neigen, sich vernehmlich zu äußern, dem Letzteren mit seinen schlechten Bildungsstandards den Rücken kehren.[38] Nun werden Privatschulen aller Wahrscheinlichkeit nach ein Teil des Schulsystems in Indien bleiben, doch ungeachtet dessen ist es unerlässlich, die staatliche Schulbildung grundlegend zu reformieren und auszubauen; diese Notwendigkeit verschwindet nicht, nur weil es für jene, die es sich leisten können, die private Option gibt.

Das Evaluierungsdefizit

Zu den Punkten, die eine Reform der Schulbildung in Indien abarbeiten muss, gehört nicht zuletzt die schwierige Aufgabe, die Beurteilung der Leistungen und Lernfortschritte der Schülerinnen und Schüler neu zu organisieren. Gegenwärtig droht das gesamte System schulischer Tests und Prüfungen in einem gefährlichen Chaos zu versinken. Der Right to Education Act von 2010 sieht unter anderem eine garantierte automatische Versetzung in die nächste Klasse vor, unabhängig davon, was ein Kind gelernt hat; Abschlussprüfungen, sogenannte *board examinations*, wurden vor der achten Klasse abgeschafft. Das Gesetz untersagt keine Tests im Unterricht (die im Gegensatz zu den *board examinations* in der Regie der Schule und der Lehrkräfte liegen), regt sie allerdings auch nicht an. An ihre Stelle soll ein System umfassender und kontinuierlicher Evaluierung treten. Die Details dieses Systems allerdings sind alles andere als klar, und verschiedene Bundesstaaten beklagten bereits, der neue Evaluierungsansatz laufe letzten Endes auf «keine Evaluierung» hinaus.[39]

Es ist dringend notwendig, in die ganze Angelegenheit ein wenig mehr Klarheit zu bringen. Zweifelsohne hatte das traditionelle System der Prüfungskommissionen und Abschlussprüfungen in Indien viele Mängel: Betrug war an der Tagesordnung, die Kinder standen unter massivem Druck, für Lehrkräfte war Anpassung das oberste Gebot, und im Vordergrund standen vorsintflutliche Methoden wie das Auswendiglernen.[40] Andererseits scheint die Abschaffung standardisierter Tests jeglicher Art in einem System mit derart schwachen schulischen Leistungen und zugleich so unzulänglicher Supervision der Lehrkräfte keine wirklich vernünftige Idee zu sein.

Der Hauptzweck standardisierter Tests besteht natürlich nicht darin, Kinder unter Lerndruck zu setzen – wogegen sich viele Pädagogen zu Recht wenden –, sondern sie sollten dazu dienen, herauszufinden, welche Art Unterstützung, Aufmerksamkeit oder Ansporn einzelne Kinder oder Schulen benötigen. Wenn ein großer Teil der Schülerinnen und Schüler in einer bestimmten Schule jahrelang praktisch nichts lernt, wäre es wichtig, das zu wissen, bevor sie vor der großen Prüfungskommission scheitern (falls sie es überhaupt schaffen, bis zum Ende der achten Klasse durchzuhalten, ohne die Schule abzubrechen). Diese Einsicht ist kein Grund, die umfassende und kontinuierliche Evaluierung abzulehnen, sondern plädiert lediglich für angemessene Information über Lernfortschritte und schulische Leistungen, wie sie die alternativ zu Standardtests eingeführte Evaluierung offenkundig nicht liefert.[41] Die nicht ausreichend durchdachte Abschaffung der Tests ohne eine wirklich praktikable und funktionierende Alternative ist kaum das, was indische Schulkinder heute brauchen.

Über die Entwicklung der schulischen Leistungen informiert zu sein, spielt natürlich nicht nur für Lehrer, Schulleiter, die Schulaufsicht und andere Behörden eine wichtige Rolle, sondern auch für die Eltern der betreffenden Schülerinnen und Schüler sowie in vielen Fällen für die ganze Gemeinde um sie herum. Das Ausschließen der Eltern ist nicht zuletzt ein Grund für den Mangel an Verantwortlichkeit im Schul- und Bildungssystem, und wenn es ihnen erschwert wird nachzuvollziehen, was ihre Kinder lernen (und was überhaupt in der Schule geschieht), so trägt das erheblich zu einem solchen Ausschluss bei. Vernünftige Informationen über die Entwicklung der schulischen Leistungen und auch ihre Veröffentlichung (selbstverständlich anonymisiert oder in statistischer Form) sind nützlich und ein Zeichen der Verantwortung des Bildungssystems Eltern und anderen gegenüber.

Der Charakter und die Inhalte von Prüfungen sind dabei selbstverständlich sorgfältig zu überdenken. So ließen sich beispielsweise Standardtests entwerfen, die stärker die Kompetenzen eines Kindes in den Fokus rücken (etwa die Fähigkeit, einen einfachen Text zu begreifen, nicht lediglich zu lesen), statt Dinge abzufragen, die auswendig gelernt werden können. Auch Tests, bei denen Hilfsmittel erlaubt sind, tragen dazu bei, den Schwerpunkt vom Auswendiglernen auf Verständnis oder Kompetenz zu verlagern. Doch der erste Schritt besteht darin, anzuerkennen, dass Reformen dringend notwendig sind: Das bestehende Evaluierungsdefizit ist alarmierend.

Universalisierung mit Qualität

Die Schulbildung in Indien ist in einem furchtbaren Zustand, und angesichts der immensen Rolle, die Bildung im Leben der Einzelnen und der Gesellschaft spielt, wird deutlich, dass die Defizite in diesem Bereich sich in dem ganzen Spektrum sozialer Probleme bemerkbar machen, die wir in diesem Buch diskutieren – von fehlender partizipatorischer Entwicklung und schlechten Gesundheitsleistungen bis zu den Defiziten der öffentlichen Verantwortlichkeit, der sozialen Ungleichheit und der demokratischen Praxis. Während die zentrale Rolle, die Bildung für die Entwicklung spielt, in Indien heute allgemein weitaus stärker anerkannt wird als früher, und trotz mancher Fortschritte, was die soziale Reichweite und auch die Infrastruktur des Schulsystems anbelangt, bleibt es dringend erforderlich, über diese grundlegenden Schritte hinauszukommen und insbesondere der Bildungsqualität viel mehr Aufmerksamkeit zu schenken.

Zur umfassenden Agenda im Bildungssektor gehört zweifellos das Fördern von mehr Verantwortlichkeit an den Schulen. Da die Lehrergehälter (wie oben beschrieben) von außen festgesetzt werden, existieren im derzeitigen System der Lehrerbesoldung an staatlichen Schulen praktisch keinerlei eingebaute finanzielle Anreize. Allerdings kann Motivation sich auch aus anderen Quellen speisen; dazu gehören etwa soziales Ansehen und Respekt oder die Anerkennung als gute Lehrerin oder guter Lehrer – einiges deutet darauf hin, dass solche nichtfinanziellen Anreize die Arbeit von Lehrkräften an Schulen erheblich beeinflussen.[42]

Noch anderes gilt es zu bedenken, da die Qualität des Unterrichts von zahlreichen weiteren Faktoren abhängt, etwa von den Lehrplänen und vom pädagogischen Rahmen, von der Kompetenz der Lehrkräfte oder von der Gesundheit der Kinder. Doch Verantwortlichkeit ist im Moment eindeutig ein zentrales Thema – nicht nur die der Lehrer, sondern die des gesamten Schulsystems.

Wie in Kapitel 4 bereits erörtert, steht der Verantwortlichkeit im öffentlichen Sektor heute allgemein nicht zuletzt die fatalistische Haltung im Weg, das Bestehende als unveränderlich hinzunehmen. Das gilt in gleicher Weise auch für das Schulsystem. Während der vergangenen zehn Jahre wurde vieles getan, man richtete neue Schulen ein und schuf Anreize für Kinder, selbst ein Bildungsgesetz, der Right to Education Act, wurde verabschiedet, doch das Thema Verantwortlichkeit blieb weitgehend unbeachtet und wurde vermieden.[43] Viel wäre indes zu bewirken, wenn die Energien und Ressourcen, die es gestatteten, die Perspektive und Reichweite des Bildungssektors zu vergrößern, nun in vergleichbarer Weise darauf ausgerichtet würden, die Bildungsqualität zu verbessern.

Leicht lässt sich beispielsweise nachvollziehen, dass eine Schule ohne Leiter nicht viel besser zu navigieren ist als ein Schiff ohne Steuerruder. Und doch ergab die weiter oben in diesem Kapitel erwähnte Untersuchung, dass die Hälfte der unangekündigt besuchten Schulen ohne

Schulleitung auskommen musste – entweder weil sich die leitende Person zum Zeitpunkt der Erhebung absentiert hatte oder aber weil, wie in einem Fünftel der Fälle, in der betreffenden Schule überhaupt keine leitende Lehrkraft eingesetzt worden war. Ein solches Defizit zu tolerieren, besteht absolut kein Grund, schließlich ist es mühelos möglich, eine Lehrkraft mit der Schulleitung zu betrauen und letztlich auch die hohe Fehlquote zu unterbinden. Darüber hinaus ist ein System aktiver Schulaufsicht (nicht notwendigerweise sanktionierender Art) zweifellos eine wesentliche Komponente eines funktionierenden Schulsystems, und einiges deutet darauf hin, dass regelmäßige Inspektionen sich positiv auf die Unterrichtsqualität auswirken.[44] Allein schon der Ausdruck Inspektion scheint in der indischen Schulpolitik tabu zu sein. Er findet sich jedenfalls nicht in der National Policy on Education (NPE), der von der Regierung verabschiedeten Bildungsrichtlinie, außer an einer Stelle, wo ausgeführt wird, dass die Funktion der Schulaufsicht sukzessive «ein entwickeltes System von Schulkomplexen» übernehmen werde, ohne große Erklärung, wie dieses System aussehen soll (das war 1992).[45] Dem Right to Education Act von 2010 sind Schulinspektionen ebenfalls keinerlei Erwähnung wert.

Eine bessere Evaluierung, um die Qualität von Schulen beurteilen zu können, wäre ebenso wie eine verbesserte Evaluierung der schulischen Leistungen von Kindern (wie im vorangegangenen Abschnitt diskutiert) eine Grundlage für Verantwortlichkeit des Bildungssystems Eltern und anderen gegenüber. Viele andere Hebel könnten noch angesetzt werden, um Verantwortlichkeit zu schaffen – bei der Lehrerauswahl, den Regeln der Beförderung, zu denken wäre an Eltern-Lehrer-Vereinigungen, an Beschwerdeausschüsse und vieles andere mehr. Nichts davon würde vermutlich alleine ausreichen, doch zusammengenommen könnte es etwas bewirken.

Ein damit in Zusammenhang stehendes wichtiges Thema ist die Notwendigkeit, die Kooperation mit den Lehrergewerkschaften zu suchen, wenn es darum gehen soll, die Arbeitskultur in den Schulen zu verbessern. Allgemeiner gesprochen – das heißt nicht nur im Hinblick auf das Schulwesen – spricht vieles dafür, die Gewerkschaften nicht als Hindernis, sondern als Verbündete anzusehen, um Verantwortlichkeit im öffentlichen Sektor zu stärken. Sowohl bestimmte Haltungen zu den Gewerkschaften als auch manche gewerkschaftlichen Perspektiven sind heute in Indien allzu sehr durch politische Scheuklappen eingeengt. Freihandelsbefürworter neigen dazu, Gewerkschaften einzig als Ärgernis zu behandeln, während die gewerkschaftsorientierte Linke davor zurückschreckt, die kurzsichtigen und egoistischen Prioritäten mancher Gewerkschaften zu kritisieren. All dies wirkt sich nachteilig aus, nicht zuletzt im Hinblick auf die Interessen und das Wohlergehen der Schülerinnen und Schüler, aber es betrifft auch, zumindest auf lange Sicht, die Lehrerinnen und Lehrer. Wirklich wichtig ist es, auf der einen Seite die Gewerkschaften dazu zu bewegen, ihre soziale Verantwortung anzuerkennen, und auf der anderen, in ihnen Verbündete zu sehen – und keine Störenfriede, die es auszuschalten oder insgesamt zu schwächen gilt. Es gibt zahlreiche Wege, zu einer gesellschaftlichen Kooperation zu kommen.[46] Die Gewerkschaften als einen Feind zu behandeln, ist keiner.

Es sind dies nur einige auf einer langen Liste von Themen, die ausführlichere Erörterungen und weitergehende Überlegungen verlangten, vorausgesetzt, Fragen der Verantwortlichkeit im Schulwesen und in der Bildungsqualität bekämen die Aufmerksamkeit, die sie verdienten. Indien braucht einen grundlegenden Kurswechsel, was die Stoßrichtung und die Argumente in der öffentlichen Bildungsdebatte anbelangt, und Fragen der Qualität müssten in viel stärkerem Maße in den Fokus rücken. Wenn wir in diesem Buch dafür plädieren, die öffentliche Diskussion über Probleme der Entwicklung auszuweiten, so ist dies ein Aspekt.

Die verschiedenen Themen, wie eine bessere Finanzausstattung, das Schaffen von Verantwortlichkeit, das Bemühen um Zusammenarbeit mit Lehrern und Lehrergewerkschaften zur Qualitätssteigerung in der Bildung und viele andere Gesichtspunkte, verdienen Aufmerksamkeit, denn es gibt kein Patentrezept, das auf einen Schlag alle Probleme lösen würde, unter denen das indische Bildungssystem im Allgemeinen und die Schulbildung im Besonderen leiden. Übergreifende Priorität besitzt indes die Notwendigkeit, die Qualität der Schulbildung in Indien aktiver und stärker in den Mittelpunkt zu stellen. Das Problem, dass viele Kinder keine Schule besuchen, hat man als solches weithin erkannt und Abhilfemaßnahmen ergriffen (obgleich diese Aufgabe auch künftig Nachdruck verlangt); heute gilt es, die Verbesserung der erschreckend schlechten Unterrichtsqualität an Indiens Schulen zum zentralen Anliegen der Bildungspolitik des Landes zu machen. Einige spezifische Aspekte haben wir benannt und mögliche Lösungsstrategien erörtert, doch ein so umfassendes Problem erfordert zu seiner Überwindung größere Aufmerksamkeit in der Öffentlichkeit und eine intensivere gesellschaftliche Debatte als gegenwärtig. Die Umgestaltung des Schulwesens, damit die Universalisierung der Elementarbildung einhergeht mit gutem Unterricht für alle Kinder Indiens, ist eine solch dringliche Herausforderung – eine dringlichere gibt es kaum.

6. DIE KRISE DES INDISCHEN GESUNDHEITSSYSTEMS

Manchmal erfahren die wichtigsten Dinge des Lebens die geringste Aufmerksamkeit. So ist wohl kaum etwas wichtiger für das menschliche Wohlergehen und die Lebensqualität als Gesundheit. Und doch ist Gesundheit für die öffentliche Debatte und die demokratische Politik in Indien praktisch kein Thema.

Deutlich wird das beispielsweise an der extrem mageren Berichterstattung über Fragen der Gesundheit und der medizinischen Versorgung im Mainstream der indischen Medien. Das gilt nicht nur für relativ leichtgewichtige Zeitungen (wobei der Ausdruck keineswegs herabsetzend gemeint ist), sondern auch für den journalistischer Ernsthaftigkeit verpflichteten Teil der Medien. Wie wir bereits in einem früheren Buch feststellten, widmen sich selbst die besten indischen Zeitungen – die über gesellschaftliche Themen ansonsten in anerkennenswerter Breite berichten – selten Gesundheitsthemen. Beispielsweise fand sich auf der Leitartikelseite einer der angesehensten Tageszeitungen Indiens zwischen Januar und Juni 2000 unter den über 300 dort veröffentlichten Beiträgen kein einziger, der Gesundheit thematisierte.[1] In den letzten sechs Monaten 2012 gingen wir der Angelegenheit erneut nach und sahen die Leitartikelseiten der führenden englischsprachigen Tageszeitungen Indiens durch (mehr als 5000 Beiträge). Gegenüber der Situation zwölf Jahre zuvor zeigten sich geringfügige Verbesserungen, doch insgesamt spielten Gesundheitsfragen in den Editorials weiterhin eine unbedeutende Rolle – nur ein Prozent aller Artikel befasste sich mit Gesundheit (selbst bei einer sehr weit gefassten Definition des Gegenstandes). Die meisten der durchgesehenen Tageszeitungen veröffentlichten im Laufe jenes halben Jahres in ihren Leitartikelspalten nicht mehr als einen Beitrag zum Thema. Bemerkenswert ist das insofern, als die zweite Jahreshälfte 2012 in der Gesundheitspolitik eine entscheidende Zeit war, da Gesundheit kurz davor stand, zu einem der Leitpunkte im Zwölften Fünfjahresplan zu werden, und da bereits an den gesundheitspolitischen Rahmen, wie ihn der Entwurf des Fünfjahresplans skizzierte, wichtige Fragen zu stellen gewesen wären (wir werden darauf zurückkommen). Das Thema beschäftigte politisch oder beruflich mit Gesundheit und Gesundheitspolitik befasste Experten, doch eine breitere öffentliche Debatte erreichte es nicht.

Die geringe Sichtbarkeit von Gesundheitsfragen in den Mainstream-Medien und der demokratischen Öffentlichkeit Indiens lässt sich auch im Hinblick auf die Gesundheit von Kindern feststellen, wie überhaupt mit Kindern in Zusammenhang stehende Themen in politischen Debatten weitgehend ausgeblendet bleiben. Eine kürzlich veröffentlichte Auswertung von Anfragen im indischen Parlament ergab beispielsweise, dass sich lediglich drei Prozent der Anfragen im Untersuchungszeitraum auf Kinder und damit zusammenhängende Themen bezogen, während Kinder 40 Prozent der Bevölkerung des Landes stellen. Darüber hinaus sprachen von den kindbezogenen Fragen weniger als fünf Prozent Themen der Kleinkindbetreuung und -entwicklung an. Eine neuere Analyse der Medienberichterstattung zu kindbezogenen Fragen kam ebenfalls zu dem Schluss, dass die Belange kleinerer Kinder in den Mainstream-Medien praktisch nicht präsent sind.[2]

Sehr anschaulich wird das Desinteresse am Beispiel des Impfschutzes von Kindern. In der Öffentlichkeit ist nahezu unbekannt, dass die Impfrate indischer Kinder zu den niedrigsten weltweit gehört. Deutlich wird das in Tabelle 6.1, die ausgehend vom UNICEF-Bericht *Zur Situation der Kinder in der Welt* 2012 einen internationalen Vergleich präsentiert. Mit Ausnahme der Impfung gegen Tuberkulose (BCG) liegen die Impfraten in Indien durchweg unter den entsprechenden Durchschnittswerten der Länder Afrikas südlich der Sahara wie auch der Gruppe der sogenannten am wenigsten entwickelten Länder (*least developed countries*). In der Gruppe der südasiatischen Länder (und selbst verglichen mit Pakistan und Nepal) schneidet Indien durchweg schlechter ab, auch bei BCG. Tatsächlich sind es außerhalb Afrikas einzig durch Kriege, Konflikte und Katastrophen zerstörte Länder wie Afghanistan, Haiti, der Irak oder Papua-Neuguinea, in denen niedrigere Impfraten als in Indien anzutreffen sind.[3] Im Unterschied dazu kommt Bangladesch bei jedem einzelnen Vakzin auf Impfraten von rund 95 Prozent. Geschuldet ist dieser Unterschied der Tatsache, dass Schutzimpfungen von Kindern in Indien in den neunziger und frühen 2000er Jahre nur langsam zunahmen, während Bangladesch in jenen Jahren die noch bestehenden Defizite bei Impfungen weitgehend aufholte, wie Abbildung 6.1 illustriert.[4]

Abb. 6.1: Impfschutz in Indien, China und Bangladesch (1985–2009)

Anteil der 12 bis 23 Monate alten Kinder mit DPT-Impfschutz (in Prozent)

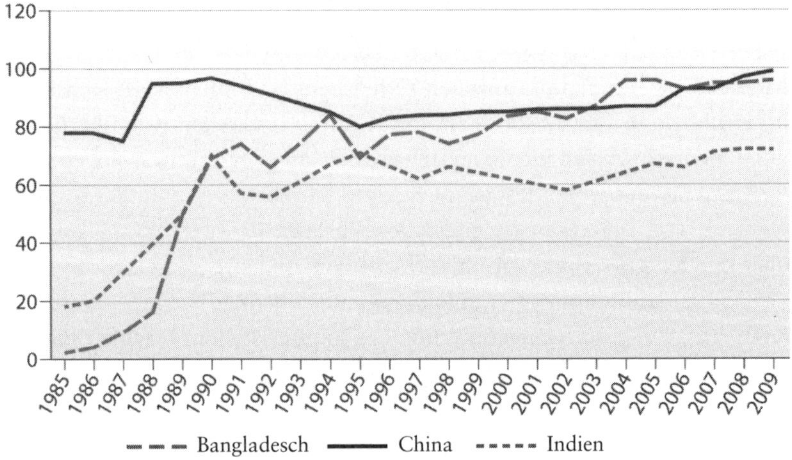

Quelle: World Bank, *World Development Indicators* (online, abgerufen am 1. Januar 2013); den ebd. verfügbaren Daten zufolge ergibt sich beim Masern-Impfschutz ein sehr ähnliches Bild.

Das Problem ist nicht allein, dass Indien beim Impfschutz von Kindern sehr schlecht abschneidet, sondern darüber hinaus der Umstand, dass diese furchtbare Situation unwidersprochen hingenommen und nicht weiter zum Gegenstand gemacht wurde. Wir stießen in den vergangenen Jahren auf keine Indizien einer öffentlichen Debatte größeren Umfangs, die sich dieses Problems angenommen hätte, obwohl es um Versäumnisse und Gesundheitsrisiken von ungeheurer Tragweite geht.[5] Dem Widerstand der Taliban in Pakistan gegen Polio-Schutzimpfungen wird (zu Recht) Aufmerksamkeit zuteil, doch gleichzeitig findet es kaum einmal Erwähnung in indischen Medien, dass Indien auf dem so wichtigen Gebiet der Impfvorbeugung – ungeachtet mancher Erfolge in jüngerer Zeit, beispielsweise dem Sieg im Kampf gegen Polio – so geringe Fortschritte macht, auch ohne Taliban.[6]

Da demokratisches Handeln erheblich davon abhängt, welche Themen Gegenstand öffentlicher Debatte sind, erschweren es die Medien mit ihrem Schweigen über Gesundheitsfragen, die Probleme anzugehen, unter denen das ganze Gesundheitswesen in Indien leidet. Es sind im Wesentlichen zwei ineinander verschränkte Probleme: erstens die immen-

Tab. 6.1: Impfraten 2012

	Impfschutz bei Einjährigen (in Prozent)				
	BCG	DPT	Polio	Masern	Hepatitis B
Indien	87	72	70	74	37
Südasien	88	76	75	77	51
Afrika südlich der Sahara	84	77	79	75	74
Nordafrika & Naher Osten	92	91	92	90	89
Lateinamerika & Karibik	96	93	93	93	90
Ostasien & Pazifik	97	94	96	95	94
Mittel- & Osteuropa/GUS	96	95	96	96	94
Industrieländer	–	95	95	93	66
Weltdurchschnitt	**90**	**85**	**86**	**85**	**75**
LDC	84	80	80	78	78
Bangladesch	94	95	95	94	95
Zahl der Länder, die schlechter als Indien abschneiden[a]	26	16	13	25	0

Tab. 6.1 (Fortsetzung)

	Anteil (in Prozent) der einjährigen Kinder mit Impfschutz				
	BCG	DPT	Polio	Masern	Hepatitis B
Länder, die schlechter als Indien abschneiden (außerhalb Afrikas)[a]	Afghanistan, Aserbaidschan, Kolumbien, Costa Rica, Haiti, Irak, Laos, Papua-Neuguinea, Tadschikistan, Jemen	Afghanistan, Haiti, Irak, Papua-Neuguinea, Jemen	Afghanistan, Haiti, Irak, Papua-Neuguinea	Aserbaidschan, Haiti, Irak, Laos, Libanon, Papua-Neuguinea,	–

BCG: Bacille Calmette-Guérin, Impfstoff gegen Tuberkulose
DPT: Dreifach-Impfstoff gegen Diphtherie, Pertussis (Keuchhusten) und Tetanus
GUS: Gemeinschaft Unabhängiger Staaten
LDC: Am wenigsten entwickelte Länder (*least developed countries*)

[a] Länder mit einer Einwohnerzahl von mindestens 2 Millionen, für die Daten verfügbar waren; insgesamt ungefähr 150 Länder (je Vakzin).

Quelle: UNICEF, *The State of the World's Children 2012*, New York: UNICEF, 2012, Tab. 3, S. 96–99.

sen Unzulänglichkeiten im gesamten Gesundheitsbereich, und zweitens die nahezu völlige Abwesenheit jeglicher öffentlichen Debatte dieser Unzulänglichkeiten.

Ein Check-up des Gesundheitswesens

Vielleicht ließe das Schweigen sich vertreten, wenn die indische Bevölkerung sich guter Gesundheit erfreute und das Land über ein angemessenes Gesundheitssystem verfügte, doch nichts läge der Wahrheit ferner. Bereits in Kapitel 3 haben wir darauf hingewiesen, dass Indien angesichts kläglicher Gesundheits- und Ernährungsindikatoren verglichen mit anderen Ländern, egal ob reich oder arm, in einem sehr ungünstigen Licht erscheint. Ungeachtet der Tatsache etwa, dass Indiens Bruttoinlandsprodukt pro Kopf rund doppelt so hoch wie das von Bangladesch ist, liegt im kleineren Nachbarland die Lebenserwartung höher und die Kindersterblichkeit niedriger. Der Mangel an einem wirklichen öffentlichen Interesse an Gesundheitsfragen spielt für die anhaltend vertrackte Situation des indischen Gesundheitswesens keine geringe Rolle.

Die öffentlichen Gesundheitsausgaben bewegten sich in Indien in den vergangenen zwanzig Jahren bei rund einem Prozent des Bruttoinlandsprodukts – nur wenige Länder gaben gemessen an ihrer Wirtschaftsleistung für die Gesundheitsversorgung weniger aus. Als 2004 die Koalition der United Progressive Alliance (UPA) die Regierung übernahm, lautete eine der zentralen Aussagen ihres Regierungsprogramms, des *National Common Minimum Programme*, die Ausgaben für die öffentliche Gesundheit «binnen der kommenden fünf Jahre auf mindestens zwei bis drei Prozent des Bruttoinlandsprodukts» anzuheben. Doch tatsächlich sank die Quote zunächst, 2005 lag sie bei 0,9 Prozent des BIP, um dann äußerst langsam anzusteigen, in jüngster Zeit teilweise auch aufgrund steigender Gehälter im öffentlichen Dienst. Mit heute 1,2 Prozent des BIP sind die staatlichen Gesundheitsausgaben in Indien im internationalen Vergleich immer noch außergewöhnlich niedrig. Nur neun Länder weltweit geben gemessen an ihrer Wirtschaftsleistung weniger Geld für Gesundheit aus. Indiens 1,2 Prozent müssen sich messen lassen an 2,7 Prozent in China, 3,8 Prozent in ganz Lateinamerika und einem Weltdurchschnitt von 6,5 Prozent – wozu auch Länder gehören, in denen es nationale Krankenversicherungssysteme gibt, wie beispielsweise die Länder der Europäischen Union, wo die durchschnittlichen öffentlichen

Gesundheitsausgaben bei rund acht Prozent des BIP liegen. In absoluten Beträgen (bemessen nach Kaufkraftparität von 2005 in internationalen Dollar) belaufen sich die Ausgaben pro Person und Jahr in Indien auf 39 Dollar, in Sri Lanka auf 66 Dollar, in China auf 203 Dollar und in Brasilien auf 483 Dollar.

Ein weiteres Symptom für das nur mangelhafte staatliche Engagement Indiens im Gesundheitssystem ist die Tatsache, dass die öffentlichen Aufwendungen weniger als ein Drittel der gesamten Gesundheitsausgaben ausmachen. Auch hier sind es wieder nur wenige Länder (darunter Afghanistan, Haiti und Sierra Leone), in denen das Verhältnis der öffentlichen zu den gesamten Gesundheitsausgaben niedriger ist. So beträgt etwa, international betrachtet, in den meisten Ländern der Europäischen Union und Nordamerikas der Anteil der öffentlichen Ausgaben an den Gesamtausgaben im Gesundheitswesen zwischen 70 und 85 Prozent, wobei der Durchschnitt in der EU bei 77 Prozent liegt und die USA mit knapp 50 Prozent ein Ausreißer nach unten sind – und damit, was öffentliche Gesundheitsausgaben angeht, ein wenig ein Entwicklungsland bleiben. Doch selbst die Staatsquote in den Vereinigten Staaten liegt noch über der indischen. Weltweit beläuft sie sich auf 61 Prozent, und selbst die Durchschnittswerte für die afrikanischen Länder südlich der Sahara (45 Prozent) und die ärmsten Länder (46 Prozent) sind weitaus höher als Indiens 29 Prozent (siehe Tabelle 6.2). Diese Zahlen verweisen nicht zuletzt darauf, dass Indiens Gesundheitssystem eines der am stärksten kommerzialisierten weltweit ist.

Die ungewöhnlich starke Rolle privatwirtschaftlicher Gesundheitsdienstleister in Indien ist größtenteils dem Umstand geschuldet, dass Angebot und Infrastruktur der öffentlichen Gesundheitsvorsorge im Land sehr begrenzt sind und nicht selten schlecht funktionieren. Erhebungen zu Gesundheitseinrichtungen, die das International Institute for Population Sciences (Mumbai) 2003 durchführte, ergaben ein recht ernüchterndes Bild des Zustands vom staatlichen Gesundheitswesen im Land. Um das zu verdeutlichen: Nur 69 Prozent der Primary Health Centres (PHCs), die als Gesundheitszentren die Basis der öffentlichen Gesundheitsinfrastruktur bilden, verfügten über zumindest ein Bett, nur 20 Prozent hatten ein Telefon, und gerade einmal zwölf Prozent konnten eine regelmäßige Wartung vorweisen. Und dies sind landesweite Durchschnittswerte, die entsprechenden Zahlen für die ärmeren Bundesstaaten sind noch viel schlechter. In Bihar beispielsweise muss die große Mehr-

Tab. 6.2: Öffentliche Gesundheitsausgaben 2010

	Anteil am BIP (in Prozent)	Anteil an den gesamten Gesundheitsausgaben (in Prozent)	Betrag (KKP, in internationalen Dollar, 2005)[a]
Indien	1,2	29	39
Südasien	1,2	30	36
Afrika südlich der Sahara[b]	2,9	45	66
Ostasien & Pazifik[b]	2,5	53	167
Nordafrika & Naher Osten[b]	2,9	50	199
Lateinamerika & Karibik[b]	3,8	50	424
Europa & Zentralasien[b]	3,8	65	585
Weltdurchschnitt	**6,5**	**63**	**641**
Europäische Union	8,1	77	2,499

BIP: Bruttoinlandsprodukt
KKP: Kaufkraftparität
[a] Berechnet aus den Pro-Kopf-Ausgaben für Gesundheit und dem Anteil öffentlicher Gesundheitsausgaben an den gesamten Gesundheitsausgaben.
[b] Nur Entwicklungsländer.

Quelle: World Bank, *World Development Indicators* (online, abgerufen am 1. Januar 2013).

zahl der PHCs auf Luxus wie etwa Elektrizität oder eine Waage und mitunter sogar auf eine Toilette verzichten. Vielleicht sollte man daran erinnern, dass einem PHC als Gesundheitseinrichtung eine gewisse Bedeutung zukommt, immerhin ist es durchschnittlich für circa 50 000 Menschen zuständig – häufig sogar für weitaus mehr, in Bihar etwa sind es rund 158 000.

Selbst wenn Gesundheitseinrichtungen zur Verfügung stehen, lässt ihr Betrieb viel zu wünschen übrig. Einer Studie zufolge lag 2002/3 die Fehlquote unter den Beschäftigten im Gesundheitssektor in verschiedenen indischen Bundesstaaten zwischen 35 und 58 Prozent.[7] Ein ähnliches Bild ergibt eine andere Studie, die die medizinische Versorgung im Distrikt Udaipur (im Bundesstaat Rajasthan) untersuchte: Mehr als die Hälfte kleinerer Gesundheitszentren blieb während der regulären Öffnungszeiten geschlossen, und selbst in den PHCs und den Gemeindegesundheitszentren waren durchschnittlich 36 Prozent des Personals abwesend. Unterdessen zeigte die Bevölkerung vor Ort eine horrende Morbidität: Ein Drittel aller Erwachsenen litt in den 30 Tagen vor der Erhebung unter einer Erkältung, 42 Prozent hatten Leibschmerzen, 33 Prozent Fieber, 23 Prozent litten unter Erschöpfung, 11 Prozent klagten über Schmerzen in der Brust und mehr als die Hälfte litt unter Anämie; annähernd ein Drittel hatte Schwierigkeiten damit, Wasser aus einem Brunnen zu schöpfen, und 20 Prozent schafften es kaum, aus einer sitzenden Position aufzustehen.[8]

Am meisten zu schaffen machen die Probleme des Gesundheitswesens verständlicherweise den ärmeren Inderinnen und Indern, doch die Schieflage des Systems und das Übergewicht privater Einrichtungen bekommen auch wohlhabendere Menschen zu spüren, die ebenfalls häufig nur eingeschränkt Zugang zu einer ordentlichen und erschwinglichen medizinischen Versorgung haben. Technologie und Kompetenz sind häufig vorhanden, doch die öffentlichen Einrichtungen arbeiten hochgradig ineffizient und desorganisiert, während der Markt der privaten Dienstleister praktisch nicht reguliert ist, sodass die Patienten oft genug auf Gedeih und Verderb skrupellosem medizinischem Personal ausgeliefert sind. Betrug, Übermedikation, überteuerte Preise und nicht notwendige chirurgische Eingriffe scheinen im privaten Gesundheitswesen an der Tagesordnung. Wie eine Untersuchung in Chennai (Tamil Nadu) ergab, wurde bei 47 Prozent der Entbindungen in Privatkliniken ein Kaiserschnitt durchgeführt, was deutlich über die rund 15 Prozent hinausgeht, bei denen nach Schätzungen der WHO ein Kaiserschnitt medizinisch indiziert ist. In öffentlichen medizinischen Einrichtungen in Chennai lag der entsprechende Anteil im Übrigen bei 20 Prozent.[9] Eine weitere Studie aus den vergangenen Jahren schließlich, die Gesundheitseinrichtungen in Delhi und Madhya Pradesh untersuchte, ergab, dass sowohl private als auch öffentliche Einrichtungen sehr mangelhafte Leistungen anboten, mit häufigen Fehldiagnosen selbst bei einfachen Krankheitsbildern und in einer Mehrzahl von Fällen ungeeigneter Therapien.[10] Die Notwendigkeit von Reformen besteht also nicht nur im öffentlichen Sektor – oder bei der medizinischen Versorgung armer Haushalte –, sondern im Gesundheitswesen insgesamt.

Die Privatversicherungsfalle

Das schnelle Wachstum der indischen Wirtschaftsleistung und damit verbunden der öffentlichen Einnahmen in den vergangenen zwei Jahrzehnten hätte Gelegenheit geboten, mit Nachdruck gesundheitspolitische Initiativen zu lancieren. Die Gelegenheit wurde indes größtenteils verpasst, ungeachtet des einen oder anderen Zeichens einer Wende zum Besseren in jüngerer Zeit. Die Fortschritte im öffentlichen Gesundheitswesen vollzogen sich in diesen zwei Jahrzehnten unendlich langsam, trotz der außergewöhnlich hohen Wachstumsraten des Bruttoinlandsprodukts (siehe Kapitel 1). Die neunziger Jahre waren für Indien, jedenfalls im Hinblick auf Gesundheit, ein weitgehend verlorenes Jahrzehnt, und in den Jahren nach 2000 sah es nicht viel besser aus.

Wie bereits erwähnt, versprach die erste UPA-Regierung in ihrem Common Minimum Programme eine radikale Erhöhung der öffentlichen Gesundheitsausgaben, die allerdings nicht stattfand. Es gab eine größere Initiative zur Verbesserung der Gesundheitsversorgung auf dem Land, die National Rural Health Mission (NRHM), auf den Weg gebracht im Haushaltsjahr 2005/6. Die der NRHM für die ersten fünf Jahre zur Verfügung stehenden Mittel betrugen allerdings weniger als eine Billion Rupien (umgerechnet rund 12 Mrd. Euro, jährlich also weniger als 0,2 Prozent des indischen BIP) – viel zu wenig, um damit im Land wirklich etwas zu bewirken. Das NRHM ist allem Anschein nach ein recht gutes Programm (mehr dazu gleich), doch bleibt es ohne eine bessere finanzielle Ausstattung und mehr politisches Engagement – sowohl der Regierung als auch der Öffentlichkeit – in seiner Reichweite beschränkt.

Neben den eher zögerlichen Aktivitäten zur Konsolidierung des öffentlichen Gesundheitswesens gab es eine Entwicklung, die in eine ganz andere Richtung weist, nämlich in Richtung eines verstärkten Vertrauens auf private Anbieter medizinischer Leistungen und auf private Krankenversicherungen. Ein Schritt in diese Richtung ist das nationale Krankenversicherungsprogramm Rashtriya Swasthya Bhima Yojana (RSBY). Das System wurde 2008 eingeführt und zielt darauf, Familien unterhalb der Armutsgrenze (*below the poverty line* – BPL) durch private Krankenversicherungsunternehmen zu versichern. Der Staat übernimmt die Prämien für die Policen, und die Versicherten haben dadurch das Recht, bis zu einem Betrag von 30 000 Rupien jährlich (etwa 370 Euro) medizinische Leistungen in einer Einrichtung ihrer Wahl – aus einer Liste akkreditierter privater und öffentlicher Kliniken und Gesundheitszentren – in Anspruch zu nehmen.

Es dürfte nicht überraschen, dass diese Politik insbesondere von Unternehmerseite Beifall erhielt. Das *Wall Street Journal* lobte damals in einem enthusiastischen Artikel das «Geschäftsmodell», das RSBY biete «den Versicherungsunternehmen eine Möglichkeit, sich auf dem

Markt zu positionieren und Markenbewusstsein zu entwickeln». Auch private Kliniken hätten etwas davon, denn «das Programm kann dazu beitragen, die Zahl der Patienten zu erhöhen und den Kundenstamm zu erweitern». Insbesondere der Privatversicherungsbranche – einem der am schnellsten wachsenden Bereiche der indischen Wirtschaft – bietet das RSBY ein praktisches Sprungbrett.

Die subventionierte private Krankenversicherung im Rahmen des RSBY bedeutet natürlich auch für manche Haushalte eine Entlastung.[11] So ist es eine deutliche Verbesserung gegenüber dem bisherigen System, bei dem Gesundheitsleistungen privater Anbieter größtenteils bar aus der eigenen Tasche zu zahlen waren. Doch wie soll das Gesundheitssystem aussehen, zu dem das Programm beiträgt (oder in das es integriert ist)? Eine Sichtweise besagt, die private Krankenversicherung werde sich zum Rückgrat des künftigen indischen Gesundheitswesens entwickeln. Der Staat trägt die Versicherungskosten für Familien unterhalb der Armutsgrenze, und andere werden freiwillig und selbstständig bei Versicherern ihrer Wahl Policen abschließen. Die Versicherten werden dann in der Lage sein, in öffentlichen oder privaten akkreditierten Einrichtungen medizinische Leistungen in Anspruch zu nehmen, und die Kosten werden die Krankenversicherungsunternehmen übernehmen.[12] Das klingt attraktiv, doch gibt es sehr ernstzunehmende Gründe, dieses Versorgungsmodell mit einiger Skepsis zu betrachten.

Effizienzprobleme: An seine Schranken stößt ein System privater (genauer gesagt: kommerzieller) Krankenversicherung zunächst durch eine Reihe von Mechanismen gewöhnlichen Marktversagens, insbesondere aufgrund adverser Selektion und systematischen Fehlverhaltens (*moral hazard*). Kurz gesagt, geht es bei adverser Selektion darum, dass eine Versicherung vermutlich eher für Menschen mit einem relativ hohen Krankheitsrisiko attraktiv sein wird, was die Versicherungsprämien steigen lässt, wodurch wiederum der Kreis potentieller Kunden noch stärker auf die Risikogruppe zusammenschrumpft. Versicherungsgesellschaften können versuchen, sich davor zu schützen, indem sie ihre Kunden durchleuchten, doch verstößt das gegen das Prinzip der Gleichbehandlung in der Gesundheitsversorgung. Außerdem stellt es möglicherweise den Versicherungszweck auf den Kopf, insofern vor allem Kunden mit einem relativ geringen Krankheitsrisiko in den Genuss einer Krankenversicherung kämen, während andere, die am dringendsten auf medizinische Leistungen angewiesen sind, ausgeschlossen blieben.

Was nun das Problem systematischen Fehlverhaltens anbelangt, so zeigt es sich beispielsweise darin, dass weder für Versicherte noch für Leistungserbringer wirklich ein Anreiz besteht, die Kosten in Grenzen zu halten. Jedes Bemühen um eine Lösung des Problems schafft neue. Beispielsweise könnte eine stärkere Ausgabendisziplin geschaffen werden, indem die Kostenerstattung auf der Grundlage fester Sätze für bestimmte Leistungen erfolgt (etwa für Entbindungen oder die Behandlung von Tuberkulose). Doch dann entsteht auf Seiten der Leistungserbringer (Ärzte, Krankenhäuser etc.) wiederum ein Anreiz, die Behandlungskosten zu drücken, häufig ohne Rücksicht auf die Interessen ihrer Patienten. Gleichzeitig könnten sie versucht sein, sich gezielt die Rosinen herauszupicken, und in erster Linie Patienten annehmen, deren Behandlung geringe Kosten verursacht, andere hingegen abweisen. Es sind dies nur einige wenige Beispiele, um die komplizierten Effizienzprobleme zu veranschaulichen, die mit einem privaten Krankenversicherungssystem einhergehen – Probleme, die sich bestenfalls dämpfen lassen, wozu es aber einer strengen und durchdachten Regulierung bedürfte, die in Indien, so wie die Dinge stehen, im Moment kaum realisierbar scheint.

Verzerrungsprobleme: Ein System kommerzieller Krankenversicherung favorisiert die Behandlung in Kliniken, während es Maßnahmen zur Krankheitsprävention und allgemein alle außerhalb einer Klinik stattfindenden Arten medizinischer Versorgung eher verkompliziert. Diese Verzerrung ist in einem Privatversicherungssystem immer anzutreffen, doch in Indien kommt erschwerend hinzu, dass ein großer Teil der alltäglichen Gesundheitsprobleme Infektionskrankheiten sind.[13] Darüber hinaus sind viele nicht-übertragbare Krankheiten wie Diabetes, Kreislaufstörungen oder Krebs am besten durch frühzeitig einsetzende, nicht-stationäre Behandlungsmethoden zu therapieren, was in einem System, das einseitig die Behandlung im Krankenhaus fördert, leicht zu einem Problem werden kann. Die Einseitigkeit verstärkt die schleichende Zersetzung des öffentlichen Gesundheitswesens und seiner Leistungen, wie sie infolge des zunehmenden Vertrauens auf Programme wie das RSBY zu erwarten ist. Wahrscheinlich ist zudem, dass ein Privatversicherungssystem letztlich die weitere Privatisierung des Gesundheitssektors vorantreiben und die Ressourcen, aber auch das Engagement, die Zeit und Energie beeinträchtigen wird, die das öffentliche System stark machen; die Folge wäre das Austrocknen genau der Kanäle, die rund um die Welt – in Europa, Japan, Ostasien, Lateinamerika, Kanada und sogar in den USA – die

Verbesserung des allgemeinen Gesundheitszustands der Bevölkerung, den sogenannten gesundheitlichen Übergang, ermöglichten. Aus den weltweiten Erfahrungen damit ließen sich wichtige Lehren ziehen, doch Indien scheint sie lieber außer Acht zu lassen.[14]

Zielgruppenprobleme: Der Gedanke, der Staat könne für arme Haushalte die Prämien übernehmen, um ihren Versicherungsschutz in der privaten Krankenversicherung sicherzustellen, ist mit den bekannten Problemen einer zielgruppenorientierten Förderung der Armen unterhalb der Armutsgrenze behaftet – des «BPL-Targeting» in der Ausdrucksweise der indischen Sozialpolitik. Dazu gehören insbesondere Schwierigkeiten, BPL-Haushalte zuverlässig und trennscharf zu identifizieren. (Wir werden darauf ausführlicher in Kapitel 7 zurückkommen.) Im Gesundheitskontext spitzen sich die Probleme zu, und das aus zwei Gründen: Erstens können akute gesundheitliche Schwierigkeiten Familien in die Armut stürzen, sodass eine Familie, die eben noch über der Armutsgrenze lebte, sich plötzlich darunter wiederfindet. Die verwendeten BPL-Listen wiederum sind recht rigide (selbst eine Überarbeitung im fünfjährigen Turnus erwies sich in den meisten Bundesstaaten als extrem schwierig), und es ist einfach unmöglich, sie jedes Mal zu revidieren, wenn Haushalte krankheitsbedingt unter die Armutsgrenze rutschen. Mit einer BPL-Liste lässt sich folglich im Gesundheitswesen recht wenig anfangen. Der zweite Grund, warum sich die Probleme zuspitzen, hängt mit der Logik des BPL-Ansatzes zusammen, die insgesamt in Frage gestellt würde, wollte man den Gesundheitszustand als Kriterium aufnehmen und sich nicht weiterhin auf Pro-Kopf-Ausgaben und Behelfsindikatoren beschränken. So kommt es beispielsweise, dass Menschen mit Behinderung, die kein extrem niedriges Einkommen haben, nicht die Kriterien der BPL-Liste erfüllen, gleichwohl aber aufgrund der Behinderung, die für sie mit erheblichen Entbehrungen verbunden ist, die Krankenversicherung dringend bräuchten, weil sie sich die Kosten medizinischer Versorgung nicht leisten können.[15] Es ist daher ein sehr unzureichendes Vorgehen voller konzeptioneller Fehler, sich bei der Subvention von Versicherungspolicen auf die sogenannten BPL-Haushalte zu beschränken, um eine flächendeckende allgemeine Gesundheitsversorgung zu gewährleisten.

Gleichheitsprobleme: Ein Gesundheitssystem, das auf zielgruppenorientierten Beitragssubventionen beruht, entspricht wohl kaum den Maßstäben von Gleichheit und Gerechtigkeit in der Gesundheitsversorgung. Ungleichheit hat verschiedene Ursprünge, die einander überlagern und verstärken, darunter insbesondere: Fehler bei den Subventionskriterien, die mit dem zielgruppenorientierten Ansatz zusammenhängen; das Durchleuchten potentieller Versicherungsnehmer durch die Versicherungsunternehmen; gesellschaftliche Schranken wie Macht- und Einflusslosigkeit, geringe Bildung oder soziale Benachteiligung, die armen Menschen den Zugang zum Krankenversicherungssystem zusätzlich erschweren; schließlich das Fortbestehen nichtsubventionierter Bereiche im Gesundheitssystem, zu denen Zugang nur erhält, wer in der Lage ist, Versicherungsprämien zu zahlen.

Irreversibilitätsprobleme: Zu guter Letzt ist ein privates Krankenversicherungssystem faktisch eine Art Einbahnstraße – die Versicherungsbranche kann sich von einer mächtigen Lobby zu einem Akteur entwickeln, ohne den in der Gesundheitspolitik nichts mehr geht. Sollte sich das ganze Modell als ineffektiv erweisen, wird es sehr schwierig, ihm wieder den Rücken zu kehren. Die gegenwärtige Neigung in Indien, eine privatisierte Krankenversicherung zu schaffen, ohne gleichzeitig die öffentliche Gesundheitsversorgung als ein solides Fundament auszubauen, zeigt diese problematische Logik – ganz abgesehen von den anderen soeben skizzierten Problemen.

Auch das US-amerikanische Modell ist im Wesentlichen ein privates Krankenversicherungssystem, dessen Defizite Präsident Barack Obama – wie zuvor schon die Clintons – mit viel Einsatz zu überwinden bemüht war (mit kleinen Erfolgen in jüngerer Zeit).[16] Ungeachtet der herausragenden Leistungen der Spitzenmedizin in den USA hat das Land einen hohen Preis dafür gezahlt, einen solchen Weg eingeschlagen zu haben, bedenkt man die Beschränkungen des Zugangs zu medizinischer Versorgung und die rigiden Ausschlussmechanismen. Das US-Gesundheitssystem ist eines der teuersten und ineffektivsten in der industrialisierten Welt: Die Gesundheitsausgaben pro Kopf sind mehr als doppelt so hoch wie in Europa, doch die Ergebnisse im Hinblick auf die allgemeine Gesundheitssituation der Bevölkerung sind deutlich schlechter – beispielsweise rangieren die USA bei der mittleren Lebenserwartung weltweit auf Platz 50. Das System ist in hohem Maße ungerecht: Fast zwanzig Prozent der Bevölkerung sind von der Krankenversicherung ausgeschlossen, die Gesundheitsrisiken benachteiligter Gruppen sind extrem hoch und die medizinische Versorgung ist verheerend. Versuche, das Gesundheitssystem in den USA zu reformieren, erwiesen sich bislang als äußerst schwierig, zum einen aufgrund der Macht der Versicherungsbranche, zum anderen aber auch aufgrund tief verwurzelter politischer Widerstände gegen die Vorstellung einer verstaatlichten Gesundheitsversorgung – eine Abneigung, die natürlich nicht zuletzt den Krankenversicherungskonzernen sehr zupassekommt. Der Vergleich mit Kanada und seinem verstaatlichten öffentlichen System, das im Bereich der allgemeinen medizinischen Versorgung mehr zu deutlich niedrigeren Kosten als das US-amerikanische leistet, offenbart einige Probleme, die in den Vereinigten Staaten zunächst überwunden werden müssten, bevor das amerikanische Gesundheitssystem sich als Vorbild für die Welt – und insbesondere Indien – empfehlen kann. Auch Kanadas System ist keineswegs fehlerfrei: Übertrieben ist beispielsweise der weitgehende Ausschluss privater Krankenversicherungen aus dem Gesundheitswesen, der nur wenige, eng begrenzte Ausnahmen kennt – es bleibt unklar, warum reichen Menschen nicht erlaubt sein sollte, für eine private Krankenversicherung zu zahlen, solange es ihnen freisteht, ihr Geld für teure Ferien oder Yachten auszugeben. Zu lernen ist aber auch vor allem vom europäischen Modell, das auf ein öffentliches Kranken- und Sozialversicherungssystem vertraut und dabei die Möglichkeit privater Krankenversicherungen nicht ausschließt.

Die grundlegende Notwendigkeit eines aktiven staatlichen Engagements im Gesundheitswesen (einschließlich eines soliden Grundstocks öffentlicher Leistungen) wurde in Indien schon früh formuliert, so 1946 im Bericht der Bhore-Kommission. Erneut unterstrichen hat diese Notwendigkeit in jüngster Zeit – in leicht abgewandelter Form – der Bericht der durch die Regierung bestellten Sachverständigengruppe zur umfassenden Gesundheitsvorsorge in Indien.[17] Der tatsächlich eingeschlagene Kurs im Gesundheitsbereich sah allerdings häufig ganz anders aus, und ab einem bestimmten Zeitpunkt führte er sogar in die diametral entgegengesetzte Richtung: In immer stärkerem Maß bewegt sich alles auf ein privatisiertes Gesundheits- und Krankenversicherungssystem zu, in dem eine Diskriminierung unrentabler Patienten nicht auszuschließen ist. Die vorgeschlagenen Regeln scheinen zutiefst ungeeignet, ein solches profithungriges System zu zähmen und dazu zu bringen, Prinzipien der Universalität und Gleichheit zu befolgen. Die Gesundheitspolitik ist gegenwärtig ein wenig orientierungslos. Auf der einen Seite gibt es einige positive Initiativen, die öffentliche Versorgung zu konsolidieren, darunter die National Rural Health Mission oder auch in jüngster Zeit Anläufe zur Förderung von Generika, auf der anderen Seite aber ist die stete (und aktiv von Unternehmen der Gesundheitsbranche unterstützte) Tendenz zu beobachten, auf ein System privater Krankenversicherung zu setzen. So herrscht jedenfalls sehr wenig Klarheit über die Prinzipien, auf denen Indiens Gesundheitswesen in Zukunft beruhen soll. Unterdessen verzeichneten viele andere Entwicklungs- und Schwellenländer – unter ihnen China, doch auch Brasilien, Mexiko, Thailand, Vietnam und andere – erhebliche Fortschritte beim Ausbau einer gut funktionierenden, flächendeckenden und allgemeinen Gesundheitsversorgung auf der Grundlage öffentlich finanzierter Systeme.[18] Es ist dies ein Bereich, in dem in Indien noch wichtige Entscheidungen zu treffen sind.[19]

Gescheiterte Ernährungsfortschritte

In den vergangenen 65 Jahren hat sich die Ernährungssituation in Indien zweifellos verbessert. Als das Land seine Unabhängigkeit erlangte, war die Lage entsetzlich (siehe Kapitel 1). Heute sind klinische Zeichen schwerer Unterernährung, beispielsweise alimentärer Marasmus oder Kwashiorkor, sehr viel seltener anzutreffen, als sie es damals waren, und auch an der körperlichen Entwicklung von Kindern, an ihrer Größe und ihrem Gewicht, lassen sich langsame, doch stetige Fortschritte ablesen. Und doch ist die Ernährungssituation in Indien wie in großen Teilen Südasiens überhaupt noch immer beängstigend – schlimmer als praktisch überall sonst auf der Welt.[20]

Deutlich wird dies, wenn man bedenkt, dass in keinem der Länder, für die aktuelle Ernährungsdaten vorliegen, der Anteil untergewichtiger Kinder höher als in Indien ist.[21] Der indische Wert, 43 Prozent, liegt ungefähr im südasiatischen Durchschnitt, jedoch deutlich über den Durchschnittswerten für die Länder Afrikas südlich der Sahara (20 Prozent) und selbst für die Gruppe der am wenigsten entwickelten Länder (25 Prozent), ganz zu schweigen von anderen geographischen Regionen der Welt, wo die Durchschnittswerte in allen Fällen unter 12 Prozent bleiben (siehe insgesamt Tabelle 6.3). Die jüngste Schätzung für China beziffert den Anteil untergewichtiger Kinder auf vier Prozent, das ist ein Zehntel des entsprechenden indischen Durchschnitts. Im Großen und Ganzen ein vergleichbares Bild ergibt sich bezogen auf Wachstumsstörungen durch Unterernährung (zu geringe Körpergröße im Vergleich zu Gleichaltrigen), obwohl die Unterschiede in diesem Fall nicht so

Tab. 6.3: Indikatoren zur Ernährungssituation von Kindern 2006–2010[a]

	Anteil (in Prozent) der unter fünfjährigen Kinder mit bestehender Unterernährung:		Anteil (in Prozent) der Säuglinge mit zu geringem Geburtsgewicht
	(altersbezogen) untergewichtig	(altersbezogen) zu klein	
Indien[a]	43	48	28
Südasien	42	47	17
Afrika südlich der Sahara	20	39	13
Ostasien & Pazifik	10	19	6
Nordafrika & Naher Osten	11	28	11
Lateinamerika & Karibik	4	15	8
LDC	25	41	16

LDC: Am wenigsten entwickelte Länder (*least developed countries*)
[a] Neuesten verfügbare Daten innerhalb dieses Zeitraums.

Quelle: UNICEF, *The State of the World's Children 2012*, Tab. 2 und 3. Die regionalen Werte basieren auf den Ländern, für die Daten verfügbar waren, und beziehen nur «Entwicklungsländer» ein.

deutlich hervortreten und es ein oder zwei Länder gibt (wie zum Beispiel Burundi), in denen der Anteil von Kindern mit Wachstumsstörungen höher ist als in Indien (48 Prozent).

Die Bevölkerung in Indien insgesamt – nicht nur Kinder – leidet darüber hinaus häufig an einem Mangel an essentiellen Spurenelementen, etwa an Eisenmangel (betroffen sind eine Mehrheit der Frauen und Kinder), sowie an Unterversorgung mit zahlreichen anderen lebenswichtigen Nährstoffen, wie Tabelle 6.4 verdeutlicht.[22] Laut Angaben des National Nutrition Monitoring Bureau lag bei Kindern zwischen vier und sechs Jahren zu Beginn des Jahrtausends die durchschnittliche tägliche Zufuhr im Verhältnis zur empfohlenen Tagesdosis für Vitamin A bei nur 16 Prozent, für Eisen bei 35 Prozent und für Kalzium bei 45 Prozent. Die Situation hat sich bis heute nicht wesentlich verändert, teilweise wegen unzureichender oder erfolgloser Nahrungsergänzungsprogramme – auch das zeigt Tabelle 6.4. So erreichten Programme zur Vitamin-A-Ergänzung in Indien gerade ein Drittel der Kinder unter fünf Jahren, während in allen anderen südasiatischen Ländern und sogar in Afrika südlich der Sahara der Erfolg nahezu flächendeckend war.

Tab. 6.4: Mikronährstoffmangel und Nahrungsergänzung

	Mangel (in Prozent)				Ergänzung (in Prozent)	
	Kinder im Vorschulalter mit Anämie	Schwangere mit Anämie	Kinder im Vorschulalter mit Vitamin-A-Mangel	Kinder im Vorschulalter mit Jodmangel	Reichweite der Vitamin-A-Ergänzung (Altersgruppe 6–29 Monate), 2010	Haushalte, die jodiertes Speisesalz verwenden, 2006–2010
Südasien						
Indien	74	50	62	31	34	51
Bangladesch	47	47	22	43	100	84[a]
Nepal	78	75	32	27	91	63[b]
Pakistan	51	39	13	64	87	k. A.
Sri Lanka	50	29	35	30	85	92[a]
China	20	29	9	16	–	97
Afrika südlich der Sahara	68[c]	56[c]	44[c]	41[c]	86	53

[a] Daten weichen von der üblichen Definition ab oder beziehen sich nur auf Teile des Landes.
[b] Werte von 2002–2007, basierend auf Angaben der Micronutrient Initiative und UNICEF.
[c] Bevölkerungsgewichtete Durchschnittswerte aus nationalen Werten.

Quellen: «Mangel»: Micronutrient Initiative und UNICEF, *Investing in the Future. A United Call to Action on Vitamin and Mineral Deficiencies*, Ottawa: Micronutrient Initiative, 2009, Anh. A; Ergänzung: UNICEF, *The State of the World's Children 2012*, Tab. 2.

Bisweilen ist die Ansicht zu hören, die Unterernährung von Kindern in Indien sei ein Mythos, da indische Kinder im Allgemeinen eben kleiner seien, sodass sich internationale anthropometrische Maßstäbe an sie einfach nicht anlegen ließen. Diese jüngste Wiedergeburt der These ‹klein aber gesund› (und nichts weiter ist es: eine These) wartet allerdings noch darauf, wissenschaftlich gestützt zu werden.[23] Das dürfte schwerfallen, schließlich wurde erst vor wenigen Jahren erneut gezeigt, dass weltweite Vergleiche von Kindern anhand anthropometrischer Größen- und Gewichtsstandards durchaus wissenschaftlich stichhaltig sind: Die Multicentre Growth Reference Study, unter Federführung der Weltgesundheitsorganisation durchgeführt, fand keinerlei Belege für die Annahme, indische Kinder seien genetisch bedingt kleiner als Kinder in anderen Ländern.[24] Doch selbst wenn eine solche These sich in gewisser Hinsicht als zutreffend erweisen würde, könnte sie nicht die grundlegende Tatsache entkräften, dass das Maß der Unterernährung in Indien extrem hoch ist und zu den höchsten weltweit gehört.[25]

Das Phänomen, dass gerade in Südasien (nicht allein in Indien) Kinder so häufig unterernährt sind, selbst im Vergleich zu vielen – an Einkommens- und Gesundheitsindikatoren gemessen – wesentlich ärmeren Ländern Afrikas südlich der Sahara, ist als das «südasiatische Rätsel» geläufig. Der Ausdruck geht zurück auf einen 1996 veröffentlichten, einflussreichen Artikel einer Expertengruppe unter der Leitung von Vulimiri Ramalingaswami, damals Direktor des All India Institute of Medical Sciences.[26] Der Artikel lenkt die Aufmerksamkeit insbesondere auf den niedrigen Status von Frauen in Südasien und beleuchtet davon ausgehend verschiedene Aspekte, die zur Erklärung jenes «Rätsels» beitragen können; neuere wissenschaftliche Untersuchungen stützen diese Hypothese.[27] Ein Zusammenhang zwischen dem Wohlergehen der Frauen und dem Ernährungszustand der Kinder zeigt sich bereits beim Geburtsgewicht: Leiden Frauen (schon bevor sie schwanger werden, aber insbesondere während der Schwangerschaft) unter unzureichender Ernährung und anderen Entbehrungen, so wird dies zu Mangelernährung und vermindertem Wachstum beim Fötus sowie zu einem niedrigen Geburtsgewicht führen, berührt also den Ernährungszustand bereits vor dem und zum Zeitpunkt der Geburt. Der Artikel von 1996 zeigt beispielsweise, dass die Gewichtszunahme während der Schwangerschaft in Südasien mit rund fünf Kilogramm nur ungefähr halb so stark ausfällt wie in Afrika (mit annähernd zehn Kilogramm).

Tab. 6.5: Tendenzen der Ernährungssituation von Kindern

	Anteil (in Prozent) der unter dreijährigen Kinder mit bestehender Unterernährung				
	Alte NCHS-Standards			Neue WHO-Standards	
	1992–93	1998–99	2005–6	1998–99	2005–6
(altersbezogen) untergewichtig					
unter 2 SD	52	47	46	43	40
unter 3 SD	20	18	k. A.	18	16
(altersbezogen) zu klein					
unter 2 SD	k. A.	46	38	51	45
unter 3 SD	k. A.	23	k. A.	28	22

SD = Standardabweichung vom Mittelwert der Bezugspopulation; unter 2 SD: es besteht eine mäßige Unterernährung/unter 3 SD: es besteht eine erhebliche Unterernährung.

Quellen: Werte aus sukzessiven National Family Health Surveys (NFHS) nach: International Institute for Population Sciences, *National Family Health Survey (NFHS-2). India*, Mumbai: IIPS, 2000, S. 266 f.; dass., *National Family Health Survey (NFHS-3) 2005–06. India*, Mumbai: IIPS, 2007, S. 274. Die NCHS-Standard-Werte für 2005/6 basieren auf: International Institute for Population Sciences, *National Family Health Survey (NFHS-3) 2005/06: National Fact Sheet*, Mumbai: IIPS, 2007. Die Standards des National Centre for Health Statistics (NCHS) waren Grundlage der sukzessiven NFHS, bis 2006 die neuen WHO Child Growth Standards definiert wurden. Weitere Details bieten Angus Deaton und Jean Drèze, «Food and Nutrition in India. Facts and Interpretations», in: Economic and Political Weekly, 14. Februar 2009, S. 42–65, Tab. 11.

In diesem Zusammenhang ist es sinnvoll, daran zu erinnern, dass in Indien (und Südasien) nicht nur Kinder, sondern auch erwachsene Frauen häufiger unterernährt sind als irgendwo sonst auf der Welt. Statistische Erhebungen wie die standardisierten Demographic and Health Surveys (DHS) zeigen, dass in Indien im Jahr 2005/6 der Anteil erwachsener Frauen mit einem Body-Mass-Index (BMI) unter 18,5 (dem Grenzwert, bei dessen Unterschreitung gewöhnlich von einer chronischen Mangelernährung ausgegangen wird) bei ganzen 36 Prozent lag – und damit höher als in jedem anderen Land, für das DHS-Daten vorliegen und beinahe dreimal so hoch wie die entsprechenden Durchschnittswerte aus Afrika südlich der Sahara (14 Prozent).[28]

Es ist dies nur ein Beispiel, doch es illustriert die erschütternden Umstände, die weiterhin die Ernährungssituation in Indien kennzeichnen. Wie im (oben diskutierten) Fall des Impfschutzes für Kinder ist auch hier mit Sorge festzustellen, dass sich die Situation im Laufe der Zeit praktisch nicht veränderte. Das war eine der wesentlichen Botschaften des dritten National Family Health Survey (NFHS-3) von 2005/6, der zum Zeitpunkt der Abfassung dieses Buchs jüngsten umfassenden Haushaltserhebung zum Ernährungs- und Gesundheitszustand der Bevölkerung in Indien. Der NFHS zeigte beispielsweise, dass der Anteil untergewichtiger Kinder 2005/6 nicht viel niedriger lag als 1992/93, das heißt zum Zeitpunkt der ersten derartigen Erhebung. Auch wenn sich die Verhältnisse im Hinblick auf die zu geringe Körpergröße von Kindern im gleichen Zeitraum ein wenig verbesserten, bleibt das Gesamtbild eines, in dem während dieser ganzen Jahre nur sehr beschränkt Fortschritte festzustellen sind (siehe Tabelle 6.5). Dreizehn Jahre mögen kurz erscheinen, doch eigentlich ist es genug Zeit, um im Hinblick auf die Ernährungssituation von Kindern durch mutige Maßnahmen wirkliche Verbesserungen zu erreichen: Thailand zeigte das in den achtziger Jahren, China bereits in den beiden Jahrzehnten zuvor. Die Daten des NFHS-3 verdeutlichen ferner die sehr geringen Fortschritte, die sich bezogen auf die Ernährung und den BMI von Frauen zeigen; überhaupt keine Verbesserungen lassen sich bei der Häufigkeit von Anämien feststellen. Wie die im gleichen Zeitraum zu beobachtende Stagnation beim Impfschutz für Kinder fanden diese alarmierenden Tendenzen außerhalb des Kreises spezialisierter Experten frappierend wenig Aufmerksamkeit.[29]

Kinderbetreuung als soziale Verantwortung[30]

Stellen wir uns vor, was wir wohl von einem Gärtner halten würden, der sein frisch gepflanztes Grün niedertrampeln lässt und dann versucht, sein Versäumnis dadurch wiedergutzumachen, dass er den Pflanzen mehr Aufmerksamkeit widmet und sie kräftig gießt und düngt. Nun, etwas Ähnliches macht der indische Staat regelmäßig mit Kindern im Land, insofern staatliches Handeln erst einsetzt, wenn die Kinder das Einschulungsalter erreichen, denn erst dann bekommen sie ein wenig Aufmerksamkeit, werden endlich in die Schule geschickt und unterrichtet (wenn sie Glück haben). Doch die ersten sechs Jahre im Leben eines Kindes (und insbesondere die ersten zwei) spielen eine entscheidende Rolle für seine Gesundheit, sein Wohlergehen, seine Fähigkeiten und Chancen.[31]

Die jahrelange Vernachlässigung öffentlicher Angebote zur Kinderbetreuung in Indien korrespondiert teilweise mit der verbreiteten Meinung, die Betreuung insbesondere kleiner Kinder solle am besten dem Haushalt überlassen bleiben. Zweifellos ist es in erster Linie an den Eltern, sich um ihre kleinen Kinder zu kümmern, und im Allgemeinen tun sie das auch. Doch häufig fehlen ihnen die Ressourcen, die Energie, Kraft oder Zeit, ihre Kinder angemessen zu betreuen und zu versorgen, selbst wenn die Bereitschaft und das Wissen vorhanden wären, alles Notwendige zu tun. Was Eltern in solchen Fällen für ihre Kinder tun können, hängt von sozialer Unterstützung in unterschiedlicher Form ab, von Gesundheitsdiensten, Betreuungseinrichtungen oder vom Anspruch auf Mutterschutz. Darüber hinaus verfügen aber viele Eltern auch über wenig Wissen, was die Ernährung und die sonstigen Bedürfnisse kleiner Kinder anbelangt. Deutlich macht dies etwa ein neuere Studie aus Uttar Pradesh, die belegt, dass rund die Hälfte der untersuchten Kinder unterernährt ist, doch 94 Prozent der Mütter den Ernährungszustand des Nachwuchses als normal beschreiben. Auch Volksweisheiten, beispielsweise über das Stillen, erweisen sich mitunter als nur eingeschränkt wahr oder sogar einfach als falsch, ungeachtet jahrtausendelanger Erfahrung. Beispielsweise werden Säuglinge häufig nicht sofort gestillt, in dem irrigen Glauben, das Kolostrum, die Erstmilch der Mutter, sei für das Kind schädlich, obwohl das genaue Gegenteil zutrifft. Ebenfalls in Uttar Pradesh bekam eine Mehrheit der Neugeborenen in den ersten 24 Stunden nach der Geburt überhaupt keine Nahrung; nur 15 Prozent wurden innerhalb der ersten Stunde gestillt – doch genau das wird medizinisch empfohlen.[32] Was Eltern für ihre Kinder tun, ob sie sie beispielsweise impfen lassen, oder auch, wie eine Schwangere sich ernährt, hängt ebenfalls in hohem Maße von sozialen Normen ab, die sich durch öffentliche Kampagnen aber positiv beeinflussen lassen.

Aus all diesen Gründen kann die Betreuung kleiner Kinder nicht den Haushalten und Familien alleine überlassen werden. Es bedarf sozialer Beteiligung, sowohl in Form von Unterstützung für die Eltern, die sie in die Lage versetzt, ihre Kinder zu Hause besser zu versorgen, als auch in Form direkter Leistungen in den Bereichen Gesundheit, Ernährung und Vorschulerziehung in öffentlichen Einrichtungen.

Für all das bieten, im Prinzip, die auf Kinder unter sechs ausgerichteten Programm Integrated Child Development Services (ICDS) die Möglichkeit – das einzige nationale Programm seiner Art. Ziel der ICDS ist es, für Kinder in den ersten fünf Lebensjahren integrierte Leistungen zur Gesundheit und Ernährung sowie Vorschulerziehung in lokalen Kinderbetreuungszentren, sogenannten Anganwadis, anzubieten. Allerdings litten die ICDS-Aktivitäten jahrelang unter einem chronischen Mangel an Mitteln, Aufmerksamkeit und politischer Unterstützung. In den vergangenen Jahren nun kam neues Leben in das Programm, nachdem das Oberste Gericht die Regierung verpflichtet hatte, das Angebot im Hinblick auf die Rechtslage anzupassen – Kinder unter sechs haben einen garantierten Rechtsanspruch auf die Angebote der ICDS – und die Leistungen entsprechend neu auszurichten.[33]

Die Arbeit der bestehenden Zentren der ICDS hat viel Kritik erfahren. Manche gingen dabei so weit zu behaupten, das Programm sei vollkommen dysfunktional und ein Fass ohne Boden, in dem die hineingesteckten Mittel einfach verschwänden. Gewiss weist das ICDS-Programm, wie es heute dasteht, zahlreiche Defizite auf. Doch bei unvoreingenommener Betrachtung lässt sich das defätistische Urteil nicht aufrechterhalten. Die Umsetzung der ICDS in einzelnen Bundesstaaten geschah sicherlich in vielen Fällen – bislang zumindest – auf einem sehr niedrigen Niveau, doch ist die Situation weder überall so, noch muss sie so bleiben. Ein wenig Licht in die Angelegenheit bringt der *Focus*-Bericht, der auf einer Erhebung aus dem Jahr 2004 beruht, die 200 Anganwadis in sechs Bundesstaaten – Chhattisgarh, Himachal Pradesh, Maharashtra, Rajasthan, Tamil Nadu und Uttar Pradesh – untersuchte.

Die genannten Staaten wurden ausgewählt, weil drei von ihnen (Himachal Pradesh, Maharashtra und Tamil Nadu) aktives Interesse an den ICDS zeigten, während die anderen drei (Chhattisgarh, Rajasthan und Uttar Pradesh) das nicht taten. Tabelle 6.6, in der die erste Gruppe als «aktiv», die zweite als «inaktiv» bezeichnet wird, gibt einen Überblick darüber, wie die Nutzerinnen das Programm beurteilen; Tamil Nadu und Uttar Pradesh werden zudem gesondert aufgeführt, weil sie die beiden Bundesstaaten sind, die in der Gruppe der sechs am besten beziehungsweise am schlechtesten abschneiden.

An den Ergebnissen der Studie fällt zunächst auf, dass in allen Staaten die überwältigende Mehrheit der Anganwadis (über 90 Prozent) regelmäßig öffnet und ein Zusatzernährungsprogramm (*supplementary nutrition programme* – SNP) anbietet. Angesichts der Tatsache, dass mehr als 90 Prozent der Dörfer in Indien heute ein Anganwadi haben, verweist dieses Ergebnis auf eine wichtige Möglichkeit: Indien verfügt bereits über eine funktionierende landesweite Infrastruktur, die es im Prinzip ermöglicht, alle unter Sechsjährigen zu erreichen.[34]

Bei der jeweiligen Umsetzung der ICDS-Angebote zeigen sich allerdings große Unterschiede, wie ebenfalls Tabelle 6.6 illustriert. In den

Tab. 6.6: Focus-Erhebung: Wahrnehmung des ICDS-Angebots unter befragten Müttern

	Tamil Nadu	Aktive Staaten[a]	Inaktive Staaten[a]	Uttar Pradesh
Allgemeine Wahrnehmung unter den befragten Müttern (in Prozent der zustimmenden Antworten)				
Das örtliche Anganwadi ist regelmäßig geöffnet.	100	99	90	94
Mein Kind besucht das Anganwadi regelmäßig.[b]	86	75	52	57
Das Anganwadi bietet ergänzende Mahlzeiten.	93	94	93	94
Mein Kind wird im Anganwadi regelmäßig gewogen.	87	82	47	40
Im Anganwadi gibt es die Möglichkeit, mein Kind impfen zu lassen.[c]	63	72	49	44
Im Anganwadi gibt es Vorschul-Angebote.[b]	89	55	41	36
ICDS ist für das Wohl meines Kindes wichtig.	95	88	57	59
Wahrnehmung des Zusatzernährungsprogramms[d] (in Prozent der zustimmenden Antworten)				
Es gibt regelmäßig Mahlzeiten.	100	95	72	54
Die Kinder bekommen eine vollwertige Mahlzeit.	100	87	48	32
Die Menge ist unzureichend.	2	13	54	69
Die Qualität der Mahlzeit ist schlecht.	7	15	35	55

[a] «Aktive» Staaten: Himachal Pradesh, Maharashtra, Tamil Nadu; «inaktive» Staaten: Chhattisgarh, Rajasthan, Uttar Pradesh.

[b] Befragt wurden Mütter mit mindestens einem Kind in der (für diese Frage relevanten) Altersgruppe der Drei- bis Sechsjährigen.

[c] Die Zahlen lassen nicht direkt darauf schließen, in welchem Umfang Impfmaßnahmen im Rahmen des ICDS-Programms angeboten werden (die Durchschnittswerte dürften höher liegen), da Impfungen häufig im örtlichen Gesundheitszentrum stattfinden; den Anganwadi-Beschäftigten fällt eine Mittlerrolle zu (z. B. indem sie Kinder begleiten).

[d] Befragt wurden Mütter, die angegeben hatten, dass das Anganwadi ergänzende Mahlzeiten anbietet.

Quelle: Citizens' Initiative for the Rights of Children Under Six, *Focus on Children Under Six*, New Delhi: Citizens' Initiative, 2006, S. 42 und 59 (online: www.righttofoodindia.org/data/rtfo6focusre portabridged.pdf). Die Zahlen beruhen auf einer Zufallsauswahl von Frauen mit mindestens einem Kind unter sechs Jahren, das im örtlichen Anganwadi angemeldet war.

aktiven Staaten ergibt sich ein ziemlich ermutigendes Bild, insbesondere in Tamil Nadu, wo das Programm offenkundig mustergültig realisiert ist (mehr dazu gleich). In den inaktiven Staaten indes sind viele Anganwadis mehr oder weniger nichts weiter als Ernährungszentren, und obwohl ein Zusatzernährungsprogramm existiert, funktioniert es recht schlecht. Doch macht der *Focus*-Bericht zugleich klar, dass die Defizite in der Regel recht problemlos zu diagnostizieren oder sogar zu überwinden sind.

Nehmen wir beispielsweise das Ernährungsprogramm: Ein geeigneter Ansatz wäre hier die Kombination einer nahrhaften warmen Mahlzeit für die Drei- bis Sechsjährigen mit vernünftig konzipierten Rationen, die die Mütter für die kleineren Kinder mit nach Hause nehmen könnten – und gleichzeitig könnte man sie in Ernährungsfragen beraten. Doch zum Zeitpunkt der Erhebung gab es in vielen Fällen nicht einmal den Versuch, solch einfache Maßnahmen umzusetzen, um die ICDS-Komponente Ernährungsprogramm zu verbessern. So setzte man beispielsweise in Rajasthan und Uttar Pradesh den Drei- bis Sechsjährigen Tag für Tag die gleiche langweilige verzehrfertige Mahlzeit vor (z. B. Panjiri, süße Snacks, oder Murmura, eine Art Puffreis), während die unter Dreijährigen gar nichts bekamen. Es ist daher kein Wunder, dass die in diesen Staaten befragten Mütter häufig unzufrieden mit dem Mahlzeitenprogramm sind.

In diesen Zusammenhang gehört der Hinweis, dass es nicht selten Widerstände gibt, die verzehrfertigen Lebensmittel durch vor Ort frisch zubereitete Mahlzeiten zu ersetzen, was nicht zuletzt mit der Macht und dem Einfluss von Lebensmittelherstellern zusammenhängt, deren Interessen hier direkt betroffen sind. Wie wir in Kapitel 8 noch sehen werden, waren die vergangenen zehn Jahre eine Zeit langwieriger Auseinandersetzungen um das Vordringen kommerzieller Interessen in die Ernährungsprogramme für Kinder.

Der *Focus*-Bericht verweist auf einen weiteren wichtigen Aspekt: Die frisch zubereiteten warmen Mahlzeiten für die Drei- bis Sechsjährigen unterstützen die regelmäßige Teilnahme am ICDS-Angebot. Eine warme Mahlzeit (statt nur eines Snacks) wird so zum einfachen, doch dabei effektiven Schritt, der dazu beitragen kann, die Reichweite des Programms zu verbessern. Die Studie zeigt noch andere interessante Beispiele solcher Verbesserungsmöglichkeiten: So erweist es sich als vorteilhaft für das Gesundheitsprogramm, wenn die Mitarbeiterinnen des Gesundheitsdienstes (also etwa die Hebammenhelferinnen) nach einem klaren, festen und bekannten Zeitplan die verschiedenen Anganwadis besuchen, statt einfach vorbeizuschauen, wie es ihnen passt.

Eine jüngst vorgelegte Analyse des ICDS-Angebots auf der Grundlage von Daten aus dem National Family Health Survey bestätigt die potentielle (und in manchen Bundesstaaten aktuelle) Effektivität des Programms. Wie die Autorin, Monica Jain, feststellt, hat die tägliche, ergänzende Ernährung gerade bei den unter Zweijährigen einen entscheidenden positiven Einfluss auf das Größenwachstum, vor allem bei Mädchen. Besonders deutlich (nämlich durch rund zwei Zentimeter mehr Körpergröße) zeigt sich der Einfluss in den Bundesstaaten, in denen eine tägliche Mahlzeit für kleine Kinder flächendeckend ein Bestandteil des ICDS-Angebots ist, darunter in den drei aktiven Staaten der *Focus*-Studie. Jain kam darüber hinaus zu dem Schluss, dass – ausgehend von einem annäherungsweisen Kosten-Nutzen-Kalkül, das den Zusammenhang zwischen Ernährung, Produktivität und Entlohnung einbezieht – die tägliche Mahlzeit für Kinder unter zwei auch rein ökonomisch betrachtet positiv zu Buche schlägt.[35] Ein nützlicher Hinweis, erinnert er doch daran, dass es nicht nur aus der Perspektive der Rechte und des Wohlergehens der Kinder geboten ist, für sie zu sorgen, sondern auch in wirtschaftlicher Hinsicht vernünftig.[36]

Angesichts solcher Befunde ist es sehr unglücklich, dass den Angaben der landesweiten NFHS-Erhebung zufolge anscheinend nur eine kleine Minderheit (rund sechs Prozent) der unter Zweijährigen in den Genuss einer täglichen Mahlzeit im Rahmen des ICDS-Angebots kommt, die meisten davon in einigen wenigen Staaten, in denen das Programm gut umgesetzt ist und stark genutzt wird. Darin spiegelt sich eine gewisse Einseitigkeit des Programms wider, das die älteren Kinder der anvisierten Altersgruppe (der unter Sechsjährigen) stärker anspricht. In den erwähnten aktiven Bundesstaaten gab es Bemühungen, die zeigten, dass es möglich ist, nicht nur der Verzerrung im Ernährungsprogramm, sondern auch in anderen Komponenten des ICDS-Angebots gegenzusteuern.[37] Die Notwendigkeit, gerade jüngeren Kleinkindern weitaus größere Aufmerksamkeit zuteilwerden zu lassen, ergibt sich nicht zuletzt aus zahlreichen wissenschaftlichen Studien, die zeigen, dass die wichtigsten Weichen für Entwicklung und Gesundheit in den ersten zwei oder drei Lebensjahren gestellt werden.[38] Daraus wird aber auch deutlich, dass neben ergänzenden Mahlzeiten weitere Anstrengungen, im Rahmen des ICDS-Angebots wie auch darüber hinaus, erforderlich sind, so etwa Ernährungsberatung, sauberes Wasser, sanitäre Einrichtungen, Impfschutz, Mutterschutzrechte, Betreuungseinrichtungen für Kleinkinder und vieles andere mehr.

Was die ICDS-Leistungen anbelangt, so besteht die größte Herausforderung darin, den Teufelskreis aus fehlender Bekanntheit, niedrigen Erwartungen, schwacher Nachfrage und Lethargie bei der Umsetzung zu durchbrechen. Eine erst jüngst durchgeführte Evaluation des Programms im Auftrag der Planungskommission ergab erschreckende Unterschiede: Während in Kerala 96 Prozent der Befragten und in Tamil Nadu immerhin 88 Prozent bekannt war, welche Rechte das ICDS-Ernährungsprogramm Kindern garantiert, waren es in den meisten der ärmeren Bundesstaaten, in denen das Programm am dringendsten benötigt wird, weniger als 20 Prozent, nämlich beispielsweise nur 16 Prozent in Bihar und 12 Prozent in Uttar Pradesh.[39] Doch auch von dort berichten Anganwadi-Mitarbeiterinnen interessanterweise, wie schwierig es sei, «den Erwartungen der Gemeinden gerecht zu werden, die qualitativ bessere Leistungen verlangen». Wenn die Mitarbeiterinnen sich bemühen, solche Erwartungen ernst zu nehmen, und die Bekanntheit des Programms in den inaktiven Bundesstaaten langsam anfängt, von 20 auf 80 Prozent zu steigen, besteht vielleicht noch Hoffnung für das ICDS. Eine Reihe von Erfahrungen aus den vergangenen Jahren rechtfertigt solche Hoffnungen. Ein bedeutendes Beispiel ist Tamil Nadu.[40]

Erkenntnisse aus dem öffentlichen Sektor in Tamil Nadu

Im Unterschied zu den meisten anderen indischen Bundesstaaten gibt es in Tamil Nadu ein klares Bekenntnis zu einem allgemeinen und kostenlosen öffentlichen Gesundheitswesen – das zwar nicht jeden denkbaren Aspekt in irgendeiner Weise abdeckt, doch ein breites Spektrum von Einrichtungen und Leistungen der medizinischen Versorgung bietet. Wie wir bereits in einem früheren Buch feststellten, spiegelt sich das Engagement des Staates nicht nur in einem relativ flächendeckenden Angebot wider, sondern übersetzt sich auch in größere Fortschritte im Gesundheitsdienst, als die meisten anderen Bundesstaaten sie vorzuweisen haben.[41] Neuere Studien belegen nun für das vergangene Jahrzehnt Tamil Nadus weitere schnelle Entwicklung auf diesem Gebiet und zeigen, dass diese Erfolge sich in das umfassendere Bild der Errungenschaften einer vergleichsweise starken aktiven, kreativen und inklusiven Sozialpolitik einfügen.

In jenem früheren Buch von 2002 hatten wir Tamil Nadus Vorsprung im Gesundheitswesen anhand eines Vergleichs mit anderen Bundesstaaten beschrieben, die zur damaligen Zeit ein ähnliches Niveau der Einnahmen beziehungsweise Ausgaben pro Kopf der Bevölkerung aufwiesen – damals etwa die nordindischen Flächenstaaten.[42] Doch Tamil Nadu geht es heute, wirtschaftlich gesehen, deutlich besser als jenen Staaten, nicht zuletzt dank einer relativ hohen Wachstumsrate in den vergangenen Jahren. Im Hinblick auf Pro-Kopf-Ausgaben spielt es heute in der gleichen Liga wie beispielsweise Gujarat, obwohl Tamil Nadu immer noch deutlich ärmer ist als vielleicht Haryana. Wie Tabelle 6.7 allerdings zeigt, rangiert Tamil Nadu bei den auf Gesundheit bezogenen Sozialindikatoren weit vor Gujarat und Haryana: So sind beispielsweise die Säuglings- wie auch die Müttersterblichkeit in Tamil Nadu nur etwa halb so hoch wie in den beiden anderen Bundesstaaten. Letztlich weisen die Gesundheitsindikatoren in Gujarat und Haryana in den meisten Fällen kaum Unterschiede zum indischen Durchschnitt auf, während Tamil Nadu in einigen Teilbereichen Kerala schon recht nahe ist – und Jahr für Jahr näherkommt.

Grundlage des Gesundheitssystems in Tamil Nadu ist ein ausgedehntes Netzwerk von Gesundheitszentren, um Patienten ganz unterschiedlicher sozialer Herkunft zu versorgen. Eine Reihe neuerer Feldstudien lässt den Schluss zu, dass die Zentren vernünftig organisiert, personell ausreichend besetzt und mit grundlegenden Arzneimitteln gut ausgestattet sind.[43] Recht anschaulich beschreibt Dipa Sinha die Verhältnisse:

> In den Primary Health Centres (PHCs) in Tamil Nadu war immer etwas los. Wann immer ich kam, war jemand da. Vormittags herrschte emsiger Betrieb, die Abläufe wirken gut eingespielt: Menschen stellen sich an, bekommen ihre Nummer, stellen sich dem Doktor vor, und schließlich gehen sie zur Apotheke oder in den Raum für die ‹Spritzen›. Während dieses Hochbetriebs ist es unmöglich, jemand vom PHC-Personal von der Arbeit wegzubekommen. Alle sind beschäftigt, alle nehmen ihre Aufgaben ernst und neugierige Besucher wie mich bitten sie zu warten [...] Alle Wartenden in der Schlange fragte ich, ob die Medikamente oder der Arztbesuch etwas kosteten oder ob es sonstige Gebühren gebe, und die Antwort war ausnahmslos negativ.[44]

Solche Eindrücke werden nicht nur durch andere unabhängige Schilderungen bestätigt, sondern auch sekundäre Quellen unterstreichen manche Aspekte. So zeigen etwa Daten des National Sample Survey, dass in

Tamil Nadu die privaten Ausgaben in öffentlichen Gesundheitseinrichtungen sehr viel niedriger liegen als in anderen Bundesstaaten – im Falle ambulanter Behandlung in ländlichen Gebieten liegen sie sogar bei null.[45] Die geographische Dichte der Gesundheitszentren, die Ausstattung mit medizinischem Personal im Verhältnis zur Bevölkerungszahl und der Frauenanteil (einschließlich des Anteils der Ärztinnen) sind in Tamil Nadu deutlich höher als in den meisten anderen Staaten, und auch bei weiteren Indikatoren zeigt sich das größere staatliche Engagement im Gesundheitssektor.[46]

Tamil Nadu hat es zudem geschafft, sich im Gesundheitswesen auf die Basics, jene ganz grundlegenden Dinge zu konzentrieren, die ansonsten in Indien so gerne übergangen werden (wie in Kapitel 3 und auch im vorliegenden bereits erörtert). So rückte man dort beispielsweise die öffentliche Gesundheit in den Fokus und richtete staatliche Maßnahmenpakete gegen Krankheiten statt auf Behandlung vor allem auf Vorsorge und Vorbeugung aus.[47] Ein anderes Ergebnis der Konzentration auf Basics sind die Erfolge beim Impfschutz – Tamil Nadus Impfraten gehören zu den höchsten aller indischen Bundesstaaten, 2005/6 verfügten mehr als 80 Prozent der Kinder im Land über einen umfassenden Impfschutz.[48] Um die zeitnahe Bestellung und Bereitstellung kostenloser Medikamente in den öffentlichen Gesundheitszentren zu gewährleisten, gründete der Staat eine eigene pharmazeutische Vertriebsgesellschaft mit computergestützter Logistik. Auch dies wiederum hebt sich deutlich von der in vielen anderen Bundesstaaten bestehenden Situation ab, wo die Patienten der staatlichen Gesundheitszentren in der Regel lediglich ein Rezept bekommen, um die verschriebenen Medikamente dann selbst zu kaufen. Häufig geschieht dies bei einem Apotheker in der Nähe – und der Vorwurf, Apotheker und behandelnde Ärzte würden Hand in Hand Geschäfte machen, ist recht häufig zu hören. Die Gesundheitszentren in Tamil Nadu hingegen sind verpflichtet, Medikamente kostenlos zur Verfügung zu stellen, den behandelnden Ärztinnen und Ärzten steht es nicht frei, Patienten nur mit einem Rezept wegzuschicken.

Was nun die ICDS-Zentren in Tamil Nadu anbelangt, so verdeutlicht deren Angebot und Leistung Tabelle 6.8, auf der Grundlage der erwähnten *Focus*-Studie. Was wir auch betrachten, ob die bestehende ICDS-Infrastruktur, die Qualität der Vorschulerziehung, die Impfrate oder die Beurteilung aus Sicht der Nutzerinnen, Tamil Nadu schneidet im Vergleich mit allen anderen Bundesstaaten und insbesondere den Staaten

Tab. 6.7: Gesundheitsrelevante Indikatoren für ausgewählte Bundesstaaten

	Kerala	Tamil Nadu	Gujarat	Haryana	Indien
Monatliche Pro-Kopf-Konsumausgaben (2009/10) (in Rupien)					
auf dem Land	1,835	1,160	1,110	1,510	1,054
in Städten	2,413	1,948	1,909	2,321	1,984
Säuglingssterblichkeit (2011) (je 1000 Lebendgeburten)	12	22	41	44	44
Müttersterblichkeit (2007–2009) (je 100 000 Lebendgeburten)	81	97	148	153	212
Lebenserwartung bei der Geburt (2006–2010) (in Jahren)					
weiblich	76,9	70,9	69,0	69,5	67,7
männlich	71,5	67,1	64,9	67,0	64,6
Unterernährung bei unter fünfjährigen Kindern (2005/6) (in Prozent)					
(altersbezogen) untergewichtig	22,9	29,8	44,6	39,6	42,5
(altersbezogen) zu klein	24,5	30,9	51,7	45,7	48,0
Durch ausgebildetes medizinisches Personal unterstützte Geburten (2005/6) (in Prozent)	99	91	63	49	47
Gebärende, die Betreuungsangebote während und nach der Schwangerschaft in Anspruch nahmen (2005/6) (in Prozent; nur Lebendgeburten)					
mindestens eine Konsultation der Hebammenhelferin/pränatale Betreuung	94	99	87	88	76
postnatale Untersuchung	87	91	61	58	41
Kinder in der Altersgruppe 12–23 Monate (2005/6) (in Prozent)					
mit vollem Impfschutz	75,3	80,9	45,2	65,3	43,5
mit keinem Impfschutz	1,8	0,0	4,5	7,8	5,1
Kinder in der Altersgruppe 12–35 Monate, die in den vergangenen 6 Monaten mindestens eine Dosis Vitamin-A-Ergänzung erhielten (2005/6) (in Prozent)	46,5	44,8	20,6	15,9	24,8
Unter dreijährige Kinder, die gestillt wurden (2007/8) (in Prozent)					
innerhalb der ersten Stunde nach der Geburt	64,6	76,1	48,0	16,5	40,5
später als 24 Stunden nach der Geburt	3,2	6,6	22,2	44,6	29,1

Quelle: Statistischer Anhang, Tabelle A.3.

Nordindiens hervorragend ab. Vielleicht das deutlichste Zeichen für den Erfolg des ICDS-Angebots ist der Umstand, dass 96 Prozent der in Tamil Nadu befragten Mütter das Programm im Hinblick auf das Wohl ihrer Kinder für wichtig, die Hälfte es sogar für sehr wichtig hielten.[49]

Die Erfahrung mit dem ICDS-Programm in Tamil Nadu ist geprägt durch Initiative und Innovation. Während in vielen anderen Staaten die Vorgaben des Programms im Wesentlichen passiv implementiert wurden, hat Tamil Nadu sich die ICDS-Möglichkeiten zu eigen gemacht und in großem Umfang, finanzielle, menschliche und politische Ressourcen in die Umsetzung investiert. So sind dort die Anganwadis in der Regel mehr als sechs Stunden täglich geöffnet, was sich deutlich von gerade einmal drei Stunden in den nördlichen Bundesstaaten abhebt. Auch zeigt ein hoher Anteil von regelmäßig das Zentrum besuchenden unter Dreijährigen, dass es in vielen Anganwadis in Tamil Nadu Krippenplätze oder ähnliche Betreuungsangebote für Kleinstkinder gibt (siehe ebenfalls Tabelle 6.8). Der Bundesstaat hat darüber hinaus ein differenziertes Aus- und Fortbildungsprogramm entwickelt, zu dem unter anderem die Bildung aktiver Ausbildungsgruppen auf Blockebene, gemeinsame Fortbildungen der Beschäftigten in ICDS- und Gesundheitseinrichtungen, regelmäßige Auffrischkurse für die Anganwadi-Mitarbeiterinnen oder auch Austauschprogramme zwischen verschiedenen Distrikten für ICDS-Verantwortliche gehören. An dieser Stelle sei noch bemerkt, dass das ICDS-Programm in Tamil Nadu in allen Bereichen und auf allen Ebenen ausschließlich Frauen tragen.[50]

Ein solcher gestaltender Aktivismus findet sich interessanterweise auch in vielen anderen Sozialprogrammen in Tamil Nadu. So war dies der erste Bundesstaat, der flächendeckend in Grundschulen eine kostenlose mittägliche Mahlzeit für alle einführte. Zu jener Zeit wurde das vielfach als populistisch belächelt, später sollte die Initiative zum Modell des nationalen indischen Schulspeisungsprogramms werden. Heute bekommen Schulkinder in Tamil Nadu (genauer gesagt: an allen öffentlichen Schulen) nicht nur ein kostenloses warmes Mittagessen, sondern der Staat kommt auch für Schuluniformen, Bücher, Hefte, Schreibzeug und regelmäßige medizinische Untersuchungen auf. Kreativität und Initiative waren auch die herausragenden Merkmale bei der Umsetzung anderer Sozialprogramme in jüngerer Zeit, so etwa bei der Implementierung des öffentlichen Verteilungssystems (*Public Distribution System* – PDS) oder des Gesetzes zur Beschäftigungsgarantie auf

Tab 6.8: *Anganwadis in Tamil Nadu*

	Tamil Nadu	Nördliche Bundesstaaten[a]
Angandwadis, ausgestattet mit (in Prozent)		
eigenem Gebäude	88	18
Küche	85	30
Lagermöglichkeiten	88	58
Verbandskasten	81	22
Toilette	44	17
Durchschnittliche Öffnungszeiten des Anganwadi (lt. Angaben der Mütter)	6 ½ Std. tägl.	3 ½ Std. tägl.
Kinder, die die Einrichtung regelmäßig besuchen[b] (in Prozent)		
Altersgruppe 0–3 Jahre	59	20
Altersgruppe 3–6 Jahre	87	56
Lt. Angaben der Mütter (in Prozent)		
bietet die Einrichtung Vorschulerziehung	89	48
ist die Motivation der Mitarbeiterinnen «hoch»	67	39
besuchte eine Mitarbeiterin der Einrichtung die Familie (mindestens einmal) zu Hause	58	22
Frauen, die mindestens eine pränatale Vorsorgeuntersuchung während ihrer letzten Schwangerschaft hatten[c] (in Prozent)	100	55
Kinder mit vollem Impfschutz[d] (in Prozent)	71	41
Monate, die durchschnittlich seit der letzten Fortbildung der Anganwadi-Mitarbeiterin vergingen	6	30
Mitarbeiterin der Einrichtung bekam während der vergangenen drei Monate kein Gehalt (in Prozent)	0	22

[a] Chhattisgarh, Himachal Pradesh, Rajasthan, Uttar Pradesh.
[b] Von den im örtlichen Anganwadi angemeldeten Kindern; lt. Angaben der Mütter.
[c] Schwangerschaften in den vorangegangenen 12 Monaten.
[d] Lt. Feststellung erfahrener Sozialforscher.

Quelle: *FOCUS-Survey* 2004; siehe Jean Drèze, «Universalization with Quality: ICDS in a Rights Perspective», in: *Economic and Political Weekly*, 26. August 2006, Tab. 6; Citizens' Initiative for the Rights of Children Under Six, *Focus on Children Under Six*.

dem Land (*National Rural Employment Guarantee Act* – NREGA; beide Programme werden wir detaillierter im folgenden Kapitel diskutieren).[51] Das PDS in Tamil Nadu wurde, wie das Schulspeisungsprogramm im Land oder die Anganwadis, zu einem Modell für ganz Indien, denn die Verteilung war gut geregelt, es gab relativ wenig Korruption und das System trug deutlich spürbar zur Verbesserung der Situation der Armen auf dem Land bei.[52] Auch die Umsetzung des NREGA in Tamil Nadu gehört zur besten landesweit und setzt Maßstäbe.[53]

Die Innovationsfähigkeit und das kreative Denken in Tamil Nadu, wenn es um Fragen der öffentlichen Verwaltung und Politik geht, sind für das gesamte Land ein wichtiges Beispiel. Verschiedene der dort ergriffenen Initiativen, um etwa die Arbeit von Anganwadis zu verbessern, Lecks im öffentlichen Verteilungssystem zu stopfen oder die reibungslose Bereitstellung von Medikamenten in Gesundheitszentren zu gewährleisten, sind wirklich beeindruckend. Es ist kein Zufall, dass Tamil Nadu unter den großen indischen Bundesstaaten, was die Qualität der öffentlichen Versorgung und Infrastruktur anbelangt, den ersten Rang belegt.[54]

Ein weiteres beachtenswertes Merkmal der Erfahrung in Tamil Nadu ist, wie bereits in Kapitel 3 angemerkt, die Ausrichtung der Sozialprogramme an übergreifenden und universalistischen Prinzipien. Augenfälligstes Beispiel ist das öffentliche Verteilsystem: Jeder Haushalt hat jeden Monat Anrecht auf eine Mindestmenge Reis (gegenwärtig 20 Kilogramm) sowie verschiedene andere lebensnotwendige Güter. Als 1997 der Versuch unternommen wurde, das PDS entsprechend nationaler politischer Vorgaben auf eine zielgruppenorientierte Verteilung umzustellen, erzwang «eine Welle von Protesten» schon eine Woche später die Rücknahme der Änderungen.[55] Universalistische Prinzipien bestimmen auch das öffentliche Gesundheitssystem, das Schulspeisungsprogramm (und die anderen Schulprogramme), die Kinderbetreuung, die Maßnahmen zur Beschäftigung, das öffentliche Verkehrswesen und selbst grundlegende Infrastruktureinrichtungen wie Wasser- oder Elektrizitätsversorgung in Tamil Nadu. Das Ergebnis ist, dass die Menschen dort bemerkenswert selten Grundbedürfnisse des alltäglichen Lebens entbehren, wie Tabelle 6.9 verdeutlicht.

Es stellt sich die Frage, wie und zu welchem Zeitpunkt Tamil Nadu ein solches Engagement für einen universalistisch ausgerichteten, gut funktionierenden öffentlichen Sektor entwickelte. Es gibt dazu zahlreiche Erklärungsansätze, die sich beispielsweise auf frühe sozialreformerische Ansätze konzentrieren, darunter die von Periyar in den zwanziger Jahren ins Leben gerufene Selbstachtungsbewegung; oder es wird auf die politische Stärkung benachteiligter Kasten verwiesen, auf den Rückhalt, den populistische politische Ziele genießen, oder auf die konstruktive Handlungsmacht der Frauen in der tamilischen Gesellschaft.

Diese und weitere grundlegende Aspekte der Sozialgeschichte Tamil Nadus – und die Frage ihrer Bedeutung für die gegenwärtigen Erfolge des Bundesstaats – gilt es weiter zu erforschen. Auffallend ist indes, dass in all diesen Erklärungsansätzen auf die eine oder andere Weise die Macht demokratischen Handelns eine entscheidende Rolle spielt.

Tatsächlich bedarf es des öffentlichen Vernunftgebrauchs und gesellschaftlichen Eingreifens, wenn es etwa darum geht, die Sichtbarkeit von Gesundheitsthemen zu erhöhen oder neue Horizonte zu eröffnen. Visionäre wie K. S. Sanjivi, der einer sozialen Krankenversicherung in Tamil Nadu schon früh den Weg bahnte, sprachen sich für ein staatlich getragenes Gesundheitswesen aus, lange bevor das Thema im Land breiter erörtert wurde.[56] Tamil Nadu fiel häufig eine wichtige Rolle zu, wenn es darum ging, die öffentliche Diskussion über die verschiedensten sozialen Fragen zu initiieren. Gesundheitsrelevante Ansätze, wie ein Programm zur Schulspeisung, wurden recht früh lebhaft erörtert – und in Tamil Nadu zuerst umgesetzt. Bei Wahlkämpfen im Bundesstaat spielen soziale Fragen immer eine immense Rolle, ganz im Gegensatz zum Rest des Landes (und insbesondere zu Nordindien), wo Gesundheit oder andere Grundbedürfnisse wie Bildung oder Kinderernährung für die politische Agenda offenkundig kein allzu großes Gewicht besitzen.

Die Bedeutung demokratischen Handelns für die Erfolge in Tamil Nadus öffentlichem Sektor (auf allen Ebenen, von Protesten in kleinen Dalit-Weilern bis zu das ganze Land erfassenden sozialen und politischen Bewegungen) hebt auch Vivek Srinivasan hervor: In Tamil Nadu «entwickelte sich im Lauf der vergangenen 30 Jahre oder so [...] eine Kultur des Protestierens für öffentliche Leistungen».[57] Die Entwicklung war zudem eng verknüpft mit Kämpfen gegen die Unterdrückung durch Kaste, Klasse und Geschlecht. In diesem Prozess fand eine starke Politisierung des gesamten Bereichs öffentlicher Leistungen statt, ähnlich wie es zuvor bereits in Kerala geschehen war. Eine solche Möglichkeit, dass gewöhnliche Menschen durch demokratisches Handeln ihre Angelegenheiten zum Ausdruck bringen und kollektive Forderungen nach einer besseren öffentlichen Versorgung und Infrastruktur verknüpfen mit weitergehenden Kämpfen um soziale Gleichheit, ist vielleicht die wichtigste Erkenntnis aus den Erfahrungen in Tamil Nadu.

Tab. 6.9: Zugang zu öffentlichen Leistungen und Einrichtungen in Tamil Nadu 2005/6

	Tamil Nadu	Indien
Haushalte (in Prozent)		
mit Elektrizitätsanschluss	89	68
mit Trinkwasserversorgung	94	88
mit Lebensmittelkarte[a]	94	83
die das öffentliche Verteilungssysstem (PDS) für «zuverlässig» halten	73	23
Schwangere und Mütter (in Prozent)		
bekommen pränatale Betreuung	99	76
bekommen Tetanus-Impfung während der Schwangerschaft	96	76
gebären mit Hebamme	91	47
bekommen postnatale Betreuung	91	41
Kleinkinder (in Prozent)		
mit vollem Impfschutz	81	44
mit keinem Impfschutz	0	5
mit einem Anganwadi-Angebot in der Nähe	97	81
Staatliche Schulen[b] (in Prozent)		
mit Trinkwasserversorgung	100	92
mit Elektrizität	92	31
mit warmer Mittagsmahlzeit	98	88
mit medizinischer Untersuchung	94	55
Lokale Gesundheitszentren[c]		
mit wichtigen Medikamenten	98	70
mit eigener Ärztin/eigenem Arzt	85	76
mit Apotheke	94	69
mit Stromversorgung	87	36
mit funktionstüchtigem OP	90	61
Kühlkettenausstattung	65	67

[a] 2004/5.
[b] 2009/10.
[c] 2007/8.

Quellen: IIPS, *NFHS-3*, Tab. 8.22, S. 220 (postnatale Betreuung) u. Tab. 9.19, S. 254 (Angaben zu Anganwadi); Desai u.a., *Human Development in India*, Tab. 13.1.b, S. 206 (Lebensmittelkarten); Samuel Paul, Suresh Balakrishnan, Gopakumar Thampi, Sita Sekhar und M. Vivekananda, *Who Benefits from India's Public Services?*, New Delhi: Academic Foundation, 2006, S. 87 (Zuverlässigkeit des PDS); andere Angaben, siehe statistischer Anhang, Tab. A.3. Wenn nicht anders angegeben, beziehen sich alle Angaben auf 2005/6.

Die Gesundheitskrise überwinden

Wie also sieht der Ausweg aus der Gesundheitskrise aus, dem vielleicht größten Unglück, mit dem Indien aktuell konfrontiert ist? Probleme gibt es viele, doch statt uns von ihrem Ausmaß überwältigen zu lassen, sollten wir die Möglichkeiten und Mittel erkunden, die Krise zu überwinden, indem wir uns die – gerade analysierten – Faktoren vergegenwärtigen, die zu dieser Krise beigetragen haben, und zugleich, und eng damit verbunden, die Lehren aus den Erfahrungen anderer Entwicklungsländer beherzigen, die ähnliche Probleme bislang weitaus besser bewältigt haben als Indien. Viel zu lernen gibt es aber auch von den indischen Bundesstaaten, die es – wie insbesondere Kerala und Tamil Nadu – besser machen und die Gesundheit der Bevölkerung weitaus wichtiger nehmen als andere. Und in der übrigen Welt gibt es ebenfalls Länder, von denen Indien unmittelbar lernen kann, vor allem von China, aber auch von Brasilien, Mexiko und Thailand.

Der erste und vielleicht wichtigste Punkt, den es zu begreifen gilt, betrifft die Bedeutung, die dem universellen Zugang aller zu einem umfassenden System der Gesundheitsversorgung im ganzen Land zukommt. Thailand, Brasilien und Mexiko sind in den vergangenen Jahren diesen Weg gegangen und haben für ihre Bevölkerung die Reichweite der Gesundheitsversorgung verbessert. Die Erfahrung Chinas ist besonders lehrreich, da das Land nach 1979, in der ersten Phase der Wirtschaftsreformen, zunächst versuchte, die Notwendigkeit eines allgemein zugänglichen Gesundheitssystems zu übergehen und den früheren Universalismus zu revidieren, wofür die Chinesen, was Lebenserwartung und allgemeinen Gesundheitszustand anging, einen hohen Preis zahlten (wie in Kapitel 1 erörtert). China erkannte schließlich den Irrtum und begann ab 2004 rasch zu universalistischen Prinzipien zurückzukehren – zu 95 Prozent hat das Land die Aufgabe bereits gemeistert und erntet, was es sät. Im Unterschied übrigens zu dem, was wir von angeblichen Bewunderern Chinas häufig hören, die der Meinung sind, Indien solle dem chinesischen Weg folgen – ohne sich freilich so ganz im Klaren darüber zu sein, wie dieser aussieht –, legt China die Verantwortung für das Gesundheitswesen nicht in die Hände privater Versicherungsunternehmen, sondern der Staat bleibt weiterhin der Hauptgarant.[58] All diese Erfahrungen decken sich, wir haben es bereits erörtert, vollkommen mit dem, was aufgrund ökonomischer Überlegungen zu erwarten wäre, denn

(1) trägt die Gesundheit der Menschen den Charakter eines öffentlichen Gutes, (2) sind auf diesem Gebiet Informationen in der Regel asymmetrisch verteilt und (3) bleibt die allgemeine Gesundheit einer Gemeinschaft oder Nation beeinträchtigt durch die Auswirkungen bestehender Ungleichheiten.

Eine Entscheidung für eine flächendeckende allgemeine Gesundheitsversorgung würde einen grundlegenden Wandel des indischen Gesundheitssystems in mindestens zweierlei Hinsicht voraussetzen. Zuerst wäre mit dem Irrglauben zu brechen – an dem gegen jede empirische Evidenz festgehalten wird –, die Privatisierung der medizinischen Versorgung und private Versicherungsunternehmen würden in Indien für eine rasche Verbesserung des allgemeinen Gesundheitszustands der Bevölkerung sorgen. Hier die Realitäten zu erkennen impliziert indes nicht, der Privatsektor könne überhaupt keine Rolle im Gesundheitswesen spielen. In den meisten Ländern weltweit gibt es auf die eine oder andere Art genügend Raum für private Anbieter, und für Indien besteht kein Grund, auf sie zu verzichten. Zudem lässt sich aus Sicht der Planungsbehörden über zahlreiche Probleme mangelnder Verantwortlichkeit (wie in Kapitel 4 erörtert) oder auch über andere Schwierigkeiten im staatlichen Sektor nicht einfach hinwegsehen – und das öffentliche Gesundheitssystem bildet hier keine Ausnahme. Dessen ungeachtet gehört es zum Kernbereich staatlicher Verantwortung, das übergreifende Ziel im Auge zu behalten, den Zugang zu Gesundheitsdiensten zu garantieren und weitere Voraussetzungen guter Gesundheit zu schaffen, und zwar «für alle Mitglieder der Gemeinschaft, ungeachtet ihrer Fähigkeit, dafür zu zahlen» (wie die Bhore-Kommission das Grundprinzip allgemeiner Gesundheitsversorgung vor vielen Jahren so treffend beschrieb).[59] Gerade angesichts der Schranken marktförmiger Arrangements und privater Versicherungen im Gesundheitssektor schaffen öffentliche Leistungen und Einrichtungen das eigentliche Fundament, um ein solides System allgemeiner Versorgung zu realisieren.

Zum zweiten würde ein solcher Neuansatz in Indien auch insofern einen grundlegenden Wandel verlangen, als es notwendig wäre, in gewisser Weise zu den Wurzeln zurückzukehren und bei den öffentlich garantierten Gesundheitsleistungen – sowohl in der Prävention als auch in der Therapie – stärker auf lokale Gesundheitszentren, Dorfkrankenschwestern, vorbeugende Gesundheitsprogramme und andere Maßnahmen zu setzen, die dazu beitragen, eine rasche und regelmäßige medizinische Versorgung im Nahbereich zu gewährleisten. Das neu eingeführte, auf arme Haushalte zugeschnittene Krankenversicherungsprogramm RSBY ist (wie oben erläutert) sicherlich menschlicher und besser als Kranke leiden oder sterben zu lassen, weil es für sie keine medizinische Versorgung gibt oder sie sich keine leisten können, doch bessere Ergebnisse ließen sich, mit zudem weitaus geringeren Kosten, durch einen Gesundheitsdienst für alle erreichen, der für regelmäßige Untersuchungen zur Verfügung steht und frühzeitig intervenieren kann (ungeachtet weiterer, auch teurerer Behandlungsmaßnahmen, falls diese notwendig werden).[60]

Die Notwendigkeit öffentlichen Handelns wird besonders deutlich, wo es eher um Prävention als um Therapie geht, also etwa um die Bereiche Impfschutz, Ausbau sanitärer Einrichtungen, Verbesserung der öffentlichen Hygiene, Abwasserentsorgung, Seuchenschutz, Bekämpfung von Krankheitsüberträgern, Gesundheitserziehung, Lebensmittelüberwachung und anderes mehr (was, technisch gesprochen, alles zur öffentlichen Gesundheit gehört). Überhaupt fällt Prävention, das Vermeiden möglicher Erkrankungen im Unterschied zur Behandlung von Krankheiten, ganz grundlegend in den Verantwortungsbereich von Gesellschaft und Staat.[61] Eine Ausweitung und Intensivierung konzertierten Handelns auf diesem Gebiet ist äußerst dringend, insbesondere angesichts der (oben erörterten) erschreckend defizitären Situation in Indien, was etwa Impfschutz oder sanitäre Einrichtungen anbelangt.[62]

Es gab in den vergangenen Jahren bereits vereinzelte, gleichwohl nützliche Anstrengungen, durch neue Programme die staatlichen Gesundheitsangebote (und teilweise auch die öffentliche Gesundheit) zu verbessern; zu nennen ist hier insbesondere die (oben bereits erwähnte) Initiative zur Verbesserung der Gesundheitsversorgung auf dem Land, die National Rural Health Mission (NRHM), die offenkundig bereits positive Ergebnisse brachte. Dazu gehört beispielsweise die Arbeit von Gesundheitshelferinnen und -helfern auf Dorf- und Gemeindeebene, sogenannten Accredited Social Health Activists (ASHAs), deren Einsatz bei Schutzimpfungen dazu geführt hat, den Anteil der geimpften Kinder deutlich zu erhöhen und in diesem Bereich eine lange Zeit praktischen Stillstands zu beenden.[63] Ein anderes Programm, das sicherere Entbindungen fördern soll, Janani Suraksha Yojana, führte zu einem steilen Anstieg des Anteils von Geburten mit ausgebildeten Hebammen.[64] Zudem gibt es Anzeichen für neuerliche Verbesserungen auch bei öffentlichen Gesundheitseinrichtungen, und es ist sicherlich kein Zufall, dass in den ersten fünf Jahren nach der Einführung der NRHM-Maßnahmen die Säuglingssterblichkeit im Land um drei Prozentpunkte jährlich zurückging, während in den fünf Jahren zuvor kaum ein Prozentpunkt zu erreichen war.[65]

Die Botschaft lautet nicht, das NRHM-Paket sei die Lösung für die Krise in Indiens Gesundheitssystem. Dazu ist das Volumen des Ganzen zu gering; zudem war es als Kurzzeitprogramm angelegt, das eigentlich 2012 enden sollte (auch wenn es noch einmal verlängert wurde). Nein, die Lehre lautet, dass im Gesundheitswesen, wie in der Bildung oder bei der Kinderbetreuung, gute Planung, Vorbereitung und Organisation, um öffentliche Angebote und Einrichtungen zu verbessern – selbst wenn sie schon längere Zeit eher schlecht als recht funktionierten –, zu signifikanten Ergebnissen führen können. Die Erfolge (und darüber hinaus zahlreiche internationale Erfahrungen) bestätigen eindrucksvoll die Möglichkeit, dass eine Verbesserung des allgemeinen Gesundheitszustands nicht viel kosten muss – eine wichtige Lehre für arme Länder im Allgemeinen und Indien im Besonderen.[66]

Vor dem Land liegt die Herausforderung, diese Initiativen zu konsolidieren und aus den verfügbaren Beispielen, international wie national, weitere Lehren zu ziehen. Um das Gesundheitssystem zu verbessern, bedarf es nicht nur institutioneller Veränderungen, sondern auch einer besseren Mittelausstattung: Es ist erforderlich, einen größeren Teil der indischen Wirtschaftskraft, mehr öffentliche Mittel in Gesundheit zu investieren (wie dies die anderen erwähnten Länder taten).[67] Einhergehen müssen solche Anstrengungen mit einer Steigerung der Effizienz und Verantwortlichkeit in allen Bereichen des staatlichen Sektors – hier lässt sich viel aus den Erfahrungen in manchen Landesteilen lernen (etwa in Tamil Nadu).

Zu guter Letzt ist es unumgänglich, dass demokratische Politik Gesundheitsfragen in viel stärkerem Maße ihre Aufmerksamkeit widmet. Wie wir sahen, hat im öffentlichen Diskurs in Indien auf nationaler Ebene das Thema Gesundheit seit langer Zeit praktisch keinen Platz, während in Ländern wie Thailand, Brasilien und Mexiko, aber auch in den indischen Bundesstaaten Kerala und Tamil Nadu demokratisches Engagement zu einem wichtigen Moment eines gesundheitspolitischen Wandels wurde.[68] Und auch die außerordentlich wichtigen Lehren der chinesischen Erfahrung mit dem Engagement des Staates im Gesundheitswesen lassen sich, aus den autoritäreren politischen Verhältnissen Chinas kommend, in Indiens demokratisches Mehrparteiensystem übersetzen, wenn sie nur Gegenstand des demokratischen Dialogs im Land werden. Die Demokratie schenkt Indien die Freiheit, von jedem Land der Welt zu lernen, und es gibt exzellente Gründe dafür, in weitaus größerem Maße vernünftig und informiert Demokratie zu praktizieren, statt in einer Situation zu verharren, in die wir uns selbst manövriert haben, weil nicht systematisch darüber nachgedacht wurde, was den Menschen am wichtigsten ist.

7. ARMUT UND SOZIALE UNTERSTÜTZUNG

«*Hamaree baat koi naheen manega – ham log lathi chalane wale naheen hai* (Niemand will uns zuhören. Wir haben einfach keinen Einfluss)», beschwerte sich eine Stammesangehörige aus Jhapar, einem entlegenen Dorf im Bezirk Sarguja im Bundesstaat Chhattisgarh. Das war im Oktober 2001. Ihre Klage galt dem nicht funktionierenden öffentlichen Verteilungssystem (Public Distribution System, PDS) in der Region. Der örtliche Laden, in dem man seine Rationen bekam, war drei Stunden Fußmarsch entfernt, und das war nur eine der Hürden, die die Menschen überwinden mussten, um an ihre subventionierte monatliche Reisration zu kommen. Das gelang nur ein paar wenigen, und ein Großteil des PDS-Reises landete auf dem Schwarzmarkt.

Bei einem erneuten Besuch in Jhapar im Juni 2012 bot sich ein völlig anderes Bild. Der Laden befand sich nun mitten im Dorf und wurde von lokalen Bewohnern geführt. Die meisten Familien verfügten über eine Bezugskarte und bekamen ihre volle Ration von 35 Kilogramm Reis quasi umsonst am ersten Tag des Monats. Diese Gewissheit, dass etwas zu Essen im Hause sein werde, bedeutete für sie eine enorme Erleichterung. Doch nur ein paar Kilometer entfernt, jenseits der Grenze in Uttar Pradesh, war die Situation noch immer so, wie sie ein Jahrzehnt zuvor in Jhapar gewesen war.

Gut funktionierende öffentliche Dienstleistungen können für das Leben der Menschen sehr viel bedeuten. In den vorangegangenen Kapiteln haben wir uns auf die Aspekte Bildung und Gesundheit konzentriert, weil sie bei der Herausbildung menschlicher Verwirklichungschancen eine zentrale Rolle spielen und die reale Freiheit der Menschen deutlich erweitern, und darum geht es bei Entwicklung letztlich. Es gibt Bereiche des individuellen Lebens und der sozialen Beziehungen, in denen Beschränkungen von Marktanreizen und der Bedarf an staatlichem Handeln besonders wichtig sein können, wie das die Mainstreamökonomie gut erkannt hat (auch wenn viele Beobachter in politisch-ideologischen Debatten die Notwendigkeit staatlicher Institutionen anzweifeln). Ähnliche Überlegungen gelten auch für Aspekte der Lebensbedingungen, etwa für den Umweltschutz, die Beschäftigungsförderung, die Ernährungssicherheit und viele andere Bereiche, in denen Effizienz und Ausgewogenheit des unkontrollierten Marktmechanismus recht begrenzt sein können. Tatsächlich gibt es in einem Land wie Indien kaum einen wichtigen Bereich im Leben armer Menschen, der nicht auf die eine oder andere Weise von staatlicher Politik abhängt und hier insbesondere von dem, was man oft als Sozialpolitik bezeichnet, auch wenn viele der damit verbundenen Unternehmungen, etwa Berufsausbildung, Gesundheitsvorsorge und Beschäftigungspolitik, nicht nur soziale, sondern auch ökonomische Aspekte haben. Eine Initiative lässt sich insofern sozial nennen, als sie zahlreicher gesellschaftlicher Institutionen bedarf, und nicht nur des Marktmechanismus. Um Sozialpolitik in diesem allgemeinen Sinn soll es in diesem Kapitel gehen.

Staatliche Vorsorge und soziale Verantwortung

Je nach politischer Ausrichtung hatten sowohl die Marktphobie als auch die Marktmanie in indischen Debatten – und in Diskussionen überall auf der Welt – nicht wenige Anhänger. Doch instinktive Reaktionen auf den Markt, pro oder contra, führen eigentlich nicht weiter in einer Welt, die viele Institutionen braucht, von denen die Märkte ein Teil sein müssen, aber keineswegs einziger Bestandteil sein dürfen.[1] In den letzten Jahren ist die Marktphobie in Indien deutlich abgeklungen. Das ist durchaus zu begrüßen, darf allerdings nicht in eine Marktmanie umschlagen, die alles marktfähig machen will, was man dem Markt überlassen kann. China erlebte um 1979 eine ähnliche Phase, als die Wirtschaftsreformen nicht nur den Ausschluss des Marktes in Bereichen beendeten, in denen er viel Gutes leisten konnte, insbesondere in der Landwirtschaft und in der Industrie, und das in der Zeit nach der Reform auch tat, sondern Bereiche dem Markt überließen, in denen er nur ein begrenzt brauchbares Instrument darstellt, wie etwa in der Gesundheitsversorgung, was ziemlich schreckliche Folgen hatte. In China kam man durch eine politische Neujustierung aus dieser Phase heraus. So gab es beispielsweise im vergangenen Jahrzehnt wieder relativ starke staatliche Institutionen der Krankenversicherung, was exzellente Ergebnisse zeigte (siehe Kapitel 1). Es bedarf hier eines hohen Maßes an Pragmatismus, um die verheerende Ineffizienz der Marktverweigerung, wie beispielsweise die Schwäche der sowjetischen Ökonomie nur zu deutlich gezeigt hat, ebenso zu vermeiden wie die pathologisch-ideologische Marktgläubigkeit, deren Folgen die wirtschaftliche und soziale Katastrophe vor Augen führt, die Russland in den Jahren unmittelbar nach dem Ende der Sowjetunion heimsuchte, als alles mit einem Schlag dem freien Markt überlassen wurde.

Allein auf den Markt zu setzen ist in Indien zu einer beliebten Sicht der Dinge geworden, die freilich auf extrem übersteigerten Erwartungen beruht sowie auf einem falschen Verständnis der Schlussfolgerungen der Mainstreamökonomie, wozu auch viel Skepsis gegenüber dem Funktionieren von Märkten gehört, wenn Externalitäten, öffentliche Güter, asymmetrische Information und Verteilungsdisparitäten vorhanden sind.[2] Wir müssen nicht nach irgendeinem «alternativen Wirtschaftsparadigma» suchen, um zu erkennen, was der Markt nicht leisten kann, neben dem, was er leisten kann, und auch sehr gut leisten kann.[3]

Einige Beispiele für die wahllose Ausweitung von Marktprinzipien auf die Sozialpolitik sind bereits in früheren Kapiteln dieses Buches erörtert worden, darunter auch die ernüchternde Erfahrung der überstürzten Privatisierung des Gesundheitssystems in China Anfang der achtziger Jahre (was das Recht der Menschen auf eine staatliche Gesundheitsvorsorge deutlich einschränkte). In Indien bieten demokratische Institutionen eine gewisse Absicherung gegen diese Art von plötzlichem Entzug von Menschenrechten – sofern sie existieren –, aber trotzdem gibt es, wie wir in den vorangegangenen Kapiteln gesehen haben, einflussreiche Tendenzen in Richtung eines kommerziellen Gesundheits- und Bildungssystems.

Nicht wenige Fürsprecher hat auch die Ansicht, dass es am besten ist, Menschen in die Lage zu versetzen, grundlegende Dienstleistungen auf dem Markt zu kaufen, statt sie in kollektiven Arrangements zur Verfügung zu stellen. Hauptargument dabei ist, dass eine private Versorgung effizienter funktioniert als eine staatliche, denn der Wettbewerb erzeuge enormen Druck, die Kosten zu senken und die Qualität zu verbessern. Das ist in der Tat oftmals der Fall, aber dieser Ansatz hat auch deutliche Grenzen, wie wir weiter oben gezeigt haben (siehe Kapitel 5 zum Einsatz von «Gutscheinen» für den Schulbesuch). Hier wollen wir uns mit dem allgemeinen Argument befassen, das den privaten Erwerb grundlegender Dienstleistungen erleichtern will, statt sie durch staatliche Institutionen zur Verfügung zu stellen.

Ein Beispiel, bei dem vieles dafür spricht, stärker auf den Markt zu setzen, indem man Kaufkraft schafft und es den Menschen ermöglicht, das, was sie brauchen, zu kaufen, statt ihre Bedürfnisse durch direkte staatliche Bereitstellung zu befriedigen, ist die Hungerhilfe. Wir haben schon die Ansicht vertreten, dass Bargeldhilfe (*cash relief*), etwa in Form lokaler staatlicher Tätigkeiten, die in bar entlohnt werden, den Hunger in vielen Fällen besser bekämpft als eine direkte Verköstigung oder Nahrungsmittelverteilung.[4] Das entscheidende Argument dabei ist, dass bei einer drohenden Hungersnot vor allem eines wichtig ist, nämlich schnelles Handeln. Indem man Bargeldeinkommen generiert, aktiviert man die logistischen Ressourcen privaten Handels und privater Verteilung, statt ausschließlich auf staatliche Versorgung zu setzen, die oft viel schleppender anläuft und nicht selten mit organisatorischen Problemen zu kämpfen hat.

Dieser Ansatz ist freilich nicht hundertprozentig sicher, denn auch der private Handel kann in einer Hungersituation gestört oder ineffizient sein, vor allem wenn es in der betroffenen Region bewaffnete Auseinandersetzungen gibt, was bei den meisten Hungersnöten in jüngster Zeit der Fall war, und es besteht immer die Gefahr, dass die Händler von irgendeiner Art von Monopol profitieren. Insgesamt aber spricht einiges für diesen Ansatz, und tatsächlich hat ein solches Vorgehen in vielen Fällen auch relativ gut funktioniert, nicht zuletzt in Indien und seiner Geschichte der Hungerbekämpfung seit der Unabhängigkeit. Bar ausgezahlte Löhne spielen eine positive Rolle, wenn es darum geht, durch staatliche Beschäftigungsprojekte Arbeitsplätze und Kaufkraft zu schaffen (etwa unter dem National Rural Employment Guarantee Act, auf den wir weiter unten genauer eingehen werden). Der Einsatz von Geldzahlungen ist oft einfacher und kostengünstiger und lässt sich, sofern entsprechende staatliche Institutionen existieren, leichter überwachen.

Man muss in diesem Zusammenhang aber auch zahlreiche andere Faktoren berücksichtigen, die den generellen Nutzen einer marktorientierten Versorgung deutlich einschränken, etwa wenn es um Bereiche wie Bildung, Gesundheit, Wasser, Abwasser, um Impfungen und eine Reihe anderer Grundbedürfnisse geht. Viele dieser Schwierigkeiten werden in der wirtschaftswissenschaftlichen Literatur thematisiert (anders als so mancher Marktfundamentalist zu glauben scheint) und sind weiter oben in einem anderen Zusammenhang bereits behandelt worden. Dazu gehören die Pathologien der Marktallokation, etwa im Fall tiefgreifenden Informationsungleichgewichts zwischen Patienten, die wenig über die nötige oder gewählte Behandlung wissen, und Ärzten, die darüber deutlich besser Bescheid wissen.[5] Ein weiteres Problem ist das enorme Auseinanderklaffen von privaten und sozialen Kosten, auch Nutzen, im Falle bestehender Externalitäten, etwa im Zusammenhang mit ansteckenden Krankheiten und im Gesundheitswesen. Überdies ist da die Frage der Verteilung, denn Kaufkraft und Wohlstand sind ungleich verteilt, und in der Literatur wird ausgiebig über die Auswirkungen am Markt diskutiert, die die Armen benachteiligen. Zudem ist es mitunter nötig, dass Veränderungen traditioneller Praktiken und Verhaltensnormen von staatlicher Seite angestoßen werden.

Dieser letztgenannte Aspekt bedarf der Vertiefung, denn er findet in der Wirtschaftswissenschaft nur allmählich (wieder) Anerkennung. In Teilen der Mainstreamökonomie betont man, oft übertrieben, die sogenannte Konsumentensouveränität, also die Vorstellung, dass die Menschen die eigenen Interessen selbst am besten einschätzen können (ein im weiteren Sinne utilitaristisches Argument) und dass man ihre Entscheidungen so, wie sie sind, akzeptieren sollte (ein, ebenfalls im weiteren Sinne, libertäres Argument). Im Begriff der Konsumentensouveränität fließen also zwei unterschiedliche Vorstellungen zusammen. Ein Jahrhundert ökonomischer Literatur und jüngst auch Erkenntnisse der Experimental- und Verhaltensökonomik haben jedoch gezeigt, dass Menschen auf vielfache Weise gerade nicht im besten eigenen Interesse oder dem ihrer Familie agieren. So schieben etwa Eltern die Entscheidung, ihr Kind impfen zu lassen, so lange hinaus, bis es zu spät ist, und bedauern das später; oder eine Mutter vernachlässigt zugunsten anderer Familienmitglieder die eigene Ernährung oder Gesundheit. Viele Entscheidungen sind möglicherweise durch Konformismus, Herdentrieb, unangebrachten Optimismus, Entscheidungsschwäche und andere psychologische Faktoren beeinflusst. Natürlich kann auch ein intelligenter und gut informierter Entscheider «müde oder hungrig oder abgelenkt oder verärgert oder betrunken oder bekifft sein, er kann möglicherweise unter Druck nicht klar denken, kann womöglich nur unter Druck klar denken oder ist eher von Gefühlen als dem Verstand geleitet»[6]. Menschen können also oftmals davon profitieren, wenn man sie bei Entscheidungen, die sie ihren Zielen näherbringen, aber auch bei der kritischen Überprüfung der eigenen Ziele unterstützt. Unbegleitete Marktprozesse können somit nicht besonders effektiv sein, denn sie sind getrieben von zufälligen, häufig nicht kritisch hinterfragten Entscheidungen. Tatsächlich befördern so manche marktbasierte Prozesse die aufgeklärte Entscheidungsfindung nicht, sondern stehen sogar im Widerspruch dazu.

In Indien sind diese Fragen im Kontext der Kinderernährung vehement in den Vordergrund gerückt. Eine effektive Ernährung der Kinder hängt, wie gesehen, von verschiedenen Formen sozialer Unterstützung ab, unter anderem einer Beratung der Mütter und gewissen Kenntnissen in Sachen Ernährung. Handelsunternehmen, die Milchpulver und verwandte Produkte für Kleinkinder verkaufen und auf den Markt drücken, ging es oftmals so wenig um das leibliche Wohl der Babys und Kinder, dass die staatlichen Behörden diesem kontraproduktiven Verfolgen kommerzieller Interessen Einhalt gebieten mussten, etwa mit dem Infant Milk Substitutes, Feeding Bottles and Infant Foods (Regulation of Production, Supply and Distribution) Act, kurz IMS-Gesetz. Die Vorstellung, Konsumentensouveränität sei in jedem Bereich die beste Lösung, muss doch stark in Frage gestellt werden, auch wenn die Vernachlässigung des menschlichen Wohlergehens in diesem Fall nicht so offensichtlich ist.

Diesen durchaus gängigen Argumenten muss man noch weitere, nicht ganz so offenkundige Überlegungen zur Seite stellen. So können beispielsweise marktbasierte Vorgänge verhindern, dass soziale Ergebnisse erzielt werden, die von öffentlicher Seite zwar gefordert werden, die sich aber nicht so einfach in die individualistischen Transaktionsformen der Marktprozesse einpassen lassen. Man denke etwa an die Versorgung der Grundschüler mit einem warmen Mittagessen, die in Reaktion auf nachdrückliche öffentliche Forderungen, darunter sogar eine im öffentlichen Interesse eingebrachte Klage vor dem Obersten Gericht, eingeführt wurde. Wird diese Tätigkeit unter dem Gesichtspunkt des Gemeinwohls organisiert, kann sie gleichzeitig vielen verschiedenen Zielen dienen: Sie fördert den Schulbesuch, verbessert die Ernährung der Kinder, steigert die Aufmerksamkeitsspanne der Schüler (ein leerer Magen studiert bekanntlich nicht gern), schafft Beschäftigung für unterprivilegierte Frauen auf dem Land, steigert die Aktivitäten im Klassenzimmer, vermittelt Wissen über Ernährung und reduziert durch die gemeinsame Mahlzeit kastenspezifische Vorurteile der Schüler.[7] Wenn es nur darum ginge, das Essen zu verteilen, könnte man diese Aufgabe problemlos privaten Subunternehmern übertragen. Doch die Verfolgung anderer, verwandter Ziele ließe sich nur schwerlich wirtschaftlich organisieren, wenn man die unterschiedlichen Gründe, die hinter einem solchen Programm stehen, ausgleichen will. Ähnliches gilt für andere Bereiche wie etwa das Gesundheitswesen, die Ernährung, den Schulunterricht und Ähnliches.

Die Vorstellung, Gesundheit oder Bildung ließen sich am besten dadurch gewährleisten, dass man die Menschen in die Lage versetzt, sie bei privaten Anbietern zu kaufen, steht in völligem Widerspruch zur historischen Erfahrung Europas, Amerikas, Japans und Ostasiens, als sich dort jeweils der Lebensstandard veränderte. Aber auch Kerala und Sri Lanka haben ihre großen Fortschritte auf diesen Feldern in einem frühen Entwicklungsstadium nicht auf diese Weise gemacht, und auch Tamil Nadu und Himachal Pradesh schließen heute nicht auf diesem Weg rasch zu Kerala auf. Diese Entwicklungen wurden nicht dadurch vorangetrieben, dass Gesundheits- und Bildungsdienstleistungen privatwirtschaftlich bereitgestellt wurden, aber auch nicht durch Public-Private Partnerships (PPPs), Schulgutscheine, private Krankenversicherungen oder andere marktbasierte Strukturen. Viel wichtiger waren altmodische staatliche Schulen, Gesundheitszentren, für Schulschwänzer zuständige Beamte, Gesundheitsinspektoren, Massenimpfungen und Hygienekampagnen.

Man sollte jedoch auch die jüngste Geschichte der an Bedingungen geknüpften staatlichen Transferzahlungen in Brasilien oder Mexiko oder andere erfolgreiche Fälle von heute nicht falsch interpretieren. In Lateinamerika dienen solche bedingten Geldleistungen üblicherweise als Ergänzung und nicht als Ersatz für die staatliche Versorgung mit Gesundheits-, Bildungs- und entsprechend grundlegenden Leistungen. Eine solche Bargeldzahlung soll in erster Linie einen Anreiz bilden. In diesen Ländern aber erfüllen die Anreize ihre ergänzende Funktion, denn dort gibt es bereits gut ausgebaute grundlegende staatliche Dienstleistungen. In Brasilien etwa hat man so gut wie überall Zugang zu Impfungen, pränataler Betreuung und Geburtshilfe. Der Staat hat hier seine Hausaufgaben gemacht und funktionierende, rege genutzte Gesundheitseinrichtungen zur Verfügung gestellt. In einer solchen Situation kann es durchaus vernünftig sein, zur Ausweitung der Gesundheitsvorsorge zusätzlich auch noch monetäre Anreize zu setzen. In Indien jedoch mangelt es weitgehend an diesen grundlegenden Leistungen, und an Bedingungen geknüpfte Geldzahlungen können, so nützlich sie als Anreize sein mögen, diese Lücke nicht füllen.

Das widerspricht in keiner Weise der Tatsache, dass auch eine vom Staat zur Verfügung gestellte Grundversorgung höchst ineffizient oder auch ausbeuterisch sein kann. Wer nach staatlicher Versorgung ruft, muss auch sicherstellen, dass sie vernünftig funktioniert. Ein gut funktionierendes staatliches Gesundheitszentrum kann dem Wohlergehen der Menschen deutlich besser dienen als profitorientierte Pflegeheime oder Privatpraxen, aber ein Gesundheitszentrum, das die meiste Zeit geschlossen ist, ist nicht viel besser als irgendein Dorfquacksalber. Umso dringlicher ist es deshalb, das Prinzip der Verantwortlichkeit im staatlichen Sektor wiederherzustellen. Die Privatisierung wirkt wie ein verlockendes Patentrezept, doch es kann sein, dass damit nur ein ernstes Problem durch ein nicht weniger schwerwiegendes ersetzt wird.

Streit um die Armutsgrenze

Indiens offizielle Armutsgrenze war jüngst Gegenstand heftiger Diskussionen. Der Streit begann mit einer eidesstattlichen Erklärung, die die Planungskommission im September 2011 gegenüber dem Obersten Gerichtshof abgab, und zwar als Reaktion auf eine Anfrage (des Gerichts) zur Methode, mit der die offizielle Armutsgrenze ermittelt wird, und dazu, ob mit diesen Ausgaben pro Kopf die Normen einer Mindesternährung erfüllt werden können.

Die Erklärung der Kommission erläuterte die Methode zur offiziellen Armutsschätzung, die auf dem Bericht der Tendulkar-Kommission (2009) beruht. Dazu gehörte auch die etwas seltsame Feststellung, dass die offiziellen Armutsgrenzen (32 Rupien pro Person und Tag in urbanen Regionen, 26 Rupien pro Person und Tag auf dem Land, beides gemessen an den Preisen vom Juni 2011) «die Angemessenheit der tatsächlichen privaten Aufwendungen pro Kopf nahe den Armutsgrenzen für Essen, Bildung und Gesundheit sicherstellen». Diese schlecht gewählte Feststellung sorgte sofort für einen großen Aufschrei: Ein Kommentator nach dem anderen wies darauf hin, dass die offizielle Armutsgrenze in Wirklichkeit eine Elendsgrenze darstellt, die jenseits des nackten Überlebens nichts sicherstellt. Belege dafür gibt es in Hülle und Fülle. So enthält etwa das Referenzbudget, das bei der städtischen Armutsgrenze zugrunde gelegt wird, fürstliche Ausgaben von rund zehn Rupien im Monat für «Schuhe» und vierzig Rupien im Monat für Gesundheit. Für ersteren Betrag würde man gerade einmal eine Sandalenschnalle pro Monat repariert bekommen und für letztere Summe könnte man immerhin ein Aspirin am Tag kaufen. Auch der pro Monat veranschlagte

Betrag von 30 Rupien für «Miete und Transport» bedeutet, dass man sich alle paar Tage eine einfache Kurzstreckenfahrt mit dem Bus leisten kann. Für die Rückfahrt oder gar Miete bleibt da nichts mehr übrig.

Diese mickrigen Normen sind der Tatsache geschuldet, dass die Standards für die Armutsgrenze vor Jahrzehnten festgelegt wurden, zu einer Zeit, als für eine große Mehrheit der indischen Bevölkerung nicht einmal die nackte Existenz garantiert war. Natürlich wird die Armutsgrenze regelmäßig entsprechend den steigenden Preisen aktualisiert, aber nicht im Hinblick auf die gestiegenen Erfordernisse für ein menschenwürdiges Leben. Insofern ist es nur zu verständlich, dass die heutige Armutsgrenze ziemlich weit von dem entfernt ist, was man jedem Menschen als Existenzminimum zugestehen würde.

Im Zuge der Debatte darüber wurde eine Reihe von Fragen miteinander vermengt. So entstand etwa der Eindruck, die Armutsgrenze sei so niedrig angesetzt, weil die Planungskommission sie gerade gesenkt habe. Tatsächlich war nichts dergleichen geschehen: Der Bericht der Tendulkar-Kommission führte zu einer Anhebung, nicht zu einer Absenkung, der Armutsgrenze auf dem Land. So unglaublich es klingen mag, aber die Armutsgrenze lag früher noch niedriger. Viel Verwirrung herrschte auch in anderen Bereichen, etwa in der Frage nach dem Zweck offizieller Armutsgrenzen oder nach dem Verhältnis zwischen Armutsschätzungen und dem Anrecht auf Nahrungsmittelhilfe im Rahmen des PDS.

Doch am Kern der Sache ging die Diskussion vorbei. Wirklich irritierend nämlich ist weniger die Tatsache, dass die offizielle Armutsgrenze so niedrig angesetzt ist, als vielmehr dass trotz dieser niedrigen Schwelle so viele Menschen unterhalb der Grenze leben: 2009/10 waren es sage und schreibe 30 Prozent der Bevölkerung, also mehr als 350 Millionen Menschen. Wie sollen diese Menschen leben? Die schockierende Erkenntnis, dass man an oder unterhalb der Armutsgrenze unmöglich ein menschenwürdiges Leben führen kann, lenkt den Blick auf die erschreckenden Lebensbedingungen der Armen in Indien, die in der öffentlichen Diskussion wenig Aufmerksamkeit finden und in privilegierteren Kreisen weitgehend unbeachtet bleiben. Das hat zum Teil damit zu tun, dass arme Menschen gelernt haben, mit solchen Entbehrungen ein prekäres Dasein zu fristen, und fatalistisch alle Ansprüche zurückstellen. Die Kernbotschaft des erschütternden, aber verborgenen Wesens der massenhaften Armut, ihr enormes Ausmaß, ist im Getöse der jüngsten Diskussion ziemlich untergegangen.

Gerade deshalb erschien es umso dringlicher, nach Möglichkeiten zu suchen, wie man die direkte Einkommenssicherung auf arme Familien ausweiten kann, ohne geduldig darauf zu warten, bis dank des Wirtschaftswachstums auch deren Löhne und Einkommen steigen. Tatsächlich spricht inzwischen einiges dafür, dass Einkommenssicherung, wirtschaftliche Umverteilung und Sozialhilfe recht schnell etwas am Lebensstandard der Menschen ändern können, selbst in Anbetracht der begrenzten administrativen Ressourcen, die in Indien heute zur Verfügung stehen. Diese Dinge sind genauso wichtig wie die oben behandelte Gesundheits- und Bildungspolitik. Tatsächlich ergänzen sich diese Eingriffe auf bedeutsame Weise: Sie verringern menschliches Leid und tragen dazu bei, dass die Menschen grundlegende Fähigkeiten entwickeln können, was letztlich sogar einen Beitrag zum Wirtschaftswachstum leistet.

Zielgruppenorientierung oder Solidarität

Es ist noch nicht so lange her, da war das «Targeting», die an der Bedürftigkeit ausgerichtete Zielgruppenorientierung, ein weithin anerkanntes Prinzip indischer Sozialpolitik. Die dahinterstehende Idee ist verführerisch einfach: Man konzentriere die staatlichen Ressourcen auf die Armen. Das klingt ganz selbstverständlich so, als sei damit auch garantiert, dass die begrenzten Mittel gut – also gut im Sinne der Armutsverringerung – genutzt werden. Doch das zielgruppenorientierte System der Sozialhilfe wirft einige gravierende Probleme auf.

Natürlich kann das Targeting in vielen Situationen durchaus nützlich sein. So haben beispielsweise gezielte Sozialhilfeprogramme wie *Bolsa Família* einen wichtigen Beitrag zur Verringerung der Armut in Brasilien geleistet. Ein Grund, warum dieses Programm recht gut funktioniert, ist der, dass es eine ziemlich genau umrissene Zielgruppe dafür gibt: die Armen im informellen Sektor, die vom üblichen System der Sozialversicherung nicht erfasst werden. Dabei ist zu bedenken, dass Brasilien eine Urbanisierungsrate von rund 85 Prozent aufweist, wobei ein Großteil der Bevölkerung dem formellen Sektor angehört und in den Genuss umfassender sozialer Sicherungsprogramme kommt. Zudem gibt es eine recht gut organisierte Verwaltung und genügend Personal, um Antragsteller aus dem informellen Sektor zu überprüfen und zu entscheiden, welche Form der Unterstützung sie benötigen. In diesem Kontext ist Targeting vermutlich recht effizient, aber auch gerecht.

Indiens Erfahrung mit der Zielgruppenorientierung hingegen ist wenig ermutigend. Die Kategorie der sogenannten BPL-Haushalte – Haushalte, die unter der Armutsgrenze (*below the poverty line*) leben –, die ursprünglich im Rahmen des Integrated Rural Development Programme eingeführt wurde, dient seit 1997 dazu, das öffentliche Verteilungssystem PDS zu steuern. Das heißt, das PDS beschränkt sich in den meisten Bundesstaaten im Grunde auf die BPL-Haushalte (Haushalte oberhalb der Armutsgrenze, APL [*above the poverty line*], wurden 2001 im Grunde von diesem System ausgeschlossen, indem man die Ausgabepreise für diese Haushalte erhöhte). Dieser Schritt hat sich jedoch aus zwei Gründen als problematisch erwiesen.

Zum einen ist es extrem schwierig, die BPL-Haushalte zu identifizieren, und üblicherweise passieren dabei viele Ausschlussirrtümer (dass also armen Haushalten der APL-Status zugeschrieben wird) und falsche Inklusionen (dass besser situierte Haushalte unter der Armutsgrenze verortet werden). Die Ermittlung der Haushalte beruht auf einem «BPL-Zensus», der Haushalte nach einer Art Punktesystem einteilt. So setzte sich beispielsweise das Punktesystem des BPL-Zensus von 2002 aus 13 Indikatoren zusammen (die sich auf Beruf, Unterkunft, Bildung usw. bezogen), wobei bei jedem Indikator zwischen 0 und 4 Punkte vergeben wurden, was insgesamt zwischen 0 und maximal 52 Punkten ergab. Entsprechend ihrer Punktezahl wurde eine Rangliste der Haushalte erstellt, und anschließend sollten dann je nach Bundesstaat «Cutoffs», also Toleranzwerte, an diese Rangliste angelegt werden, und zwar dergestalt, dass die Zahl der armen Haushalte in jedem Bundesstaat den offiziellen Armutsschätzungen der Planungskommission entsprach. Wenn also beispielsweise die offizielle Armutsschätzung für Bihar bei 55 Prozent liegt, dann soll der Toleranzwert für Bihar so angelegt sein, dass 55 Prozent der Haushalte darunter liegen. Die Armutsschätzungen ihrerseits basieren auf der Anwendung der offiziellen Armutsgrenze auf die Daten aus dem National Sample Survey (NSS) zum Haushaltseinkommen pro Kopf. Das ganze Verfahren ist ein wenig uneinheitlich: Die Planungskommission verwendet eine bestimmte Methode, um die Armen zu zählen, und der BPL-Zensus setzt auf eine andere Methode, um diese Armen ausfindig zu machen. Verschlimmert wird dieses konzeptionelle Durcheinander durch beträchtliche Umsetzungsprobleme, insbesondere wenn die relevanten Indikatoren unklar oder nicht verifizierbar sind, was Betrug, Irrtümern und Günstlingswirtschaft Tür und Tor öffnet.

Überdies ist Armut, wie Kapitel 6 gezeigt hat, kein statischer Zustand: Jemand, der heute nicht arm ist, kann nächstes Jahr arm sein (aufgrund von Krankheit, Missernte, Arbeitslosigkeit, Erpressung oder Ähnlichem) und umgekehrt. Die BPL-Liste aber bleibt oftmals zehn Jahre lang unverändert. Das führt dazu, dass das BPL-Ermittlungsverfahren ein wenig aufs Geratewohl funktioniert und sehr fehleranfällig ist. Mindestens drei unabhängige landesweite Erhebungen (National Family Health Survey, National Sample Survey, India Human Development Survey) zeigen, dass gut die Hälfte aller armen Haushalte in Indien im Jahr 2005 nicht über einen BPL-Ausweis verfügte.[8]

Zum Zweiten ist das Targeting (und hier vor allem das Targeting nach dem Prinzip hop oder top) extrem polarisierend. Da die Ergebnisse der BPL-Liste mit den Armutsschätzungen der Planungskommission übereinstimmen sollen, sind BPL-Haushalte üblicherweise in der Minderheit (auch wenn einige Staaten von dem ganzen Ansatz abgekommen sind); es handelt sich zudem insgesamt gesehen – und trotz aller «Inklusionsirrtümer», bei denen mitunter relativ gut gestellte Haushalte auf der Liste landen – um eine benachteiligte Minderheit. Die Verhandlungsmacht der BPL-Haushalte ist somit tendenziell eher schwach, da ihnen die Solidarität der APL-Haushalte fehlt. Tatsächlich können BPL-Haushalte leicht zum Ziel von Ausbeutung durch die Kapitalinteressen werden. Dieser mangelnde politische Einfluss – zu dem auch die Macht gehören würde, wirksam zu protestieren – ist einer der Gründe, warum Sozialprogramme und öffentliche Dienstleistungen, die auf dem BPL-Targeting beruhen, bislang nicht besonders gut funktioniert haben – bestes Beispiel ist das Public Distribution System.

Beide Probleme (Exklusion und Spaltung) werden noch dadurch verschärft, dass die offiziellen Armutsgrenzen wie gesehen sehr niedrig angesetzt sind. Es ist schon schwierig genug, das Prinzip zu rechtfertigen, wonach jeder Haushalt, der (in ländlichen Gegenden) über mehr als 26 Rupien am Tag verfügt, von der Sozialhilfe ausgeschlossen ist. Die Tatsache, dass sich diese Haushalte extrem schwer ermitteln lassen und dass das Targeting die staatliche Solidarität untergräbt, lässt dieses Prinzip noch problematischer erscheinen. Das soll nicht heißen, dass das Targeting immer die falsche Strategie darstellt – doch die Umstände, unter denen es in Frage kommt, müssen sorgfältig geprüft werden, und im Lichte jüngster Erfahrungen scheinen sie begrenzter zu sein, als man gemeinhin annimmt.

Hingegen haben sich viele staatliche Programme, die auf alternativen Prinzipien eines Universalismus mit «Selbstselektion» beruhen, vergleichsweise besser bewährt. Ein interessantes und bereits erwähntes Beispiel ist das indische Schulspeisungsprogramm, bei dem alle Kinder, die eine staatliche oder staatlich unterstützte Schule besuchen, das (vom Obersten Gerichtshof verfügte und später von der Regierung übernommene) Recht auf ein kostenloses nahrhaftes Mittagessen haben. Dieses Programm, das mehr als 120 Millionen Kinder betrifft, mag auf jemanden, der Sozialleistungen auf Haushalte unterhalb der Armutsgrenze beschränkt wissen möchte, ziemlich wenig «zielgruppenorientiert» wirken. Doch diese Kinder kommen aus einer «selbstselektierten» Gruppe von Familien, die statt Privatschulen staatliche Schulen wählen und relativ unterprivilegierten Bevölkerungsschichten angehören. Die meisten dieser Kinder brauchen Hilfe bei der Ernährung ebenso wie stärkere Anreize für den Schulbesuch, ganz gleich, ob ihre Familien nun unter der Armutsgrenze leben oder nicht. Zum großen Erfolg des Schulspeisungsprogramms hat zudem gerade dessen «Inklusivität» beigetragen, also das Ritual des gemeinsamen Essens. Man darf bezweifeln, ob ein gezieltes Schulspeisungsprogramm irgendwo anders ebenso gut funktioniert hätte.[9]

Ein weiteres Beispiel ist der National Rural Employment Guarantee Act (NREGA), also das Gesetz, das auf dem Land Beschäftigung garantiert und das ebenfalls auf dem Prinzip der Selbstauswahl beruht: Jeder ist berechtigt, sich um Arbeit zu bewerben. Dem liegt die Annahme zugrunde, dass bessersituierte Haushalte sich freiwillig von NREGA-Arbeitsstätten fernhalten. Als das Gesetz eingebracht und debattiert wurde, versuchte die Regierung interessanterweise, es auf BPL-Haushalte zu beschränken.[10] Doch dieser fehlgeleitete Versuch, das Targeting dort umzusetzen, wo es nichts zu suchen hat, wurde aufgegeben, und in der endgültigen Fassung des Gesetzes hat jeder Landbewohner, der älter als 18 Jahre ist, ein Recht auf Beschäftigung. Dieses Prinzip der Selbstauswahl scheint recht gut zu funktionieren: NREGA-Arbeitskräfte gehören in der Regel unterprivilegierten Bevölkerungsgruppen an.

Einige staatliche Eingriffe eignen sich nicht ganz so gut für die Selbstauswahl. So «verabschieden» sich nur recht wenige Haushalte aus dem öffentlichen Verteilungssystem, wenn es Reis oder Weizen zu einem Bruchteil des Marktpreises zur Verfügung stellt. Es gab verschiedene Vorschläge, das PDS gezielter auszurichten (etwa indem dort Hirse oder angereichertes Mehl statt Reis und Weizen verteilt wird), doch die daran beteiligten staatlichen Stellen fanden sie nicht überzeugend. Andererseits hat das Targeting in Sachen BPL auch nicht wirklich gut funktioniert. Angesichts dieser ernüchternden Erfahrung und (in einigen Fällen) Vorbehalten in der Bevölkerung gegenüber der Zielgruppenorientierung sind verschiedene Bundesstaaten in letzter Zeit zu einem inklusiveren oder sogar «allgemeinen» PDS übergegangen, unter anderem Andhra Pradesh, Chhattisgarh, Himachal Pradesh, Odisha, Rajasthan und Tamil Nadu. Überdies scheint dieser neue Ansatz in Verbindung mit anderen PDS-Reformen beträchtlich dazu beigetragen zu haben, dass das Verteilungssystem besser als früher funktioniert (wir werden darauf zurückkommen).[11]

Wie bereits gezeigt, beruhen die sozialen Errungenschaften der fortschrittlichen indischen Bundesstaaten (wie Himachal Pradesh, Kerala und Tamil Nadu) auch auf einer in hohem Maße universalistischen und inklusiven Sozialpolitik, die einen deutlich anderen als den zielgruppenorientierten Ansatz pflegt. Eine universelle Reichweite kann natürlich teuer werden, vor allem in den Bereichen, in denen keine effektive Selbstauswahl stattfinden kann. Sie stellt deshalb keine allgemeingültige Formel für den uneingeschränkten Einsatz dar und auch kein Prinzip, das sich in jedem Bereich anwenden lässt, insbesondere nicht in einem frühen Stadium der Entwicklung. Doch wie die regionalen Erfahrungen zeigen, kann sie in vielen Fällen selbst im armen Indien gut funktionieren – und verdient damit deutlich mehr Anerkennung, als dies im Moment der Fall ist. Verstärkt wird die Bedeutung des universalistischen Prinzips noch dadurch, dass es sich leichter – und oftmals effizienter – umsetzen lässt, und die indischen Debatten zu diesem Thema sollten das, was innerhalb des heutigen Indien für eine universelle Reichweite spricht, ebenso zur Kenntnis nehmen wie die weltweite Literatur zu dieser zentralen politischen Frage.[12]

Transferleistungen und Anreize

Das Plädoyer für eine staatliche Beteiligung bei der Bereitstellung grundlegender Dienstleistungen und sozialer Sicherung soll nicht davon ablenken, dass unter bestimmten Umständen auch Geldzahlungen nützlich sein können – ja, sie können sogar ein konstruktiver Teil dieses staatlichen Engagements sein. So haben beispielsweise viele indische Bundesstaaten ziemlich effektive (wenn auch begrenzte) Rentensysteme für Witwen, Behinderte und ältere Menschen eingeführt.[13] Aber auch Stipendien für benachteiligte Kinder können dazu beitragen, ihnen den Schulbesuch oder ein Studium zu ermöglichen. Solche Transfersysteme können innerhalb ihres begrenzten Feldes viel bewirken.

Wir sollten uns allerdings vor verfrühtem Enthusiasmus hüten, der auf etwas blauäugigen Erwartungen beruht. Da an Bedingungen geknüpfte Geldzahlungen (*Conditional Cash Transfers*, CCTs) in den letzten Jahren zunehmendes Interesse gefunden haben und mitunter sogar als *das* «Zukunftsmodell» für die indischen Sozialprogramme gehandelt werden, muss man ihre Rolle ein wenig nüchterner betrachten. Die Idee der CCTs ist recht simpel: Man gebe den Menschen Geld und knüpfe diese Zahlung an die Bedingung konstruktiven Verhaltens, etwa dass sie ihre Kinder in die Schule schicken oder sie impfen lassen. Damit schlägt man zwei Fliegen mit einer Klappe: Arme Menschen erhalten eine gewisse Einkommensunterstützung und gleichzeitig unternehmen sie Schritte – etwa, wenn sie ihre Kinder zur Schule schicken –, die dazu beitragen, dass sie (und ihre Familien) aus der Armut herauskommen.

Eine bedingte Geldzahlung ist im Grunde ein Anreiz, und oft genug funktioniert das recht gut: Wenn Menschen dafür bezahlt werden, dass sie etwas tun, wovon sie auf jeden Fall etwas haben, dann neigen sie dazu, das auch zu tun. Allerdings müssen natürlich die Einrichtungen (etwa Schulen und Gesundheitszentren), die es den Menschen erlauben, die Bedingungen zu erfüllen, vorhanden sein und auch einigermaßen funktionieren, andernfalls hat dieser Ansatz überhaupt keinen Sinn. CCTs sind kein Ersatz dafür, dass diese Einrichtungen zur Verfügung gestellt – oder zumindest rasch entwickelt – werden. Wie eine aktuelle Untersuchung zeigt, stellen CCTs in Indien einen «neuen staatlichen Ansatz dar, der nicht mehr die Angebotsseite, sondern die Nachfrageseite im Blick hat».[14] Diese Aussage spiegelt, sofern sie denn die Sicht der Regierung richtig interpretiert, einen etwas übertriebenen Gegensatz zwischen angebots- und nachfrageorientiertem Ansatz wider, so als ob der eine ohne den anderen funktionieren könnte. Mehr noch: Selbst wenn die Nachfrage im Prinzip durch Institutionen des Marktes befriedigt werden kann (trotz ihrer Beschränktheiten in vielen Bereichen traditioneller Sozialpolitik, etwa der Schulbildung und der medizinischen Grundversorgung), so ist die Schaffung dieser Institutionen wahrlich keine leichte Übung. Wir sollten nicht in die Falle tappen, die in Russland in den neunziger Jahren so großen Schaden anrichtete, und der Vorstellung erliegen, dass Marktinstitutionen sofort konkret Gestalt annehmen, sobald marktwirtschaftliche Anreize gesetzt sind. Das kommt zu den (oben diskutierten) Beschränktheiten der Marktinstitutionen noch hinzu.

Die Anreizfunktion bedingter Geldzahlungen können natürlich auch bedingte «Naturaltransfers» übernehmen. Ein Beispiel ist das Mittagessen-Programm in Grundschulen: Kinder bekommen die Mahlzeit nur, wenn sie in die Schule kommen, und die Anreizeffekte im Hinblick auf den Schulbesuch scheinen hier, wie gesehen, recht gut zu funktionieren, ganz abgesehen von den anderen Vorzügen dieses Programms (etwa im Hinblick auf die Ernährung der Kinder und die Sozialisationsaspekte des gemeinsamen Mahls).[15] Ein anderes interessantes – und recht ermutigendes – Beispiel für solche Sachleistungen ist die in mehreren Bundesstaaten verfolgte Politik, Mädchen, die eine bestimmte Stufe (etwa die 8. Klasse) im Schulsystem erreicht haben, mit kostenlosen Fahrrädern auszustatten. Diese Programme sind sehr beliebt, und auch wenn es bislang noch keine handfesten Belege für ihre Wirksamkeit gibt, so dürfte die Anreizfunktion doch beträchtlich sein.[16] Die Fahrräder tragen überdies dazu beim, dass die Mädchen auch nach Abschluss der 8. Klasse weiter zur Schule gehen (weiterführende Schulen sind oft deutlich weiter entfernt als die Grundschulen), und verschaffen ihnen ein hohes Maß an Freiheit und Mobilität. Man darf bezweifeln, ob bedingte (an den Schulbesuch geknüpfte) Geldzahlungen an die Eltern der Mädchen einen ähnlichen sozialen Nutzen hätten.

Bedingte Geldleistungen können also in vielen Bereichen nützlich sein, aber es gibt auch konkurrierende Systeme, darunter bedingungslose Geldzahlungen (etwa Sozialrenten für Witwen und ältere Menschen) sowie Sachleistungen, ob nun an Bedingungen geknüpft (Mittagessen in Grundschulen) oder bedingungslos (etwa das Public Distribution System). Indien kann mit Sicherheit einiges von den Erfahrungen anderswo, vor allem in Lateinamerika, über den Anreizwert von CCTs lernen, aber diese Lehren (positiv wie negativ) müssen mit den Erfahrungen mit ganz anderen Transfertypen innerhalb wie außerhalb Indiens verbunden werden.

Jüngste Lektionen über die Wirksamkeit gut geplanter Bargeldanreize müssen auch mit dem «Gegenteil» in Zusammenhang gebracht werden, nämlich den negativen Auswirkungen unangemessener Gebühren. So weiß man inzwischen recht gut, dass Schulgebühren in Grundschulen eine eher schlechte Idee sind. Sie verstoßen nicht nur gegen das Recht auf kostenlose Bildung, sondern laufen auch darauf hinaus, dass dabei nur relativ geringe Summen zusammenkommen, während zugleich ein viel größerer Schaden in Gestalt schwindenden Schulbesuchs angerichtet wird. Wie jüngste Forschungen nahelegen, gilt Gleiches auch im Gesundheitsbereich: Selbst geringe «Praxisgebühren» können dramatisch negative Auswirkungen auf die Nachfrage nach Gesundheitsdiensten oder -produkten wie Entwurmung, Moskitonetzen oder Wasseraufbereitung haben.[17] Diese Erkenntnisse können als weiteres Beispiel dafür gelten, wie schwer es für Menschen ist, ihre Ziele zu erkennen, selbst wenn sie recht genau definiert sind, was den Argumenten für eine soziale Unterstützung zusätzliches Gewicht verleiht. Wenn geringe Nutzungsgebühren enorme Fehlanreize setzen und wenn eine Subventionierung privater Dienstleister schwierig ist (wie das häufig der Fall ist), dann ist eine staatliche Versorgung die beste Option, und sei es nur eine Grundversorgung.

Schließlich sei auch darauf hingewiesen, dass Bargeldanreize unter bestimmten Umständen sogar eindeutig kontraproduktiv wirken können. Geldleistungen setzen auf die Motivation der Menschen, bestimmte Dinge in dem Maße zu tun, in dem sie daran interessiert sind, Geld zu erhalten (für sich selbst oder um es mit anderen zu teilen), und das ist natürlich ein bedeutsamer Entscheidungsgrund. In vielen Situationen jedoch haben Menschen verschiedene Motive, und alle Versuche, auf bestimmte Motive zu setzen – oder sie zu verstärken –, kann zu schweren Konflikten mit anderen Werten führen. Die meisten Menschen haben eigennützige und uneigennützige Motive, und wenn man nun ausschließlich an ihre eigennützigen Motive appelliert, kann das Konflikte mit den allgemeineren Verhaltensabsichten heraufbeschwören.[18] So gibt es viele Beispiele dafür, dass Menschen die Motivation, etwa zu tun, verlieren, sobald man sie dafür bezahlt. Wie Richard Titmuss anhand empirischer Untersuchungen in Großbritannien beobachtet hat, können Geldzahlungen für Blutspenden kontraproduktiv sein: Menschen, die ihr Blut liebend gerne aus Gründen der Gemeinwohlorientierung spenden würden, haben etwas gegen die Vorstellung, ihr Blut zu «verkaufen» (auch wenn natürlich andere für sie einspringen, die Geld damit verdienen wollen).[19] Ähnlich können unter bestimmten Umständen Geldanreize wie etwa eine leistungsorientierte Bezahlung für Staatsbedienstete das untergraben, was man als «public service motivation» bezeichnet, also den Willen, der Allgemeinheit zu dienen. Wie Samuel Bowles beobachtet hat, deuten zahlreiche ökonomische Experimente darauf hin, «dass Anreize, die sich an den Eigennutz richten, die Salienz intrinsischer Motivation, Reziprozität und anderer bürgerschaftlicher Motive verringern».[20] Dieser potenziell kontraproduktive Effekt von Geldanreizen kann, je nach Kontext, nicht ganz unwichtig sein. Man sollte allerdings die sehr differenzierte ökonomische und soziologische Literatur zu Anreizen nicht aus dem Blick verlieren und sich davor hüten, die Art und Weise, wie Menschen motiviert werden und Entscheidungen treffen, allzu holzschnittartig und vereinfachend zu sehen.

Man nehme beispielsweise die jüngste Einführung von Geldanreizprogrammen in zahlreichen indischen Bundesstaaten, mit denen geschlechtsselektive Abtreibungen reduziert werden sollen.[21] Dazu gehören etwa Geldzuwendungen für die registrierte Geburt eines Mädchens und weitere Zahlungen, wenn das Mädchen im Laufe der Zeit geimpft wird, in die Schule geschickt wird usw. Diese Maßnahmen können zweifellos ökonomische Anreize zugunsten von Mädchen setzen. Eine solche Geldbelohnung für die Geburt eines Mädchens kann aber auch dazu führen, dass die Menschen Familienplanung zunehmend unter ökonomischen Gesichtspunkten betrachten und im Zuge dessen Mädchen als Belastung sehen (denn man bekommt dafür ja als eine Art Entschädigung Geld angeboten). Zudem beeinflussen Geldleistungen die nichtökonomischen Motive der Menschen. So könnten sie beispielsweise das soziale Stigma verringern, das einer geschlechtsselektiven Abtreibung anhaftet, denn nun bekommt sie ja den Anschein eines «fairen Geschäfts» – kein Mädchen, kein Geld. Die Tatsache, dass die Geldanreize für ein zweites Mädchen geringer ausfallen und bei weiteren Geburten gar nicht mehr gezahlt werden, sendet ebenfalls verwirrende Signale aus. Kurz gesagt: Es ist nicht ganz klar, welche Botschaft diese Geldanreize im Hinblick auf Status und Wert des Mädchens vermitteln und wie sie die sozialen Einstellungen zur geschlechtsselektiven Abtreibung beeinflussen sollen. Wie bereits erwähnt, ist es in diesem Bereich der Werte und Handlungen besonders wichtig, dass soziale Normen funktionieren, und man muss auch an die möglichen Auswirkungen von Geldzahlungen auf soziale Normen und deren Funktion denken, nicht nur an den ökonomischen Eigennutz.

All das untermauert die Argumentation gegen eine Marktgläubigkeit in der Sozialpolitik. Märkte werden in der Regel dafür gelobt, dass sie Anreize schaffen, und in der Tat tun sie das oft. Es gibt aber gegensätzliche Überlegungen zur Effektivität und zu den Folgen von Geldanreizen. Was wir am dringendsten brauchen, ist eine objektive Überprüfung und Abwägung der Argumente und Gegenargumente in jedem Einzelfall, keine grob vereinfachende Auffassung menschlicher Motivation und der sozialen Folgen unterschiedlicher Anreizsysteme. So gut es wäre, wenn bei der Planung in Indien wieder mehr über Anreize nachgedacht würde, so schade wäre es, wenn man sich dabei allein auf das primitivste Anreizmodell stürzen würde, das das menschliche Gehirn sich ausdenken kann.

Beschäftigung und Bestärkung

Die Verabschiedung des Gesetzes zur Garantie ländlicher Arbeit (National Rural Employment Guarantee Act, NREGA) Mitte 2005 war eine hitzige Angelegenheit. Am 22./23. August war der Gesetzentwurf Gegenstand vieler aufrüttelnder Reden im indischen Parlament, die am ersten Tag bis weit nach Mitternacht gehalten wurden. Nach dieser langen Debatte gab es eine namentliche Abstimmung, und als für die Gegner die Zeit gekommen war, Nein zu sagen, war es mucksmäuschenstill.

Unterdessen schrillten anderswo die Alarmglocken. «Viel Geld für nichts», «Geldverschwendung», «teurer Spaß» und «krude Idee» – so lauteten nur ein paar der Formulierungen, mit denen NREGA in der Wirtschaftspresse und in konservativen Leitartikeln abgetan wurde. Ein Minister, der sonst gerne als «Aushängeschild der Wirtschaftsreformen» gelobt wurde, galt nun als «Wendehals», weil er NREGA unterstützte – «Was raucht er dieser Tage?», fragte ein empörter Kolumnist.[22]

Rückblickend betrachtet war die Aufregung auf beiden Seiten vermutlich etwas übertrieben. Die großen Hoffnungen auf eine radikale Veränderung der Machtverhältnisse oder eine drastische Verringerung der Armut haben sich nicht erfüllt, ebenso wenig aber auch die Untergangsszenarien eines finanziellen Bankrotts oder eines wirtschaftlichen Chaos. Das hat zum Teil damit zu tun, dass die Umsetzung der Regelung hinter dem Buchstaben und Geist des Gesetzes zurückgeblieben ist – das aber war absehbar. Gleichwohl war die Verabschiedung von NREGA in vielfacher Hinsicht ein wichtiger Schritt.

Die dahinterstehenden ökonomischen Erwägungen waren nicht wirklich neu. Staatliche Beschäftigung fungiert in Indien schon lange als Mittel der sozialen Unterstützung, vor allem in Dürreperioden. Diese Strategie beruht auf dem Prinzip der Selbstauswahl: Jeder, der sich an den Arbeitsstätten registrieren lässt, gilt als sozialhilfebedürftig. Sie bietet zudem die Möglichkeit, in ländlichen Regionen nützliche Strukturen (*assets*) aufzubauen. Zwar wurde der Ansatz vor allem im Kontext der Hungerhilfe genutzt, doch kann er in vielerlei Hinsicht als Entwicklungsstrategie gelten. So war beispielsweise der indische Ökonom und Planer Sukhamoy Chakravarty ein vehementer Befürworter staatlicher Arbeit auf dem Land (neben Agrarreformen), da sie in seinen Augen ökonomische Umverteilung und ländliche Entwicklung miteinander verbinden kann.

Doch der Ausgangspunkt von NREGA war insofern radikal, als staatliche Beschäftigung nun im Rahmen einklagbarer Rechte organisiert wurde – nicht nur des Rechts auf Arbeit bei Bedarf, sondern auch auf Mindestlöhne, Bezahlung innerhalb von 15 Tagen, grundlegenden Vorgaben für den Arbeitsplatz und so weiter.[23] Selbst das aber war nicht völlig neu, denn der westindische Bundesstaat Maharashtra hatte bereits seit Anfang der siebziger Jahre immer wieder ein «Beschäftigungsgarantieprogramm» aufgelegt.[24] NREGA baute deshalb unter anderem auf dem Beispiel Maharashtras auf, trieb diese Idee jedoch noch weiter.

Das Gesetz gründete zudem auf einer allgemeineren Vision von den sozialen Zielen einer Beschäftigungsgarantie, die deutlich über die traditionellen Zielsetzungen – Beschäftigung zu schaffen und auf dem Land für den Aufbau von Strukturen zu sorgen – hinausgeht. So galt es beispielsweise als Chance, die Ungleichheit zwischen den Geschlechtern einzudämmen und Frauen auf dem Land in die Lage zu versetzen, außerhalb des Haushalts zu arbeiten, eigenes Geld zu verdienen, über ein eigenes Bankkonto zu verfügen, die eigenen Rechte verteidigen zu lernen, sich an Gram Sabhas zu beteiligen und so weiter. Außerdem sollte das Gesetz die lokalen Verwaltungseinrichtungen stärken, indem es ihnen zum ersten Mal substanzielle Mittel und eine klare Aufgabe übertrug. Wie das Beschäftigungsprogramm in Maharashtra galt auch NREGA als enorme organisatorische Gelegenheit für Landarbeiter, die zumeist dem «unorganisierten» Sektor angehören.[25]

Und schließlich versuchte das Gesetz Programmen zur ländlichen Entwicklung neue Prinzipien und Steuerungsstandards zu verordnen: unter anderem Partizipation, Transparenz und Verantwortlichkeit. Die

NREGA-Tätigkeiten sollten von Gram Sabhas (Dorfvollversammlungen) geplant und vor allem von Gram Panchayats (gewählten Dorfräten) umgesetzt werden. Alle NREGA-Akten sollten öffentlich einsehbar sein und der Öffentlichkeit sogar in geeigneter Form zugänglich gemacht werden.[26] Zu den Bestimmungen gehören die Pflicht der Regierung, Arbeitslosengeld zu zahlen, wenn keine Tätigkeit zur Verfügung gestellt werden kann, das Recht auf Entschädigung, wenn Löhne nicht rechtzeitig gezahlt werden, und eine Strafklausel, wonach ein Beamter, der seine gesetzliche Pflicht nicht erfüllt, mit einer Geldbuße belegt werden kann.

Für Landarbeiter bot das Gesetz die Chance, einen Fuß in die Tür zu bekommen. Wie wir gesehen haben, hatten sie zwischen 1995 und 2005 weitgehend den Anschluss verloren. Die Agrarproduktion pro Kopf wuchs kaum, das Wachstum der Löhne in der Landwirtschaft kam allmählich zum Stillstand, und Beschäftigung auf dem Land gehörte nicht zu den vorrangigen Zielen der Politik. Die Verabschiedung von NREGA 2005 führte dazu, dass sich die Prioritäten der Regierungspolitik wieder in Richtung Beschäftigungsförderung verschoben und im Zuge dessen auch die Verhandlungsmacht der Landarbeiter eine Stärkung erfuhr.

Tatsächlich stellten sich schon kurz nach Inkrafttreten des Gesetzes im Februar 2006 die ersten Erfolge ein, nämlich eine massive Ausweitung der staatlichen Beschäftigungsprogramme auf dem Land.[27] Offiziellen Zahlen zufolge beteiligten sich seit 2008/9 jedes Jahr rund 50 Millionen Haushalte an NREGA, wobei das durchschnittliche Beschäftigungsniveau pro Haushalt und Jahr bei 40 Personentagen lag. Diese offiziellen Zahlen mögen wie so oft ein wenig übertrieben sein, aber das ist kein schlechter Wert.[28]

Ein zweiter Erfolg war eine Reihe eindrucksvoller Veränderungen der Lohnverhältnisse, besonders für Gelegenheitsarbeiter, in ländlichen Regionen, darunter die tatsächliche Auszahlung der gesetzlich vorgeschriebenen Mindestlöhne für staatliche Tätigkeiten sowie ein deutlich gewachsenes Bewusstsein der Menschen für Mindestlöhne (vor allem bei Frauen), was die lange Stagnationsphase vor NREGA beendete (siehe Tabelle 7.1).[29] Von diesen Entwicklungen profitieren alle Landarbeiter, nicht nur diejenigen, die im Rahmen von NREGA beschäftigt sind, was wiederum die Einkommen generierende Wirkung des Programms verstärkt.[30]

Die NREGA-Arbeitskräfte ihrerseits gehören überwiegend den verarmten Teilen der Landbevölkerung an.[31] Das ist im Grunde keine

Überraschung, aber es sei doch noch einmal darauf hingewiesen, dass das Prinzip der Selbstauswahl hier relativ gut funktioniert hat (ganz im Gegensatz zum oben diskutierten BPL-Targeting), was die Umverteilungswirkung von NREGA noch verstärkt. Ein Aspekt dieses Selbstauswahlverfahrens besteht darin, dass die meisten NREGA-Arbeitskräfte aus relativ armen Haushalten kommen, mindestens genauso wichtig aber ist, dass rund die Hälfte von ihnen Frauen sind und die Hälfte den sozial benachteiligten Kasten oder Stämmen (*scheduled castes and tribes*) angehören.[32]

Besondere Betonung verdient die geschlechtsspezifische Dimension von NREGA. So lag der Frauenanteil bei der NREGA-Beschäftigung in den letzten Jahren konstant bei rund 50 Prozent; noch wichtiger aber: in den meisten Bundesstaaten, in denen die Erwerbsbeteiligung von Frauen sehr gering war – u. a. in Bihar, Himachal Pradesh, Uttarakhand und Westbengalen –, stieg sie stetig an.[33] In diesen Staaten haben Frauen auf dem Land nur wenig Möglichkeiten, ein eigenes Einkommen zu verdienen, und nicht nur in dieser Hinsicht bedeutet NREGA einen enormen Fortschritt. So kam eine Studie zu NREGA-Beschäftigten in sechs nördlichen Bundesstaaten zu dem Ergebnis, dass nur 30 Prozent der Frauen in den vorangegangenen drei Monaten ein anderes als das NREGA-Einkommen bezogen hatten.[34] Auch zahlreiche andere Untersuchungen belegen, welchen Wert NREGA für Frauen vor allem im Norden Indiens hat.[35]

Tab. 7.1: Wachstum der Reallöhne in ländlichen Regionen in den 2000er Jahren (in Prozent pro Jahr)

	2000/1 bis 2005/6 (vor NREGA)		2005/6 bis 2010/11 (nach NREGA)	
	Männer	Frauen	Männer	Frauen
Alle Arbeitskräfte auf dem Land	0,01	−0,05	1,82	3,83
Landwirtschaftliche Arbeitskräfte	0,10	−0,05	2,67	3,67
Nicht in der Landwirtschaft Beschäftigte	−0,04	−0,04	1,21	4,34
Ungelernte Arbeiter	−0,01	−0,04	3,98	4,34

Quelle: Berechnet nach Yoshifumi Usami, «Recent Trends in Wage Rates in Rural India: An Update», in: *Review of Agrarian Studies* 2 (2012), basierend auf Lohndaten, die vom Labour Bureau (Shimla) zusammengestellt wurden, veröffentlicht in *Wage Rates in Rural India*.

Das sind ein paar der Beiträge, die NREGA – zumindest bislang – zur Armutsreduktion und sozialen Gerechtigkeit geleistet hat. Andere Errungenschaften sind etwa die Schaffung von produktiven Strukturen in ländlichen Regionen und die Wiederbelebung von Selbstverwaltungsinstitutionen wie den Gram Sabhas. Dabei gibt es je nach Bundesstaat natürlich große Unterschiede: Einige können wirklich eindrucksvolle Ergebnisse vorweisen (etwa Andhra Pradesh, Himachal Pradesh, Rajasthan, Tamil Nadu, Sikkim), während andere (so etwa Bihar, Karnataka und Maharashtra) NREGA erst noch in signifikantem Ausmaß aktivieren müssen.

Auf der negativen Seite sind vor allem zwei Einwände gegen NREGA erhoben worden. Der eine lautet, dass ein Großteil des Geldes wegen der verbreiteten Korruption angeblich irgendwo «versickert». Der andere Kritikpunkt ist, dass die unter NREGA geschaffenen Strukturen wenig wert sind.

Der erste Einwand lässt sich im Grunde auch umkehren: NREGA ist in Wirklichkeit eine potenzielle Waffe im Kampf gegen die Korruption. In den ersten Jahren des Programms gab es in der Tat eine Menge Unterschlagung, und das Problem ist beileibe nicht gelöst. Trotzdem war NREGA ein lebendiges Laboratorium für Antikorruptionsbemühungen, das eine ganze Reihe von Neuerungen mit sich brachte, die nun allmählich auch auf andere Programme ausgeweitet werden: der Einsatz des Internets, um alle wichtigen Daten (darunter jede Lohnzahlung, nach Arbeiter und Arbeitsstätte) öffentlich zu dokumentieren, die Auszahlung der Löhne auf Bankkonten und die regelmäßige Durchführung von Sozialaudits, um nur ein paar zu erwähnen. Es gibt Belege dafür, dass sich das Ausmaß der Unterschlagung von NREGA-Geldern im Laufe der Zeit deutlich verringert hat (zumindest im Bereich der Löhne, die den Löwenanteil der Gesamtausgaben ausmachen) – eine durchaus beachtliche Leistung in einer Zeit, in der in der Öffentlichkeit der Eindruck herrscht, die Korruption im Land nehme eher zu.[36] Einige Bundesstaaten (vor allem Andhra Pradesh und Tamil Nadu) haben bewiesen, dass man im Bereich von NREGA recht gut funktionierende Sicherungen einbauen kann, und wir verfügen heute über genügend allgemeine Erfahrungswerte, die sich auch auf andere Staaten übertragen lassen.

Der zweite Einwand beruht auf dem Mythos, die meisten NREGA-Arbeiten seien sinnlos (ein Kritiker meinte, die Menschen würden eh nur «im Dreck spielen»). Dieser Mythos hat allein dadurch einigen Einfluss gewonnen, dass er ständig wiederholt wird, doch in der Wirklichkeit besitzt er kaum eine Grundlage. Und auch die Wahrnehmung der NREGA-Arbeiter und der Dorfgemeinschaften ist eine andere: Mehrere Studien zeigen, dass die meisten von ihnen den Wert der NREGA-Tätigkeiten positiv einschätzen.[37] Das heißt nicht, dass alle NREGA-Arbeiten produktiv oder von angemessener Qualität sind. Tatsächlich lassen unabhängige Bewertungen auf eine gemischte Bilanz schließen, die viele Beispiele einer recht erfolgreichen Schaffung von produktiven Strukturen aufweist (etwa die Entschlammung von Kanälen, das Anlegen von Teichen, Planierarbeiten, die Bepflanzung von Straßenrändern und das Bohren von Brunnen), aber auch viele Fälle unbefriedigender oder sogar völlig nutzloser Tätigkeiten.[38] In dieser Angelegenheit brauchen wir aber noch jede Menge Belegmaterial. Einstweilen jedoch rechtfertigt das, was wir wissen, keine generelle Verdammung der NREGA-Arbeiten als sinnlos. Im Gegenteil legt es sogar nahe, dass NREGA enormes produktives Potenzial enthält, sofern angemessene Strukturen (u. a. auch die nötige technische Unterstützung) vorhanden sind.

Diese Einwände gegen das Grundprinzip von NREGA überzeugen somit nicht wirklich, aber natürlich gibt es viel berechtigte Kritik am konkreten Gesetz und an der Art und Weise, wie es umgesetzt wird.[39] NREGA ist nun einmal ein komplexes Programm, das von einem fragilen und trägen System umgesetzt wird, und natürlich bleiben die Ergebnisse hinter dem zurück, was man unter anderen Umständen erwarten könnte. Für NREGA-Beschäftigte bedeuten diese Hürden eine regelmäßige Verletzung ihrer gesetzlichen Ansprüche, was schon mit der bedarfsabhängigen Arbeit beginnt. Auch größere Verzögerungen bei der Auszahlung der Löhne haben das Programm in den letzten Jahren beschädigt und für die NREGA-Beschäftigten enorme Härten mit sich gebracht.

Hinter vielen dieser Probleme steht die Tatsache, dass es teilweise nicht gelingt, bei der Umsetzung von NREGA Verantwortlichkeit zu garantieren. Dabei besteht ein wichtiger Grund, warum man staatlichen Beschäftigungsprogrammen einen gesetzlichen Rahmen verpasst, gerade darin, Verantwortlichkeiten zu schaffen, und das Gesetz enthält, wie schon erwähnt, durchaus entsprechende Bestimmungen, wie etwa die Klausel zum Arbeitslosengeld, die Entschädigungsklausel sowie die Strafklausel. Doch diese Bestimmungen blieben weitgehend ungenutzt, was zum Teil damit zu tun hat, dass sie vom Verwaltungsapparat durchgesetzt werden sollen, der in erster Linie für die Umsetzung des Programms verantwortlich ist und der kein Interesse daran hat, die Verantwortung gegenüber den Menschen zu übernehmen.[40] Die Zukunft von NREGA wird in hohem Maße davon abhängen, ob es gelingt, diese Verantwortlichkeitsprinzipien zu aktivieren und wirksame Mechanismen zu schaffen, um Beschwerden nachzugehen und sie aus der Welt zu schaffen.[41] Wenn das nicht gelingt, wird sich NREGA nach und nach auf ein müdes Von-oben-nach-unten-Programm reduzieren und nicht mehr das nachfragegetriebene, auf Rechten basierende Programm sein, als das es einst gedacht war.

Im Moment steht NREGA vor einer etwas ungewissen Zukunft. Es hat sich, so scheint es, ein besorgniserregender «Ermüdungsfaktor» bemerkbar gemacht, aber es gibt auch viele Möglichkeiten für ein weiteres (quantitatives wie qualitatives) Wachstum des Programms: u. a. Verfahrensinnovationen, die Aktivierung der Verantwortlichkeitsregelungen und eine bessere kollektive Organisation der NREGA-Arbeiter. Es bieten sich enorme konstruktive Chancen auf einem heute gut erforschten und vielversprechenden Feld.

Das Public Distribution System in neuer Gestalt?[42]

Neben dem National Rural Employment Guarantee Act ist das Public Distribution System das größte ökonomische Unterstützungsprogramm im heutigen Indien. Dabei sind Haushalte berechtigt, je nach Art ihrer Bezugskarte subventionierte Waren zu erhalten. Hierbei handelt es sich vor allem um Reis und Weizen, nur in einigen wenigen Staaten werden auch andere Nahrungsmittel (etwa Hülsenfrüchte und Speiseöle) ausgegeben.[43]

Die Zentralregierung stellt den Regierungen in den Bundesstaaten Weizen und Reis zur Verfügung. Welcher Staat wie viel bekommt, richtet sich nach den offiziellen Armutsschätzungen; einige Bundesstaaten stellen ergänzend eigene Ressourcen bereit.[44] Die Behörden in den Bundesstaaten haben das Recht, Haushalten unterschiedliche Bezugskarten zuzuteilen – meist sind sie unterteilt in APL und BPL, also über oder unter der Armutsgrenze, aber mitunter gibt es auch noch weitere Kategorien.[45] In einigen Bundesstaaten ist das PDS universell oder fast universell, insofern alle oder die meisten Haushalte substanzielle Ansprüche an das PDS besitzen (allerdings natürlich nicht alle in der gleichen

Kategorie). In anderen Bundesstaaten ist das öffentliche Verteilungssystem auf Haushalte unterhalb der Armutsgrenze beschränkt – Haushalte, die darüber liegen, haben, wenn überhaupt, nur sehr geringe Anrechte.

Etwas vereinfacht kann man unterscheiden zwischen einem «alten» PDS, dessen Defizite im Laufe der Jahre immer deutlicher geworden sind, und dem «neuen» PDS, das sich offenbar noch in der Aufbauphase befindet. Zu den Kernmerkmalen des alten PDS gehören ein begrenzter Umfang (üblicherweise ist es gezielt auf BPL-Haushalte ausgerichtet), eine hohe Fehlerquote in Sachen Exklusion (aufgrund der schon erwähnten Unzuverlässigkeit der BPL-Listen), eine stark schwankende Versorgung mit Lebensmitteln (was oft die Machtlosigkeit der Zielgruppe widerspiegelt) und massive Korruption. Das neue PDS beruht auf dem gezielten Versuch, diese miteinander zusammenhängenden Probleme zu beseitigen und für eine breitere Abdeckung, weniger Ausschlussirrtümer, eine regelmäßige Versorgung und relativ kleine Verluste durch Unterschlagung zu sorgen. Dem liegt eine andere PDS-Politik zugrunde. Mit ein wenig Übertreibung kann man davon sprechen, dass das alte PDS tendenziell von korrupten Mittelsmännern kontrolliert wird, während es im neuen PDS stärker um die Empfänger geht. In der Praxis ist das in den einzelnen Bundestaaten höchst unterschiedlich, und sie sind beim Übergang von alten zum neuen PDS unterschiedlich weit.

Bis vor ein paar Jahren war das alte PDS in den meisten Bundesstaaten vorherrschend. Das System als solches war in Verruf geraten und galt weithin (vor allem unter Ökonomen) als sehr kostspielige und ineffektive Sache – als ein unheilbar dysfunktionales Verfahren, das man am besten auslaufen lassen oder durch Geldzahlungen ersetzen sollte.[46]

Doch entgegen diesem Verdikt kam es in den letzten Jahren in vielen Bundesstaaten zu einem Wiederaufleben des PDS.[47] Vorreiter war dabei (wie in vielen anderen Bereichen auch) Tamil Nadu, wo das PDS allen offensteht, in der Regel funktioniert und relativ korruptionsfrei ist. Auch andere Bundesstaaten im Süden Indiens haben erste Schritte in Richtung eines neuen PDS unternommen. Doch zum großen Durchbruch kam es in Chhattisgarh, wo das PDS sämtliche Mängel des alten Systems aufwies (vor allem eine massive Korruption) und weithin als nicht reparabel galt. Doch innerhalb weniger Jahre – seit Mitte der 2000er Jahre – schaffte es den «Turnaround», und zwar dank des festen politischen Willens, es funktionsfähig zu machen. Heute erhält eine überwältigende Mehrheit (rund 75 Prozent) der ländlichen Haushalte in Chhattisgarh jeden Monat vom PDS 35 Kilogramm Reis zu einem symbolischen Preis (der je nach Bezugskarte bei ein oder zwei Rupien je Kilo liegt).[48] Zahlreiche Berichte aus jüngster Zeit deuten darauf hin, dass die Nahrungsmittelverteilung in Chhattisgarh jetzt reibungslos funktioniert und die meisten Kartenbesitzer jeden Monat die vorgeschriebene Ration zum korrekten Preis bekommen.[49] 35 Kilogramm Reis im Monat (etwa zwei Drittel der Getreidemenge, die eine fünfköpfige Familie in diesem Zeitraum benötigt) bedeuten beileibe noch nicht das Ende der Armut, aber für Menschen, die permanent darum kämpfen, einigermaßen über die Runden zu kommen, machen sie enorm viel aus. 2011 entsprach diese monatliche Reisration in etwa einem Wochenlohn im Rahmen des NREGA – ohne dass man dafür arbeiten musste.

Diese Kehrtwende in Sachen PDS in Chhattisgarh ist deshalb besonders bemerkenswert, weil sie im «nördlichen Herzland» stattfand (das, wie in Kapitel 3 gesehen, im Allgemeinen für seine schlechte Regierungsführung bekannt ist), und in einem Staat, wo das PDS im Ruf stand, extrem korrupt zu sein und «im Grunde nicht zu funktionieren».[50] Diese Situation herrscht nach wie vor in vielen Bundesstaaten, darunter auch in Bihar, wo gerade eine ganze Reihe von Reformen umgesetzt werden, das PDS aber weitgehend noch nicht reformiert ist. Dieser Gegensatz zwischen altem PDS in Bihar und neuem PDS in Chhattisgarh wird in Tabelle 7.2 veranschaulicht. Es ist vielleicht kein Zufall, dass der Anteil der Befragten in dieser Erhebung unter BPL-Haushalten (durchgeführt im Mai/Juni 2011), die angaben, sie hätten in den vergangenen Monaten Mahlzeiten ausfallen lassen, in Bihar bei 70 Prozent lag, in Chhattisgarh dagegen nur bei 17 Prozent – obwohl in beiden Bundesstaaten das gleiche Ausmaß – gemessen am Pro-Kopf-Einkommen – an ländlicher Armut herrscht.

Die Entscheidung, das öffentliche Verteilungssystem neu zu konzipieren, war kein Akt der Barmherzigkeit von Seiten der Regierung in Chhattisgarh, sondern – recht explizit – der Versuch, Wählerstimmen für sich zu gewinnen (wofür man sich in einer Demokratie nicht unbedingt schämen muss, denn das gehört ja dazu). Dieser Entscheidung folgte ein zwei Jahre dauernder Kampf (der schließlich gerichtlich beigelegt wurde), die Verwaltung der Verkaufsstellen von privaten Händ-

Tab. 7.2: Das staatliche Verteilungssystem: alt und neu

	Bihar	Chhattisgarh
Anteil der BPL-Haushalte, die in den letzten drei Monaten keinerlei Getreide aus dem PDS bekamen (in Prozent)	35	0
Durchschnittliche Getreidekäufe der BPL-Haushalte beim PDS in den letzten drei Monaten:		
In absoluten Mengen (kg/Monat)	11	33
Als Anteil der ihnen zustehenden Menge[a] (in Prozent)	45	95
Anteil der BPL-Befragten, die angaben, «normalerweise» ihre vollen PDS-Rationen zu bekommen (in Prozent)	18	97
Anteil der BPL-Befragten, die mit den Einträgen in ihren Bezugskarten einverstanden sind (in Prozent)	25	94
Anteil der BPL-Haushalte, die in den letzten drei Monaten Mahlzeiten ausfallen ließen (in Prozent)	70	17
Anteil der BPL-Haushalte, die es gut fänden, wenn das PDS durch entsprechende Geldleistungen ersetzt würde (in Prozent)	54	2

[a] Ansprüche: 25 kg bzw. 35 kg pro Haushalt und Monat in Bihar bzw. Chhattisgarh (für Reis und Weizen zusammen).

Quelle: PDS Survey 2011 (siehe Reetika Khera, «Revival of the Public Distribution System: Evidence and Explanations», in: Economic and Political Weekly, 5. November 2011), die auf einer Zufallsauswahl von 264 Haushalten in 24 Dörfern in Bihar und Chhattisgarh beruht (sechs Dörfer je Distrikt in zwei Distrikten je Bundesstaat).

lern auf Gemeinschaftsinstitutionen wie die Gram Panchayats und Selbsthilfegruppen zu übertragen. Eine Vielzahl weiterer PDS-Reformen folgte, mit denen Transparenz und Verantwortlichkeit im System wiederhergestellt werden sollten. Als die Regierung von Raman Singh (die die Reform angestoßen hatte) 2008 wieder ins Amt zurückkehrte, war man, ob nun zu Recht oder nicht, weithin der Meinung, die Kehrtwende beim PDS habe bei diesem Wahlsieg eine wichtige Rolle gespielt, was einige Bundesstaaten später dazu animierte, ihr Verteilungssystem ebenfalls zu reformieren.

Zudem ist der Bedarf der Bevölkerung an einem funktionierenden PDS überall im Land enorm gewachsen, weil die Marktpreise für Reis und Weizen steil nach oben gingen (während die Ausgabepreise im PDS gleich blieben und in einigen Fällen sogar sanken). Mit der Inflation bei den Nahrungsmittelpreisen wuchs der Wert einer PDS-Berechtigung, denn für die Menschen ging es damit um deutlich mehr im System. Gestiegene Nahrungspreise erhöhten auch in vielen Staaten den Druck, die Reichweite des PDS zu vergrößern, und diese Ausweitung trug ebenfalls dazu bei, die Verantwortlichkeit wiederherzustellen. Ähnlich wie Chhattisgarh starteten auch viele andere Bundesstaaten (unter anderem Andhra Pradesh, Himachal Pradesh, Odisha und Rajasthan) weitreichende PDS-Reformen, um das System zu verbessern und Korruption zu vermeiden.

Einige frühe Anzeichen einer PDS-Verbesserung auf breiter Basis lieferte die 66. Runde des National Sample Survey (NSS) von 2009/10. Zwischen 2004/5 (der vorherigen «großen Auflage» des NSS) und 2009/10 stiegen demnach die Mengen an Weizen und Reis, die Haushalte im Rahmen des PDS kauften, um 50 Prozent. Der Anteil der Haushalte, die zumindest etwas Reis oder Weizen beim PDS erwarben, stieg von 27 Prozent 2004/5 auf 45 Prozent 2009/10. Erstmals lassen NSS-Daten auch darauf schließen, dass das PDS im ländlichen Indien einen signifikanten Beitrag zur Armutsbekämpfung leistet, insbesondere – aber nicht nur – in Staaten mit einem voll entwickelten neuen PDS wie Tamil Nadu und Chhattisgarh.[51]

Eine im Mai/Juni 2011 in neun Staaten durchgeführte Erhebung (die auf der Befragung von 1200 zufällig ausgewählten BPL-Haushalten fußt) legt ebenfalls nahe, dass jüngste Initiativen signifikante Ergebnisse erbracht haben: Die untersuchten Haushalte hatten in den vorangegangenen drei Monaten 84 Prozent der ihnen zustehenden PDS-Ansprüche bekommen. Die «Unterversorgung» konzentrierte sich vor allem auf Bihar, Jharkhand und Uttar Pradesh – in den anderen Bundesstaaten (Andhra Pradesh, Chhattisgarh, Himachal Pradesh, Odisha, Rajasthan und Tamil Nadu) erhielten die BPL-Haushalte regelmäßig alles, was ihnen zustand. Selbst in Bihar und Jharkhand gab es deutliche Zeichen der Besserung, wenn man bedenkt, dass in diesen Staaten noch 2004/5 schätzungsweise mehr als 80 Prozent der zentralen Getreideankäufe für das PDS auf den Schwarzmarkt «umgeleitet» wurden.[52]

Das soll nicht heißen, dass mit dem PDS alles in bester Ordnung ist, das ist beileibe nicht der Fall. Auch eine Lücke von 16 Prozent bei der Versorgung der BPL-Haushalte mit den ihnen zustehenden Rationen ist inakzeptabel und summiert sich landesweit zu enormen Verlusten. Vor allem aber scheint bei den APL-Quoten, bei denen es an Transparenz fehlt, noch immer massive Korruption zu herrschen.[53] Und natürlich handelt es sich selbst bei kleinen «Lecks» um ein teures System, bei dem vor allem durch die Beschaffung, den Transport und die Lagerung des Getreides enorme Transaktionskosten entstehen. Das ist auch einer der Gründe, warum viele Ökonomen nach wie vor fordern, das öffentliche Verteilungssystem durch ein System von Geldleistungen zu ersetzen.

Es gibt jedoch einige Gründe, einer vollständigen Ersetzung des PDS durch Geldleistungen mit gewissen Vorbehalten zu begegnen. Zum Ersten ist das PDS mehr als eine Einkommensunterstützung – oder kann es zumindest sein. Einige Bundesstaaten haben damit begonnen, die Menschen im Rahmen des PDS mit nahrhaften Dingen wie Hülsenfrüchten, Speiseölen und angereichertem Salz zu versorgen. Das System kann somit als wichtige Nahrungsergänzung für arme Haushalte fungieren, und zwar deutlich effektiver als Geldzahlungen (insofern die PDS-Rationen einen «Anstoß» in Richtung gesunder Ernährung geben).[54] Ein gut funktionierendes PDS könnte also auch in Sachen Ernährung im ganzen Land eine wichtige Rolle spielen.

Zweitens kann auch die einkommensunterstützende Rolle des PDS durchaus anders funktionieren als Geldleistungen, denn Sachleistungen werden oft anders verwendet als Barauszahlungen. Essen wird in der Regel sparsam verwendet, Tag für Tag, und jeder in der Familie bekommt seinen Anteil (wenn auch nicht immer den gleichen). Natürlich kann auch Geld prinzipiell mit der gleichen Sorgfalt verwendet werden, aber es besteht doch ein gewisses Risiko, dass es zweckentfremdet, verprasst oder höchst ungleich verteilt wird. Überdies dient Geld vermutlich eher dem Kauf von Waren, die in erster Linie von den erwachsenen Familienmitgliedern (und hier vor allem den Männern) konsumiert werden, und zwar auf Kosten der unterernährten Mädchen und anderer Kinder. Natürlich kann es auch sein, dass Lebensmittel, die eine Familie bekommt, an einen Händler weiterverkauft werden, damit die Männer konsumieren können, aber die psychologische Hemmschwelle, so mit kostenlosem oder subventioniertem Essen umzugehen, ist doch um einiges höher.

Drittens hängt die Adäquatheit von Geldzahlungen als Ersatz für Nahrungsmittelrationen von der Effektivität lokaler Lebensmittelmärkte ab. Diese fällt in Indien höchst unterschiedlich aus. Vor allem in den entlegeneren Regionen (etwa in den Stammesgebieten Zentralindiens) ist es häufig so, dass die Märkte weit weg sind und ausbeuterisch hohe Preise verlangen, zudem gibt es verbreitet eine unsichere Versorgung mit Nahrungsmitteln. Aber auch in anderen Gegenden könnte die Abschaffung des PDS destablisierende Auswirkungen auf die lokalen Lebensmittelmärkte haben.

Viertens ist da die Frage des Vorbereitetseins. So gut wie jedes indische Dorf verfügt bereits über eine funktionierende PDS-Verkaufsstelle (oder einen *fair price shop*). Geldzahlungen erfordern aber eine ganz eigene Infrastruktur, etwa ein effektives Bankensystem, das in weiten Teilen Indiens immer noch fehlt. Die anhaltenden Verwerfungen beim NREGA, die auftraten, als die Löhne Mitte 2008 überhastet über Banken (und Postämter) ausgezahlt wurden, ohne dass es dafür die erforderliche Infrastruktur gab, war in dieser Hinsicht eine ernüchternde Erfahrung.

Fünftens kann der tatsächliche Wert von Geldzahlungen durch die Inflation geschmälert werden. Dagegen kann man natürlich recht einfach etwas tun: Man muss nur die Zahlungen an das Preisniveau koppeln. Aber diese Einfachheit täuscht. Geldzahlungen können an das allgemeine Preisniveau gekoppelt werden, aber damit bestünde immer noch die Möglichkeit, dass ihr Wert durch lokale Preissteigerungen «angeknabbert» wird. Die Frage ist auch, ob sich regelmäßige Preisanpassungen politisch auch dann noch garantieren und umsetzen lassen, wenn beispielsweise der Finanzminister sich dazu gedrängt sieht, Subventionen zu kürzen. Man denke in diesem Zusammenhang daran, dass es der Zentralregierung wiederholt nicht gelang, die NREGA-Löhne zu indexieren, obwohl sie das versprochen hatte.

Diese und andere Sorgen kamen in der oben erwähnten Erhebung deutlich zum Ausdruck, als die Interviewten gefragt wurden, wie sie eine Ersetzung des PDS durch Geldzahlungen finden würden. Während einige dieser Alternative gegenüber aufgeschlossen waren oder sie sogar favorisierten, gab es im Allgemeinen eine deutliche Präferenz für das PDS, sofern es relativ gut funktionierte.[55] Nur in Bihar, wo es eher schlecht funktionierte, sprach sich eine Mehrheit der Befragten (54 Prozent) für Geldzahlungen aus (siehe Tabelle 7.2).

Diese Antworten muss man natürlich mit einer gewissen Vorsicht interpretieren und sie sollen auch nicht dazu dienen, die Diskussion zu beenden. Aber es gilt die Sorgen und Bedenken der Menschen ernst zu nehmen. Nicht zuletzt lautet ja auch eine der Prämissen derer, die sich für Geldzahlungen stark machen, dass die Menschen schon wüssten, was am besten für sie sei (und man sie demzufolge nicht «bevormunden» muss, indem man ihnen statt Geld bestimmte Waren gibt). Wenn aber die Menschen am besten wissen, was gut für sie ist, dann sollte ihren Ansichten zu diesen Fragen ein gewisses Gewicht zukommen.

Und schließlich: Sollte das öffentliche Verteilungssystem durch Geldzahlungen ersetzt werden, müsste die Regierung sich überlegen, wie sich all der Reis und Weizen, den sie jedes Jahr beschafft, möglichst gut verwenden ließen. Denn das Beschaffungssystem ist eine ganz andere, eigene Sache und wird mit ziemlicher Sicherheit so bald nicht abgeschafft werden. Optimistische Prognosen massiver Einsparungen bei den «Nahrungsmittelsubventionen» im Falle eines Wechsels hin zu Geldleistungen gehen im Grunde davon aus, dass die Getreidebeschaffung wegfällt (oder zumindest deutlich reduziert wird), aber diese Annahme wird kaum diskutiert. Und auch die Frage, ob ein Ende der staatlichen Nahrungsmittelbeschaffung politisch machbar oder überhaupt wünschenswert ist, spielt bei diesen Berechnungen keine Rolle.

Kurz: Die Forderung, das PDS durch Geldzahlungen zu ersetzen, ist weniger überzeugend, als es oft den Anschein hat. Natürlich können Geldleistungen unter bestimmten Umständen effektiv sein. Aber die überstürzte Ersetzung eines funktionierenden PDS, das für Millionen Arme zu einer wichtigen Quelle der Hilfe geworden ist, durch ein System von Geldzahlungen, von dem man nicht weiß, ob es die Erwartungen überhaupt erfüllt, könnte sich als kostspieliger Fehler erweisen. Vieles spricht dafür, Bestehendes zu konsolidieren statt sogleich hastig zu Geldzahlungen überzugehen, auch wenn solche Zahlungen langfristig möglicherweise an Plausibilität gewinnen.

Die wirklich wichtige Frage aber ist nicht Geld- oder Sachleistungen, wichtig ist, ein effektives System der Einkommensunterstützung und der ökonomischen Sicherung zu schaffen, ganz gleich, ob das nun auf Geldzahlungen oder dem öffentlichen Verteilungssystem oder einer Mischung aus beidem besteht. Arme Menschen sich selbst zu überlassen ist weder sozial gerechte noch kluge Politik.

8. IM GRIFF DER UNGLEICHHEIT

In allen Ländern auf dieser Welt gibt es Ungleichheiten der verschiedensten Art. In Indien freilich findet man ein einzigartiges Gemisch tödlicher Spaltungen und Disparitäten. Kaum ein Land hat mit so extremen Ungleichheiten in so vielen Bereichen zu kämpfen, darunter mit enormen ökonomischen Ungleichheiten und riesigen kasten-, klassen- und geschlechterspezifischen Disparitäten. Vor allem die Kasten spielen in Indien eine weltweit singuläre Rolle. Selbstverständlich gab es in der Vergangenheit (und gibt es zum Teil bis heute) in vielen Ländern kastenähnliche Institutionen, die Menschen in feste Schubladen stecken. Doch Indien scheint ziemlich einzigartig zu sein, was die zentrale Rolle von Kastenhierarchien und ihren anhaltenden Einfluss auf die moderne Gesellschaft betrifft (obwohl zahlreiche Gesetze jede Form der kastenspezifischen Diskriminierung verbieten). Zudem verstärkt die Kastenschichtung oft die klassenbedingte Ungleichheit und verleiht ihr eine Beharrungskraft, gegen die nur schwer anzukommen ist. Auch die Ungleichheit zwischen den Geschlechtern ist in Indien besonders ausgeprägt, vor allem in weiten Teilen des Nordens und Westens, wo die Unterdrückung der Frau recht umfassend ist. Die Tatsache, dass sich enorme Ungleichheiten der unterschiedlichsten Art wechselseitig verstärken, sorgt für ein extrem repressives Gesellschaftssystem, wo diejenigen, die sich am unteren Ende dieser vielen Ebenen der Benachteiligung befinden, unter Bedingungen extremer Machtlosigkeit leben.

Tabelle 8.1 verdeutlicht das schwere historische Erbe Indiens im Hinblick auf viele Ungleichheiten, indem sie die Alphabetisierungsraten bei Brahmanen und Dalits (den ehemals «Unberührbaren», die heute als *scheduled castes* über bestimmte gesetzlich garantierte Möglichkeiten verfügen) in verschiedenen Regionen von Britisch-Indien zu Beginn des 20. Jahrhunderts miteinander vergleicht. In den meisten Gegenden konnte schon damals eine Mehrheit der männlichen Brahmanen (bis zu 73 Prozent im Staat Baroda) lesen und schreiben. Das andere Extrem bildet die Alphabetisierungsrate von Dalit-Frauen, die in den meisten

Tab. 8.1: Kaste, Geschlecht und Alphabetisierung 1901

Region (Provinz oder Staat)	Alphabetisierungsrate 1901 (in Prozent) Brahmanen[a]		Alphabetisierungsrate 1901 (in Prozent) *scheduled castes*[b]	
	Männer	Frauen	Männer	Frauen
Staat Baroda	73,0	5,6	1,2	0
Staat Mysore	68,1	6,4	0,9	0,1
Provinz Bombay	58,0	5,4	0,7	0
Provinz Madras	57,8	4,4	1,0	0
United Provinces	55,3	4,6	0,2	0
Central Provinces	36,5	0,9	0,4	0

[a] Kayashta in den United Provinces.
[b] Chamar in den United Provinces und Central Provinces; Dhed und Mahar in Baroda; Paraiyan in der Provinz Madras; Holaya in Mysore; Dhed, Mahar und Vankar (kombiniert) in Bombay. Da sich die Einteilung der Kasten im Laufe der Zeit verändert hat, war es nicht möglich, die Gesamtalphabetisierungsrate aller *scheduled castes* (wie sie später hießen) im Jahr 1901 zu schätzen; wie haben uns bemüht, unter den im Zensus von 1901 aufgeführten Kasten die wichtigsten «benachteiligten Kasten» in jeder Region ausfindig zu machen.

Quelle: Census of India 1901, Zusatztabellen, Tab. VI (siehe H. H. Risley und E. A. Gait, *Report on the Census of India*, 1901, Kalkutta: Superintendent of Government Printing, 1903; auch verfügbar unter www.chaf.lib.latrobe.edu.au/dcd/census1901.htm).

Gegenden bei null lag. Hier zeigen sich innerhalb beider Gruppen eine enorme Kluft zwischen den Geschlechtern – genauer gesagt haben die Männer jeweils fast einen Art Monopol auf Bildung – und enorme kastenspezifische Disparitäten; selbst Dalit-Männer kamen damals mit Ausnahme einer Region kaum auf eine Alphabetisierungsrate von einem Prozent – knapp ein Prozent der Alphabetisierungsrate männlicher Brahmanen.

Die enormen Disparitäten in der indischen Gesellschaft gründen vor allem darin, dass sich verschiedene Ungleichheiten (in diesem Falle kasten- und geschlechterspezifische) gegenseitig verstärken. Das Ganze würde noch schlimmer aussehen, wenn man die Dimension «Klasse» noch hinzunehmen würde. Und so wie sich die Ungleichheiten im Hinblick auf Kaste und Geschlecht gegenseitig verstärken, tun das etwa auch die von Kaste und Klasse. So machen es beispielsweise kastenspezifische Spaltungen für die wirtschaftlich Unterprivilegierten noch schwerer, sich zu organisieren und die eigene Position zu stärken. B. R. Ambedkar hat das zugespitzt so formuliert: «Das Kastensystem ist nicht nur eine *Arbeits*teilung. Es ist eine *Arbeiter*teilung.»[1]

Die Zahlen in Tabelle 8.1 würden heute deutlich anders aussehen, vor allem in den jüngeren Altersgruppen.[2] Tatsächlich ist das Land in diesen Altersgruppen auf dem Weg zu einer universellen Alphabetisierung, was bedeutet, dass die kasten- und geschlechtsbedingte Kluft in diesem Bereich deutlich schrumpft. Historisch gesehen bedeutet das Ende dieses Quasi-Monopols von Männern der oberen Kasten auf Bildungschancen einen bedeutsamen Durchbruch – und erinnert daran, dass sich in Indien trotz allem ein signifikanter sozialer Wandel vollzieht. Es wäre freilich ein großer Fehler zu glauben, dass diese historischen Ungleichheiten überwunden wären. Denn zum einen lernt, wie wir gesehen haben, ein Großteil der indischen Kinder (vor allem die aus unterprivilegierten Familien) in der Schule recht wenig, und wenn man sich etwas weitergehende Bildungsleistungen als nur die Lese- und Schreibfähigkeit ansieht, so dürften sich nach wie vor recht ausgeprägte Disparitäten nach Klasse, Kaste und Geschlecht ergeben. Zum anderen leben die gesellschaftlichen Normen und Wertesysteme, die diesen historischen Ungleichheiten zugrunde liegen, bis heute fort, auch wenn sie sich dank moderner Gesetze, Normen und Institutionen nicht mehr ganz so stark manifestieren.

Hinzu kommt die Tatsache, dass Ungleichheiten in Sachen Bildung auch für sich gesehen ein Problem sind. Sie spiegeln zum Teil – aber eben nur zum Teil – klassen-, kasten- und geschlechtsbedingte Ungleichheiten wider. Zugleich üben sie aber auch selbst Einfluss aus und sind Ausdruck von Unterschieden beim Schulzugang, bei Lernfähigkeiten, elterlicher Bildung und so weiter. So gibt es bei den schulischen Leistungen oft große Unterschiede zwischen Geschwistern, selbst wenn sie das gleiche Geschlecht haben und natürlich der gleichen Kaste und Klasse angehören (da sie zur gleichen Familie gehören). Auch hier scheint Indien im internationalen Vergleich wieder sehr schlecht abzuschneiden, was das Ausmaß der Bildungsungleichheiten angeht – sowohl insgesamt betrachtet als auch im Hinblick auf Geschwister.[3] So ist beispielsweise die Streuung der Zahl der besuchten Schuljahre innerhalb einer bestimmten Altersgruppe in Indien sehr hoch, vor allem bei Frauen.[4]

Es gibt überdies weitere wichtige soziale Spaltungen in Indien, die durch die bereits erörterten noch verstärkt werden. So herrscht beispielsweise eine Kluft zwischen denen, die Englisch können, und denen, die es nicht können. Auf sie hat vor allem der sozialistische Denker Rammanohar Lohia immer wieder hingewiesen und sogar behauptet: «Eine hohe Kaste, Reichtum und Englischkenntnisse sind die drei Voraussetzungen, die dafür sorgen, dass jeder, der zumindest zwei davon besitzt, zur herrschenden Klasse gehört.»[5] Tatsächlich öffnen einem Englischkenntnisse in Indien alle möglichen Türen, selbst jemandem, der ansonsten nicht besonders qualifiziert ist. Englisch ist die Sprache der Justiz (von den High Courts aufwärts), der höheren Bildung, der modernen Geschäftswelt, der offiziellen Dokumente auf höheren Ebenen und in einem noch immer hohem Maße des Internets. Diese Teilung zeigt sich immer stärker im Schulsystem, das zwischen privilegierten Schulen mit Englisch als Unterrichtssprache und dem Rest gespalten ist. Das bedeutet ein großes Hindernis für die Integration aller Kinder in einem gemeinsamen Schulsystem. Auch hier steht wieder eine Form von Ungleichheit im Wege, wenn es gilt, eine andere zu bewältigen.[6]

Besonders ausgeprägt verstärken sich die verschiedenen Ungleichheiten gegenseitig im nördlichen Kernland, und das ist vermutlich ein Hauptgrund, warum diese Region dem Rest des Landes in vielerlei Hinsicht hinterherhinkt.[7] Anderswo hatten jüngste Erfahrungen eines rasanten und auf breiter Grundlage stehenden sozialen Fortschritts damit zu tun, dass man auf die eine oder andere Weise die historische Last sich wechselseitig verstärkender Ungleichheiten in den Griff bekommen hat. In Kapitel 3 haben wir das im Hinblick auf die rasante Entwicklung in Kerala, Himachal Pradesh und Tamil Nadu gezeigt. Für Indien als Ganzes aber ist diese Integrationsaufgabe erst noch zu leisten.

Einkommensungleichheit und ökonomische Trennlinien

Wie ungleich ist Indien im Hinblick auf die Einkommensverteilung? Die gängige Lesart lautet, dass Indien, verglichen mit anderen Ländern, in dieser Hinsicht *nicht* besonders ungleich ist. Dieser gängige Eindruck stützt sich vor allem auf den Vergleich des Gini-Koeffizienten für die Pro-Kopf-Ausgaben in Indien mit dem für das Pro-Kopf-Einkommen in anderen Ländern (was vor allem damit zu tun hat, dass es für Indien keine zuverlässigen Zahlen zu den Einkommen gibt). Dieser Vergleich ist natürlich ein wenig schief, denn die Verteilung der Pro-Kopf-Ausgaben ist überall auf der Welt tendenziell weniger ungleich als die der Pro-Kopf-Einkommen. Der India Human Development Survey von 2004/5 enthält jedoch auch Daten zum Einkommen und ermöglicht es, den Gini-Koeffizienten für das Pro-Kopf-Einkommen in Indien zu schätzen. Dabei kommt man auf einen Wert von 0,56, der deutlich über den Werten von 0,35 oder so liegt, welche sich üblicherweise aus den Zahlen für die Ausgaben ergeben. Das lässt darauf schließen, so eine Studie der Weltbank, dass «die Ungleichheit in Indien im gleichen Bereich liegt wie in Brasilien und Südafrika, beides Länder mit hoher Ungleichheit».[8] Diese Schlussfolgerung beruht natürlich nur auf einer einzigen Erhebung und bedarf weiterer Überprüfung, aber deutlich ist, dass die allgemeine Überzeugung, die Einkommensverteilung in Indien sei weniger ungleich als in vielen anderen Schwellenländern dieser Welt, ernsthaft in Frage steht.

Zudem spricht vieles dafür, dass die wirtschaftliche Ungleichheit in Indien in den letzten Jahrzehnten sogar noch *zugenommen* hat. So legen beispielsweise die Zahlen zu den Pro-Kopf-Ausgaben nahe, dass das Stadt-Land-Gefälle und die Ungleichheit in urbanen Regionen gewachsen sind. Hauptprofiteure des rasanten indischen Wirtschaftswachstums der letzten Jahre waren die vergleichsweise wohlhabenden Menschen in den städtischen Gegenden. Ähnlich deuten Zahlen zum Pro-Kopf-Einkommen auf eine wachsende Konzentration der Einkommen ganz oben hin, und Reichtumsdaten signalisieren ebenfalls, so uneinheitlich sie auch sein mögen, wachsende Ungleichheit in der Zeit nach den Reformen.[9]

Wäre die Einkommens- und Ausgabenverteilung unverändert geblieben (oder hätte sich die Diskrepanz hier sogar verringert), statt ungleicher zu werden, hätten die Armen viel stärker vom enormen Wirtschaftswachstum Indiens profitiert, als dies in Wirklichkeit der Fall gewesen ist. Stattdessen verlief der Rückgang der Armut weiter schleppend und im Grunde entsprechend früheren Entwicklungen, obwohl sich das Wachstum deutlich beschleunigte.[10] Neben dieser frustrierenden Tendenz gibt es auch noch andere Gründe, warum einem die wachsende ökonomische Ungleichheit in Indien Sorge bereiten muss, selbst wenn sie mit einem anhaltenden Rückgang der Armut einhergeht. Tatsächlich haben jüngste Untersuchungen überall auf der Welt gezeigt, dass Ungleichheit als solche, also auch ökonomische Ungleichheit, negative soziale Folgen hat. So geht etwa wirtschaftliche Ungleichheit mit einer schlechteren Gesundheitsversorgung einher – nicht nur für die Armen, sondern für die Bevölkerung insgesamt.[11] Es gibt überdies Hinweise darauf, dass eine hohe ökonomische Ungleichheit ein Land anfälliger für Kriminalität macht. Ökonomische Disparitäten untergraben zudem die gesellschaftliche Solidarität und die Kooperation der Bürger. Eine ausgeprägte Konzentration des Reichtums verleiht überdies einer privilegierten Minderheit unverhältnismäßig viel politische Macht, was oftmals die elitäre Einseitigkeit staatlicher Politik und Demokratie verstärkt.[12] Und schließlich hängt der Fortbestand des Kastenwesens und anderer Ungleichheiten weitgehend damit zusammen, dass sie sich teilweise mit ökonomischen Ungleichgewichten decken und sich wechselseitig verstärken. Aus diesen und anderen Gründen muss man viel mehr tun, um ein weiteres Anwachsen der Ungleichheit in Indien zu verhindern oder, besser noch, die Entwicklung wieder umzukehren. Jüngste Erfahrungen mit ökonomischer Umverteilung in Lateinamerika (wo die Ungleichheit in den letzten Jahren nicht zu-, sondern abgenommen hat), aber auch Indiens eigene Erfahrung mit Programmen zur Einkommensunterstützung (wie sie im vorangegangenen Kapitel vorgestellt wurden) legen nahe, dass in dieser Hinsicht tatsächlich viel geleistet werden kann.

Das Hauptproblem jedoch ist nicht die jüngste Verschärfung der ökonomischen Ungleichheit, sondern sind Ausmaß und Art der schon seit langem bestehenden Ungleichheiten – nicht nur der ökonomischen, sondern auch anderer Formen (die beispielsweise mit Kaste und Geschlecht zu tun haben). Wie wir gleich zeigen werden, haben die sich gegenseitig verstärkenden Ungleichheiten für eine ziemlich stabile Spaltung zwischen den Privilegierten und dem Rest der Gesellschaft gesorgt.

Was die ökonomische Dimension betrifft, so besteht der schlimmste Verstoß gegen die Gleichheitsgrundsätze in Indien weniger im ungehörigen Wohlstand der Reichen oder Superreichen, sondern in der Tatsache, dass es so vielen Menschen noch immer an den grundlegenden Dingen eines menschenwürdigen Lebens fehlt: an Essen, Unterkunft, Kleidung, Sanitäreinrichtungen, Gesundheitsversorgung und Schulen für die Kinder. Vor dem Hintergrund dieser massenhaften Verelendung wirkt die Opulenz der Reichen nur noch grotesk. Tatsächlich ist die Ungleichheit als solche in China nicht geringer als in Indien, und doch besteht ein großer Unterschied darin, dass es ärmeren Chinesen üblicherweise nicht an den grundlegenden Dingen des Lebens fehlt (wir werden darauf im abschließenden Kapitel zurückkommen). Der erste Schritt in Richtung größerer sozialer Gerechtigkeit in Indien muss deshalb ohne Zweifel darin bestehen, jedem das Lebensnotwendige zu garantieren statt eine riesige Zahl von Menschen dauerhaften Entbehrungen im Alltagsleben auszusetzen.

Der Fortbestand des Kastenwesens

Es wird oft behauptet, die kastenspezifische Diskriminierung in Indien habe im 20. Jahrhundert deutlich nachgelassen.[13] Angesichts des Ausmaßes dieser Form der Diskriminierung in der Vergangenheit stimmt das sogar, aber dennoch ist die heutige Situation noch weit vom Zustand der Gleichheit entfernt. In großen Teilen Indiens durften Dalits früher keine Sandalen tragen, nicht Fahrrad fahren, keine Tempel betreten oder in Anwesenheit höherer Kasten auf einem Stuhl sitzen. Das sind nur ein paar Beispiele für das schreckliche System der Erniedrigung und Unterjochung, das sich um das Kastenwesen herum entwickelt hatte.[14] Viele dieser diskriminierenden Praktiken sind in der Tat zurückgegangen oder ganz verschwunden, und zwar dank der Ausbreitung von Bildung, sozialer Reformbewegungen, konstitutioneller Vorkehrungen, aber auch der wirtschaftlichen Entwicklung und natürlich aufgrund des wachsenden politischen Widerstands derjenigen, die Opfer solcher Diskriminierung wurden.

Diese Entwicklung ist freilich keineswegs einheitlich. Manche Kastenvorurteile – etwa die Missbilligung von Eheschließungen zwischen Menschen aus unterschiedlichen Kasten – sind bei vielen gesellschaftlichen Gruppen bis heute sehr ausgeprägt. Und während die Kastentrennungen in vielen Teilen des Landes und der Gesellschaft tatsächlich zurückgehen, gibt es sie heute auch dort, wo sie früher nicht existierten, etwa in verschiedenen Gemeinschaften von Adivasi, Muslimen, Sikhs und Christen. Viel wichtiger aber ist: Die Kaste ist nach wie vor ein wichtiges Machtinstrument in der indischen Gesellschaft, selbst dort, wo das Kastensystem viel von seiner früheren Barbarei und Brutalität verloren hat.

Wie sehr die höheren Kasten noch immer die staatlichen Institutionen dominieren, zeigt Tabelle 8.2, die auf Erhebungen in Allahabad beruht – einer nordindischen Stadt von beträchtlicher Größe. Die Zahlen in der Tabelle zeigen den Anteil der oberen Kasten in mächtigen und einflussreichen Positionen – unter anderem im Presseklub, beim Lehrkörper der Universität, in der Anwaltskammer, in den obersten Rängen der Polizei, in den Führungspositionen von Gewerkschaften, NGOs und Medienhäusern. Wie sich zeigt, liegt dieser Anteil bei 75 Prozent, während der Anteil der oberen Kasten an der Bevölkerung von ganz Uttar Pradesh bei gerade einmal 20 Prozent liegt. Allein Brahmanen und Kayashtas (die beiden hochrangigsten Kasten in Allahabad) besetzen gut die Hälfte der Posten – viermal mehr als ihr Anteil an der Bevölkerung des Bundesstaates beträgt.[15] Bei diesen Zahlen handelt es sich um Schätzungen, bei denen von Familiennamen auf die Kastenzugehörigkeit geschlossen wurde, doch das Muster ist eindeutig: Die oberen Kasten kontrollieren noch immer in überwältigendem Maße die öffentlichen Institutionen. Dabei ist es keineswegs so, dass andere Kasten (oder Gemeinschaften) gar nicht vertreten wären, aber angesichts einer so großen Mehrheit überrascht es nicht, dass die Angehörigen der höheren Kasten über unverhältnismäßig viel Macht verfügen. Dalits finden sich in den aufgelisteten Institutionen nicht in signifikanter Zahl; Ausnahme sind die Dozenten an der Universität, was zum Teil mit verpflichtenden Quoten zu tun hat.

Diese Dominanz der höheren Kasten scheint in den Institutionen der «Zivilgesellschaft» ausgeprägter zu sein als in staatlichen Einrichtungen. So liegt ihr Anteil bei den Führungspositionen von NGOs und Gewerkschaften in Allahabad bei rund 80 Prozent, im Exekutivkomitee der Anwaltskammer sind es fast 90 Prozent und bei den Amtsträgern des Presseklubs (der sich fast vollständig aus Brahmanen und Kayashtas zusammensetzt) volle 100 Prozent. Selbst Gewerkschaften von Arbeitern, die überwiegend benachteiligten Kasten angehören, werden oft von Personen aus den oberen Kasten geführt. Jedenfalls findet sich hier einiger Stoff zum Nachdenken darüber, dass offenbar sogar gegen das Establishment gerichtete Bewegungen in Indien bei ihren eigenen Aktivitäten tendenziell die alten Teilungen reproduzieren.

Es kann sein, dass Allahabad in dieser Hinsicht besonders konservativ ist. Natürlich handelt es sich nur um eine einzige Stadt, auch wenn nicht unerwähnt bleiben soll, dass Allahabad ein eigenständiges Machtzentrum darstellt. So sind zum Beispiel Absolventen der dortigen Universität, einer der ältesten und größten Indiens, in großer Zahl in der staatlichen Verwaltung und in anderen öffentlichen Institutionen überall im Land zu finden.[16] Wir haben hier keineswegs die Absicht, Allahabad besonders herauszustellen (nur weil wir für diese Stadt zufällig über genauere Daten verfügen), sondern wir wollen ein allgemeines Muster deutlich machen, das in unterschiedlichem Maße auch für viele andere Teile Indiens gilt, insbesondere für den Norden des Landes.

Tatsächlich hat eine ganze Reihe jüngere Untersuchungen auf ganz ähnliche Weise die anhaltende Dominanz der höheren Kasten (und das

Tab. 8.2: Anteil der höheren Kasten in ausgewählten Gruppen, Allahabad (in Prozent)

Bezugsgruppe[a]	Höhere Kasten		Brahmanen u. Kayashta	
	In der gesamten Gruppe	Unter den «Identifizierten»	In der gesamten Gruppe	Unter den «Identifizierten»
Presseklub Allahabad, Amtsträger (16)	100	100	75	75
Führende Mitglieder der Lehrergewerkschaften (17)	100	100	76	76
Besitzer von Werbeagenturen (11)	91	91	55	55
Oberärzte (99)	89	94	37	39
Anwaltskammer, Vorstand (28)	86	96	68	76
Prominente Verleger (12)	83	100	42	50
Lehrkörper des GB Pant Social Science Institute (15)	80	80	60	67
Anwaltsvereinigung, Vorstand (14)	79	100	57	73
Vertreter von NGOs	77	88	47	54
Gewerkschaftsführer (Angestellte und Arbeiter) (49)	76	88	55	64
Lehrkörper der Universität Allahabad* (112)	76	77	54	55
Chief Development Officers und Block Development Officers (20)	75	88	40	53
Bewohner von Ashok Nagar (62)	74	82	32	36
Reporter von Medienhäusern (62)	74	85	53	61
Ehem. Vorsitzende, Studentenvertretung der Universität Allahabad (79)	73	89	44	54
Prominente Künstler (55)	71	89	47	59
Presseklub Allahabad, Mitglieder (104)	71	80	56	63
Polizeibeamte (Distrikts- und Viertelebene) (28)	68	100	39	58
Lehrkörper am Indian Institute of Information Technology (47)	68	100	36	56
Richter am High Court (75)	68	81	32	38
Anwälte am High Court* (100)	67	88	44	58
Handelsverband (6)	67	80	0	0
Schulleiter, Colleges (16)	56	69	19	23
Einfache Techniker, Stadtverwaltung Allahabad (20)	55	79	30	43
Gesamt	75	87	46	54

[a] In Klammern jeweils die Größe der Gruppe (oder der Stichprobe, wo eine solche genommen wurde, markiert durch *)

Hinweis: Die erste Spalte enthält den Anteil der Personen, die in der gesamten Gruppe (mit einigermaßen großer Sicherheit) als einer höheren Kaste zugehörig identifiziert wurden. Die zweite Spalte enthält deren Anteil an der Unterkategorie all derjenigen (innerhalb der relevanten Gruppe), deren Kaste festgestellt werden konnte. Diese Zahlen lassen sich als Unter- bzw. Obergrenze des tatsächlichen Anteils von Angehörigen der höheren Kasten an der jeweiligen Gruppe interpretieren. Gleiches gilt für die Brahmanen und Kayashta in den Spalten drei und vier.

Quelle: In August 2012 erhobene Umfragedaten in Ankita Aggarwal, Jean Drèze und Aashish Gupta, «Notes on the Caste Composition of Publiv Institutions in Allahabad», vervielf. Ms., Department of Economics, Allahabad University 2013.

fast völlige Fehlen von Dalits, Adivasi und anderen benachteiligten Gemeinschaften) in Medienhäusern, Unternehmensvorständen, Institutionen der Justiz und sogar Cricket- oder Poloteams deutlich gemacht.[17] So kam beispielsweise eine Erhebung unter 315 Redakteuren und anderen Personen in leitender Funktion bei Print- und elektronischen Medien in Neu-Delhi zu dem Ergebnis, dass *kein einziger* von ihnen einer der «benachteiligten» Kasten oder einer der Stammesbevölkerungen (*scheduled castes and tribes*) angehörte. Rund 85 Prozent hingegen kamen aus einem kleinen Spektrum höherer Kasten (die nur 16 Prozent der indischen Bevölkerung ausmachen), rund die Hälfte waren Brahmanen.[18] Das trägt ganz offenkundig nicht dazu bei, dass die Belange und Ansichten von Dalits und Adivasi in öffentlichen Debatten angemessen vertreten sind (insbesondere zu Fragen wie etwa der Reservatspolitik). Ähnliche Muster zeigt eine jüngere Studie zu Unternehmensvorständen in Indien: Mehr als 90 Prozent ihrer Mitglieder entstammten den höheren Kasten, fast die Hälfte (45 Prozent) waren Brahmanen. Interessant ist in diesem Fall, dass die Brahmanen noch leicht von den Vaishyas übertroffen wurden (den traditionellen Kasten der Geschäftsleute und Händler, die auch als Baniyas bekannt sind), die 46 Prozent der Sitze in den Vorständen innehatten.[19] Die «benachteiligten» Kasten und Stammesgruppen besetzten nur 3,5 Prozent der Posten, während sie doch 24 Prozent der Bevölkerung stellen. Tatsächlich gab es in einer großen Mehrheit der Unternehmensvorstände (70 Prozent) überhaupt keine «Vielfalt», insofern *sämtliche* Mitglieder der gleichen Kaste angehörten.

Eines der Hindernisse, das einen Abbau der kastenbedingten Diskriminierung so sehr erschwert, ist die Tatsache, dass die Kategorie der Kaste in der feinen Gesellschaft Indiens quasi nicht mehr erwähnt werden darf, nicht nur weil jede kastenbasierte Praxis rechtlich angefochten werden kann, sondern auch, weil jede Form von Kastenbewusstsein als gesellschaftlich rückständig und reaktionär gilt. Oberflächlich betrachtet lässt sich das als Beitrag rechtfertigen, um jegliches Kastenbewusstsein zu tilgen, aber es trägt nicht unbedingt dazu bei, die Welt, wie sie tatsächlich ist, zu verstehen oder gar zu verändern.

Vor einem ähnlichen Problem stehen die ärmeren Muslime in Indien. Viele Muslime gehören natürlich den oberen Schichten der indischen Gesellschaft an, unter anderem als Unternehmensführer, Politiker und Akademiker. Das überrascht nicht wirklich angesichts der weitgehend säkularen Politik in Indien und der historischen Tatsache, dass die höheren Klassen im Land vor der britischen Kolonialherrschaft einen beträchtlichen Anteil an Muslimen aufwiesen, von denen viele nicht nach Pakistan gingen, als das Land 1947 geteilt wurde. Auf der anderen Seite können ärmere Muslime, oftmals Nachfahren von Hindus der niederen Kasten, die zum Islam konvertierten (um dadurch der kastenbedingten Diskriminierung zu entgehen), ökonomisch und sozial ähnlich benachteiligt sein wie Hindus aus den niederen Kasten.[20] Und bei den gesetzlichen Quoten- und Förderregelungen, die heute den *scheduled castes and tribes* in verschiedenen Bereichen (etwa bei Stellenvergaben in der Verwaltung und beim Zugang zu höheren Bildungseinrichtungen) eine Vorzugsbehandlung garantieren, fehlen die ärmeren Muslime als Kategorie. Diese enorme Ungerechtigkeit, die daher rührt, dass man die Kastendiskriminierung als rein hinduistisches Problem betrachtet, wird gerade in gewissem Maße beseitigt, aber das muss viel schneller gehen, und man muss auch die Struktur der *affirmative action* auf den Prüfstand stellen und endlich zur Kenntnis nehmen, dass die anhaltende kastenspezifische Ungleichheit ebenso wie die Ungleichbehandlung von armen Muslimen und weniger armen Indern (darunter auch Muslime) entscheidend damit zu tun haben, dass sich soziale Schichtung und ökonomische Ungleichheit überlappen.

Ungleichheiten zwischen den Geschlechtern: Kontinuität und Wandel

Die geschlechtsbedingte Ungleichheit ist eine Form sozialer Disparität, die eine Vielzahl von Menschen an den Rändern des «neuen Indien» festhält – nicht nur Frauen, sondern auch Männer und Kinder, die davon profitieren würden, wenn die Frauen sich aktiver, kundiger und gleichberechtigter am gesellschaftlichen und öffentlichen Leben beteiligen könnten. Wie die Kastenbeziehungen haben sich auch die Geschlechterverhältnisse in der jüngsten Vergangenheit verändert, und in mancher Hinsicht haben sich die Geschlechterungleichheiten deutlich verringert. Waren etwa Mädchen (selbst solche aus höheren Kasten) vor hundert Jahren fast völlig aus dem Bildungswesen ausgeschlossen, so gehen sie heute überall im Land eifrig zur Schule. Infolgedessen ist das Ungleichgewicht zwischen Mädchen und Knaben auf der Primarstufe jetzt relativ gering und verringert sich auch auf anderen Stufen rapide.

So gesehen könnte es den Anschein haben, als sei Indien auf einem guten Weg, die traditionellen Ungleichheiten zwischen den Geschlechtern zu beseitigen. Überdies besetzen Frauen in vielen Bereichen des indischen Lebens wichtige Positionen, in der akademischen Welt und in Fachberufen ebenso wie in Politik, Literatur, Kunst und Musik. Angesichts dessen wirkt die These von einer enormen Benachteiligung von Frauen in Indien auf außenstehende Beobachter der indischen Gesellschaft oftmals wenig plausibel. Und doch stellt die geschlechtsbedingte Ungleichheit einen wichtigen Teil der gesellschaftlichen Realität Indiens dar.

Eines der alten Probleme ist in dieser Hinsicht die deutlich höhere Sterblichkeit bei Mädchen. Das hat nichts damit zu tun, dass kleine Mädchen öfter bewusst oder unbewusst getötet würden, sondern das ist eine Folge der stillschweigenden – und nicht deutlich wahrgenommenen – Vernachlässigung der Interessen von Mädchen bei Gesundheitsversorgung und Ernährung. In der Art und Weise, wie Mädchen in Indien behandelt werden, gibt es deutliche regionale Unterschiede, doch das «durchschnittliche» Bild, das sich beim Blick auf ganz Indien bietet, ist erschreckend.[21] Die Wahrscheinlichkeit, dass ein indisches Mädchen zwischen dem ersten und dem vierten Lebensjahr stirbt, liegt um 50 Prozent über der eines Knaben – das ist der bei weitem größte Unterschied unter 122 Ländern, für die Schätzungen existieren.[22] Was die regionalen Unterschiede innerhalb Indiens angeht, so liegt die Sterblichkeit von Mädchen im Nordwesten deutlich höher, während die Differenz gegenüber den Knaben im Osten und Süden geringer ausfällt oder überhaupt nicht besteht. Angesichts dieser regionalen Unterschiede zeigen allein schon die Durchschnittswerte, wie schlimm die Bedingungen für Mädchen im Vergleich zu Knaben in den besonders durch Ungleichheiten geprägten Bundesstaaten im Norden und Westen Indiens sind. In diesen Bundesstaaten herrscht zudem ein schrecklich hohes Maß an «pränataler Diskriminierung» (*natality discrimination*) gegenüber Mädchen – wir werden gleich noch auf dieses Thema zu sprechen kommen.

Auch in vielerlei anderer Hinsicht ist die Ungleichheit zwischen den Geschlechtern in Indien nach wie vor sehr ausgeprägt. So ist die Beteiligung von Frauen auf dem Arbeitsmarkt (also jenseits der Arbeit innerhalb des familiären Haushalts) im internationalen Vergleich extrem niedrig, und wenig deutet darauf hin, dass der Frauenanteil dort steigt.[23] Das steht in deutlichem Kontrast zu dem, was in vielen anderen asiatischen Ländern (u. a. auch, wie gesehen, in Bangladesch) geschah. Dort waren die jeweiligen Wachstumsphasen von deutlich verbesserten Beschäftigungsmöglichkeiten für Frauen begleitet.[24] Dieser Gegensatz spiegelt zum einen Indiens generelles Problem eines «Wachstums ohne Arbeitsplätze» wider, ist jedoch auch Ausdruck negativer Einstellungen gegenüber weiblicher Arbeit außerhalb des Haushalts in vielen Teilen der indischen Gesellschaft. Tatsächlich ist es so, dass Einkommenszuwächse oder Verbesserungen bei der Bildung in Indien oft mit einem Rückgang der Partizipation von Frauen am Arbeitsmarkt einhergehen.

Wie wir in Kapitel 3 (und auch in den Kapiteln 5 und 6) gezeigt haben, hat Bangladesch nicht nur in vielen Bereichen menschlicher Entwicklung deutlich größere Fortschritte als Indien gemacht, sondern dieser Fortschritt wurde auch getragen von einer deutlich aktiveren Rolle der Frauen – insbesondere bei der Versorgung mit und der Nutzung von staatlichen Dienstleistungen sowie im sozialen Bereich, von der Familienplanung und dem Gesundheitswesen bis zum Schulunterricht. Es geht also nicht nur darum, was man in Indien für die Frauen tun kann (so wichtig das auch ist), sondern was die Frauen für Indien tun können, denn das ist eine bislang kaum genutzte Ressource, die Indien in ein völlig anderes Land verwandeln kann.

Ein weiteres Beispiel für die anhaltenden geschlechterspezifischen Ungleichheiten ist die politische Repräsentation von Frauen, auch wenn die Bilanz hier eher gemischt ausfällt. Einerseits haben Frauen jetzt einen Anspruch auf mindestens 33 Prozent (in manchen Bundesstaaten auch 50 Prozent) der gewählten Posten in den Institutionen der dörflichen Selbstverwaltung (Panchayati Raj Institutions, PRIs) – eine sehr positive Entwicklung.[25] Das versetzte Millionen von Frauen in die Lage, sich aktiv an der Politik vor Ort zu beteiligen, und einiges spricht dafür, dass sich dadurch Prioritäten, Aktivitäten und Wahrnehmungen in den PRIs deutlich verändert haben.[26] Andererseits sind das indische Parlament und die Parlamente der Bundesstaaten weiterhin männliche Bastionen. Der Frauenanteil in der Lok Sabha lag so gut wie nie höher als bei zehn Prozent der Sitze (der höchste Anteil waren 10,9 Prozent im Jahr 2009); auch in den meisten bundesstaatlichen Volksvertretungen liegt der Frauenanteil unter zehn Prozent, und in keinem der Bundesstaaten, für die Zahlen vorliegen, stellen Frauen mehr als 14 Prozent der Abgeordneten.[27]

Die patriarchale Form sozialer und kultureller Beziehungen in Indien äußert sich auch noch auf vielfältige andere Weise: Eigentum lässt sich ganz strikt nur patrilinear vererben, nach der Hochzeit lebt man ganz überwiegend am Wohnort des Mannes, die Bewegungsfreiheit von Frauen ist noch immer deutlich eingeschränkt, und Gewalt gegen Frauen (nicht zuletzt auch häusliche Gewalt) ist in weiten Teilen der indischen Gesellschaft noch immer an der Tagesordnung. Tatsächlich breiten sich einige dieser patriarchalen Normen sogar noch weiter aus. So hat sich beispielsweise die Praxis der Mitgift (die für viele der geschlechterspezifischen sozialen Probleme verantwortlich ist, darunter auch das bekannte Phänomen der «Knabenpräferenz» und die Schikanierung verheirateter Frauen aufgrund unangemessener Mitgift) im 20. Jahrhundert stetig auch auf Gemeinschaften ausgebreitet, in denen es sie vorher gar nicht gab. Das hat möglicherweise damit zu tun, dass viele dieser patriarchalen Normen – darunter auch die Mitgift –, die ursprünglich nur auf Teile der höheren Kasten beschränkt waren, als Ausweis des sozialen Status gelten und ihre Übernahme damit einen gesellschaftlichen Aufstieg signalisiert.[28] Es ist jedenfalls noch ein weiter Weg, bis in zentralen Aspekten des ökonomischen, politischen und sozialen Lebens in Indien wirklich so etwas wie Gleichberechtigung zwischen den Geschlechtern erreicht ist.

Vergewaltigung, Gewalt und Protest

Die meiste Beachtung hat die Ungleichheit der Geschlechter in jüngster Zeit durch die Gewalt gegen Frauen und vor allem durch die hohe Zahl an Vergewaltigungen gefunden. Diese plötzliche und riesige Aufmerksamkeit hatte das Thema früher nicht. Entscheidender Auslöser war die extrem brutale Gruppenvergewaltigung einer Frau in einem Bus in Delhi am 16. Dezember 2012, in deren Folge das Opfer im Krankenhaus starb. In den Tagen danach kam es in Neu-Delhi, aber auch in anderen Städten zu Massendemonstrationen gegen die an Frauen verübte Gewalt. Dabei strömten mehr Menschen als je zuvor auf die Straßen, um gegen die Ungleichheit der Geschlechter zu protestieren. Bei den Protesten kam es auch zu gewaltsamen Zusammenstößen mit den Ordnungshütern. Denn die lautstarken Vorwürfe richteten sich nicht zuletzt gegen die Polizei, die Frauen nicht angemessen schütze – und im konkreten Fall nicht sofort gehandelt hatte, als man das vergewaltigte Opfer und ihren verprügelten Freund auf der Straße liegend gefunden hatte. Die mangelnde Sicherheit sowie die fast schon alltägliche Vergewaltigung und Belästigung von Frauen wurden über Nacht zu einer nationalen Angelegenheit.

Ob sich dieses Ereignis auf lange Sicht als Wendepunkt erweist, der den Frauen ein Mehr an Sicherheit verschafft, bleibt abzuwarten. Wie zu erwarten machten sich in der öffentlichen Diskussion auch männliche Vorurteile und Sexismus bemerkbar, die dem Opfer eine Mitschuld gaben und dreiste Forderungen aufstellten, wonach eine Frau sich «züchtiger» kleiden, die armen Männer nicht in Versuchung führen und nachts nicht ausgehen sollte. Die Tatsache, dass solche apologetischen Stimmen in der öffentlichen Debatte sofort und lautstark zurückgewiesen wurden, zeigt, dass die Bewegung zumindest für den Moment ihre argumentative Basis noch nicht verloren hat. Es gab überdies Behauptungen, wonach eine solche Vergewaltigung nur im modernen Indien (das mitunter als «Indien, nicht Bharat» bezeichnet wird) vorkommen könne und in ländlichen Regionen deutlich seltener – oder überhaupt nicht – passiere, was empirisch betrachtet natürlich Unsinn ist, wenn man bedenkt, was wir über die Gewalt (sexueller wie auch anderer Art) gegen Dalit-Frauen wissen, die ihnen von Männern aus höheren Kasten (oft Grundbesitzern) angetan wird, oder über Vergewaltigung in der Ehe, wenn Frauen nicht tun, was ihr Mann von ihnen verlangt. Eine der positiven Folgen dieses äußerst tragischen und barbarischen Vorfalls besteht darin, dass der Blick damit auf die Häufigkeit von sexueller Brutalität und Vergewaltigung gelenkt wird, aber auch auf die Tatsache, dass selbst bekannte Phänomene von Gewalt gegen Frauen in der Vergangenheit so wenig Beachtung gefunden haben. So widmeten die Zeitungen überall im Land plötzlich Berichten über Vergewaltigungen viel mehr Raum, sie umfassten oft mehrere Seiten, was früher nie der Fall war.

Wie häufig sind Vergewaltigungen in Indien? Wenn in den Zeitungen aus allen Ecken des Landes seitenweise über solche Vorfälle berichtet wird, muss ihre Zahl enorm hoch sein. Vor kurzem freilich sah das noch ganz anders aus. Diese bislang gedämpfte Wahrnehmung muss unter anderem damit zu tun haben, dass Vergewaltigungen zu selten angezeigt werden, was auch darauf zurückzuführen ist, dass die Polizei sich gegenüber den Opfern oft sehr unfreundlich verhält, dass die Gerichte zu langsam arbeiten und es nur selten zu Verurteilungen kommt. Häufig wurde darüber spekuliert, die Mehrzahl der Vergewaltigungen werde gar nicht angezeigt, und ihre tatsächliche Zahl betrage das Fünf- oder gar Zehnfache der Fälle, die von der Polizei aufgenommen werden. Das stimmt vermutlich, und daraus darf man, wie viele Beobachter es getan haben, durchaus ableiten, dass Indien ein «Vergewaltigungsproblem» hat.

Doch ganz abgesehen davon hat Indien ein weiteres Problem, dass nämlich Opfer von Seiten der Polizei und des Rechtssystems nur wenig Unterstützung erfahren. Halten wir uns an die von der Polizei erfassten Fälle von Vergewaltigung, so kommt laut United Nations Office on Drugs and Crime Indien 2010 auf 1,8 Vergewaltigungen je 100 000 Menschen – eine der niedrigsten Raten auf der Welt. In den USA beispielsweise beträgt dieser Wert 27,3, in Großbritannien sind es 28,8, in Schweden 63,5 und in Südafrika 120.[29] Die Zahl für Indien ist also deutlich zu niedrig angesetzt, aber selbst wenn wir sie mit zehn multiplizieren, würde sie noch immer niedriger als in den eben genannten Ländern liegen (selbst unter der Annahme, dass es dort keine Dunkelziffer gibt). Natürlich könnte der Faktor, um den man die Zahl der tatsächlich erfassten Vergewaltigungen multiplizieren muss, auch deutlich höher als zehn liegen (wir wissen es nicht). Wir können nicht sicher sagen, ob Indien ein besonderes Vergewaltigungsproblem hat oder nicht, aber alles spricht dafür, dass Indien ein riesiges Problem damit hat, Vergewaltigung als ernsthaft verfolgte und erfasste Angelegenheit zu betrachten, mit allem, was das in Sachen Prävention impliziert. Gut möglich, dass Indiens eigentliches Problem nicht eine außergewöhnliche Häufigkeit von Vergewaltigungen ist, sondern eine Polizei, die sich nicht darum kümmert, schlechte Sicherheitsstrukturen, eine nicht funktionierende Justiz und schließlich eine gleichgültige Gesellschaft. Man muss Indien schwere Vorwürfe machen, auch wenn es vielleicht gar nicht die «Vergewaltigungshauptstadt der Welt» ist.

Klar ist aber auch: Neu-Delhi hat ein spezielles Problem, das in anderen Megacities in Indien womöglich nicht besteht. Die Quote der erfassten Vergewaltigungen lag in Neu-Delhi 2011 bei 2,8 je 100 000 Menschen, verglichen mit 1,2 in Mumbai, 1,1 in Bangalore, 0,9 in Chennai und 0,3 in Kalkutta. Da nichts darauf hindeutet, dass Vergewaltigungen in Delhi effizienter erfasst würden als andernorts, ist es in der Tat bemerkenswert, dass es in Sachen Vergewaltigung in der Hauptstadt neun Mal schlimmer ist als in Kalkutta. Ganz gleich also, wie frauenfeindlich die indische Gesellschaft ist, gibt es keinerlei Grund, warum Delhi nicht für genauso viel Sicherheit sorgen kann wie die anderen indischen Städte. Die Probleme in Sachen Verwaltung, Polizei, Justiz und gesellschaftlicher Gleichgültigkeit sind nach wie vor in ganz Indien beträchtlich, aber viele Teile des Landes haben größere Schwierigkeiten, die Sicherheit von Frauen zu gewährleisten, als andere. Solche Unterschiede innerhalb Indiens lassen sich auch in anderen Bereichen der Geschlechterungleichheit beobachten, wie wir gleich sehen werden.

Kooperativer Konflikt und die Handlungsmacht der Frauen

Die Durchsetzungskraft und Effektivität der Handlungsmacht (*agency*) von Frauen hängen von einer Reihe sozialer Faktoren ab, bei denen das Wesen der Familie eine wichtige Komponente darstellt. Eine Familie ist ein Kooperationssystem, das Elemente kongruenten Interesses ebenso enthält wie divergierende Prioritäten. Die Aufteilungen innerhalb der Familie können als eine Kombination aus Kooperation (jeder kann vom gemeinsamen Zusammenleben stärker profitieren) und Konflikt (die Vorteile und Pflichten beim Zusammenleben lassen sich auf vielfältige Weise verteilen, und in dieser Hinsicht kann es sein, dass Männer und Frauen konkurrierende und nicht kongruente Interessen haben) verstanden werden. Bei der Erklärung innerfamiliärer Aufteilungen jedenfalls können Modelle «kooperativer Konflikte» sehr nützlich sein.[30]

In traditionellen Strukturen erhalten Frauen tendenziell einen geringeren Anteil an den Vorzügen (beispielsweise weniger Aufmerksamkeit in Sachen medizinischer Versorgung und Bildung) und einen deutlich größeren Anteil der Pflichten (insbesondere wenn sie alleine mit Haushalt, Kindererziehung und der Pflege alter Menschen belastet sind). Es gibt jedoch empirische Belege, wonach die Verteilung von Nutzen und Lasten gleicher wird, wenn Frauen – insbesondere junge Frauen – eine stärkere Stimme haben, was beispielsweise damit zu tun haben kann, dass sie des Lesens und Schreibens kundig sind und die Schule besucht haben und dass sie über eine offensichtlich einträgliche Arbeit verfügen, statt nur unbezahlte Hausarbeit zu verrichten und sich ohne jede Anerkennung abzumühen.[31]

Die Wahrnehmung, wer wie viel produktive Arbeit verrichtet oder wer wie viel zum Wohlergehen der Familie beiträgt, kann in diesem Zusammenhang sehr einflussreich sein, auch wenn die zugrunde liegende «Theorie» darüber, wie sich diese Beiträge oder die Produktivität bemessen lassen, selten explizit diskutiert wird.[32] Solche Einschätzungen individueller Beiträge und angemessener Ansprüche für Frauen und Männer spielen eine wichtige Rolle, wenn es darum geht, die gemeinsamen Vorzüge einer Familie zwischen ihren einzelnen Mitgliedern aufzuteilen, und die Umstände, die diese Wahrnehmung von Beiträgen und Ansprüchen (ob etwa Frauen in der Lage sind, ein eigenes Einkommen zu verdienen, außerhalb des Haushalts zu arbeiten, in den Genuss von Bildung zu kommen oder Eigentum zu besitzen) beeinflussen, wirken sich oft entscheidend auf diese Verteilungen aus. Eine Stärkung und Aktivierung von Frauen beinhaltet somit auch die Korrektur der Ungleichheiten, die Leben und Wohlergehen der Frauen im Vergleich zu den Männern deutlich einschränken. So hat beispielsweise Bina Agarwal in ihrem klug argumentierenden Buch *A Field of One's Own* gezeigt, wie sehr die asymmetrischen Verhältnisse beim Grundbesitz – Frauen besitzen oft nur sehr wenig Land – bei Geschlechterungleichheiten verschiedenster Art einen enormen Unterschied bedeuten können.[33] Auch die positive Auswirkung weiblicher Bildung, wenn es darum geht, sich verbreiteter Geschlechterungleichheit zu widersetzen, ist eindeutig erwiesen.[34]

Die Folgen der Geschlechterasymmetrie können weit über den Bereich der Geschlechterungleichheit hinausgehen, denn auch das Leben anderer Menschen ist davon betroffen. In diesem Zusammenhang gilt es vor allem die Rolle weiblicher Handlungsmacht bei der Verringerung der Kindersterblichkeit und bei der Geburtenkontrolle zu würdigen. Beide Fragen sind zentral für den Prozess der Entwicklung. Zwar beeinflussen sie unmittelbar das Wohlergehen der Frauen, aber ihre Relevanz geht zweifellos deutlich darüber hinaus.

Zu den negativen Auswirkungen sehr hoher Geburtenraten gehört die Tatsache, dass sie aufgrund der ständigen Belastung durch das Austragen und Aufziehen von Kindern die Freiheit der Frauen, andere Dinge zu tun, einschränken – worunter viele asiatische und afrikanische Frauen regelmäßig zu leiden haben. Es überrascht somit nicht, dass eine Verringerung der Geburtenraten häufig Status und Macht von Frauen steigerte. Die meisten Lebenseinschränkungen durch zu häufiges Gebären und Aufziehen von Kindern haben junge Frauen zu erleiden, und jeder soziale Wandel, der ihre Beteiligung an und ihren Einfluss auf Fertilitätsentscheidungen steigert, dürfte dazu führen, dass die Häufigkeit von Geburten abnimmt.

Wie jüngste demographische Studien herausgearbeitet haben, tragen Handlungsmacht und Stärkung von Frauen auch dazu bei, die Kindersterblichkeit zu verringern.[35] Dieser Einfluss erfolgt auf vielfältigen

Wegen, aber am wohl unmittelbarsten funktioniert er darüber, dass Mütter üblicherweise am Wohl der Kinder interessiert sind und dass sie nun, da ihre Handlungsmacht respektiert und gestärkt wird, die Möglichkeit haben, familiäre Entscheidungen in dieser Richtung zu beeinflussen, ohne dabei vom Lebensstil erwachsener Männer dominiert zu werden.

Der positive Einfluss weiblicher Handlungsfähigkeit kann deutlich über den Zusammenhang zwischen einer Stärkung der Frauen und dem demographischen Wandel hinausgehen. Wie wir in Kapitel 3 gezeigt haben, scheint weibliche Handlungsmacht bei den jüngsten Fortschritten, die es in vielerlei Hinsicht bei den Lebensstandards in Bangladesch gab, eine entscheidende Rolle gespielt zu haben. Gleiches gilt für die jüngsten Erfahrungen eines relativ rasanten sozialen Fortschritts in Indien – insbesondere in Himachal Pradesh, Kerala und Tamil Nadu. Zahlreiche Aspekte dieses weitreichenden Einflusses werden immer deutlicher.

Geschlechtsselektive Abtreibung, Gesellschaft und Aufklärung

Zwar reicht der Einfluss weiblicher Handlungsbefähigung bemerkenswert weit, aber man muss auch sehen, inwieweit diese Handlungsfähigkeit relativiert und mitunter eingeschränkt wird durch eine unangemessene Auffassung von sozialen Ungleichheiten und durch die Zurückhaltung, traditionelle Werte (beispielsweise die «Knabenpräferenz») infrage zu stellen. Dieser Mangel an Klarheit und Zutrauen kann damit zu tun haben, dass ganz einfach das Bewusstsein dafür fehlt, wie eigenartig es ist, Mädchen im Vergleich zu Knaben als minderwertig zu betrachten (dazu gehört auch ein ungenügendes Wissen darüber, was in vielen Ländern oder Regionen geschieht, wo diese Formen der Geschlechterungleichheit nicht zu finden sind). Doch selbst wenn die Frauen besser Bescheid wissen, kann die Reichweite ihrer Handlungsfähigkeit auch dadurch eingeschränkt sein, dass es dazu eines gehörigen Maßes an Mut und Kühnheit bedarf, anders zu denken – ohne diese Eigenschaften sind Frauen oft nicht mächtig genug, um ungleiche, aber tief verwurzelte Praktiken und Gesellschaftsstrukturen zu überwinden, die häufig als fester Bestandteil einer vermeintlichen «natürlichen Ordnung» akzeptiert werden.

Dass weibliche Handlungsfähigkeit oft nur von begrenzter Reichweite ist, zeigt sich beispielsweise in China oder Südkorea, wo die gängigen

Wege zur Stärkung der Frauen wie etwa Alphabetisierung und ökonomische Unabhängigkeit große Erfolge zu verzeichnen hatten. Dieser Fortschritt hat ohne Zweifel zu vielen sozialen Verbesserungen in diesen Ländern beigetragen und in hohem Maße dafür gesorgt, dass einige gängige Formen der Geschlechterungleichheit, wie etwa eine Asymmetrie bei den Überlebenschancen, beseitigt wurden (sowohl in Südkorea als auch in China sind die unnatürlich hohen Sterblichkeitsraten von Frauen im Vergleich zu denen von Männern weitgehend Vergangenheit). Und doch war die Handlungsfähigkeit der Frauen allein nicht in der Lage, sich gegen geschlechtsselektive Abtreibungen weiblicher Föten durchzusetzen (man kann das als «pränatale Diskriminierung» bezeichnen). Als sich die wissenschaftlichen Möglichkeiten der Geschlechtsbestimmung beim Fötus in den achtziger Jahren verbesserten, wurde die pränatale Diskriminierung mittels geschlechtsselektiver Abtreibung in Korea und China überraschenderweise gängige Praxis. Das hat in diesen Ländern zu Initiativen geführt, die bewusst den Wert betonten, den es hat, Töchter und nicht nur Söhne zu haben. Bei dieser Frage geht es sehr stark auch um aufgeklärtes Handeln, was dafür sorgt, dass die Diskussion weit über die Stärkung der Handlungsfähigkeit von Frauen hinausgeht.

Auch in Indien neigt man in vielen Teilen des Landes (insbesondere in den nördlichen und westlichen Bundesstaaten) zunehmend dazu, mittels neuer Technologie weibliche Föten abzutreiben. Aufklärung der Frauen allein konnte dieser rückschrittlichen Entwicklung nichts entgegensetzen.[36] Tatsächlich spricht einiges dafür, dass die Entscheidungen für eine geschlechtsselektive Abtreibung oftmals von den Müttern selbst getroffen werden. Deshalb gilt es in diesem Zusammenhang vor allem das zu überwinden, was die Richterin Leila Seth als «patriarchale Geisteshaltung» bezeichnet hat.[37]

Das wirft die Frage auf, wie man die Handlungsmacht von Frauen und ihren gesellschaftlichen Einfluss interpretieren soll. Der Begriff der Handlungsmacht geht dabei weit über die unmittelbare «Kontrolle» über eigene Entscheidungen hinaus. In einem allgemeineren Sinne umfasst die zentrale Vorstellung von *agency* als Handlungsbefähigung unter anderem die Freiheit, etablierte Werte und traditionelle Prioritäten in Frage zu stellen.[38] Tatsächlich muss Handlungsfreiheit die Freiheit beinhalten, frei zu denken, ohne durch Konformitätsdruck oder durch Unwissenheit darüber, wie sich die vorherrschenden Praktiken in der übrigen Welt von dem unterscheiden, was man vor Ort beobachten kann, deutlich eingeschränkt zu sein. Will man die schrecklichen Ungleichheiten bei der pränatalen Diskriminierung und bei geschlechtsselektiven Abtreibungen beseitigen, kommt es vor allem auf die kundige und aufgeklärte Handlungsfähigkeit von Frauen an, wozu auch die Macht der Frauen gehört, unhinterfragt übernommene Werte und Einstellungen zu überwinden. Entscheidend beim Umgang mit dieser neuen «Hightech»-Form von Geschlechterdiskriminierung sind wohl die Bereitschaft, die Fähigkeit und der Mut, die Dominanz überkommener und tief verwurzelter Normen in Frage zu stellen. Wenn die beschränkten Einflussmöglichkeiten von Frauen das Fortwirken traditioneller patriarchaler Werte widerspiegeln, gegen die selbst Mütter möglicherweise nicht immun sind, geht es in entscheidender Weise nicht nur um *Handlungs*freiheit, sondern auch um *Gedanken*freiheit und die Freiheit, diese Gedanken *in die Praxis umzusetzen*. Aufgeklärte kritische Handlungsbefähigung ist entscheidend, um Ungleichheit jeglicher Art zu bekämpfen, und die Geschlechterungleichheit bildet dabei keine Ausnahme.

Die regionalen Muster geschlechtsselektiver Abtreibung entsprechen diesem Verständnis vom Einfluss patriarchaler Werte (und von der Freiheit der Frauen – oder deren Fehlen –, sich diesen Werten zu widersetzen). Blickt man zunächst auf ganz Indien, so wirkt die Situation höchst alarmierend. Wie nur zu gut bekannt, sank das Verhältnis zwischen Mädchen und Knaben in der Altersgruppe zwischen null und sechs Jahren (fortan sprechen wir vom Geschlechterverhältnis bei Kindern, *child sex ratio*) im Laufe der Zeit, und im vergangenen Jahrzehnt ist es weiter gefallen, von 927 Mädchen je 1000 Knaben im Jahr 2001 auf 914 Mädchen je 1000 Knaben im Jahr 2011. Überdies spricht einiges dafür, dass dieser Rückgang weitgehend mit der Ausbreitung geschlechtsselektiver Abtreibung zu tun hat. Die jüngste demographische Analyse von Zensuszahlen wie auch von Daten des National Family Health Survey seit 1990 legen nahe, dass die Zahl der selektiven Abtreibungen weiblicher Föten zwischen 1980 und 2010 irgendwo zwischen vier und zwölf Millionen lag und dass die jährliche Zahl geschlechtsselektiver Abtreibungen heute bei rund 300 000 bis 600 000 liegt (das sind grob gerechnet 2–4 % aller Schwangerschaften).[39] In den am schlimmsten betroffenen Distrikten (etwa Jhajjar, Mahendragarh und Rewari im Bundesstaat Haryana) liegt das Geschlechterverhältnis bei Kindern heute unter 800 Mädchen je 1000 Knaben.[40]

Es gibt in Indien keine verlässlichen Geburtenstatistiken, aus denen sich das Verhältnis von Mädchen zu Knaben bei Geburt unmittelbar ablesen lässt. Wir können uns jedoch das entsprechende Geschlechterverhältnis in der Altersgruppe zwischen null und sechs Jahren ansehen, für die es verlässliche Zahlen gibt. Es kommt dem Geschlechterverhältnis bei Geburt relativ nahe, auch wenn diese Zahlen natürlich durch die Unterschiede bei der Kindersterblichkeit in gewisser Weise verzerrt sein können.[41] Das Verhältnis zwischen Mädchen und Knaben in der Altersgruppe zwischen null und sechs Jahren lässt sich aus den indischen Zenszahlen ermitteln, und die Schätzungen zum Geschlechterverhältnis bei Geburt, die man mittels «Korrektur» des zensusbasierten Geschlechterverhältnisses bei Kindern durch geschlechtsspezifische Kindersterblichkeitsraten erhält, sind ebenfalls einer demographischen Studie aus jüngster Zeit zu entnehmen.[42] Wir werden beide Schätzungen verwenden – zum Verhältnis zwischen Mädchen und Knaben in der Altersgruppe zwischen null und sechs Jahren und zu den geschätzten Geschlechterverhältnissen bei Geburt unter Berücksichtigung der Sterblichkeitsrate.

Was aber ist ein angemessenes Verhältnis zwischen weiblichen und männlichen Kindern? Zu diesem Zweck können wir uns demographischer Statistiken aus Europa bedienen. Allerdings gibt es auch Unterschiede zwischen verschiedenen europäischen Ländern. Man muss also die weltweiten demographischen Unterschiede bei der Zahl der Mädchen, die je 1000 Knaben geboren werden, verstehen, um einen angemessenen Toleranzwert zu erhalten, von dem aus sich diagnostizieren lässt, dass es in einem indischen Bundesstaat vermutlich zu geschlechtsselektiven Abtreibungen weiblicher Föten kommt.

Überall auf der Welt werden mehr Knaben als Mädchen geboren, und beim Verhältnis weiblich/männlich im Mutterleib dominieren die männlichen Föten noch stärker (man geht in der Regel von einer Quote von 910 weiblichen auf 1000 männliche Föten aus). Doch bei gleicher Fürsorge (die sie im Mutterleib in der Regel bekommen) überleben mehr Mädchen als Knaben, und so liegt das Verhältnis bei Geburt in europäischen Ländern bei etwa 940 bis 950 Mädchen auf 1000 Knaben. In den Jahren 2005–2010 lag der Durchschnittswert für ganz Europa bei 943 je 1000. Es gibt wie gesagt in einzelnen europäischen Ländern Abweichungen davon, aber die lassen sich nicht einer angeblichen geschlechtsselektiven Abtreibungspraxis zuschreiben. Um einigermaßen sicher sagen zu können, dass die Zahlen für einen speziellen indischen

Bundesstaat mit einem signifikanten Vorherrschen geschlechtsselektiver Abtreibung zu tun haben, müssen wir einen Toleranzwert finden, der mit den unteren Werten *innerhalb* des europäischen Spektrums übereinstimmt.

Zu den größeren europäischen Ländern am unteren Ende gehören Italien mit einem Verhältnis von 941 : 1000 bei Geburt, Spanien mit 940 : 1000, Griechenland mit 939 : 1000 und Irland mit 935 : 1000. Einige Länder liegen noch darunter, etwa Mazedonien (926), Montenegro (926) und andere, aber in einigen dieser Fälle sind die Zahlen und die dahinterstehenden Kausaleinflüsse fragwürdig. Es spricht also einiges dafür, den Durchschnittswert für Italien, Spanien und Griechenland zu nehmen und den Toleranzwert bei 940 anzusetzen.

Legt man diesen Wert auf die Zensuszahlen 2011 für das Geschlechterverhältnis bei Kindern zwischen null und sechs Jahren an, so zeigt sich für alle Bundesstaaten im Norden und Westen Indien klar, dass hier geschlechtsselektive Abtreibungen vorgenommen werden, die im Osten und Süden im Allgemeinen nicht vorkommen (siehe Tabelle 8.3). Wir können Indien also zweiteilen: Da sind zum einen die Bundesstaaten im Westen und Norden (für die es eindeutige Hinweise auf geschlechtsselektive Abtreibungen gibt), und da sind zum anderen die Bundesstaaten im Osten und Süden (für die es keine derartigen Hinweise gibt).[43] Zu ersterer Gruppe – mit einem Verhältnis weiblich/männlich von unter 940 je 1000 – gehören Punjab, Haryana, Gujarat, Himachal Pradesh, Uttarkhand, Rajasthan, Uttar Pradesh, Maharashtra, Madhya Pradesh, Jammu und Kaschmir sowie Bihar, während Assam, Westbengalen, Kerala, Jharkhand, Chattisgarh, Odisha, Andhra Pradesh, Tamil Nadu und Karnataka eine Quote von über 940 je 1000 aufweisen. In der zweiten Gruppe bildet allein der Bundesstaat Odisha eine Ausnahme, hier liegt das Verhältnis bei 934 : 1000, doch damit liegt Odisha noch immer über allen anderen größeren Bundesstaaten im Norden und Westen des Landes (siehe Karte 8.1).

Nehmen wir stattdessen die indirekten Schätzungen der Zahlenverhältnisse bei der Geburt, ergibt sich ein ganz ähnliches Bild (siehe die letzte Spalte in Tabelle 8.3). Eine kleine Ausnahme bildet Bihar, das an der Spitze derjenigen Bundesstaaten stand, für die sich aus den statistischen Zahlen für die Altersgruppe 0–6 Jahre ein besonders schlechtes Verhältnis zwischen Mädchen und Knaben ergab, und das nun mit 941 über der Schwelle von 940 liegt (und sich damit den Bundesstaaten im

Tab. 8.3: Geschlechterverhältnis bei Kindern und Geschlechterverhältnis bei Geburt (Zahl der Mädchen je 1000 Knaben)

Bundesstaat	Verhältnis weiblich/männlich, 0–6 Jahre, 2001	Verhältnis weiblich/männlich, 0–6 Jahre, 2011	Indirekte Schätzungen des Verhältnisses weiblich/männlich bei Geburt, 2011[a]
Haryana	819	830	842
Punjab	798	846	854
Jammu und Kaschmir	941	859	870
Rajasthan	909	883	889
Maharashtra	913	883	902
Gujarat	883	886	891
Uttarakhand	908	886	890
Uttar Pradesh	916	899	911
Himachal Pradesh	896	906	916
Madhya Pradesh	932	912	917
Bihar	942	933	941
Odisha	953	934	936
Andhra Pradesh	961	943	942
Jharkhand	965	943	953
Karnataka	946	943	944
Tamil Nadu	942	946	946
Westbengalen	960	950	947
Assam	965	957	952
Kerala	960	959	959
Chhattisgarh	975	964	963
Indien	**927**	**914**	**919**

[a] Geschätzt aus der Kombination von Zensusdaten zum Verhältnis weiblich/männlich und Schätzungen vom Sample Registration System (SRS) sowie alters- und geschlechterspezifischen Sterblichkeitsraten.

Quelle: Government of India, «Provisional Population Tables», Census of India 2001, Series 1 (India) Paper 1 of 2011, New Delhi: Office of the Registrar General, 2011, Statement 13. Die indirekten Schätzungen zum Geschlechterverhältnis bei der Geburt entstammen S. Kumar und K.M. Sathyanarayana, «District-level Estimates of Fertility and Implied Sex Ratio at Birth in India», in: *Economic and Political Weekly*, 18. August 2012; Rangfolge der Bundesstaaten aufsteigend nach den Zahlen in Spalte zwei.

Osten und Süden zugesellt), während Odisha mit 936 darunter bleibt. Diese geringfügigen Ausnahmen ändern nichts am Gesamtbild und an dem grundlegenden Gegensatz zwischen dem Süden und dem Osten einerseits und dem Norden und dem Westen andererseits. Das hat nicht zuletzt damit zu tun, dass jeder größere Bundesstaat im Osten und

Süden bei den verlässlichen Zahlen für die Kinder zwischen 0 und 6 Jahren einen deutlich höheren Wert aufweist als jeder größere Staat im Norden und Westen.

Dieser Gegensatz war schon in den Zensusdaten für 2001 erkennbar.[44] Wie Tabelle 8.3 zeigt, war es tatsächlich schon damals so, dass jeder größere Staat im Norden und Westen bei den Kindern ein niedrigeres Geschlechterverhältnis aufwies als jeder größere Staat im Osten und Süden. Allerdings gab es zwischen den beiden Zensusjahren auch einige bedeutsame Veränderungen, und zwar im Hinblick auf die absoluten Werte beim Geschlechterverhältnis von Kindern. So kam es zwischen 2001 und 2011 in vielen Bundesstaaten (auch in einigen südlichen und östlichen) zu einem signifikanten Rückgang bei diesem Verhältnis. So fiel etwa die Zahl für Odisha von 953 im Jahr 2001 auf 934 zehn Jahre später, wobei dieser Rückgang in urbanen Regionen besonders deutlich ausfiel (von 933 auf 909), wo es vermutlich besonders häufig zu geschlechtsselektiven Abtreibungen kommt. Auch in städtischen Gegenden von Jharkhand war zwischen 2001 und 2011 ein Rückgang zu verzeichnen, von 930 auf 904. Einiges deutet darauf hin, dass sich geschlechtsselektive Abtreibungen über den Norden und Westen hinaus verbreiten.[45] Es besteht also durchaus die Gefahr, dass sich dieses Phänomen in Indien weiter ausbreitet. Diese Warnung gilt es ernst zu nehmen, auch wenn das Bild alles andere als klar ist (so verbesserte sich beispielsweise das Verhältnis zwischen Mädchen und Knaben im südlichen Bundesstaat Tamil Nadu).

Es ist also recht wahrscheinlich, dass es in jedem Staat – auch im Süden und Osten – einige Menschen gibt, die entsprechend den wie auch immer bedingten «Knabenpräferenzen», die bestimmte Familien haben, die Chance einer geschlechtsselektiven Abtreibung ergreifen und dabei neue Möglichkeiten der Geschlechtsbestimmung beim Fötus nutzen. Das könnte kleinere Veränderungen beim Geschlechterverhältnis zuungunsten der Mädchen erklären, doch die entscheidende Frage ist, ob es sich dabei nur um einen «Ausreißer» im Süden und Osten handelt oder ob aus den kleinen Anfängen ein breiterer Trend zur geschlechtsselektiven Abtreibung in diesen Bundesstaaten wird (wie das offenbar in den urbanen Teilen von Jharkhand und Odisha der Fall ist). Eine ebenso große Herausforderung ist aber auch, die scharfe regionale Teilung zu erklären, die selbst beim Zensus von 2011 weiterhin unzweideutig Bestand hat.

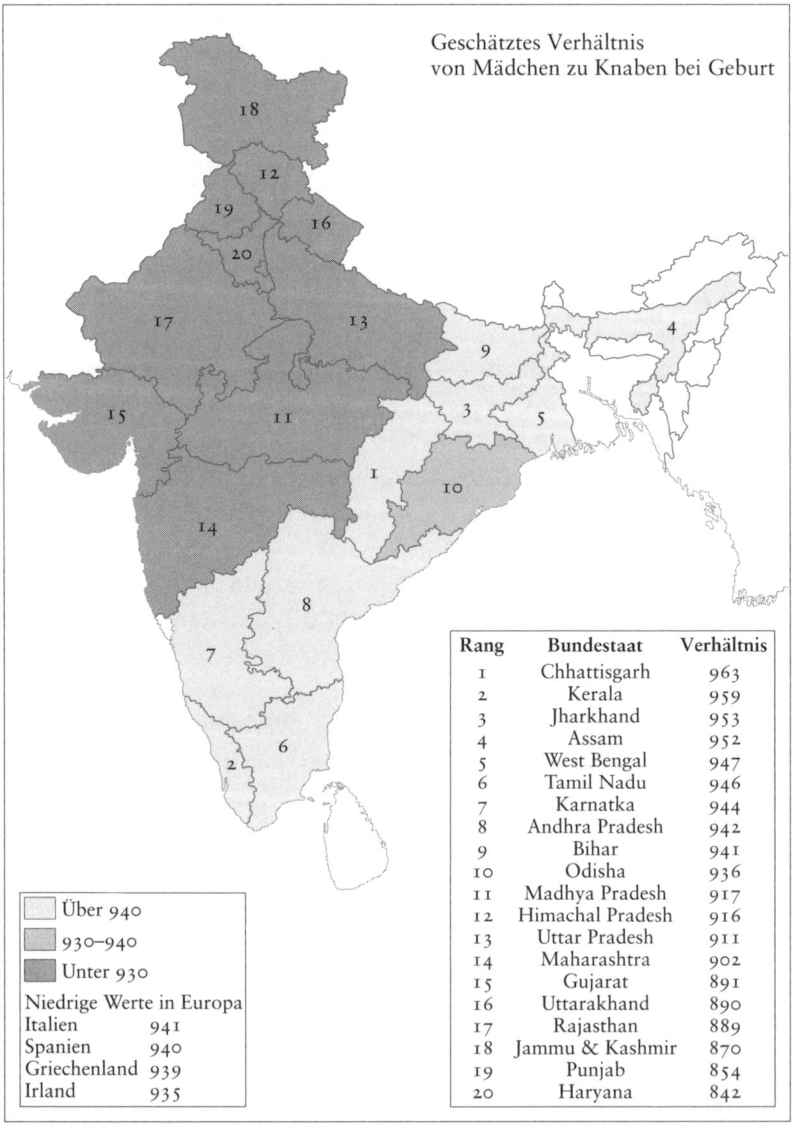

Rang	Bundestaat	Verhältnis
1	Chhattisgarh	963
2	Kerala	959
3	Jharkhand	953
4	Assam	952
5	West Bengal	947
6	Tamil Nadu	946
7	Karnatka	944
8	Andhra Pradesh	942
9	Bihar	941
10	Odisha	936
11	Madhya Pradesh	917
12	Himachal Pradesh	916
13	Uttar Pradesh	911
14	Maharashtra	902
15	Gujarat	891
16	Uttarakhand	890
17	Rajasthan	889
18	Jammu & Kashmir	870
19	Punjab	854
20	Haryana	842

Warum gibt es diese regionalen Unterschiede – oder besser: warum dieser scharfe Gegensatz? Das ist nur eine von vielen Fragen, auf die wir keine fertige Antwort haben, aber das Problem des kulturellen Gegensatzes verdient mit Sicherheit nähere Betrachtung. In verschiedenen Studien zu verwandten Aspekten des Geschlechterverhältnisses sind ähnliche Gegensätze – ebenfalls zwischen dem Norden und Westen einerseits und dem Süden und Osten andererseits – festgestellt worden.[46] Doch im Falle der Kinder fällt der Gegensatz zwischen den beiden Landeshälften besonders deutlich aus, und es gibt keine naheliegende Erklärung dafür. Bezeichnenderweise entsprechen die Zahlen für Bangladesch (der entsprechende Wert für Kinder zwischen 0 und 4 Jahren liegt dort bei 972) deutlich dem «östlichen» Muster in Indien – und nicht nur das.

Wie wir die Sache auch drehen und wenden: In Indien insgesamt gibt es ein allgemeines Problem mit der Wertschätzung für Mädchen, und besonders ausgeprägt ist dieses Problem im Norden und Westen des Landes.[47] Besonders ernüchternd dabei ist, dass der traditionelle «Verbündete» der Gleichberechtigung – die Mädchenbildung – offenbar kaum dazu beiträgt, die pränatale Diskriminierung, die weibliche Föten trifft, zu verringern. Das lenkt den Blick stärker auf die Bedeutung eines aufgeklärten öffentlichen Vernunftgebrauchs – frei von Vorurteilen welcher Art auch immer. Das ist dann auch ein zentraler Bestandteil der allgemeinen These dieses Buches.

Alte und neue Machtungleichgewichte

Bislang haben wir uns in diesem Kapitel vor allem auf Ungleichheiten traditioneller Art konzentriert, also auf klassen-, kasten- und geschlechtsbedingte. Diese alten und tief verwurzelten Ungleichheiten haben noch immer überragenden Einfluss auf die Gesellschaft und die Politik Indiens. Einige gehen, wie gesehen, in signifikanter Weise zurück. Gleichzeitig verstärken neue und wachsende Ungleichheiten den Teufelskreis aus Machtlosigkeit und Verelendung. So hat Indien beispielsweise in den letzten zwanzig Jahren einen enormen Zuwachs bei der Macht der Unternehmen erlebt, was – von einigen ehrenwerten Ausnahmen abgesehen – vor allem mit dem ungehinderten Profitstreben zu tun hat. Dieser wachsende Einfluss von Unternehmensinteressen auf die staatliche Politik und die demokratischen Institutionen trägt nicht unbedingt dazu bei, die politischen Prioritäten auf die Bedürfnisse der Unterprivilegierten auszurichten.[48]

Es ist wichtig, den Einfluss der Wirtschaft auf die Balance staatlicher Politik zu erkennen, aber es wäre falsch, darin eine Art unwiderstehlicher Naturgewalt zu sehen. Das demokratische System Indiens bietet durchaus Möglichkeiten, sich diesen neuen Einseitigkeiten zu widersetzen, die sich aus dem Druck von Seiten der Unternehmen ergeben können. Ein aufschlussreiches Beispiel sowohl für das ganz unverhohlene Bestreben, ein etabliertes staatliches Angebot zu beschneiden, als auch für die Möglichkeit, einem solchen Ansinnen Einhalt zu gebieten, ist die lange Geschichte des Versuchs einiger Kekshersteller, das indische Schulspeisungsprogramm zu übernehmen.[49] Dieses Programm, das rund 120 Millionen Kinder mit einem von Frauen vor Ort zubereiteten warmen Mittagessen versorgt, was sich nachhaltig auf Ernährung und Schulbesuch auswirkt, war schon seit Jahren im Blickfeld von Herstellern von abgepacktem Essen, insbesondere von Keksproduzenten. Vor ein paar Jahren startete eine Biscuit Manufacturers' Association (BMA) eine massive Kampagne, die gekochten Schulmahlzeiten durch Lunchpakete mit Markenkeksen zu ersetzen. Die BMA schrieb sämtliche Parlamentsabgeordneten an und bat sie, sich beim zuständigen Minister für die «Kekslösung» stark zu machen. Als «Entscheidungshilfe» hatte man eine opulent gestaltete pseudowissenschaftliche Broschüre über die Wunderwirkung industriell hergestellter Kekse beigelegt. Prompt erklärten sich Dutzende von Abgeordneten quer durch alle politischen Parteien (eine Ausnahme bildeten allein die Kommunisten) dazu bereit und wandten sich schriftlich an den Minister, wobei sie oft einfach nur die Behauptungen der BMA übernahmen. Einem hochrangigen Beamten zufolge wurde das Ministerium von solchen Briefen förmlich «überschwemmt», von denen 29 später unter Berufung auf den Right to Information Act veröffentlicht wurden. Zum Glück schmetterte das Ministerium dieses Ansinnen ab, nachdem es an die Regierungen der Bundesstaaten und Ernährungsexperten weitergeleitet worden war, und die Wachsamkeit der Öffentlichkeit brachte ans Licht, was hier vor sich ging. Tatsächlich schrieb der Minister an den Ministerpräsidenten eines Bundesstaats, der mit der Kekslobby sympathisierte: «Wir sind in der Tat bestürzt über die zunehmenden Forderungen nach Einführung von Fertigmahlzeiten, die vor allem von den Produzenten/Vermarktern von abgepackten Lebensmitteln kommen und im Grunde auf nichts anderes abzielen, als den Markt für solche Lebensmittel auszuweiten und zu stärken.»

Der größere Kampf hält noch immer an. Denn die BMA gab nicht auf, nachdem ihr Bestreben vom Minister für Human Resource Development zurückgewiesen worden war, sondern wandte sich nun mit einem ganz ähnlichen Vorschlag ans Ministerium für Women and Child Development, nämlich Kinder unter sechs Jahren im Rahmen der Integrated Child Development Services (ICDS) mit Keksen zu versorgen. Auch andere Lebensmittelhersteller sind auf diesem Feld zugange, und trotz aller Wachsamkeit und allen Widerstands von Aktivisten (und des Obersten Gerichts) ist es ihnen in mehreren Bundesstaaten gelungen, in den Bereich der Essensprogramme für Kinder vorzudringen.

Ähnliche Sorgen muss man sich auch in anderen Bereichen der Sozialpolitik machen. So ist vermutlich der wachsende Einfluss kommerzieller Versicherungsunternehmen, die im Gesundheitsbereich sehr aktiv sind, nicht gerade hilfreich für die Bemühungen, in Indien ein effektives staatliches Gesundheitssystem einzurichten. Wie in Kapitel 6 gezeigt, ist Indiens Gesundheitssystem ohnehin bereits eines des weltweit am stärksten privatisierten – mit allen damit verbundenen Konsequenzen wie hohen Ausgaben, geringer Leistung und massiven Ungleichheiten. Trotzdem wird nachhaltig darauf gedrängt, das amerikanische Modell der Gesundheitsversorgung zu übernehmen, das auf privaten Versicherungen beruht, obwohl man international weiß, dass dieses System vergleichsweise schlechte Leistungen erbringt, aber signifikant hohe Kosten verursacht.

Die jüngsten Ereignisse haben aber auch gezeigt, dass man nicht nur einzelne Schlachten gegen übermäßigen Unternehmenseinfluss gewinnen kann, wie das im Fall der Kekslobby gelungen ist, sondern auch institutionelle Sicherungen gegen den Missbrauch von Unternehmensmacht einbauen kann. So lässt sich der Right to Information Act zwar nicht unmittelbar auf die Informationen von Privatunternehmen anwenden, aber er stellt doch ein wirksames Mittel dar, um zu enge Verbindungen zwischen Staat und Wirtschaft im Auge zu behalten und einzudämmen, wie die Geschichte um das Schulspeisungsprogramm zeigt. Auch wenn es um die Finanzierung politischer Parteien durch Unternehmen, die Lobbyarbeit von Unternehmen, finanzielle Transparenz, Umweltstandards und Arbeitnehmerrechte geht, spielen Regulierungen und Gesetze eine wichtige Rolle, um den indischen Unternehmenssektor zur Beachtung der grundlegenden Normen sozialer Gerechtigkeit zu zwingen.

Die Privilegierten und der Rest

Indien steckt also wie gesehen voller Ungleichheiten der verschiedensten Art. Einige Inder sind vergleichsweise reich, die meisten sind es nicht. Einige sind ziemlich gut ausgebildet, andere können weder lesen noch schreiben. Einige führen ein leichtes Leben, andere schuften hart für wenig Lohn. Einige sind politisch mächtig, andere können allenfalls auf ihr unmittelbares Umfeld Einfluss nehmen. Einige verfügen über substanzielle Chancen, um im Leben voranzukommen, anderen fehlt jede Möglichkeit dazu. Einigen gegenüber verhält sich die Polizei zuvorkommend, ganz gleich, was sie getan haben, andere werden beim leisesten Verdacht eines Vergehens wie Dreck behandelt. Diese vielfältigen Gegensätze spiegeln verschiedene Arten von Ungleichheit wider, und jede dieser Ungleichheiten gilt es aufmerksam in den Blick zu nehmen.

Aber jenseits davon – und das ist ein zentraler Punkt, wenn man das Wesen der Ungleichheit in Indien begreifen will – erkennt man, dass es oft ein und dieselben Menschen sind, die arm bei Einkommen und Vermögen sind, die unter Analphabetismus und schlechten Schulen zu leiden haben, die hart arbeiten und wenig dafür bekommen, die wenig Einfluss auf die Regierung des Landes haben, denen es an sozialen und ökonomischen Chancen mangelt, um voranzukommen, und die von der klassenbewussten Polizei brutal behandelt werden. Die Trennlinie zwischen «Habenden» und «Habenichtsen» in Indien ist nicht nur ein rhetorisches Klischee, sondern wichtiger Bestandteil einer Diagnose und verweist uns auf eine besonders ins Auge stechende Spaltung, die für ein Verständnis der indischen Gesellschaft unabdingbar ist. Die Kongruenz der Nöte und Entbehrungen verstärkt nur die Kluft zwischen den Privilegierten und dem Rest in bestimmten Sphären und steckt verschiedene Menschen in völlig unterschiedliche Kategorien. Das Streben nach Gleichheit ist in Indien eine echte Herausforderung.

9. DEMOKRATIE, UNGLEICHHEIT UND ÖFFENTLICHER VERNUNFTGEBRAUCH

Demokratie in Indien

Die Demokratie, wie wir sie heute kennen, hat sich über einen langen Zeitraum entwickelt und beruht auf ganz verschiedenartigen Erfahrungen und Experimenten. Schon im alten Griechenland gab es etwa seit dem 6. Jahrhundert v. Chr. bedeutsame Formen demokratischer Politik, wenngleich an dieser Praxis nur eine Minderheit erwachsener männlicher Bürger beteiligt war (ausgeschlossen waren unter anderem Frauen und Sklaven). Auch anderswo gab es vor über 2000 Jahren in einer Reihe von Ländern einzelne Versuche demokratischer Regierung auf lokaler Ebene, darunter in Indien, Persien und Baktrien. Die «Verfassung der siebzehn Verfügungen», die der buddhistische Prinz Shotoku im Jahr 604 in Japan vorgelegt haben soll, verlangte, dass bei Entscheidungen des Staates eine breite Konsultation stattfinden müsse. Im Laufe der Jahrhunderte wurden weltweit in begrenztem Rahmen verschiedenste demokratische Methoden wie etwa Konsensentscheidungen erprobt.

Doch die Demokratie in ihrer heutigen Form entstand erst lange danach, wozu zahlreiche Entwicklungen beitrugen: von der englischen Magna Carta 1215 über die Französische und die Amerikanische Revolution im 18. Jahrhundert bis zur Ausbreitung des Erwachsenenwahlrechts – zunächst für Männer und schließlich auch für Frauen – in Europa und Nordamerika im 19. und frühen 20. Jahrhundert. Aber erst seit der zweiten Hälfte des vergangenen Jahrhunderts gilt die Demokratie als die Regierungsform, auf die jede Nation ein Anrecht hat, ob in Europa, Amerika, Asien oder Afrika.[1] Das Gedeihen demokratischer Praxis und ihre Ausbreitung aber sind noch lange nicht abgeschlossen.

Was Indien betrifft, so waren die europäischen Kolonialherren sehr skeptisch, ob dort eine Demokratie Fuß fassen könnte, sollte das Land unabhängig werden. Doch als die Briten 1947 abzogen, schuf das nunmehr unabhängige Indien in unglaublichem Tempo ein dezidiert demokratisches System. Die naheliegende Frage lautet: Wie gut hat die

Demokratie in Indien funktioniert? Fest steht, dass die demokratischen Grundnormen im Allgemeinen sehr erfolgreich eingehalten wurden, und alle Versuche, demokratische Rechte aufzuheben – wie das während des «Notstands» in den siebziger Jahren der Fall war –, wurden bei Wahlen sogleich abgelehnt und alle ausgesetzten demokratischen Rechte wurden wieder in Kraft gesetzt. So gesehen muss man diese politische Geschichte als große Leistung anerkennen, vor allem wenn man bedenkt, dass Indien das erste nicht-westliche Land war – und auch das erste arme Land auf dieser Welt –, das sich vorbehaltlos einer demokratischen Regierungsform verschrieb, mit regelmäßigen Mehrparteienwahlen, der Unterordnung des Militärs unter eine zivile Regierung, einer unabhängigen Justiz, dem Schutz von Minderheitenrechten sowie Rede- und Meinungsfreiheit. Dass Indien das geschafft hat, ist eine beachtliche Leistung.

Sofern es also eine schöne Sache ist, ein demokratisches Regierungssystem zu haben, gibt es einigen Anlass zum Feiern. Doch ist Demokratie natürlich nicht nur Selbstzweck, sondern ein gesellschaftliches Instrument zur Verbesserung einer Gesellschaft und hier insbesondere zur Beseitigung von Ungerechtigkeiten und sozialen Ungleichheiten. In dieser Hinsicht sind die Leistungen der indischen Demokratie in hohem Maß diskussionswürdig. Dass verschiedene Formen von Ungleichheit massenhaft fortbestehen – und sich mitunter sogar verschärft haben –, verweist mit Nachdruck darauf, dass die indische Demokratie im Hinblick auf ihre Folgewirkungen keineswegs so erfolgreich war, wie sie es hätte sein sollen.

Dieses enorme Versagen bildet einen zentralen Aspekt dieses Buches, und dabei geht es vor allem um eine Frage: Wie können wir die Demokratie besser nutzen, vor allem wenn es darum geht, Ungerechtigkeiten und die enormen Ungleichheiten im Leben der Bürger zu verringern – und zwar besser, als dies der indischen Demokratie bislang gelungen ist? Bevor wir uns dieser Frage zuwenden, wollen wir uns zunächst mit den Defiziten und Schwachstellen der indischen Demokratie befassen und sie an den institutionellen Regeln demokratischer Praxis messen.

Verstöße gegen die demokratische Praxis

In seinem sehr lesenswerten Buch *India After Ghandi: The History of the World's Largest Democracy* unterteilt Ramachandra Guha diese Geschichte in verschiedene Phasen. So betrachtet er die beiden ersten Jahrzehnte nach der Unabhängigkeit als Periode der konstitutionellen Demokratie. Ihr folgen zwei Jahrzehnte der Variationen und des Übergangs von einer konstitutionellen Demokratie zur heutigen Phase der «populistischen» Demokratie – in der fortwährend politischer Druck auf das Regierungshandeln ausgeübt wird.[2]

Im Lauf der Jahre sah sich die indische Demokratie ohne Zweifel verschiedenen Belastungen ausgesetzt. Während der Amtszeit Nehrus (und kurz danach) hielt man sich noch stärker an die Vorgaben der demokratischen Verfassung, doch in den siebziger Jahren nahmen die Verstöße – und die Versuchungen, demokratische Prozesse ein wenig abzukürzen – zu, vor allem mit der Ausrufung des «Notstands» durch die von Indira Gandhi geführte Regierung. Und es stimmt auch, dass sowohl die Regierung als auch die gewählten Abgeordneten im indischen Parlament verstärkt von Seiten organisierter Interessen unter Druck gerieten. Der verschärfte Einfluss politischer Lobbyisten und Interessengruppen ist ein wichtiges Merkmal des heutigen Indien, auch wenn man bezweifeln darf, ob das Nachgeben gegenüber solchem Druck wirklich als «Populismus» zu bezeichnen ist, denn die eindrucksvoll orchestrierten Forderungen sind oft recht weit entfernt von den Interessen und Sorgen der breiten Massen, vor allem von denen am unteren Ende der Gesellschaft (wir werden darauf gleich noch zurückkommen).

Über Guhas grundlegende Periodisierung hinaus sollten wir den Blick freilich auf die Tatsache richten, dass die Defizite in der demokratischen Praxis Indiens schon seit der Unabhängigkeit bestehen und auch die Regierungszeit Nehrus in dieser Hinsicht keine Ausnahme bildet. Selbst in den «geregelteren» Tagen von Nehrus Amtszeit wurde Scheich Abdullah, der Regierungschef des Bundesstaates Jammu und Kaschmir (und vehementer Befürworter eines säkularen Kaschmir), 1953 für mehr als ein Jahrzehnt ins Gefängnis geworfen. Auch die Unabhängigkeitsbewegung in Nagaland wurde brutal unterdrückt, wobei man sich Strategien der Aufstandsbekämpfung bediente (sogenannter «groupings», bei denen die Menschen in Lager gepfercht wurden, und wer sich weigerte, wurde gejagt), die offenbar durch ein ähnliches Vorgehen in Vietnam inspiriert waren.[3] Überdies wurde die vom Volk gewählte Regierung im Bundesstaat Kerala, an deren Spitze die kommunistische Partei stand und die zahlreiche längst überfällige soziale Reformen in Angriff nahm, plötzlich im Namen von Recht und Gesetz ihres Amtes enthoben, ohne dass sie gegen irgendwelche demokratischen Grundsätze verstoßen hätte. Einiges spricht dafür, dass die auf nationaler Ebene herrschende Kongresspartei die angespannte Lage in Kerala schürte oder überhaupt erst schuf.

Eine eingehendere Untersuchung der praktischen Umsetzung demokratischer Normen – und der Verstöße gegen diese Normen – würde den Rahmen dieses Buches sprengen. Gleichwohl müssen wir zumindest kurz ein paar Abweichungen von der demokratischen Praxis skizzieren, und sei es nur als Hinweis darauf, dass Indiens demokratische Errungenschaften, so bedeutsam sie auch sein mögen (vor allem angesichts der Verbreitung autoritärer Regierungsformen in vielen Teilen der Welt, darunter auch in Asien, Afrika und Lateinamerika), nicht ungetrübt strahlen. Ein dauerhaftes Problem ist das deutliche Missverhältnis, wenn es um die Anerkennung von Bürgerrechten und politischen Rechten bzw. die Ahndung von Verstößen gegen diese Rechte in Kaschmir und anderen Regionen (etwa im Nordosten des Landes) geht, wo – angeblich – die nationale Sicherheit auf dem Spiel steht.

Das stellt ein echtes Problem dar. Die Medien mögen es als «Selbstdisziplinierung» zugunsten der nationalen Sicherheit betrachten, aber über Fragen der Menschenrechte und der Demokratie in wichtigen Regionen einfach zu schweigen schadet dem demokratischen Prozess in Indien enorm. Dass die Medien kaum darüber berichten, hat eine Reihe von Gründen. Im speziellen Falle Kaschmir kann die politische Situation dort in der Tat als komplexe Angelegenheit gelten, denn sie ist mit dem allgemeineren Spannungsverhältnis zwischen Indien und Pakistan verknüpft. Und doch verlangen die zugrunde liegenden Probleme nach offener Diskussion und demokratischem Engagement statt nach Schweigen.

Die Komplexität von Problemen ist noch lange kein Grund, nicht offen zu berichten und die Verletzung von Menschen- und Bürgerrechten in Kaschmir oder anderswo nachdrücklich zu verurteilen. Die Forderung nach einer stärkeren Beachtung der Menschenrechte sollte einer friedlichen politischen Lösung in Kaschmir nicht im Wege stehen, ja könnte sie vielleicht sogar befördern, denn das grobe Vorgehen gegen die Bevölkerung sorgt nur für zusätzliche Entfremdung. Zu den Pflichten der Medien gehört es auch, die eminent wichtigen Fragen demokratischer Praxis kritisch unter die Lupe zu nehmen, das heißt auch, nicht nur über die Gräueltaten von irgendwelchen Extremistengruppen, sondern auch über die von der Polizei und vom indischen Militär verübten Verbrechen zu berichten. Zwar bemüht sich Neu-Delhi seit einigen Jahren, diese Übergriffe zu reduzieren, und hat der Regierung des Bundesstaates mehr Autonomie zugestanden, aber es bedarf noch viel mutigerer Schritte, und die indischen Medien können einen wichtigen Beitrag leisten, die Fragen von Regierungsführung und Menschenrechten in Kaschmir stärker ins Licht der Öffentlichkeit zu rücken.

Kaschmir ist zweifellos der bekannteste und vielleicht schlimmste Fall von Verstößen gegen demokratische Normen, aber beileibe nicht der einzige. Andere Aufstände und Separatistenbewegungen (insbesondere im Nordosten des Landes) wurden ebenfalls unter Einsatz militärischer Gewalt bekämpft. Eine friedliche Lösung wird nicht nur durch die politische Natur dieser Aufstände behindert, die viel stärker berücksichtigt werden müsste, sondern auch durch die rohe und oftmals kontraproduktive Art staatlicher Gewalt im Rahmen angeblicher Präventionsmaßnahmen. Die brutale Unterdrückung führt nicht nur zu schweren Menschenrechtsverletzungen, sondern verschärft die Situation in vielen Fällen noch zusätzlich.

Ein gutes Beispiel dafür ist der verbreitete Einsatz – in Kaschmir und in den Unruheregionen des Nordostens – der drakonischen Machtbefugnisse, die den Streitkräften unter dem Armed Forces (Special Powers) Act von 1958 erteilt werden. Dieses abgekürzt als AFSPA bekannte Gesetz wirkt wie eine Wiederherstellung der alten britischen «Armed Forces (Special Powers) Ordinance» aus dem Jahre 1942, also aus den autoritären Zeiten der Kolonialherrschaft. Zu diesen Befugnissen gehören ein großer Ermessensspielraum beim Schusswaffengebrauch und bei Festnahmen ohne Haftbefehl ebenso wie eine weitgehende Immunität gegenüber Strafverfolgung bei Menschenrechtsverletzungen. Diese Befugnisse wurden häufig auf bemerkenswert gewaltsame Weise eingesetzt und haben Konflikte eher verschärft als beendet. R. N. Ravi, ehemals Sonderdirektor des Inlandgeheimdienstes, hat das so formuliert: «Als intimer Kenner des Geschehens seit über zwei Jahrzehnten ist man zunehmend davon überzeugt, dass einer der entscheidenden Gründe für die anhaltende Militanz im Nordosten die unberechtigte Anwendung des AFSPA ist.»[4] Trotz dieser und anderer Kritik (so fordern sowohl die Vereinten Nationen wie eine von der Regierung berufene Kommission, den AFSPA abzuschaffen) reagierte die Regierung darauf bislang allenfalls mit gelegentlichen Versprechen, das Gesetz zu reformieren oder zu ergänzen. Ähnliche Kommentare betreffen andere undemokratische Gesetze wie den Straftatbestand der «Aufwiegelung», ein weiteres Relikt aus Kolonialzeiten, das Jawaharlal Nehru schon 1951 als «in hohem Maße fragwürdig und schädlich» bezeichnete, das aber noch immer gilt und von den Behörden auch regelmäßig angewendet wird.[5]

Nicht weniger gravierend ist dieses Problem im Zentrum des Landes, wo es eine starke maoistische Bewegung gibt, die von der brodelnden Unzufriedenheit der Landbevölkerung profitiert. Sie agiert mitunter sehr gewalttätig und verschont auch Zivilisten nicht, wenn diese in den Verdacht geraten, auf der «falschen Seite» zu stehen. Die Regierung wiederum antwortet in diesen Regionen, die offiziell als «vom Linksextremismus betroffene Distrikte» firmieren, mit einem Maß an Gewalt, das den Normen des demokratischen Indien völlig widerspricht.

Die maoistische Rebellion ist das gewalttätige Extrem sozialer Unzufriedenheit – einer Unzufriedenheit mit der Gesellschaftsordnung, aber auch mit der herrschenden politischen Klasse, die verbreiteter ist als die bürgerliche Abneigung gegen die Regierungen auf nationaler und bundesstaatlicher Ebene. Die Sorgen, die einem das mit Blick auf die Zukunft der indischen Demokratie bereiten kann, hat Pankaj Mishra treffend so formuliert:

> China ist auf wacklige Weise autoritär, während Indien eine stabile Demokratie ist – tatsächlich die größte der Welt. So lautet das gängige Klischee, und es stimmt ja auch bis zu einem gewissen Punkt [...] Doch die öffentliche Wut über die politische Klasse scheint in Indien heftiger zu sein, und die Unzufriedenheit nimmt dort stärker militante Formen an, wie etwa im Bürgerkrieg im Zentrum des Landes, wo indigene, militante Maoisten in rohstoffreichen Wäldern gegen die Sicherheitskräfte kämpfen. Überdies hat Indien, wo politische Dynastien seit Jahrzehnten die Regel sind, viel mehr ‹Prinzlinge› als China – fast 30 Prozent der Parlamentsabgeordneten kommen aus Politikerfamilien. Wenn das Land die Bekämpfung intellektueller Dissidenz verstärkt und hinter globalen Gesundheitszielen zurückbleibt, ahmt es die autoritären Tendenzen und die Korruption in China nach, ohne vergleichbare Fortschritte bei der Armutsbekämpfung zu machen. Das ‹Neue Indien› läuft Gefahr, ein Ersatz-China zu werden.[6]

Diese Beobachtungen thematisieren viel allgemeinere Probleme, auf die wir an dieser Stelle gar nicht eingehen können, und doch lassen sich die Fragen, denen wir hier nachgehen, nicht angemessen verstehen, wenn man die begründete Angst um die Zukunft der Demokratie in Indien ignoriert, die nicht nur Mishra hier zum Ausdruck bringt.

Ganz allgemein ist Indien nach gegenwärtigen Standards eine demokratische Erfolgsgeschichte, und Inder dürfen zu Recht stolz darauf sein, dass ihr Land oftmals als «größte Demokratie der Welt» bezeichnet wird, doch Teil des Gesamtbilds sind auch Verstöße gegen die demokratische Praxis in bestimmten Kontexten, aus Gründen der angeblichen nationalen Sicherheit oder aufgrund anderer Belange. Es handelt sich letztlich um ein besonders wichtiges Feld für demokratisches Engagement und kritische Beobachtung. Tatsächlich hängt die Zukunft der indischen Demokratie zu einem Gutteil davon ab, ob demokratische Rechte beherzt verteidigt werden, wo und wann auch immer sie bedroht sind.

Funktionieren die demokratischen Institutionen?

Wenden wir uns nun einem anderen Aspekt der demokratischen Normen zu und fragen kurz danach, ob die Kerninstitutionen der indischen Demokratie funktionieren. Zu diesem Zweck teilen wir die institutionelle Struktur in die drei Säulen Legislative, Exekutive und Judikative auf und beginnen mit den gesetzgebenden Institutionen im Zentrum (dem indischen Parlament, Lok Sabha) und in den Bundesstaaten (den Landesparlamenten). Anders als in den USA, wo die Oberhäupter der Exekutive – der US-Präsident und die Gouverneure der Bundesstaaten – direkt gewählt werden – ebenso wie viele Entscheidungsträger in der Justiz –, können die Bürger in Indien bei Wahlen nur über die Abgeordneten in der Lok Sabha und in den Länderparlamenten entscheiden.

In einer Demokratie geht es nicht nur um Wahlen, sondern auch um den Wahlvorgang. Das könnte im Prinzip ein einflussreicher Faktor für Veränderung sein, aber was am Ende dabei herauskommt, lässt sich nicht so einfach vorhersagen. Was die Wahlinstitutionen angeht, so schlägt sich Indien im historischen und internationalen Vergleich recht gut. So schneidet Indien gerade im Vergleich mit den USA (einem ambitionierten Leuchtturm in Sachen Demokratie in der heutigen Welt) in vielerlei Hinsicht ziemlich respektabel ab. Die Wahlbeteiligung in Indien etwa ist deutlich höher (während die USA in dieser Hinsicht im internationalen

Maßstab ganz weit hinten liegen), es gibt deutlich umfassendere Vorkehrungen, damit auch sozial benachteiligte Gruppen politisch vertreten sind, und das «große Geld» hat auf Wahlkämpfe und Wahlen deutlich weniger Einfluss. In Indien wird über Wahlergebnisse deutlich weniger gestritten als in den USA (man denke nur an die dortige Hängepartie bei der Präsidentschaftswahl 2000). Zudem herrscht in der indischen Politik ein deutlich größerer Pluralismus als in der amerikanischen. Im indischen Parlament sind Dutzende Parteien vertreten, von der extremen Linken bis zur äußersten Rechten, während dem US-Kongress gerade einmal zwei Parteien angehören (die in vielen Fragen zudem oft die gleiche Ansicht vertreten).[7] Dieser Vergleich fällt nicht nur zugunsten Indiens aus (so ist die innerparteiliche Demokratie in den USA deutlich ausgeprägter), doch gemessen an weltweiten Standards erscheinen die indischen Wahlinstitutionen in recht gutem Licht.

Natürlich gibt es auch noch jede Menge Raum für Verbesserungen. So lässt die Arbeitskultur der gewählten Abgeordneten in Indien zu wünschen übrig. Sie verbringen ziemlich wenig Zeit im «Hohen Haus», zumindest in den neun Staaten, für die Zahlen vorliegen: Zwischen 2000 und 2010 lag die durchschnittliche Zahl der parlamentarischen Sitzungstage pro Jahr zwischen 14 (in Haryana) und 48 (in Westbengalen).[8] Und natürlich nahm nicht jeder an diesen Sitzungen teil. Im Parlament selbst ist das Verhalten der gewählten Volksvertreter nicht immer vorbildlich: «Sitzung aufgrund von Tumulten abgebrochen», lautet eine gängige Zeitungsschlagzeile (allein 2011 war sie in Andra Pradesh, Jammu und Kaschmir, Odisha, Rajasthan, Uttar Pradesh und Tripura zu lesen); gemeint sind damit Vorfälle, bei denen Stühle, Fächer, Mikrofone und andere Dinge geworfen oder zertrümmert werden. Neue Höhen erreichte diese Laxheit beim jüngsten «Porngate»-Skandal, als einige Abgeordnete im Parlament von Karnataka dabei erwischt wurden, wie sie während einer Sitzung in der ersten Reihe auf ihren Smartphones Pornos schauten. Es wäre natürlich unfair, alle Abgeordneten über einen Kamm zu scheren. Vielen von ihnen geht es wirklich ums Gemeinwohl, sie arbeiten hart und sind hochkompetent. Doch bei den allgemeinen parlamentarischen Normen ist sicherlich noch Luft nach oben.

Viel wichtiger freilich ist, dass oft mit beträchtlichem Frust und Zynismus über die «gewählten Volksvertreter» und die Interessen, die sie vertreten, geredet wird – das reicht von witzig-bösen Karikaturen bis zum Schuh, der nach ihnen geworfen wird. Die Vorstellung, die hinter der Idee der Repräsentation steckt, ist ja im Grunde die, dass die Menschen die Möglichkeit haben, diejenigen zu wählen, die etwas für sie tun und ihre Interessen vertreten. Doch beim Kampf um Wählerstimmen ist das, was die Kandidaten für die Allgemeinheit getan haben (oder tun wollen), nur ein Aspekt, der zudem oft nicht wirklich ins Gewicht fällt. Als Erstes nämlich braucht man ein «Ticket», was bedeutet, dass man sich bei der Parteiführung lieb Kind macht (und nicht bei den Parteimitgliedern, denn die innerparteiliche Demokratie ist in Indien nicht besonders ausgeprägt). Man ist also eher der Spitze als der Basis verantwortlich. Dann geht es darum, Geld zu verdienen. Für einen bereits amtierenden Kandidaten geht das am einfachsten dadurch, dass er lokale Unternehmer und andere im Gegenzug für finanzielle Unterstützung protegiert. Die Unternehmer erledigen stillschweigend das schmutzige Geschäft, staatliche Mittel abzugreifen, und die politischen Protektoren bekommen ihren Anteil davon. Von hier, so kann man behaupten, ist es nur ein kleiner Schritt in die Kriminalität. Im Jahr 2009 liefen laut der Association for Democratic Reforms gegen 30 Prozent der Abgeordneten in der Lok Sabha Strafverfahren, im Parlament von Bihar waren es 45 Prozent und in Jharkhand sogar 57 Prozent. Interessanterweise war der Anteil der einer Straftat Verdächtigten bei den Abgeordneten deutlich höher (30 Prozent) als bei der Gesamtheit der Kandidaten für die Wahl zur Lok Sabha 2009 (15 Prozent). Es ist also eigenartigerweise so, dass Kandidaten, die einer Straftat beschuldigt werden, bei Wahlen tatsächlich besser abschnitten als andere, aus welchen Gründen auch immer.[9]

Das ist kein Vorwurf gegen die Demokratie als solche. Selbst bei denjenigen, die über die gewählten Volksvertreter zynisch den Kopf schütteln, ist die Achtung gegenüber den demokratischen Prinzipien in Indien recht hoch. So gaben beispielsweise in der jüngsten National Election Study, die 2009 vom Centre for the Study of Developing Societies durchgeführt wurde, 70 Prozent der Befragten an, sie hätten das Gefühl, dass «Demokratie besser als andere Regierungsformen ist»; ignoriert man diejenigen, die zu dieser Frage keine Meinung haben, erhöht sich der Anteil sogar auf 88 Prozent. Interessant ist auch, dass eine große Mehrheit (60 Prozent bzw. 78 Prozent bei denen, die eine Meinung haben) der Ansicht war, die eigene Stimme habe «Einfluss darauf, wie die Dinge in diesem Land laufen». Das mag objektiv plausibel sein oder nicht, aber es zeigt doch, dass die Befragten die eigene Beteiligung am Wahlsystem überwiegend positiv sehen.

Bemerkenswert ist dabei auch, dass die Zustimmung zu den demokratischen Prinzipien zumindest in gewisser Weise bei den Benachteiligten besonders hoch ausfällt. So war die Wahlbeteiligung der Dalits bei Wahlen zur Lok Sabha durchgängig höher als die oberer Kasten.[10] Ein Dalit-Intellektueller hat das so erklärt: «Obwohl das politische System korrupt und ineffizient ist, fühlen die Dalits sich ihm verbunden – sie legen im Allgemeinen Wert darauf zu wählen. Junge Dalits wissen nur zu gut, dass Institutionen außerhalb des Staates nichts als eine Ansammlung von Khap Panchayats sind.»[11] Das ist streng genommen ein wenig übertrieben (die Wahlbeteiligung der Dalits liegt nur leicht über der der Gesamtbevölkerung, und der letzte Satz ignoriert die Vielfalt der «Institutionen außerhalb des Staates»), aber seit B. R. Ambedkar haben viele Dalit-Denker dieses Empfinden zum Ausdruck gebracht.

Die wichtigste Lehre, die man vielleicht aus den Defiziten der Wahlpolitik in Indien ziehen kann, ist die, dass der Aufbau demokratischer Institutionen – und einer demokratischen Kultur – ein unablässiger Prozess ist. Zum Glück sind Wahlreformen und demokratische Verbesserungen in Indien zunehmend Gegenstand öffentlicher Diskussionen und werden aktiv vorangebracht. Dabei wurden bereits erhebliche Fortschritte gemacht, etwa der Right to Information Act (2005), der enorme Möglichkeiten eröffnet, öffentliche Angelegenheiten transparenter zu machen und die informierte Teilhabe am politischen Prozess zu befördern. Auch zahlreiche andere wichtige Reformaspekte werden lebhaft diskutiert: die politische Repräsentation von Frauen, die Wahlkampffinanzierung, die innerparteiliche Demokratie, die Verantwortlichkeit der Justiz, das Abberufungsrecht (Right to Recall, RTR), die Notwendigkeit «prälegislativer Konsultationsprozesse», um nur ein paar Beispiele zu nennen. Diese Initiativen müssen sich in vielen Fällen erst noch in konkrete Veränderungen übersetzen, aber mit der Zeit könnten sie Reichweite und Effektivität der demokratischen Institutionen in Indien deutlich steigern.

Wenn wir uns der Exekutive zuwenden, so zeigt sich, dass die indischen Amtsträger, ob nun auf nationaler oder bundesstaatlicher Ebene, nicht die gleiche Unabhängigkeit besitzen wie der Präsident, Gouverneure oder Bürgermeister in den USA. Die Exekutive wird jeweils vom Parlament gewählt: So können etwa der Premierminister (als indisches

Regierungsoberhaupt) und sein Kabinett nur gewählt werden und «überleben», wenn sie über genügend Unterstützung im indischen Parlament verfügen. Alle Unregelmäßigkeiten in der Lok Sabha (etwa bei den Wahlen) haben auch Auswirkungen auf die Exekutive. Wenn eine Regierung «ihre Mehrheit» verliert, kann durch neue Bündnisse (zu denen mitunter auch Absprachen hinter den Kulissen gehören) eine andere Mehrheit gebildet werden, und wechselnde Allianzen sind in der Koalitionspolitik Indiens zunehmend von Bedeutung. Das hat unter anderem zur Folge, dass eigennützige Interessen stärkeren Einfluss auf die Politik der Exekutive gewinnen.

Damit die politische Neuausrichtung gelingt, für die wir in diesem Buch plädieren, bedarf es weit mehr, als nur die Exekutive dafür zu gewinnen. Auch die Legislative muss von der Notwendigkeit einer Veränderung überzeugt werden, nicht nur, weil es dafür neuer Gesetze bedarf, sondern auch, weil die Exekutive nur dank der Unterstützung, die sie im Parlament genießt, im Amt ist. Nur die Regierungsspitze – etwa den Premierminister – zu überzeugen wird nicht reichen, um auf substanziellen Politikfeldern eine nachhaltige Veränderung zu erreichen. Das ist wichtig zu begreifen, denn das Politikversagen, das der amtierenden Regierung zugeschrieben wird, spiegelt nicht unbedingt ihre Intention wider – eine Exekutive kann durchaus willens, aber machtlos sein, wenn es darum geht, den politischen Wandel voranzutreiben. Als beispielsweise Anfang 2012 die damals amtierende Regierung auf Betreiben einflussreicher Schmuckhersteller und anderer ihr kurzzeitiges Vorhaben aufgab, einen geringen Importzoll auf Gold und Diamanten zu erheben, was die Staatseinnahmen deutlich aufgebessert hätte (wir werden weiter unten noch auf diesen Fall zurückkommen), so war das Hauptproblem dabei nicht die mangelnde Bereitschaft der Exekutive, Goldeinfuhren zu besteuern, sondern ihre Unfähigkeit, die beabsichtigte Änderung durchzusetzen. Die Politikveränderungen, für die wir plädieren, brauchen demnach mehr als nur die Unterstützung der Regierung. Damit gewinnt die öffentliche Diskussion noch zusätzlich an Bedeutung, und diese reicht weit über rein technische Ratschläge an die Exekutive hinaus. Das ist ein Grund, warum dieses Buch eher einen Beitrag zur öffentlichen Debatte (nicht zuletzt auch in den Medien) leisten soll und weniger der Regierung professionelle Ratschläge erteilen möchte.

Im Gegensatz zur Exekutive ist die indische Justiz relativ unabhängig. Diese Unabhängigkeit steht nicht im Widerspruch zur Praxis der Demokratie. Vielmehr hat die Direktwahl von Richtern in Teilen des amerikanischen Systems die Rechtsprechung in einer Weise politisiert, die in einem gewissen Spannungsverhältnis zur notwendigen Objektivität und Überparteilichkeit der Justiz steht. Die Unabhängigkeit der Justiz hat es den Gerichten, insbesondere dem Obersten Gerichtshof Indiens, zudem ermöglicht, in vielen zentralen Fragen der Gleichheit und Gerechtigkeit in ihren Urteilen unabhängige – und einflussreiche – Positionen zu vertreten, etwa beim Schutz von Grundrechten wie auch bei verschiedenen wirtschaftlichen und sozialen Rechten, wie sie in den Leitprinzipien der Verfassung formuliert sind, so dem Recht auf Bildung und Nahrung (sogar auf ein warmes Mittagessen in Schulen).

Wir hatten bereits in früheren Kapiteln dieses Buches Gelegenheit, die Einmischung des Obersten Gerichts bei der Verfolgung weitreichender Verfassungsziele (einschließlich der Leitprinzipien) zu erläutern, insbesondere sein allgemeines Interesse an ökonomischer Gerechtigkeit sowie an politischer und sozialer Gleichheit. Mitunter musste das indische Parlament nach Gerichtsurteilen neue Gesetze beschließen, aber man muss auch die Führungsrolle angemessen herausstellen, die die Gerichte spielen können. Das gilt auch dann, wenn die gerichtlichen Initiativen nur dann ihre volle Wirkung entfalteten, wenn das Parlament ihre Anstöße (insbesondere die des Supreme Court) unterstützte.[12] Viele dieser Interventionen haben für ein Mehr an Gerechtigkeit gesorgt, aber durch Verzögerungen und Unflexibilität haben die indischen Gerichte häufig auch eine rückschrittliche Rolle gespielt. Im vorangegangenen Kapitel haben wir gezeigt, dass die Schwierigkeit, bei Vergewaltigungen innerhalb eines vernünftigen Zeitraums ohne großen Aufwand und ohne demütigende Hindernisse zu einer Verurteilung zu kommen, viele Vergewaltigungsopfer davon abhält, Anzeige zu erstatten, was zum administrativen Versagen in Form polizeilicher Defizite noch hinzukommt. Im Allgemeinen erschweren die langsame Arbeitsweise und die Überlastung der Gerichte das Bemühen, Recht zu bekommen, und das schränkt die demokratische Rechtsstaatlichkeit in Indien zweifellos deutlich ein.

Ungleichheit und demokratisches Engagement

In den vorangegangenen Kapiteln haben wir gezeigt, dass Indien, was Reichweite und Wirkung seiner wirtschaftlichen und sozialen Entwicklung anbelangt, zum Teil eklatant versagt hat. Ein wichtiger Punkt dabei ist zweifellos das Fortbestehen verschiedener Formen von Ungleichheit. Dazu gehört auch, dass es nicht gelungen ist, die tiefe Kluft zwischen den Privilegierten und dem Rest zu beseitigen. Wenn wir nun die demokratische Praxis in den Blick nehmen, müssen wir fragen: Inwieweit war die indische Demokratie in der Lage, den mit diesem Versagen verbundenen Herausforderungen zu begegnen? Das demokratische System hat dem Land sicherlich enorme Möglichkeiten verschafft, Fehlern an der Entwicklungsfront zu begegnen, aber wenn es darum geht, Ungleichheit und Ungerechtigkeit zu beseitigen, waren seine Leistungen recht bescheiden. Hat man in einigen Fällen die Chancen gut genutzt, um Politik und Praxis in Indien in die richtige Richtung zu lenken (etwa indem man den Menschen aus den benachteiligten Kasten einklagbare Rechte zuerkannte und ein umfassendes System von Fördermaßnahmen schuf), so blieben viele Spaltungen (etwa die weiterhin ungleichen Chancen in Sachen Bildung und Gesundheitsfürsorge oder die ungleiche Behandlung durch Polizei und Staatsbedienstete) bestehen, obwohl die Demokratie durchaus Möglichkeiten geboten hätte, dagegen anzugehen.

Die Verfassung der Republik Indien, die vor über sechzig Jahren in Kraft trat, garantiert jedem Bürger des Landes eine ganze Reihe von «Grundrechten», darunter das Recht auf freie Meinungsäußerung, Vereinigungsfreiheit, Gleichheit vor dem Gesetz sowie ein Diskriminierungsverbot. Diese Rechte sind vor Gericht einklagbar, und das letzte Grundrecht (in Artikel 32) ist das Recht, sich an den Obersten Gerichtshof zu wenden: «Das Recht, das Oberste Gericht durch geeignete Verfahren zur Durchsetzung der in diesem Teil gewährten Rechte anzurufen, wird gewährleistet.»[13] Die Väter und Mütter der demokratischen Verfassung des Landes setzten also für die Beseitigung inakzeptabler Ungleichheiten zum Teil auf das Rechtssystem (und auf die gut funktionierende Arbeit der Gerichte), und beschworen darüber hinaus auch die Rolle demokratischer Mittel, unter anderem des Wahlprozesses, bei der Verfolgung dieser Ziele. Neben den Grundrechten wurden in den «Leitprinzipien» der Verfassung verschiedene wirtschaftliche und soziale Rechte verankert. Dazu gehören unter anderem in Artikel 41 das «Recht auf Arbeit, auf Bildung und, in bestimmten Fällen, auf öffentliche Unterstützung». Diese Rechte sind nicht vor Gericht einklagbar und sollten nicht im üblichen rechtlichen Sinn justiziabel sein. Artikel 37, der den Leitprinzipien voransteht, hält ausdrücklich fest: «Die Bestimmungen dieses Teils sind nicht durch die Gerichte erzwingbar.»

Doch dieser erste Halbsatz von Artikel 37 wird sogleich durch den Zusatz ergänzt: «doch sind die darin enthaltenen Prinzipien für die Führung des Landes grundlegend; der Staat hat die Pflicht, diese Grundsätze in der Gesetzgebung anzuwenden.» Was aber, wenn die Regierung das nicht tut? Einer der Architekten der Verfassung, B. R. Ambedkar, hat während einer Debatte der Verfassunggebenden Versammlung zu dieser Frage klargestellt, man hoffe, das Wahlsystem vom demokratischen Indien werde hier die notwendige Abhilfe schaffen. Er vertrat die Ansicht, selbst wenn die Regierung sich nicht vor einem ordentlichen Gericht für ihre Verfehlung verantworten müsse, werde sie gleichwohl «am Wahltag vor der Wählerschaft dafür geradestehen müssen».[14]

Die Frage, die wir hier klären müssen, lautet: Bildete das demokratische System Indiens wirklich das benötigte Mittel gegen den Fortbestand schreiender ökonomischer und sozialer Ungleichheiten und Ungerechtigkeiten und erfüllte es damit das Vertrauen, das die Verfassung sowie diejenigen, die für die Unabhängigkeit und für ein demokratisches Indien kämpften, in dieses System setzten? Die Antwort scheint zu sein: teilweise ja, überwiegend aber nein. Indien hat in der Tat, wie im ersten Kapitel gezeigt, eklatante Fehler in der Regierungspraxis vermieden, wie sie etwa in China während des Großen Sprungs nach vorn zu riesigen Hungersnöten führten (bei denen schätzungsweise 30 Millionen Menschen den Tod fanden). Die Tatsache, dass die indische Regierung unter ständiger Beobachtung durch die Medien steht und sich zudem den Fragen aktiver Oppositionsparteien stellen muss, hat verhindert, dass sich die politische Führung und die herrschenden Parteien so weit vom Leben der Menschen entfernten, wie das in China während der Hungersnöte und später dann auch während der Kulturrevolution der Fall war.

Wenn es zu größeren Katastrophen kommt – und die Probleme damit für alle sichtbar ins Rampenlicht rücken –, sorgt eine Demokratie in der Regel für eine Grundverantwortlichkeit, was in Indien mit dazu beigetragen hat, dass große Hungersnöte ausblieben. Sie hat auch verhindert, dass Menschen – mit all den damit verbundenen Schrecken – zwangsweise von einer Region in eine andere umgesiedelt wurden, wie das in China während der Kulturrevolution ebenfalls passierte. Diese positive Erkenntnis zieht eine schwerer zu beantwortende Frage nach sich: Inwieweit wurde diese Verantwortlichkeit so ausgeweitet, dass sie auch andere Probleme der Verelendung und Ungleichheit betrifft, die vielleicht nicht so dramatisch wie Hungersnöte, für das Leben der gewöhnlichen Inder aber gleichwohl von enormer Bedeutung sind?

Auf den ersten Blick scheint die Antwort klar und zutiefst enttäuschend zu sein. Für die Art von Misserfolgen, die wir in den vorangegangenen Kapiteln diskutiert haben, etwa bei der Schulbildung, bei einer elementaren Gesundheitsversorgung für alle oder bei einem verantwortungsvollen und effizienten System öffentlicher Dienstleistungen, hat die demokratische Praxis keine fertigen Lösungen zu bieten. Auf der anderen Seite ist es so, dass die chinesische Regierung zwar nicht immer wirklich wusste, was für das Wohlergehen der Bevölkerung vonnöten war (wie in Kapitel 1 gesehen), doch in den letzten Jahren hat die Führung in Peking auf vielen Feldern durch ihren gezielteren und konstruktiveren Umgang mit sozialen Bedürfnissen und Mängeln deutlich mehr erreicht, als das im hitzigen und lauten Getümmel der indischen Politik möglich war.

Dabei stellt sich sogleich die Frage, wie Indien dafür sorgen kann, dass sein demokratisches System im ökonomischen und sozialen Bereich mehr leistet, insbesondere bei der Bekämpfung hartnäckiger grundlegender Ungleichheiten und im Hinblick auf eine mangelhafte Verantwortlichkeit, also bei Dingen, unter denen die indische Bevölkerung regelmäßig zu leiden hat. Wie wir in den früheren Kapiteln gezeigt haben, könnte man leicht zu dem Schluss kommen, dass die Frage, ob die indische Demokratie den Herausforderungen bislang gewachsen war, mit einem eindeutigen «Nein» oder zumindest «Noch nicht» zu beantworten ist. Das zieht zwei weitere Fragen nach sich: Warum nicht? Wie kann das demokratische System seinen Wirkungsbereich vergrößern und den Herausforderungen gerecht werden? Das sind die zentralen Fragen, vor denen das demokratische Indien heute steht.

Öffentliche Debatte und Demokratie

Wenn wir uns mit diesen Problemen befassen, müssen wir eine grundsätzliche, aber zentral wichtige Frage stellen: Was genau ist Demokratie? Eine traditionelle – auf das Institutionelle verengte – Perspektive charakterisiert Demokratie überwiegend im Hinblick auf Wahlen und Abstimmungen. Zu den zahlreichen Vertretern dieser Sichtweise gehört auch Samuel Huntington: «Offene, freie und gleiche Wahlen sind der Wesenskern der Demokratie, das unumgängliche *sine qua non.*»[15] In der heutigen politischen Philosophie herrscht hingegen ein umfassenderes Verständnis vor, sodass Demokratie nicht mehr nur im Hinblick auf die Anforderungen für öffentliche Abstimmungen gesehen wird (so wichtig sie auch in ihrem begrenzten Kontext sein mögen), sondern auch unter der Perspektive dessen, was John Rawls als die «Ausübung öffentlicher Vernunft» oder «öffentlichen Vernunftgebrauch» (*exercise of public reason*) bezeichnet.[16] In seiner *Theorie der Gerechtigkeit* plädiert Rawls deshalb dafür, Demokratie in enger Verbindung mit öffentlicher Abwägung und Überlegung zu sehen: «Die Idee, die eine deliberative Demokratie bestimmt, ist die Idee der Deliberation selbst. Wenn Bürger nachdenken, tauschen sie Meinungen aus und debattieren über die Gründe, die ihre Einstellung zu öffentlichen politischen Fragen stützen.«[17] Jürgen Habermas, der das Konzept der deliberativen Demokratie maßgeblich mitgeprägt hat, lenkt die Aufmerksamkeit auf die wichtige Tatsache, dass die vernünftige öffentliche Diskussion «moralische Fragen der Gerechtigkeit» ebenso umfassen muss wie «instrumentelle Fragen der Ausübung von Macht und Zwang».[18]

Interessanterweise wurde die Bedeutung der öffentlichen Diskussion in Indien schon früh erkannt und herausgestellt, was auch für das Nachdenken über Demokratie und Gerechtigkeit im heutigen Indien relevant bleibt.[19] Die sogenannten buddhistischen Konzile, in denen verschiedene Standpunkte, vertreten durch Teilnehmer aus verschiedenen Regionen Indiens (und sogar von außerhalb), in organisierter Form diskutiert wurden, gehören zu den frühesten gesellschaftlichen Versuchen einer vernünftigen öffentlichen Diskussion – ihre Anfänge reichen bis ins 6. Jahrhundert vor unserer Zeitrechnung zurück. Ein gutes Beispiel für die Vorliebe für öffentliche Diskussionen in Indien ist im dritten vorchristlichen Jahrhundert Kaiser Ashoka, der auch die größten Buddhistenkonzile einberief.

Ashoka wollte sogar die Regeln für öffentliche Diskussionen in einem seiner Säulenedikte kodifizieren, das sich mit individuellem Verhalten und staatlicher Regierungsführung befasste.[20] Der Versuch von Kaiser Akbar im 16. Jahrhundert, eine öffentliche Diskussion über religiöse Unterschiede in dem multikulturellen Land, das er regierte, in Gang zu bringen, kann ebenfalls als Teil der reichen Geschichte organisierter öffentlicher Debatten in Indien gelten. Doch weder Ashoka noch Akbar schlugen, was die staatlichen Institutionen betrifft, eine demokratische Regierungsform vor. Zwar hat Indien allen Grund, mit einem gewissen

Stolz auf die lange Tradition öffentlicher Auseinandersetzungen zu blicken, aber eine moderne Demokratie muss vom öffentlichen Vernunftgebrauch als Teil der demokratischen Praxis deutlich mehr verlangen als das, was Ashoka oder Akbar verfochten.

Näher kommen wir unseren Fragen mit einem Ansatz, der Demokratie als «Regierung durch Diskussion» versteht, eine Sichtweise, die John Stuart Mill sehr intensiv und erkenntnisreich verfolgt hat (auch wenn der Begriff – «government by discussion» – erst später von Walter Bagehot geprägt wurde). Betrachtet man Demokratie ausschließlich – oder auch nur überwiegend – als System freier Wahlen und Abstimmungen, so hat man mit dem offenkundigen Problem zu kämpfen, dass die Wahlentscheidung der Menschen von ihrem Verständnis der Probleme, die es zu lösen gilt, und von ihrer Wahrnehmung abhängt, wonach andere – wie auch sie selbst – mit gutem Grund streben. Soziale und ökonomische Probleme aber sind nicht immer so leicht zu erkennen und zu verstehen, und ein eifriger, öffentlicher Vernunftgebrauch kann eine wichtige Rolle dabei spielen, das öffentliche Verständnis zu erweitern und eine aufgeklärte Politik zu befördern.

Das heißt nicht, dass eine «Regierung durch Diskussion» (selbst wenn man diesen Begriff breit definiert) das A und O der Demokratie darstellt. Die Ansprüche der Demokratie lassen sich noch erweitern, etwa dahingehend, dass sie – zumindest als Ideal – eine gleichberechtigte Partizipation verlangt. Das war beispielsweise ein zentrales Anliegen von Ambedkar, der für eine weitgefasste Demokratievorstellung plädierte: nicht als Regierungsform, sondern als «Modus des Zusammenlebens». Doch selbst Ambedkar nahm wohlwollend Notiz von der Vorstellung einer Regierung durch Diskussion, und der öffentliche Vernunftgebrauch spielte in seinem Verständnis sicherlich eine zentrale Rolle. Schließlich widmete er einen Großteil seines öffentlichen Lebens auf die ein oder andere Weise genau dieser vernunftgeleiteten öffentlichen Diskussion.

In diesem weitgespannten Rahmen, der die Erkenntnislehre ebenso umfasst wie die Sozialethik, müssen wir die Rolle des öffentlichen Vernunftgebrauchs sehen und danach fragen, inwieweit die demokratische Politik Indiens entscheidende Leerstellen im sozialen Verständnis dessen gelassen hat, was die indische Gesellschaft braucht und wonach die Wähler – als Einzelne wie als Kollektiv – mit gutem Grund streben.

Vernunftgebrauch, Argumente und Agitation

Zunächst müssen wir klarstellen, welche Mittel beim Streben nach öffentlichem Vernunftgebrauch Anwendung finden können. Mit anderen vernünftig zu diskutieren heißt, den eigenen Standpunkt darzulegen und den Blickwinkeln der anderen ernsthafte Aufmerksamkeit zu schenken. Das kann durch die Medien oder durch öffentliche Treffen geschehen, aber auch durch Gespräche mit anderen über relevante Themen, doch wenn man sich nur schwer Gehör verschaffen kann, können nachdrücklichere Kommunikationsmittel vonnöten sein. Agitation, Demonstrationen und Kampagnen können aber ebenfalls wichtige Teile des öffentlichen Vernunftgebrauchs sein, wenn Menschen mittels Rede – und sei es lärmender Rede – miteinander in Verbindung treten.

Ein Beispiel: Die Veröffentlichung von John Stuart Mills *The Subjection of Women* im Jahr 1869 (dt. *Die Hörigkeit der Frau*, 1872) leistete einen wichtigen Beitrag zur öffentlichen Diskussion über die Frauenrechte. Gleiches gilt aber auch für die eifrigen Suffragetten, die gesellschaftlich Konservativen in den ersten Jahrzehnten des 20. Jahrhunderts in England so abscheulich erschienen. Indiens eigene Erfahrung mit der Beeinflussung der öffentlichen Meinung – nicht nur durch öffentliche Debatten, sondern auch durch Demonstrationen, Streiks, Gerichtsverfahren im öffentlichen Interesse und andere Methoden demokratischen Handelns – kann als zentraler Bestandteil der vernünftigen öffentlichen Diskussion zu sehr bedeutsamen Themen betrachtet werden.

Die Rolle des öffentlichen Vernunftgebrauchs hängt beileibe nicht davon ab, dass das, was wir uns gegenseitig mitteilen, stets wohldurchdacht und überzeugend sein muss. Vielmehr sorgt gerade die öffentliche Diskussion dafür, dass wir die Probleme des jeweils anderen verstehen und die Sichtweisen der jeweils anderen wahrnehmen – und das ist von absolut zentraler Bedeutung für das Funktionieren einer Wahldemokratie.

Man nehme beispielsweise die heute weithin akzeptierte These, wonach eine funktionierende Demokratie das Auftreten von Hungersnöten verhindert.[21] Wie funktioniert das? Zunächst sei daran erinnert, dass die Zahl der Opfer einer Hungersnot, gemessen an der Gesamtbevölkerung, üblicherweise recht gering ist (es sind in der Regel nicht mehr als fünf Prozent und nur selten jemals mehr als zehn Prozent der Gesamtbevölkerung betroffen), und wenn einzig und allein die betroffene oder bedrohte Bevölkerung (im wohlverstandenen Eigeninteresse) von der Bedeutung und Dringlichkeit der Hungerprävention überzeugt wäre, dann würde das Thema für die Wahlergebnisse nicht die Rolle spielen, die es normalerweise spielt. Erst durch die öffentliche Diskussion begreifen Menschen ganz allgemein – nicht nur eine vom Hunger bedrohte Minderheit – die Dringlichkeit der Hungerprävention und verstehen, dass Hungersnöte durch ein rasches staatliches Eingreifen beendet werden können. Es ist also gerade die vernünftige öffentliche Debatte in Verbindung mit regelmäßigen und freien Wahlen, die dafür sorgt, dass das Nichtverhindern von Hungersnöten für die herrschende Regierung in einer funktionierenden Demokratie zu einem Albtraum an den Wahlurnen wird, das heißt sie wird rasch vorbeugend aktiv werden, wann immer eine Hungersnot droht.

Die Hungerprävention ist nur ein Beispiel dafür, was öffentliche Diskussion und freie Wahlen im Verbund bewirken können. Der Beitrag der Demokratie zur sozialen Sicherheit kann aber natürlich auch deutlich über das Verhindern von Hungersnöten hinausreichen. Südkorea oder Indonesien hätten vermutlich nicht viele Gedanken an eine Demokratie verschwendet, wenn das ökonomische Glück aller in den wirtschaftlich seligen Zeiten der achtziger und frühen neunziger Jahre immer weiter und weiter gewachsen wäre. Zwar waren sowohl Regierungen als auch Volksbewegungen auf ein gerechtes Wachstum bedacht, als die Einkommen der Menschen insgesamt anstiegen, aber kaum jemand erkannte, dass ein faires Wachstum keine soziale Sicherheit garantiert, wenn staatliche Sicherungsnetze fehlen, und dass ein nichtdemokratisches autoritäres System keine genügend weitreichende öffentliche Diskussion in Gang setzen kann, die die Bürger schützt, wenn die Dinge schlecht laufen. Als jedoch 1997 die Wirtschaftskrise kam (und nur die einen abstürzten, während eine Minderheit ihren Reichtum rettete), vermisste die breite Bevölkerung Demokratie sowie politische Rechte und Bürgerrechte, denn die Menschen bemerkten das Elend derjenigen, deren wirtschaftliche Möglichkeiten und deren Leben durch das, was man als die «asiatische Wirtschaftskrise» bezeichnete, extrem erschüttert waren. Demokratie wurde daraufhin zu einer zentralen Frage in diesen Ländern, und in Südkorea führte Kim Dae Jung seinen – am Ende erfolgreichen – Präsidentschaftswahlkampf unmittelbar nach der Krise weitgehend mit dem Versprechen von Demokratie und sozialer Sicherheit.

Dieses Demokratieverständnis führt uns zu der Frage: Was behindert eine angemessene Diskussion der wirklich wichtigen Probleme der Verelendung und Ungleichheit, die in Indien weiterhin vernachlässigt werden? Um sie zu beantworten, müssen wir nicht nur einen Blick auf das Wesen der indischen Politik werfen, sondern auch auf die Charakteristika der öffentlichen Kommunikation in Indien, darunter auch auf Bandbreite und Einseitigkeiten der Medien. Wie wir bereits gezeigt haben, kann eine Einschränkung der vernünftigen öffentlichen Diskussion den Wirkungsbereich der Demokratie begrenzen, indem ein adäquates Verständnis von Art und Ausmaß der Ungleichheiten und Defizite im Land behindert und staatliches Handeln auf einen unangemessen engen Bereich begrenzt wird. Die Politik konzentriert sich dann oft über Gebühr auf einen relativ kleinen Teil der Bevölkerung, dessen Leben und Probleme in den öffentlichen Medien viel diskutiert werden und ständig präsent sind.

Man muss deshalb neben anderen Faktoren die Rolle der Medien untersuchen, die in Indien lebendig und einflussreich sind und die reichlich Erfahrung damit haben, die Aufmerksamkeit der Menschen zu gewinnen. Die Stärke der indischen Medien steht außer Zweifel, aber es gibt auch enorme Unzulänglichkeiten, wenn es um Bandbreite, Berichterstattung und Auswahl von Nachrichten, Meinungen, Perspektiven – und Unterhaltung – geht.

Stärken und Schwächen der indischen Medien

In Indien gibt es schätzungsweise 86 000 Tageszeitungen und Periodika, die rund 370 Millionen Exemplare verkaufen – deutlich mehr als in jedem anderen Land der Welt. Überdies wachsen Zahl und Auflage der Zeitungen, ganz im Gegensatz zum weltweiten Trend sinkender Auflagen und Einnahmen.[22] Und sie spiegeln eine enorme Vielfalt an oft höchst unterschiedlichen Sichtweisen wider.

Neben den Printmedien sind auch Hörfunk und Fernsehen in Indien sehr präsent. Zusätzlich zu den Regierungskanälen (Door Darshan, Lok Sabha TV, Rajya Sabha TV und anderen) gibt es eine Vielzahl an privaten Fernsehsendern via Satellit, die Information, Analyse und Unterhaltung bieten. Im Frühjahr 2012 gab es 831 solcher Sender, und seither sind viele weitere entstanden in diesem rasant wachsenden Sektor der indischen Volkswirtschaft. Mehr als 400 dieser Sender bieten regelmäßig Nachrichten an.

Die Zeitungen und Fernsehsender müssen nicht brav die Regierungslinie vertreten (und tun es üblicherweise auch nicht), und bei ihrer Bewertung des Lebens in Indien wie auch im Ausland spiegeln sie ein enormes Maß an Vielfalt und Pluralismus wider. Die Meinungsfreiheit wird im Großen und Ganzen sehr respektiert. Man darf bezweifeln, ob viele Regierungen auf dieser Welt stillschweigend die Veröffentlichung eines begeisterten Berichts über einen bewaffneten Aufstand, der das Ziel hat, den indischen Staat zu zerstören, gestatten würden – so geschehen im Fall von Arundhati Roys von großer Sympathie getragener Darstellung der maoistischen Untergrundbewegung, die in einer vielgelesenen Zeitschrift erschien.[23] Dabei spielt natürlich eine Rolle, dass die Autorin zu den bedeutendsten literarischen Figuren in Indien gehört und schon in der Vergangenheit sehr häufig die Aufmerksamkeit auf vernachlässigte Probleme der indischen Gesellschaft gelenkt hat. Auch rechte Publikationen, von gemäßigt bis extrem, die oftmals zu anders gearteten Revolten aufrufen, werden weitgehend toleriert. Es hat also nichts mit staatlichen Eingriffen zu tun, wenn die Bandbreite der indischen Medien gleichwohl systematisch begrenzt ist.

Überdies wird die Meinungsfreiheit nicht nur als Grundrecht, sondern auch als Grundprinzip des öffentlichen Lebens weithin akzeptiert. Das allgemeine Eintreten für die Meinungsfreiheit in Indien ist fest etabliert und durchaus eindrucksvoll, wie nicht zuletzt im internationalen Vergleich deutlich wird.

Selbstverständlich gibt es bei aller Toleranz auch einige Defizite. Verbote und Zensur betreffen dabei seit jeher insbesondere zwei Themenbereiche. Zum ersten gelten in exzessivem Maße Bedrohungen der Sicherheit – ob real oder eingebildet – als angemessener Grund, um Meinungs- und Redefreiheit im Land ganz allgemein sowie insbesondere in Spannungsgebieten wie Kaschmir einzuschränken, wo das Fallbeil der Zensur weit häufiger Anwendung findet. Die Grenzen und Nachteile dieser Art des Umgangs mit Sicherheitsproblemen und ihre bedauernswerten Konsequenzen für die demokratische Praxis in Indien haben wir bereits weiter oben erörtert. Zum Zweiten galt die multireligiöse Struktur der indischen Gesellschaft häufig als Grund, um etwas zu verbieten, das möglicherweise eine der verschiedenen Religionsgruppen im Land verärgern konnte. Natürlich ist es extrem wichtig, die Interessen und Freiheiten von Minderheiten oder marginalisierten Gemeinschaften zu verteidigen, aber dazu muss man die realen Probleme dieser Gruppen und Gemeinschaften öffentlich diskutieren, was wiederum nach Meinungsfreiheit verlangt. Wenn sich aber die Regierung nicht auf die realen Missstände konzentriert (und deren uneingeschränkte Diskussion verbietet) und stattdessen darauf versteift, alles, was irgendjemanden beleidigen könnte, zum Schweigen zu bringen, dann ist eine demokratische Praxis mittels öffentlichen Vernunftgebrauchs und Regierung durch Diskussion nicht wirklich zu erreichen.

Es mag mitunter gute gesellschaftliche Gründe geben, Rede- und Meinungsfreiheit einzuschränken, etwa wenn Äußerungen Gewalt schüren oder Panik auslösen. Doch das vermeintliche «Recht, nicht beleidigt zu werden», kann nicht wirklich ein geschütztes Recht sein, wenn das Ziel eine Demokratie durch freie öffentliche Diskussion ist. Es gibt freilich gewisse Unterschiede dabei, wie dieses vermeintliche Anrecht – explizit oder implizit – als Grundlage für eine Reihe von Rede-, Schreib- und Publikationsverboten diente. Die Tatsache, dass Indien 1988 als erstes Land die *Satanischen Verse* Salman Rushdies verboten hat, ist ein besonders eindrückliches Beispiel für einen schwerwiegenden Verstoß gegen die Veröffentlichungsfreiheit. Hintergrund war zweifellos die Angst der Regierung vor Protesten eines Teils der muslimischen Minderheit in Indien. In einigen Fällen wurden auch die Rechte verfolgter Individuen, die von der Mehrheitsgesellschaft attackiert wurden, nur unzureichend geschützt: So gelang es beispielsweise der Regierung nicht, die Hetze von Seiten extremistischer Hindus gegen M. F. Husain zu verhindern, einen der bedeutendsten zeitgenössischen Maler Indiens. Der Verfolgungsterror zwang Husain, sein Land zu verlassen und fern der Heimat zu sterben. Und jüngst verhaftete die indische Polizei zwei junge Frauen wegen eines Facebook-Eintrags, in dem die Entscheidung der Behörden, das öffentliche Leben in Mumbai wegen der Trauerfeierlichkeiten für den extremistischen Hinduführer Bal Thackeray zum Stillstand zu bringen, kritisiert wurde, und das alles nur, weil man auf staatlicher Seite keine Provokation der Thackeray-Anhänger riskieren wollte. Keines dieser Verbote – mit denen eine «Beleidigung» irgendeiner religiösen oder religiös politischen Gruppe verhindert werden sollte – lässt sich wirklich rechtfertigen, wenn die freie öffentliche Diskussion einen Wert hat und geschützt werden soll. Das sind Anomalien beim Schutz der grundlegenden bürgerlichen Freiheiten im demokratischen Indien.

Angesichts dessen müssen wir den Hauptgrund für die Grenzen und

Defizite der Medienberichterstattung anderswo suchen. Die Schwäche – und oft das Versagen – der indischen Medien, der Herausforderung der Probleme im Land gerecht zu werden, darunter den Disparitäten und Ungleichheiten, die die indische Gesellschaft auszeichnen, erwächst überwiegend aus ihrer Einseitigkeit und selektiven Wahrnehmung. Manche Themen und Ereignisse werden hochgespielt, während andere schlicht ignoriert werden, darunter auch sehr wichtige und vernachlässigte Fragen. Wie wir gleich zeigen werden, hat ein Großteil dieser Einseitigkeit seinerseits mit der Ungleichheit der indischen Gesellschaft zu tun, die Einfluss auf das nimmt, was sich leicht verkaufen lässt. Statt sich damit auseinanderzusetzen, haben die Medien den einfachen Weg gewählt, sich dieser Ungleichheit anzuschließen – und sie unangetastet zu lassen.

Ungleichheiten und die Medien

Das vielleicht größte Hindernis für das freie Wirken der Medien im demokratischen Indien liegt in ihrer Parteilichkeit zu Gunsten der Reichen und Mächtigen, die bei der nationalen Berichterstattung und Analyse weitverbreitet ist. Dabei lassen sich zahlreiche komplexe Einseitigkeiten ausmachen, aber schaut man sich die Nachrichtenauswahl und die Gewichtungen der politischen Analyse in den indischen Medien an, so ist vor allem eines bemerkenswert offensichtlich: das fehlende Interesse am Leben der indischen Armen.[24] Zwar wird diese Einseitigkeit nur selten diskutiert und infrage gestellt (und ihr Ausmaß dürfte deutlich unterschätzt werden), aber für jeden, der darauf achtet, ist sie zweifellos zu erkennen.

So unterschiedliche Gesellschaftsbeobachter wie Harsh Mander und Shobhaa Dé haben auf die tiefgreifende – und üblicherweise unausgesprochene – Entfremdung der indischen Elite von den Unterprivilegierten im Land hingewiesen. Mander, der aus der Sicht der marginalisierten Bevölkerung schreibt, hat unsere Aufmerksamkeit auf die «Verbannung der Armen aus unserem Gewissen und sogar aus unserem Bewusstsein» gelenkt, die in den letzten 20 Jahren deutlich stärker geworden sei. Shobhaa Dé, die das gleiche Phänomen vom anderen Ende des gesellschaftlichen Spektrums aus betrachtet, schreibt in ihrem Buch *Superstar India*: «Das Indien, das wir preisen, bildet nur einen Mikrokosmos dieses riesigen Landes. Es ist das Indien der Elite, der Privilegierten, der Reichen. Das ist das einzige Indien, das die übrige Welt sehen und anerkennen soll, weil wir uns für das andere Indien so verdammt schämen. Wir schämen uns und wir ignorieren es.»[25]

Warum diese Einseitigkeit? Wiederholt wurde die Tatsache diskutiert, dass die meisten Medieninstitutionen in Indien den Reichen gehören. Das gilt es natürlich im Auge zu behalten, aber das ist nirgends auf der Welt wirklich ungewöhnlich. Und in den Redaktionen herrscht genug Vielfalt, sodass die Einseitigkeit auf Eignerseite tendenziöse Berichterstattung oder Leitartikel nicht wirklich erklären kann.

Weiter bringt uns da vermutlich die Tatsache, dass die Medien ein anzeigenabhängiges Geschäft sind.[26] Die ökonomische Abhängigkeit der Medien von der Werbung sorgt dafür, dass der Fokus vor allem auf potentiellen Konsumenten liegt – weshalb logischerweise die Reichen mehr zahlen als die Armen. Die Abhängigkeit von dem, was im Grunde ein Unternehmenssponsoring ist, sorgt demnach für eine allgemeine Neigung, sich Kultur und Werten der Unternehmen zu fügen. In einer von Unternehmen bezahlten Welt stehen Journalisten und Redakteure zudem unter enormem Druck, in dem, was sie sagen oder schreiben, selektiv vorzugehen. So meinte beispielsweise der Redakteur einer der führenden Zeitschriften Indiens (der lieber nicht namentlich genannt werden will): «Die Mainstream-Medien sind sehr zurückhaltend, wenn es darum geht, investigativ über Unternehmen zu berichten, weil deren Anzeigenpotenzial einfach zu groß ist. Diese Zurückhaltung ist eine direkte Folge des Drucks von Seiten des Managements, dem sich die Redakteure fügen.»[27] Die jüngste Ausbreitung von «bezahlten Nachrichten» – also das Phänomen, Zeitungen oder Fernsehsender dafür zu bezahlen, dass sie über bestimmte Tatsachen berichten (und über andere nicht) – hat ebenfalls einige zutiefst irritierende Aspekte der Nachrichtenberichterstattung in Indien zu Tage gefördert, unter anderem die bewussten Einseitigkeiten in vermeintlich objektiven Faktenberichten und ein Verschwimmen der Trennlinie zwischen Werbung und redaktionellem Inhalt.[28]

Dieser Druck führt nicht nur zu falschen Informationen und gibt irreführende Hinweise, wie Tatsachen zu interpretieren sind, sondern schmälert auch Raum, Zeit und Ressourcen, die für die öffentliche Diskussion weniger schriller Angelegenheiten zur Verfügung stehen, die aber von großer Bedeutung für die einfachen Menschen sind – wie etwa Bildung, Gesundheit, Ernährung oder die Abwasser- und Abfallentsorgung. Verschärft wird diese Einseitigkeit noch durch die im vorangegangenen

Kapitel erörterte Tatsache, dass die in den Medien Beschäftigten im Hinblick auf Kaste und Klasse überproportional häufig privilegierter Herkunft sind.

Die Vorherrschaft der Privilegierten

Lässt sich die durchgängige Einseitigkeit zu Gunsten der Reichen bei der Berichterstattung indischer Medien wirklich zureichend mit diesen Defiziten der Medien erklären? Zwar ist die tendenziöse Berichterstattung direkt oder indirekt zumindest teilweise darauf zurückzuführen, dass sie durch Anzeigen und Sponsoring beeinflusst wird, und auch die klassen- und kastenspezifische Herkunft der Medienleute und der Medienbesitzer spielt ohne Zweifel eine Rolle, aber einen wichtigen Erklärungsansatz bildet darüber hinaus der zutiefst ungleiche Charakter der indischen Gesellschaft, der auch die Medien prägt. Das ist ein riesiges Problem, denn die Medien werden nicht nur durch die ungleiche Gesellschaft geformt, sondern ihre Rolle als potentielles Korrektiv im sozialen und politischen Denken Indiens wird durch die Gesellschaft, die sie geprägt hat, deutlich erschwert. Das heißt, systematisch falsche Vorstellungen vom Wesen des Landes und von der Ausgeprägtheit der Ungleichheiten innerhalb Indiens leben durch die Defizite der Medien fort und verstärken sich mitunter sogar.

Einige Einseitigkeiten lassen sich leicht ausmachen und diskutieren. So ist beispielsweise in den Mainstream-Medien sehr wenig von ländlichen Problemen die Rede. Eine Studie kam jüngst zu dem Ergebnis, dass solcherart Themen in überregionalen Tageszeitungen nur rund zwei Prozent der gesamten Berichterstattung ausmachen (obwohl überregionale Zeitungen in ländlichen Regionen viel gelesen werden).[29] Die Interessen derer, die als indische «Mittelschicht» gelten (auch wenn die meisten Angehörigen dieser Klasse im Wohlstandsspektrum Indiens deutlich oberhalb der Mitte angesiedelt sind), erhalten weit mehr Aufmerksamkeit als die Belange der Unterprivilegierten, was dazu führt, dass Zeitungen und Fernsehkanäle sich besonders gerne Themen wie Mode, Gastronomie, Bollywood und Cricket zuwenden. Auf einem Treffen von Kinderrechtsaktivisten in Neu-Delhi hat es ein leitender Redakteur jüngst so formuliert: «Machen Sie sich keine Illusionen, beim Kampf um Aufmerksamkeit werden Sie gegen das verrutsche Kleid eines Models auf dem Laufsteg niemals eine Chance haben.»[30]

Solcherart Einseitigkeiten gibt es nicht nur in Indien. Verrutschte Bekleidungsstücke und ähnliche Trivialitäten bekommen auch in vielen anderen Ländern mediale Aufmerksamkeit. Das Besondere an Indien jedoch ist, dass eine überwältigende Mehrheit der Bevölkerung kaum eine Vorstellung davon hat, was ein Kleid ist und was ein Malheur in diesem Kontext bedeuten könnte. Liest man nur die Zeitungen und schaut sich die glamourösen Fernsehsender an, so bekommt man vermutlich eine ziemlich falsche Vorstellung von dem, wie die meisten Inder leben und denken. Man wüsste allenfalls vage darüber Bescheid, dass Indien weltweit die meisten unterernährten Menschen hat – nicht nur in absoluten Zahlen, sondern, gemessen an Standardkriterien, auch in Relation zu seiner Bevölkerungsgröße. Man hätte keine Ahnung, dass die Hälfte aller Inder in Unterkünften lebt, in denen es keine Toiletten gibt, was die Menschen dazu zwingt, für die meisten privaten Verrichtungen in die Natur zurückzukehren. Natürlich wird in Zeitungen und Fernsehsendern hie und da über das Elend und den Kampf der Unterprivilegierten berichtet (in den seriöseren Medien häufiger als in anderen), doch betrachtet man die Medien insgesamt, so erfährt man erstaunlich wenig vom Leben der Armen.

Für diese Einseitigkeit bei Nachrichten und Analysen tragen die Medien selbst mit Sicherheit eine große Verantwortung, vor allem weil ihnen eine wichtige Rolle dabei zukommt, Neugier und Interesse der Öffentlichkeit zu lenken und nicht nur den vermeintlichen Vorlieben des Publikums hinterherzuhecheln. Doch das Problem reicht weit darüber hinaus, es zeugt vom mangelnden Interesse und Engagement der relativ privilegierten Teile der Gesellschaft gegenüber Fragen sozialer Ungleichheit und Verelendung, und die Medien sind zunehmend von dem Zwang bestimmt, sich auf diese Teile der Gesellschaft zu konzentrieren. Die einflussreichen Abonnenten, Leser, Sponsoren und Helden der Medien stammen nämlich überwiegend aus dieser relativ kleinen, aber, absolut gesehen, großen – und mächtigen – Gruppe.

Die große Spaltung und politische Ablenkungsmanöver

Besonders bemerkenswert an dieser medialen Einseitigkeit ist die Art und Weise, wie dieses ausgeprägte Ungleichgewicht gerade für die Klassen, deren Stimme zählt und deren Belange die öffentliche Diskussion bestimmen, weitgehend unsichtbar geworden ist. Das wirklich

Besondere an Indien ist die Tatsache, dass sich die vergleichsweise kleine Gruppe der relativ Privilegierten offenbar ihr eigenes gesellschaftliches Universum geschaffen hat.

Zur privilegierten Gruppe in Indien gehören nicht nur Geschäftsleute und Akademiker, sondern auch der Großteil der relativ wohlhabenden Klassen des Landes, darunter auch die «gebildeten Stände». In einem aufschlussreichen Essay mit dem Titel «Emergence of the Intelligentsia as a Ruling Class in India» hat Ashok Rudra vor mehr als zwei Jahrzehnten die These aufgestellt, dass die gebildete Bevölkerung Indiens durchaus ein Interesse daran hat, von den aus der sozialen Ungleichheit resultierenden Vorteilen zu profitieren, und deshalb Teil der «herrschenden Koalition» geworden ist, die die politischen Diskussionen dominiert und in der Folge auch bestimmt, was im Land geschieht.[31] Natürlich gibt es innerhalb der breiten Gruppe, die Rudra als die indische «Intelligentsia» bezeichnet hat, zahlreiche interne Interessenkonflikte, doch gemeinsame Interessen und Belange sorgen dafür, dass sich die öffentliche Diskussion vorwiegend auf das Leben der relativ Wohlhabenden beschränkt.

Natürlich sind auch unter den relativ Wohlhabenden einige reicher und andere weniger reich. Und mitunter wird viel Aufhebens gemacht um die internen Spaltungen unter den Wohlhabenden – das «gemeine Volk» in der politischen Rhetorik sind oftmals die Ärmeren unter den im Allgemeinen Privilegierten. Doch als Gesamtheit steht die Gruppe der relativ Privilegierten, darunter auch Rudras «Intelligentsia», deutlich über der unterprivilegierten Mehrheit in Indien – bei der ihrerseits einige stärker benachteiligt sind als andere.

Die «relativ Privilegierten» in diesem allgemeinen Sinne, die nicht mehr als ein Viertel oder ein Fünftel der Gesamtbevölkerung stellen, umfassen verschiedene Gesellschaftsschichten – das reicht von Unternehmenstycoons am einen Ende des Spektrums bis zu ganz gewöhnlichen gebildeten Menschen am anderen, die nicht besonders reich sind, aber einen Lebensstil genießen, der sie von der Masse der gesellschaftlichen *underdogs* unterscheidet. Wie in Kapitel 4 gezeigt, sind viele der Forderungen, die oft als «populistisch» bezeichnet werden – etwa eine bessere Bezahlung für Beschäftigte des öffentlichen Dienstes oder niedrigere Benzinpreise – tatsächlich in erster Linie Forderungen der relativ Wohlhabenden und haben – wenn überhaupt – nur begrenzten Nutzen für die Unterprivilegierten, insbesondere im Vergleich zu anderen Ansprüchen oder Dienstleistungen, die mit den gleichen Mitteln ausgeweitet werden könnten. Diese Forderungen werden oftmals von politischen Parteien von rechts bis mitte-links vertreten, meist unter dem Deckmantel, es handle sich um «Forderungen des einfachen Volks», auch wenn sie damit staatliche Ressourcen abzweigen, die etwa zur Armutslinderung der tatsächlich Bedürftigen verwendet werden könnten. Die größten Gewinner dieser «populistischen» Forderungen kommen oft aus den Kreisen der Wohlhabendsten und der Bessergestellten – also derjenigen, die in Luxusautos und dicken Geländewagen durch die Gegend fahren und dabei vom staatlich subventionierten Dieselpreis profitieren, die Großgrundbesitzer, die mit kostenlosem Strom das kostenlose Grundwasser anzapfen, und die Düngemittelhersteller, die im Namen der Ernährungssicherung für das gewöhnliche Volk seit vielen Jahren riesige Subventionen einstreichen.

Derweil werden weniger einflussreiche, aber engagierte Gruppen von Menschen, die sich mit den Benachteiligten solidarisch erklären, komplett ignoriert oder an die Seite gedrängt. So ist es beispielsweise durchaus üblich, dass sich in Neu-Delhi Tausende von Armen aus dem ganzen Land versammeln, um Forderungen in Sachen Mindestlöhnen, Zwangsvertreibung, Landrechten oder Kastendiskriminierung zu artikulieren, ohne dass die Mainstream-Medien oder die politischen Parteien davon groß Notiz nehmen.

Wenn das kein Versagen des öffentlichen Vernunftgebrauchs ist, was wäre dann ein echtes Versagen? Wir müssen diese umfassende, übergreifende Spaltung zwischen den Privilegierten und dem Rest in den Blick nehmen, wenn wir den Gegensatz zwischen den Menschen, deren Leben in den Medien und in der öffentlichen Diskussion viel Aufmerksamkeit bekommt, und dem Rest, dessen Elend und Verzweiflung in dieser Kommunikationssphäre unsichtbar oder unverständlich sind, begreifen wollen. Eine enorme Kluft zwischen den Privilegierten und dem Rest verstärkt – ungeachtet aller internen Spaltungen – die Lebens-Ungleichheit durch eine Ungleichheit in Sachen Artikulation und Aufmerksamkeit, wodurch eine extrem ausgeprägte Kluft im Leben der Menschen kaum diskutiert wird und damit an Beharrungskraft und Stabilität gewinnt.

Prioritäten staatlicher Ausgabenpolitik

Weitere schwerwiegende Folgen dieser Asymmetrie beim Gehörtwerden und beim Einfluss verschiedener Gruppen sind entsprechende Einseitigkeiten bei der Verteilung staatlicher Einnahmen, die natürlich von Gruppeninteressen beeinflusst ist. Einer der Vorteile eines rasanten Wirtschaftswachstums besteht ja nicht zuletzt darin, dass der Staat mehr Geld einnimmt, das dann für unterschiedliche Zwecke verwendet werden kann – man kann damit die Not der Armen lindern, aber auch den Interessen der relativ Privilegierten dienen. Tatsächlich sind die Staatseinnahmen in Indien in der jüngsten Vergangenheit genauso schnell wie – und mitunter noch schneller als – das BIP gewachsen. Das hatte zur Folge, dass die Bruttosteuereinnahmen der Zentralregierung heute – inflationsbereinigt – viermal so hoch sind wie vor 20 Jahren.[32]

Doch der Staat profitiert nicht nur von den Ressourcen, die durch das rasche Wirtschaftswachstum generiert werden, sondern kann sich das steigende BIP auch noch auf verschiedene andere Weise zunutze machen, etwa indem er Steuervermeidung und Steuerflucht bekämpft, die in Indien sehr ausgeprägt sind, oder Steuerausnahmen beseitigt und die Besteuerungsgrundlage verbreitert. Expertenkommissionen haben daher auch viele konstruktive Vorschläge unterbreitet, wie sich in Indien das Verhältnis zwischen Steuereinnahmen und BIP (das im internationalen Vergleich sehr niedrig ist) verbessern lässt, ohne die Konjunktur abzuwürgen.[33] Doch selbst heute, da die Staatseinnahmen mehr oder weniger im gleichen Maße wie das BIP wachsen, vergrößern sich die Mittel, die dem Staat für Ausgaben zur Verfügung stehen, rasant. Damit bietet sich die gute Gelegenheit, diese Einnahmen sinnvoll zu verwenden und beispielsweise mittels staatlicher Dienstleistungen und sozialer Unterstützung die Lebensbedingungen zu verbessern. Gleichzeitig lassen sich damit auch Ausgabemuster beibehalten – oder sogar ausweiten –, die sich nicht so leicht rechtfertigen lassen.

Ein Beispiel: Allein die staatlichen Subventionen für Benzin und Düngemittel sollen sich für 2012/13 auf mehr als 1,65 Billionen Rupien (das sind gut 20 Mrd. Euro und damit fast 1,7 Prozent des indischen BIP) belaufen.[34] Das ist in etwa viermal so viel, wie die Regierung für das Gesundheitswesen ausgibt.[35] Das ist ein ziemlich verstörendes Ungleichgewicht, aber es wird im Grunde nicht in Frage gestellt und oft nicht einmal wahrgenommen. Ähnliche Ungleichgewichte finden sich auf föderaler Ebene. So bestehen beispielsweise die staatlichen Ausgaben für Gesundheit und Bildung in zahlreichen Bundesstaaten überwiegend aus Gehältern (die, wie in Kapitel 5 gezeigt, oft recht großzügig ausfallen), während für andere essentielle Dinge wie Lehrbücher oder Arzneimittel kaum etwas übrig bleibt. In manchen Staaten absorbieren die Zahlungen für Gehälter und Pensionen des öffentlichen Dienstes heute den Großteil der Staatseinnahmen, was andere Verwendungszwecke erschwert und die Gefahr eines Bankrotts deutlich steigert.

Ein anderes Beispiel ist die intensive Debatte über die geplante National Food Security Bill, das Gesetz zur nationalen Ernährungssicherung, das die indische Regierung dem Parlament im Dezember 2011 vorgelegt hat und das von einflussreichen Kritikern sofort als «finanziell unverantwortlich» gegeißelt wurde. Die für die Umsetzung des Gesetzes erforderlichen zusätzlichen Mittel wurden damals offiziell mit 270 Milliarden Rupien jährlich (umgerechnet etwas über 3 Mrd. Euro, rund 0,3 Prozent des indischen BIP) veranschlagt. Das ist natürlich eine beachtliche Summe, und es ist durchaus verständlich, dass einflussreiche Kommentatoren so heftig gegen dieses ihrer Ansicht nach unbezahlbare Vorhaben protestierten, auch wenn damit die löbliche Absicht verbunden ist, Nahrungsmittel für die Armen zu subventionieren.

Tatsächlich hat die National Food Security Bill noch viele andere Probleme als nur die hohen Kosten, und bei Abschluss dieses Buches wurde noch immer erbittert darüber gestritten. Aber wenn wir uns für den Augenblick noch einmal auf die Kosten konzentrieren, müssen wir danach fragen, wie unbezahlbar oder «unverantwortlich» zusätzliche Ausgaben von gut 3 Milliarden Euro denn überhaupt sind. Die Tatsache, dass die Zahl der unterernährten Kinder in Indien weltweit am höchsten ist, macht ein solches Programm – wenn es gut formuliert und seine Wirksamkeit angemessen überprüft wird – durchaus überlegenswert. Dass die Ernährungssituation so dringlich ist, bedeutet natürlich nicht, dass man die Seriosität des Gesetzes und der darin vorgeschlagenen Maßnahmen nicht kritisch beurteilen darf. Aber die pauschale Ablehnung als «fiskalisch unverantwortlich» ist kaum zu rechtfertigen, wenn man bedenkt, wie viel größere Summen für rückschrittliche Subventionen, unausgewogene Gehaltserhöhungen im öffentlichen Dienst und andere weniger beispielhafte Zwecke ausgegeben wird.

Es gibt noch viele andere Möglichkeiten, wie sich staatliche Einnahmen zur Bedienung partikularer Interessen opfern lassen – hinter denen oft einflussreiche Gruppen stehen. So kostet etwa, wie in Kapitel 4 schon erwähnt, die Ausnahmeregelung für Gold- und Edelsteinimporte, für die keine Zölle bezahlt werden müssen, den Fiskus jedes Jahr mehr als 570 Milliarden Rupien (nicht ganz 7 Mrd. Euro), wie das Finanzministerium in einer offiziellen Erklärung zu «entgangenen Einnahmen» feststellt. Das ist mehr als doppelt so viel wie die geschätzten Zusatzkosten für das Ernährungsgesetz. Davon aber, dass man sich diese Ausnahmen nicht leisten könne, war in den öffentlichen Diskussionen nie die Rede.

Mag sein, dass die geschätzten «Einnahmeverluste» aufgrund der Ausnahmen bei den Einfuhrzöllen für Gold und Diamanten ein wenig übertrieben sind, denn vermutlich würden die Importe sinken, wenn darauf Abgaben zu zahlen wären, und einige Einfuhren würden nach ihrer Verarbeitung zu Schmuck auch wieder re-exportiert. Trotzdem lässt sich nur schwer behaupten, die Vorschläge zur Ernährungssicherheit könne man sich nicht leisten, während das offenbar im Falle der Importzölle kein Problem ist.

Als einer von uns bei einer Sitzung der Indian Economic Association im Dezember 2011 explizit diesen Vergleich zwischen den angeblich nicht vorhandenen drei Milliarden Euro für die Ernährung der Armen und der widerspruchslosen Akzeptanz von Einnahmeverlusten von fast sieben Milliarden Euro aufgrund der Steuerbefreiungen für Gold und Diamanten thematisierte, wusste kaum einer der Diskussionsteilnehmer, dass es diese und ähnliche Ausnahmen überhaupt gibt, durch die dem Staat enorme Summen entgehen. Die Stellungnahme des Finanzministeriums liefert tatsächlich eine recht umfassende Schätzung der Verluste, die dem Staat auf verschiedenen Wegen entstehen, nicht nur bei Gold und Diamanten. Rechnet man all diese «entgangenen Einnahmen» zusammen, so kommt man laut Ministerium für 2010/11 auf 4,8 Billionen Rupien (ca. 58 Mrd. Euro) und für 2011/12 auf 5,3 Billionen Rupien (64 Mrd. Euro, mehr als fünf Prozent des indischen BIP).[36] Natürlich gibt es hier einige Übertreibungen, und die Nettoverluste dürften geringer ausfallen, doch trotzdem bleiben die Summen gigantisch. Die Vorstellung, Indien könne es sich nicht leisten, den weltweit am stärksten unter Nahrungsmangel leidenden Menschen soziale Unterstützung zukommen zu lassen, weil das Land zu arm und die Staatseinnahmen zu gering seien, lässt sich angesichts der vorliegenden – und anderer – Zahlen nur schwer aufrechterhalten.[37]

Interessanterweise schlug der Finanzminister in seinem im Februar 2012 vorgelegten Haushaltsentwurf vor, eine geringe Verbrauchssteuer auf Gold und Edelmetalle, die für Schmuck verwendet werden, zu erheben. Daraufhin kam es sofort zu massiven Protesten von Juwelieren und anderen einflussreichen Personen, deren Interessen davon berührt waren, und obwohl diese Lobby so klein war, tat sie ihren Widerstand so lautstark kund, dass die Regierung binnen Monatsfrist die geplante Abgabe wieder zurückzog. Diese nachgiebige Politik gegenüber Goldschmieden und Juwelieren setzte sich selbst dann noch fort, als übermäßige Goldimporte im weiteren Verlauf des Jahres 2012 zu einem enormen Problem für die Regierung wurden und der Finanzminister davor warnte, die «Flut an Goldeinfuhren» erhöhe das Leistungsbilanzdefizit, und beklagte, es sei nicht so leicht, Hausfrauen dazu zu bringen, «über Nacht Goldkäufe aufzugeben».[38] Während der Vorwurf der Verschwendung an die Regierung wegen ihres teuren Ernährungsgesetzes im öffentlichen Gedächtnis hängen geblieben ist, sind bis heute keinerlei nennenswerte Proteste gegen die fortgesetzten Steuerbefreiungen für Gold und Diamanten bekannt. Diese Einseitigkeiten von öffentlicher Aufmerksamkeit und öffentlichem Protest haben schwerwiegende Folgen.

Die Reichweite der indischen Demokratie verändern

Wenn Indien eine neue demokratische Politik braucht, dann ist das eng mit der Notwendigkeit verbunden, den Interessen, Forderungen und Rechten der Ärmsten (im Gegensatz zu den «relativ Benachteiligten unter den stärker Bevorzugten») deutlich mehr Beachtung zu schenken. Die politischen Parteien werden nur dann ein natürliches Interesse an einer Kursänderung haben, wenn die Nöte und das Elend deutlicher erkannt, umfassender in den Blick genommen, breiter diskutiert und in aktivem Tun wie in kritischen Diskussionen stärker berücksichtigt werden.

Das ist alles andere als einfach, wenn man bedenkt, welch wichtige Rolle andere – ganz andersgeartete – Fragen in den politischen Parteien spielen. Diese Themen reichen von einer Förderung der Hindutva, also der Gestaltung des Landes nach hinduistischen Regeln, bis zu einer sektiererischen Kastenpolitik, von einer Bevorzugung von Wirtschaftsinteressen bis zur blinden Unterstützung der Gewerkschaften des öffentlichen Dienstes, und sie können den politischen Wandel, dessen es so dringend bedarf, verhindern. Die bestehenden Prioritäten stecken auf die ein oder andere Weise voller Identitätspolitik, und dagegen ist nur schwer anzukommen. Natürlich haben die zu kurz Gekommenen dieser Gesellschaft viele gemeinsame Interessen und Anliegen, aber um daraus eine prägende politische Identität zu formen, bedarf es einer Form von Organisation, deren Notwendigkeit zwar leicht zu erkennen, aber nur schwer in die Realität umzusetzen ist.

Dennoch besteht Anlass zur Hoffnung, wenn man bedenkt, wie groß die allgemeine Resonanz demokratischer Praxis und sozialer Bewegungen in Indien ist. Neben den vertrauten Beispielen von Volksbewegungen vor und kurz nach der Unabhängigkeit hat eine Vielzahl jüngerer Initiativen und Aktionen dazu beigetragen, die indische Politik gerechter zu machen und mit mehr öffentlicher Vernunft zu erfüllen. Einige dieser Bewegungen konnten, oft gegen beträchtliche Widerstände, konstruktive Veränderungen bewirken. So kam es beispielsweise allein im letzten Jahrzehnt zu einer ganzen Reihe von Sozialgesetzen, die als Reaktion auf Volksbewegungen und Forderungen aus dem Volk erlassen wurden: nicht nur bekannte Gesetze wie der Right to Information Act oder der National Rural Employment Guarantee Act, sondern auch gesetzliche Regelungen, die das Recht auf Bildung, die soziale Absicherung nichtorganisierter Arbeiter, häusliche Gewalt und die Eigentumsrechte traditioneller Urwaldvölker betreffen, neben anderen Fragen, die für die Benachteiligten von großer Bedeutung sind.[39] Die Wirksamkeit dieser Gesetze fiel höchst unterschiedlich aus, mal höchst eindrucksvoll (etwa beim Right to Information Act), mal recht enttäuschend (wie beim Unorganized Workers Social Security Act), aber trotzdem lässt sich hier eindeutig eine politische Entwicklung beobachten, und all diese Gesetze sind ein Zeichen dafür, dass man die demokratische Politik dazu bringen kann, sich um wichtige soziale Fragen zu kümmern. In den letzten Jahren gab es überdies erfolgreiche Bemühungen – durch Mobilisierung der Öffentlichkeit, Medienkampagnen, gerichtliche Interventionen, Lobbyarbeit im Parlament und andere demokratische Mittel –, in so verschiedenen Bereichen wie Umweltstandards, öffentliche Verantwortung, Ernährungssicherheit, Kinderrechte oder Gleichberechtigung der Geschlechter praktische Veränderungen zu bewirken – in vielen Fällen mit beträchtlichem Erfolg. Die Vorstellung, staatliche Politik in Indien sei völlig immun gegen gut organisiertes demokratisches Handeln, lässt sich im Lichte der jüngsten Erfahrungen nicht mehr so ohne weiteres aufrechterhalten.

Ein weiterer Grund zur Hoffnung ist, dass die Benachteiligten sich in relativ naher Zukunft aktiver und auch in führender Position an diesen Bewegungen – und an demokratischer Politik – beteiligen können. So haben beispielsweise die höhere Zahl an Schulen und der vermehrte Schulbesuch (allen Mängeln des Schulsystems, die wir in Kapitel 5 thematisierten, zum Trotz) die Beteiligung von Frauen, benachteiligten Kasten und anderen unterprivilegierten Gruppen am öffentlichen Leben und am demokratischen Handeln erleichtert – nicht nur als Anhänger und Gefolgsleute, sondern vermehrt auch als führende Verfechter der eigenen Rechte und Interessen. Wie in Kapitel 3 gesehen, hat die zunehmende politische Partizipation der Benachteiligten in einigen fortschrittlicheren indischen Bundesstaaten wie etwa Kerala und Tamil Nadu einen wichtigen Beitrag zu den dortigen sozialen Errungenschaften geleistet. Ähnliche Entwicklungen in anderen Bundesstaaten, insbesondere im Norden des Landes, könnten enorm viel politische Energie freisetzen, für sozialen Wandel sorgen und mit der Zeit auch die Einstellungen und Prioritäten der politischen Parteien positiv verändern.

Wichtig dabei ist: Bei den Veränderungen der öffentlichen Diskussion und des staatlichen Handelns, für die wir hier plädieren, geht es nicht um alles oder nichts. Angesichts der Art und Weise, wie die demokratische Praxis in Indien funktioniert, wird sich ein Wandel vermutlich schrittweise und nicht auf einen Schlag vollziehen. Besonders dringlich gilt es dabei systembedingte Mängel zu beseitigen, die den Großteil der indischen Bevölkerung zu einem entbehrungsreichen Leben verdammen und dem Wohlergehen der Menschen, insbesondere der weniger Bevorzugten, ebenso entgegenwirken wie dem guten Funktionieren der indischen Ökonomie.

Was die Verfassung der Republik Indien als «für die Führung des Landes grundlegend» ansah, kann an demokratischer Kraft gewinnen, wenn an die Stelle der empirischen Fehlannahmen und der irrigen politischen Prioritäten, von denen wir in den vorangegangenen Kapiteln einige erörtert haben, ein informierterer und kritischerer öffentlicher Vernunftgebrauch tritt. Unterwirft man diese Einseitigkeiten und Fehlannahmen einer kritischen und vernunftgeleiteten Überprüfung, so wird das enorme Auswirkungen auf Art und Praxis der Demokratie in Indien haben.

10. EIN PLÄDOYER FÜR UNGEDULD

Die indischen Medien beschäftigen sich zur Zeit viel und intensiv mit der schlechten Lage des Landes. So sollte es sein, und man darf sich durchaus darüber freuen, dass die vernachlässigten Themen der verbreiteten Korruption und der Ineffizienz staatlicher Dienstleistungen endlich intensive – wenn auch etwas willkürliche – Beachtung finden. Und doch spiegelt die Themenwahl der Medien eine enorme Einseitigkeit wider, die einer kritischen Überprüfung bedarf.

Ohne Zweifel wird nicht nur in den Wirtschaftsmedien viel darüber diskutiert, dass man die Wachstumsrate der indischen Wirtschaft steigern muss, die von ihrem Spitzenwert von neun Prozent pro Jahr vor noch nicht allzu langer Zeit auf rund sechs Prozent Anfang 2013 und wohl fünf Prozent 2014 gesunken ist. In Europa und den USA wäre man zwar schon froh, wenn man bloß auf die Hälfte dieses abgeschwächten Wachstums käme, das Indien im Moment erzielt, aber die tiefe Sorge um die Wirtschaft ist absolut verständlich. Wachstum sorgt für einen Anstieg der Haushaltseinkommen und beseitigt Armut, insbesondere wenn möglichst viele Menschen an Gesundheit, Bildung und anderen Grundbefähigungen teilhaben, mit denen sie am Wachstumsprozess partizipieren können. Wachstum sorgt überdies für Staatseinnahmen, die sich für den Ausbau der sozialen und physischen Infrastruktur wie auch für andere Zwecke nutzen lassen. Doch die Ankurbelung des gesamtwirtschaftlichen Wachstums ist nur eines von vielen verschiedenen Problemen, die es im Auge zu behalten gilt, wenn man das Elend der großen Mehrheit der Inder beenden und die erstaunlichen Ungleichheiten, die Indien heute prägen, verringern will.

Wie wir gezeigt haben, verlangen diese Herausforderungen nach weitreichenden Veränderungen staatlicher Politik und einer Neuausrichtung des demokratischen Dialogs in Indien. Der Staat muss deutlich mehr Mittel in grundlegende öffentliche Leistungen stecken (wie etwa Schulbildung, Gesundheitswesen, Nahrungsmittelhilfe und Umweltschutz), er muss weit umfassendere Programme für ökonomische Gleichheit und soziale Sicherheit auflegen und zudem die soziale und physische Infrastruktur ausbauen. Es bedarf einer grundlegenden Reform der staatlichen Dienstleistungen, damit sie ihre Arbeit verantwortlicher und effizienter gestalten.

Das widersprüchliche Bild eines rasanten Wirtschaftswachstums einerseits und nur langsamer Fortschritte bei den Lebensstandards andererseits (das wir in den Kapiteln 2 und 3 näher beleuchtet haben) verweist darauf, dass es die Bedeutung des Wirtschaftswachstums auf intelligente Weise zu begreifen gilt. Um dieses enorme Ungleichgewicht ins Lot zu bringen, müssen die Rufe nach höherem Wachstum von Forderungen nach einem stärker partizipatorischen Wachstum begleitet sein, sowie von der Verpflichtung darauf, die durch das Wachstum generierten Mittel produktiv zu nutzen, um dem beklagenswerten Mangel an staatlichen Leistungen und Grundeinrichtungen zu begegnen, der Indien heute so bremst.

Für einen großen Teil der indischen Bevölkerung – eine relativ kleine, in absoluten Zahlen jedoch recht beachtliche Minderheit – ist Wachstum allein eine feine Sache, denn diese Menschen sind bereits vergleichsweise privilegiert und benötigen keine besondere soziale Unterstützung, um vom Wirtschaftswachstum zu profitieren. Sie sind in einer guten Position, um aus den BIP-Zuwächsen substanziellen Gewinn zu ziehen, was ihnen auch gelungen ist und immer noch gelingt – mitunter noch verstärkt durch staatliche Eingriffe zu ihren Gunsten (etwa in Gestalt von Subventionen, von denen sie überproportional profitieren), wie wir in den vorangegangenen Kapiteln gezeigt haben. Das kommt zu ihren ohnehin bereits privilegierten ökonomischen und sozialen Chancen noch hinzu.

Natürlich gehen mit dem Wirtschaftswachstum auch gewisse Verbesserungen im Leben der Benachteiligten einher, denn Beschäftigungslage und unternehmerische Möglichkeiten verbessern sich, vor allem für diejenigen, die nicht durch Krankheit, fehlende Schulbildung, soziale Hürden oder andere Benachteiligungen daran gehindert sind, diese Chancen zu ergreifen. Doch staatliche Unterstützung für die Unterprivilegierten ist im Allgemeinen extrem wichtig, damit sie diese Nachteile überwinden können und damit sichergestellt ist, dass die Früchte des Wirtschaftswachstums möglichst vielen zugutekommen. Ohne diese Hilfe der öffentlichen Hand wird das Leben vieler Menschen weiterhin von Hunger, Armut, Krankheit und anderen Notlagen bestimmt sein, selbst wenn das gesamtwirtschaftliche Wachstum ordentlich zulegt (wie das in der jüngsten Vergangenheit der Fall gewesen ist).

Nutzt man die durch das Wachstum zur Verfügung stehenden staatlichen Ressourcen konstruktiv, um die menschlichen Verwirklichungschancen zu verbessern, so trägt das nicht nur zu einer gesteigerten Lebensqualität bei, sondern auch zu einer höheren Produktivität und weiterem Wachstum. So beruhte denn auch die sogenannte «asiatische Erfahrung», die Ende des 19. Jahrhunderts in Japan begann und sich dann in Südkorea, Taiwan, Singapur und schließlich in ganz China fortsetzte, darauf, dass man die Komplementarität von ökonomischer Expansion und Vorankommen der Menschen durch Bildung, Gesundheitsfürsorge, bessere Ernährung und andere Bestimmungsfaktoren menschlicher Verwirklichung klug nutzte. In Indien jedoch wurde von dieser Wechselbeziehung nur recht wenig Gebrauch gemacht, wodurch das Land nicht nur in puncto Lebensqualität und Sozialindikatoren des Lebensstandards zurückfiel, sondern auch der langfristige Wachstumsprozess fragiler und weniger partizipatorisch wurde, als er das andernfalls gewesen wäre.

Darin liegt eine gewisse tragische Ironie. Denn den Pionieren der ökonomischen und industriellen Entwicklung in Indien wie etwa Jamshetji Tata fehlte es in ihren Visionen keineswegs an tiefreichenden Erkenntnissen über die enge Verbindung zwischen Gesundheit, Bildung und Produktivität. So beschreibt F. R. Harris in seiner Tata-Biographie die Konzeption der Stadt Jamshedpur: «Sobald der erste Pflock eingeschlagen wird, übernimmt das Eisen- und Stahlwerk die Funktion einer Kommune» und kümmert sich neben anderen industriellen und sozialen Initiativen um eine kostenlose Gesundheitsversorgung, angemessene Schulen, sauberes Wasser und grundlegende Sanitäreinrichtungen.[1] Auch der berühmte Bericht der Bhore-Kommission zur Gesundheitspolitik aus dem Jahr 1946 wusste um die Komplementarität zwischen Produktion und Produktivität einerseits und menschlichem Wohlergehen und Verwirklichungschancen andererseits: «Könnte man den Verlust ermessen, den das Land Jahr für Jahr durch die vermeidbare Vergeudung von wertvollem Menschenmaterial und die Minderung menschlicher Effizienz durch Mangelernährung und vermeidbare Sterblichkeit erleidet, wäre das Ergebnis, so denken wir, dermaßen irritierend, dass das gesamte Land in Aufruhr wäre und nicht eher ruhen würde, bis ein radikaler Wandel vollzogen wäre.»[2] Doch das Land war nicht «in Aufruhr» wegen der Vernachlässigung von Gesundheit, Bildung und anderen staatlichen

Leistungen. Im Gegenteil, diese Vernachlässigung und ihre weitreichenden Folgen fanden in den öffentlichen Diskussionen des unabhängigen und demokratischen Indien mehr als sechs Jahrzehnte lang kaum Beachtung.

Indien hat die Lehren der asiatischen Wirtschaftsentwicklung, die Wohlergehen und Verwirklichungschancen der Menschen rasant steigerte und gleichzeitig (oder im Zuge dessen) für ein beachtliches Wirtschaftswachstum sorgte, weitgehend verschlafen. Die «ostasiatische Strategie» bestand zu einem entscheidenden Teil darin, mit Hilfe der Staatseinnahmen, die durch das Wirtschaftswachstum stiegen, die enormen Defizite in den Bereichen Soziales, Bildung und Gesundheit zu beseitigen und den wachsenden Anforderungen an die soziale und physische Infrastruktur gerecht zu werden, während gleichzeitig die staatlichen Leistungen verantwortungsbewusster und effizienter organisiert wurden. Wie die Erfahrung in China zeigt, ist die Strategie, mehr öffentliche Mittel in die Bildung, Gesundheitsversorgung und Ernährung der Menschen zu stecken, als Indien das tut, durchaus mit einem hohen und dauerhaften Wirtschaftswachstum kompatibel, ja dafür sogar sehr hilfreich. Vergleicht man die mageren 1,2 Prozent des BIP, die Indien für Gesundheit aufwendet, mit den 2,7 Prozent in China, fällt nicht nur auf, dass es in Indien am Verständnis dafür fehlt, welchen Anforderungen ein staatliches Gesundheitssystem genügen muss (einer der Hauptgründe für die mangelhaften Leistungen des Landes auf diesem Feld, wie wir in Kapitel 6 gesehen haben), sondern auch, wie wenig viele Verfechter des Wirtschaftswachstums darüber wissen, was genau man für ein rasches und anhaltendes Wachstum braucht. Allerorten ist unablässig davon die Rede, dass wirtschaftliches Wachstum «Priorität» haben müsse, aber an Gesundheit, Bildung und andere Aspekte, die für die menschlichen Verwirklichungschancen von Bedeutung sind, wird kaum ein Gedanke verschwendet. Darin spiegelt sich ein entwaffnend diffuses Wissen darum wider, wie langfristiges Wachstum und partizipatorische Entwicklung tatsächlich zu bewerkstelligen und dauerhaft zu gewährleisten sind.

Das Wesen der indischen Ungleichheit

Will man zu einer Einschätzung dessen kommen, was das heutige Indien ausmacht, so muss man nicht nur das enorme Ausmaß der Ungleichheit berücksichtigen, sondern auch die besondere Art dieser Ungleichheit. Mögen die Einkommensungleichheiten in Indien auch groß sein, so sind sie doch bei weitem nicht das einzige Element der Disparität, die das Land kennzeichnet. Tatsächlich unterscheidet sich Indien, nimmt man die gängigen Maßstäbe für ökonomische Ungleichheit (wie etwa den Gini-Koeffizienten der Einkommensverteilung), nicht großartig von, sagen wir, China oder Brasilien. Doch ein solcher Vergleich lässt zwei zentrale Probleme außer Acht.

Wenn erstens das Einkommensniveau der Armen so niedrig ist, dass sie nicht einmal die wichtigsten Grundgüter leisten können, so ist die Kluft zwischen ihrem Leben und dem der Bessergestellten so riesig – und tatsächlich so zutiefst empörend –, dass sämtliche Ungleichheitsindikatoren sie nicht erfassen können.[3] Zum Zweiten lässt der Maßstab des privaten Einkommens die Rolle staatlicher Leistungen außen vor – etwa in den Bereichen Bildung, Gesundheit, Sozialeinrichtungen und Umweltschutz –, die, sofern vorhanden, enorm viel dazu beitragen können, Menschen vor Verelendung zu bewahren und ihre Freiheiten zu schützen. Aus diesen beiden Gründen erscheint Ungleichheit in Indien in der fürchterlichen Form einer kaum fassbaren Disparität zwischen den Privilegierten und dem Rest, bei der den Benachteiligten der Gesellschaft weithin die Grundvoraussetzungen für ein zumindest ansatzweise menschenwürdiges Leben fehlen. Die Grundeinrichtungen einer brauchbaren Schule, eines Krankenhauses, zu dem man Zugang hat, einer Toilette zu Hause oder zwei ordentlichen Mahlzeiten am Tag fehlen einem riesigen Teil der indischen Bevölkerung in einem Maße, wie das in China bei weitem nicht der Fall ist. Das macht Vergleiche in Sachen Ungleichheit, die sich auf die gängigen Ungleichheitsindikatoren bei der Einkommensverteilung (wie den Gini-Koeffizienten) stützen, deutlich weniger relevant und aussagekräftig.

Die Kluft zwischen Arm und Reich ist auch in China sehr groß, und in China gibt es deutlich mehr Milliardäre als in Indien. Das Verhältnis der Spitzeneinkommen zu den untersten Einkommen ist in China nicht geringer als in Indien, aber in einem Wesenszug unterscheidet sich die indische Ungleichheit deutlich von der chinesischen: dass es so vielen

Menschen an den Grundgütern des Lebens fehlt. Der Mangel an Gesundheitsfürsorge, brauchbaren Schulen und anderen Grundeinrichtungen, die für Wohlergehen und elementare Freiheiten der Menschen wichtig sind, sorgt dafür, dass eine Mehrheit der Inder in ihrem elenden Leben gefangen bleibt, und zwar auf eine Weise, wie man das in anderen Ländern, die etwas auf sich halten und in der Welt vorankommen wollen, nur selten erlebt.

Das sei an einem Beispiel illustriert, über das in einer höflichen Gesellschaft nicht so ohne weiteres diskutiert wird. Es ist nicht klar, wie viele Leser indischer Tageszeitungen darüber Bescheid wissen, dass die unfreiwillige Praxis der offenen Defäkation in Indien weiter verbreitet ist als in jedem anderen Land, für das Daten dazu vorliegen. 2011 hatte die Hälfte aller indischen Haushalte keinen Zugang zu Toiletten, was die Menschen dazu zwingt, Tag für Tag im Freien zu defäkieren – in Bangladesch verfügen nur zehn Prozent der Haushalte über keine Toilette, in China sind es gar nur ein Prozent. Als der alle zehn Jahre durchgeführte Zensus 2011 diese Zahlen erbrachte, gab es kurzzeitig mediales Interesse an diesem Thema und eine öffentliche Diskussion darüber, aber nach ein oder zwei Tagen war es damit wieder vorbei, ohne dass das Ganze irgendwelche praktischen Auswirkungen auf die staatliche Politik gehabt oder die Themenschwerpunkte der öffentlichen Debatte langfristig verändert hätte. Für ein mögliches Weltraumabenteuer scheinen sich die Privilegierten deutlich mehr zu interessieren als für Spülklosetts, die die Hälfte der Bürger des modernen Indien von einer besonders widerwärtigen Form der Ungleichheit befreien könnten.

Die tiefgreifende Spaltung Indiens in Privilegierte und den Rest hat zum Teil damit zu tun, dass sich verschiedene Arten von Ungleichheiten – klassen-, kasten-, stammes- und geschlechtsbedingte – wechselseitig verstärken (wie in Kapitel 8 gezeigt). Dieser Punkt ist enorm wichtig, will man die spezielle Situation des Landes und mögliche Veränderungsperspektiven begreifen. So ist dieser Aspekt etwa ein wichtiger Grund für die recht bescheidenen Fortschritte Indiens in Sachen Elementarbildung (vor allem was deren Qualität angeht), die durch die sozial bedingte und zementierte Verteilung von Bildungschancen, Bildungsbestrebungen und Bildungserwartungen behindert werden. Ein Dalit-Mädchen aus einer armen Familie, das davon träumt, Ärztin oder Ingenieurin zu werden, hat nicht nur damit zu kämpfen, dass es an entsprechenden Bildungseinrichtungen in der Umgebung und an den ökonomischen Mitteln zu

Hause fehlt, sondern wahrscheinlich auch mit sozialer Gleichgültigkeit gegenüber ihrer Bildung und geschlechtsbedingter Diskriminierung in Familie und Gesellschaft. Wenn man bedenkt, welch wichtige persönliche und soziale Rolle Grundbildung (vor allem für Mädchen und Frauen) für die Entwicklung spielt, kommen diese vielfältigen sozialen Hürden und Spaltungen Indien teuer zu stehen.

Die besondere Art der indischen Ungleichheit hat auch Auswirkungen auf die Prioritäten, die im Kampf für soziale Gerechtigkeit gesetzt werden müssen. Ein wichtiger Aspekt ist dabei natürlich – nicht nur in Indien, sondern auch überall sonst –, dass man sich der Konzentration von Reichtum und Macht widersetzt. Da freilich eines der schlimmsten Merkmale sozialer Ungerechtigkeit in Indien darin besteht, dass noch immer ein Großteil der Bevölkerung von essentiellen Einrichtungen und Chancen ausgeschlossen ist, die jedermann zur Verfügung stehen sollten, muss der Kampf gegen Ungerechtigkeit eindeutig mit konstruktiven Forderungen nach grundlegenden staatlichen Leistungen und Ansprüchen der Menschen verbunden sein.

Wie wir in Kapitel 3 gezeigt haben, spielte diese Verknüpfung in der Sozialgeschichte einiger fortschrittlicherer indischer Bundesstaaten eine wichtige Rolle, nicht zuletzt in Kerala und Tamil Nadu. Diese Forderungen nach Zugang zu Bildung, medizinischer Versorgung, sozialer Sicherung und anderen Anrechten waren integraler Bestandteil des Kampfes benachteiligter Gruppen (vor allem der Dalits) für die Beseitigung kastenbedingter Erniedrigungen und Ungleichheiten. Doch die enge Verbindung zwischen mehr sozialer Gerechtigkeit und besseren staatlichen Leistungen für die am stärksten Benachteiligten, die in der Vergangenheit viele Initiativen erfolgreich motivierte, findet in der heutigen Mainstream-Politik Indiens relativ wenig Beachtung.

Staatliche Leistungen und soziale Spaltung

Daran, dass die Entwicklungsprioritäten in Indien weiterhin so einseitig ausgerichtet sind, trägt auch die mangelnde Klarheit – und defizitäre öffentliche Diskussion – darüber Schuld, wie es den Menschen in Indien tatsächlich geht. Die übertriebene Konzentration auf das Leben der Privilegierten, wie sie für die öffentliche Debatte in Indien typisch ist (und durch die Medien in der Regel noch verstärkt wird), liefert nicht gerade ein realistisches Bild davon, wie die Inder im Allgemeinen leben.

Wir haben in diesem Buch bereits zahlreiche Beispiele für blinde Flecken genannt – soziale Missstände und Mängel, die von enormer Bedeutung für die Entwicklung sind und in der Öffentlichkeit trotzdem erstaunlich wenig Beachtung gefunden haben. Exemplarisch dafür steht, wie gesehen, das fehlende öffentliche Bewusstsein für das Problem der offenen Defäkation (für dessen Ausmaß, für die damit verbundenen Gesundheitsgefahren und dafür, wie Indien dabei im Vergleich mit anderen Ländern dasteht). Aber auch der Zustand des indischen Gesundheitssystems wird, wie wir in Kapitel 6 gezeigt haben, in den Mainstream-Medien nur selten diskutiert, geschweige denn wird erkannt, wie es um dieses System wirklich steht: ein antiquiertes «Zuzahlungssystem», in dem die meisten Patienten sich gegen Geld medizinische Versorgung von privaten Anbietern kaufen – und das in deutlichem Gegensatz zur weltweiten Entwicklung in Richtung eines universellen Gesundheitssystems auf der Basis staatlicher Finanzierung und Planung steht (die allenfalls durch Privatversicherer ergänzt, nicht aber von diesen getragen wird). Daneben gibt es, wie gesehen, noch zahlreiche andere blinde Flecken: die Beinahestagnation der Reallöhne in den letzten gut zwanzig Jahren, die besonders im Vergleich zum Reallohnboom in China heraussticht (Kapitel 2); Indiens Abstieg innerhalb Südasiens, was die gängigen Sozialindikatoren betrifft (Kapitel 3); die miserablen Leistungen der Schüler in indischen Schulen (Kapitel 5); Indiens traurige Bilanz beim Impfschutz für Kinder (Kapitel 6); und die außerordentlichen Ungleichgewichte bei den öffentlichen Ausgaben, wozu üppige Konzessionen an mächtige Lobbygruppen ebenso gehören wie die Vernachlässigung dringender Investitionen, die den Lebensstandard und die Verwirklichungschancen der Benachteiligten verbessern würden (Kapitel 9). Keines dieser Themen ist in den letzten Jahren öffentlich breit diskutiert worden.

Dieses mangelhafte und verzerrte Verständnis für die wirkliche Lage des Landes geht einher mit einer außergewöhnlich eng gefassten Vorstellung von wirtschaftlicher Entwicklung auf Seiten der neuen indischen Elite. Rammanohar Reddy, Herausgeber der bemerkenswerten wissenschaftlichen Zeitschrift *Economic and Political Weekly*, hat eines der Probleme skizziert, die die in Indien präferierte Agenda mit sich bringt:

«Die heutige Elite ist eher mit sich selbst beschäftigt. Sie ist ungeduldig gegenüber allem, was das Wachstum des ökonomischen Muskels verzögert. Daher heute das Gerede von der politischen Lähmung und das politische Eintreten für etwas so Triviales wie ausländische Direktinvestitionen in den Einzelhandel. Das Selbstbewusstsein im Hinblick auf Indien, das Teil des vorherrschenden Narrativs ist, ist zugleich intolerant gegenüber allem, was dieses Narrativ in Frage stellt, ob nun im Land oder von außen.»[4]

Diese Intoleranz gegenüber einer breiter angelegten Agenda kommt das Land vor allem deshalb so teuer zu stehen, weil das von Reddy erwähnte «Selbstbewusstsein» oftmals völlig fehl am Platze ist: Es übersieht nicht nur wichtige Kausalzusammenhänge in Sachen Wirtschaftswachstum (das durch eine gesündere, gebildetere und weniger notleidende Bevölkerung nachhaltig befördert wird), sondern auch die Grundanforderungen an eine humane demokratische Gesellschaft.

Und doch bietet die indische Demokratie viel Spielraum, um blinde Flecken zu beseitigen und aus ihnen lebendige soziale Fragen zu machen, was ein erster Schritt ist, um diese Probleme dann auch zu lösen. Wo man diese Chancen ergriffen hat, hat sich die Bandbreite der öffentlichen Diskussion tatsächlich radikal und recht schnell vergrößert, wie wir anhand einiger Beispiele gezeigt haben. Ein Exempel aus jüngster Zeit ist die Welle der Medienberichterstattung über Gewalt gegen Frauen, die im Dezember 2012 in Indien losbrach, nachdem die fürchterliche Gruppenvergewaltigung einer jungen Medizinstudentin die Menschen in Wut und Aufruhr versetzt hatte (siehe Kapitel 8). Die Bedingungen des öffentlichen Diskurses über Themen wie Korruption, Unterernährung, Zwangsumsiedlung, das Recht auf Bildung und die Verantwortlichkeit des öffentlichen Sektors haben sich ebenfalls grundlegend geändert, und zwar auf eine Art, die vor ein paar Jahren kaum jemand prophezeit hätte. Es gibt also Zeichen des Wandels, aber die Tatsache, dass die Agenda einer umfassenden Transformation bedarf, bekommt noch immer nicht die Aufmerksamkeit, die sie eigentlich verdient.

Die Notwendigkeit eines umfassenderen und klareren Verständnisses davon, wie es Indien geht, gilt auch für die *positiven Errungenschaften* konstruktiver Initiativen, die das Leben der Menschen verbessern und oft unterschätzt oder gänzlich übersehen werden. So blieben beispielsweise die enormen Fortschritte, die Himachal Pradesh bei der Elementarbildung seit den frühen siebziger Jahren gemacht hatte – und die ihrerseits Folge eines politischen Prozesses gewesen waren, der den Blick der Regierung erweitert hatte – im Land weitgehend unbemerkt, obwohl das Erreichte überaus bemerkenswert war. Auch Tamil Nadus eindrucksvolle Erfolge im Bereich der Gesundheit und der frühkindlichen Betreuung fanden erst jüngst die Anerkennung, die sie verdienen. Wie in den Kapiteln 3 und 6 gezeigt, fügen sich diese Errungenschaften in das allgemeinere Muster einer recht aktiven und effektiven Sozialpolitik in einzelnen Bundesstaaten, unter anderem in Himachal Pradesh, in Tamil Nadu und natürlich (schon viel früher) in Kerala. Andere Bundesstaaten können viel von diesen erfolgreichen Erfahrungen lernen – über den Wert einer breiteren öffentlichen Diskussion ebenso wie über die Ergebnisse, die mehr – und effizientere – staatliche Leistungen erzielen können.

Auch in anderen Bundesstaaten – und in Indien insgesamt – gibt es wichtige Beispiele konstruktiver Initiativen, die das Leben der Menschen enorm verbessert haben, ohne dafür freilich immer die verdiente Anerkennung zu bekommen. Würde man sich an die Mehrzahl der Medienberichte halten, könnte man den Eindruck gewinnen, dass Programme wie der National Rural Employment Guarantee Act (NREGA), das Public Distribution System (PDS) und die Integrated Child Development Services (ICDS) kaum mehr als Brutstätten der Korruption und der Verschwendung sind. Es ist natürlich nur zu begrüßen, wenn die Medien Misserfolge und Versagen der Regierung öffentlich machen, denn dadurch kann vieles besser werden. Im Falle der genannten Programme spricht jedoch einiges dafür, dass sie in vielen Bundesstaaten das Leben der Menschen tatsächlich erträglicher machen und dass sich diese Errungenschaften durchaus auch auf andere Bundesstaaten ausweiten lassen.

Grund zur Selbstzufriedenheit besteht dabei keineswegs, aber jüngste Entwicklungen bestätigen frühere Hinweise, wonach Wandel durch konstruktives Handeln tatsächlich möglich ist. Das ist eine wichtige Erkenntnis, die wir aus den jüngsten Erfahrungen ziehen können, ob in Indien oder in anderen Ländern (etwa aus der Einführung einer universellen Gesundheitsversorgung in Mexiko und aus einer enormen Ausweitung der staatlichen Leistungen in Brasilien). So ist eine gesteigerte Aufmerksamkeit für konstruktive Möglichkeiten genauso wichtig wie die gesteigerte Erkenntnis, wie ernst und schwerwiegend Indiens Defizite und Probleme wirklich sind.

Ungeduld und Demokratie

«Geduld», so heißt es im *Wörterbuch des Teufels* (1906) von Ambrose Bierce, «ist eine milde Form der Verzweiflung, getarnt als Tugend.» Im Laufe der Jahrhunderte hat Indien jede Menge von dieser vermeintlichen

Tugend erlebt. Man bewies außerordentlich viel Toleranz gegenüber Ungleichheiten, Schichtenbildung und kastenbedingten Spaltungen – sie wurden als angeblich notwendiger Teil der Gesellschaftsordnung akzeptiert. Auch den enormen Ungleichheiten des kolonialen Raj begegnete man mit viel Verständnis, denn man war der Ansicht, das rückständige Indien brauche sie, um sein Haus in Ordnung zu bringen. Man zeigte lähmende Geduld mit der wirtschaftlichen Stagnation, denn sie sei für das langsam getaktete Indien die einzige Option. Die indischen Frauen resignierten still angesichts der fehlenden Freiheiten, die ihnen aufgrund angeblicher biologischer oder sozialer Zwänge vorenthalten wurden. Geduldig ertrug man den Mangel an Verantwortlichkeit und die Ausbreitung der Korruption, man sah sie als unvermeidliche Folgen menschlicher Gier. Und natürlich fügten sich die Ärmsten der Armen in die anhaltende Misere, Ausbeutung und Demütigung, denn sie galten als unvermeidliche Begleiterscheinungen einer stabilen Wirtschaftsordnung.

Geduld hat keine einzige dieser Ungleichheiten und Ungerechtigkeiten beseitigt; sie hat sich überhaupt in keiner Weise gelohnt. Im Gegenteil, positive Veränderungen traten oft nur dann auf und brachten eine gewisse Befreiung, wenn aktiv und mit Nachdruck gegen Missstände und Defizite vorgegangen wurde. Selbst die Unterdrückung durch den britischen Kolonialismus endete erst, als die politische Ungeduld in Indien Volksbewegungen hervorbrachte, die den Raj unregierbar machten.

Im heutigen Indien herrscht kein Mangel an Beschwerden und Protesten. Wichtig ist aber, ob die lautstark vernehmbaren und politisch einflussreichen Proteste die Probleme und Ungerechtigkeiten angemessen widerspiegeln, unter denen die benachteiligten Inder anhaltend leiden. Die politische Bedeutung und Macht der relativ privilegierten Inder, selbst derjenigen, die nicht wirklich reich sind, sondern deren Einkommen und Lebensstandard einiges über dem indischen Durchschnitt liegen, sorgen dafür, dass die Stimmen der wirklich Armen nicht die ihnen gebührende Aufmerksamkeit finden. Das hat oft genug zur Folge, dass die Mehrheit der deutlich benachteiligten Menschen in Indien von vielen politischen Fragen quasi ausgeschlossen ist.

Dieser Ausschluss wiederum führt dazu, dass die Interessen der Unterprivilegierten in der staatlichen Politik kaum eine Rolle spielen. Ein Aspekt dieses allgemeinen Musters ist die Vernachlässigung von Schulbildung, medizinischer Versorgung, sozialer Sicherheit und ähnlichen

Fragen bei den politischen Planungen in Indien. Doch diese Einseitigkeit der Politik zugunsten der privilegierten Interessen nimmt auch noch viele andere Formen an: Landwirtschaft und ländliche Entwicklung werden vernachlässigt, die Plünderung der Umwelt aus privater Profitgier wird geduldet, und der warme Regen staatlicher Subventionen gilt (explizit oder implizit) privilegierten Gruppen.

Eine vieldimensionale Ungleichheit sorgt, wie wir gesehen haben, dafür, dass sie sich verfestigt, insbesondere durch die verzerrte öffentliche Diskussion und Medienberichterstattung. Die große soziale Spaltung bringt enorme Ungleichheiten mit sich, was Mitspracherecht und Macht verschiedener Gruppen angeht, und zusätzlich verdeckt sie das wahre Wesen der Benachteiligung, unter der die Unterprivilegierten in der Gesellschaft zu leiden haben, durch Einseitigkeiten der Medienberichterstattung und der öffentlichen Debatte, die sich vor allem um Interessen und Belange einer großen – und rührigen – Gruppe weniger benachteiligter Menschen kümmern. Auf diese und andere Weise sorgt die soziale Spaltung zwischen den relativ Privilegierten und dem Rest allein durch ihre schiere Dimension dafür, dass die üblichen Instrumente der Demokratie – darunter auch die Bekundung von Unzufriedenheit – nicht wirklich dazu taugen, die entsprechenden Ungleichheiten zu beseitigen.

Der Nebel, der sich wie ein Schleier über Ausmaß und Intensität extremen Leids legte, war so stark, dass schon die Vorstellung vom «gemeinen Volk» – dem Objekt unmittelbarer Unterstützung von Seiten politischer Wortführer – völlig neu definiert wurde. Die relativ Wohlhabenden, die weniger wohlhabend als die wirklich Reichen sind, betrachten sich oft als «einfache Leute» – auf Hindi «aam aadmi» – und als gesellschaftlich benachteiligt, was natürlich nur dann einigermaßen zutrifft, wenn man sie mit der obersten Schicht der wirklich Reichen vergleicht.

George Lindsay Johnstone, einer der ersten Offiziellen der East India Company, machte 1801 im Londoner Parlament die hellsichtige Bemerkung, das indische Reich Großbritanniens sei ein «empire of opinion», ein Imperium der Meinung, und es gründe auf dem Unwillen der «Einheimischen, über die eigene Stärke nachzudenken».[5] Die generelle Zurückhaltung der Inder, sich auf die eigene Stärke zu besinnen, war zu Johnstones Zeit ein wichtiger Faktor für die fortdauernde Unterwerfung unter die Briten, doch dieses spezifische Versagen verschwand vor langer Zeit aus Indien. Richtig bleibt – was zum Teil mit den Bedingungen indischer Politik zu tun hat –, dass benachteiligte Inder sich nur sehr zögerlich erheben und eine rasche und endgültige Beseitigung ihrer außerordentlichen Benachteiligung fordern. Die Klagen der «vergleichsweise, aber nicht am stärksten Privilegierten», die die Gruppe der sogenannten «einfachen Leute» bilden, sind lautstark zu vernehmen, und die Sichtweisen dieser leicht mobilisierbaren Gruppe werden von den wichtigen politischen Parteien gerne und umfassend aufgegriffen. Das steht in deutlichem Gegensatz zu der wesentlich geringeren Beachtung, die die massiven – und schon seit langem bestehenden – Benachteiligungen der *underdogs* in der indischen Gesellschaft finden.

Und doch bietet die demokratische Politik des Landes den am stärksten benachteiligten Indern durchaus Möglichkeiten, «sich auf die eigene Stärke zu besinnen» und zu verlangen, dass die entscheidenden Ungleichheiten, die das Leben so vieler Menschen ruinieren, rasch beseitigt werden. Das ist natürlich zum Teil eine Frage der politischen Organisation, wichtig ist aber auch ein glasklares Verständnis dafür, wie umfassend und speziell Benachteiligung und Ungleichheit in Indien sind. Darin liegt ohne jeden Zweifel eine der zentralen Herausforderungen, der sich Indien heute stellen muss.

ANHANG

ANMERKUNGEN

1. Ein neues Indien?

1 William Shakespeare, *Zwei Herren aus Verona*, in: ders., 27 *Stücke*, übers. von Erich Fried, hg. von Friedmar Apel, Bd. 1, Berlin: Wagenbach 1989, S. 160.

2 Eine kürzlich abgeschlossene Studie, die auf Gesundheits- und anthropometrische Daten aus zahlreichen Ländern weltweit zurückgreift, zeigt, wie furchtbar die Ernährungssituation und die körperliche Verfassung der indischen Bevölkerung tatsächlich waren, als die britische Kolonialherrschaft 1947 zu Ende ging: «Möglicherweise ist es erforderlich, um das Ausmaß der Entbehrungen, denen um die Mitte des [20.] Jahrhunderts geborene Inder in ihrer Kindheit ausgesetzt waren, mit denen anderer Großgruppen zu vergleichen, in der Geschichte der Menschheit bis zur neolithischen Revolution und zu den vorangegangenen Jäger-Sammler-Gesellschaften zurückzugehen. Die Lebenserwartung lag 1931 in Indien bei 27 Jahren, auch das ein Hinweis auf extreme Entbehrungen. [...] Tod und Mangel setzten der Bevölkerungsentwicklung Grenzen, doch selbst für die Überlebenden waren die Lebensbedingungen schrecklich.» Angus Deaton, *The Great Escape. Health, Wealth, and the Origins of Inequality*, Princeton, NJ: Princeton University Press 2013, S. 163.

3 Zu nennen sind hier beispielsweise Verstöße gegen demokratische Normen in Zusammenhang mit militärischen Operationen in verschiedenen Teilen des Landes. Insbesondere in der Kaschmir-Region und in Teilen des Nordostens gewähren rigorose Gesetze den Streitkräften umfassende Befugnisse. Die Tatsache, dass diese Machtbefugnisse des Militärs durch die zivile, demokratisch gewählte Zentralregierung sanktioniert sind, schließt Menschenrechtsverletzungen ebenso wenig aus wie lokale Verstöße gegen demokratische Normen; faktisch sind sie Bestandteil der autoritären Machtausübung. Wir werden die Thematik in Kapitel 9 nochmals aufgreifen.

4 «India's Novartis Decision», in: *The New York Times*, 5. April 2013, S. A22. Der Leitartikel kommentiert die Entscheidung des indischen Obersten Gerichtshofs gegen das sogenannte *evergreening*, durch das ein bestehender Patentschutz eines bereits seit längerer Zeit angebotenen Medikaments durch nur minimale Veränderungen des patentierten Wirkstoffs verlängert wird, und verweist darauf, dass das in Indien produzierte Generikum des Novartis-Präparats Glivec («ein hochwirksames Mittel zur Behandlung von Leukämie», so die *Times*) «weniger als ein Zwanzigstel der rund 70 000 Dollar kostet», die Patienten in den USA jährlich für das Medikament bezahlen müssen.

5 Detailliertere Informationen zu langfristigen Entwicklungstrends Indiens seit der Unabhängigkeit bietet Tabelle A.5 im statistischen Anhang.

6 Ambedkar formulierte seine «abschließenden Ratschläge» 1942 auf der All-India Depressed Classes Conference in Nagpur; zitiert nach Dhananjay Keer, *Dr. Ambedkar. Life and Mission*, Mumbai: Popular Prakashan, [3]1971, S. 351.

7 Siehe World Bank, *World Development Indicators 2012*, Washington, D. C.: World

Bank, 2012; aktuelle Daten online: data.worldbank.org/data-catalog/world-development-indicators; siehe auch Tabelle A.3 im statistischen Anhang.

8 Weiterführende Überlegungen zum Verhältnis von Zielen und Visionen finden sich bei Noam Chomsky, *Powers and Prospects. Reflections on Human Nature and the Social Order*, London: Pluto, 1996, Kap. 4.

9 Das Streben nach Gerechtigkeit als praktische Aufgabe muss von der stärker theoretisch orientierten Bestimmung einer vollkommen gerechten Welt hier und jetzt unterschieden werden (vgl. Amartya Sen, *Die Idee der Gerechtigkeit*, übers. von Christa Krüger, München: C.H.Beck, 2010). Ende des 18. und zu Beginn des 19. Jahrhunderts stellte sich weitgehend Einvernehmen her, was die «Abschaffung der Sklaverei» anging, und eine Rolle spielten dabei nicht zuletzt Überlegungen von Condorcet, Adam Smith, Mary Wollstonecraft und anderen, obgleich alle Abolitionisten durchaus sahen, dass die Welt auch nach diesem großen Schritt weit davon entfernt sein würde, in idealer Weise gerecht zu sein. Die Möglichkeit, bestimmte Veränderungen herbeizuführen, die geeignet sind, die Gerechtigkeit zu steigern, spricht für diese Veränderungen, ohne damit einen weiteren Wandel auszuschließen, der in naher Zukunft oder auch auf lange Sicht herbeigeführt werden kann und Bedingung eines höheren Maßes an Gerechtigkeit bleibt. Darüber hinaus können unterschiedliche Menschen sich einig sein, dass bestimmte Veränderungen die Gerechtigkeit erhöhen, auch wenn sie weiterhin an ihren unterschiedlichen Vorstellungen einer vollkommen gerechten Gesellschaft, wie sie sie jeweils anstreben, festhalten mögen.

10 Die hohe Zustimmung zur Demokratie ist eine wichtige Erkenntnis regelmäßiger Umfragen des Centre for the Study of Developing Societies (CSDS) in Neu-Delhi; siehe Kapitel 9.

11 In jüngster Zeit gab es vereinzelt Einschränkungen der freien Nutzung des Internet (oder zumindest Versuche in dieser Richtung), etwa um nach Meinung der Behörden hetzerische Inhalte zu blockieren. In einigen Fällen kam es zu plumpen, gewöhnlicherweise erfolglosen Bemühungen, Kritik an der Regierung zu sperren. Bedeutsamer sind die signifikanten Einschränkungen des Zugangs zum Internet in der Kaschmir-Region und in Teilen des Nordostens.

12 Auch dies eine Erkenntnis aus Umfragen des CSDS (mehr dazu in Kapitel 9); siehe Sanjay Kumar, «Patterns of Political Participation. Trends and Perspectives», in: *Economic and Political Weekly*, 26. September 2009, S. 47–51; Amit Ahuja und Pradeep Chhibber, «Why the Poor Vote in India. ‹If I Don't Vote, I Am Dead to the State›», in: *Studies in Comparative International Development*, 47 (2012), H. 4, S. 389–411.

13 Angaben zur Todesstrafe werden von China als Staatsgeheimnis behandelt, doch gibt es glaubwürdige empirische Schätzwerte, denen Berichte über Hinrichtungen in der lokalen Presse zugrunde liegen. Für das Jahr 2011 muss Amnesty International zufolge davon ausgegangen werden, dass «Tausende von Menschen ... hingerichtet wurden», während es in Indien keine einzige Hinrichtung gab; siehe Amnesty International, *Death Sentences and Executions 2011*, London: Amnesty International Publications, 2012, S. 7. Doch obwohl in Indien Todesurteile selten oder nie vollstreckt werden, werden sie bedauerlicherweise weiterhin gefällt (allein 110 im Jahr 2011), was dazu führt, dass in den Gefängnissen des Landes immer mehr Menschen in der Todeszelle sitzen, auch wenn sie möglicherweise niemals hingerichtet werden. Für eine Reform der geltenden einschlägigen Gesetze gibt es in Indien eine breite Bewegung, die sich dafür stark macht, die Todesstrafe abzuschaffen

(wie es in sehr vielen Ländern der Welt bereits geschah – eine Position, die wir im Übrigen teilen) und zugleich die psychische Qual zu beenden, die mit einem möglicherweise dauerhaft «aufgeschobenen Todesurteil» verbunden ist.

14 Wir haben diese Unterschiede an anderer Stelle bereits diskutiert, siehe Jean Drèze und Amartya Sen, *Hunger and Public Action*, Oxford: Oxford University Press, 1989; dies., *India. Development and Participation*, Oxford: Oxford University Press, 2002; siehe auch N. Ram, «An Independent Press and Anti-Hunger Strategies. The Indian Experience», in: Jean Drèze und Amartya Sen (Hg.), *The Political Economy of Hunger*, Oxford: Oxford University Press, 1990, Bd. 1, S. 146–190.

15 Zur Demontage des Gesundheitssystems in China in den späten siebziger Jahren ebenso wie zur Wiedereinführung einer allgemeinen Krankenversicherung nach 2004 siehe beispielsweise Shaoguang Wang, «Double Movement in China», in: *Economic and Political Weekly*, 27. Dezember 2008, S. 51–60.

2. *Die Integration von Wachstum und Entwicklung*

1 Die Angaben basieren auf Zahlen des Internationalen Währungsfonds (IWF) und der Weltbank; siehe Alan Wheatley, «Fed Likely to Stay on Sideline on Economy. Economic Outlook», in: *International Herald Tribune*, 16. Juli 2012, S. 17.

2 Die indische Position und die ihr zugrundeliegenden Argumente finden sich gut dargestellt bei Montek Singh Ahluwalia, «Message from Delhi. Don't Cut Too Soon», in: *Financial Times*, 23. Juli 2010.

3 Die während der drei frühen Dekaden des unabhängigen Indien scheinbar konstante Wachstumsrate (von etwa 3,5 Prozent pro Jahr) zeigt sich nur im zehnjährigen Mittel. Untersucht man hingegen die einzelnen Jahre, offenbaren sich beträchtliche Schwankungen; in den ersten anderthalb Jahrzehnten fiel das Wachstum zudem geringfügig höher aus als später, insbesondere wenn man Pro-Kopf-Zahlen zugrunde legt; vgl. auch Tabelle 2.1.

4 Adam Smith, *Der Wohlstand der Nationen. Eine Untersuchung seiner Natur und seiner Ursachen* (1776), übers. von Horst Claus Recktenwald, München: C.H.Beck, 1974, insb. I. Buch, Kap. 11; C. Plinius Secundus Maior, *Historia naturalis. Naturkunde*, Buch VI: *Geographie. Asien*, hg. und übers. von Roderich König in Zusammenarbeit mit Joachim Hopp und Wolfgang Glöckner, bearb. von Kai Brodersen, Zürich/Düsseldorf: Artemis und Winkler, 1996; John Watson McCrindle, *Ancient India as Described by Ptolemy*, London: Trübner & Co., 1885; Klaudios Ptolemaios, *Handbuch der Geographie*, hg. von Alfred Stückelberger und Gerd Grasshoff, Basel: Schwabe, 2006. Armut und Hungersnöte waren selbstverständlich ebenso weitverbreitete Kennzeichen der vorkolonialen Geschichte Indiens, doch gilt dies gleichermaßen für andere Weltregionen, Europa eingeschlossen.

5 Smith, *Wohlstand der Nationen*, IV. Buch, Kap. 9, S. 578.

6 Prasannan Parthasarathi, *Why Europe Grew Rich and Asia Did Not. Global Economic Divergence 1600–1850*, Cambridge: Cambridge University Press, 2011, Kap. 2, insb. S. 38–39.

7 Smith, *Wohlstand der Nationen*, IV. Buch, Kap. 5, S. 438.

8 Siehe Siva Sivasubramonian, *The National Income of India in the Twentieth Century*, New Delhi: Oxford University Press, 2000, Tabelle 7.4; siehe auch Amiya Kumar Bagchi, *Colonialism and Indian Economy*, New Delhi: Oxford University Press, 2010.

9 Siehe zur Armut die Angaben in dem Artikel von Gaurav Datt und Martin Raval-

lion, «Shining for the Poor Too?», in: *Economic and Political Weekly*, 13. Februar 2010, S. 55–60.

10 Pulapre Balakrishnan trug in jüngerer Zeit durch verschiedene Untersuchungen sehr dazu bei, die indische Wirtschaftspolitik in den frühen Jahren der Unabhängigkeit zu erhellen, siehe Pulapre Balakrishnan, «The Recovery of India. Economic Growth in the Nehru Era», in: *Economic and Political Weekly*, 17. November 2007, S. 52–66; ders., *Economic Growth in India. History and Prospect*, New Delhi: Oxford University Press, 2010; siehe auch Ashok Rudra, *Indian Plan Models*, New Delhi: Allied Publishers 1975; Prasannavadan Bhagwanji Desai, *Planning in India 1951–1978*, New Delhi: Vikas, 1979; Indraprasad Gordhanbhai Patel, «Free Enterprise in the Nehru Era», in: Dwijendra Tripathi (Hg.), *State and Business in India. A Historical Perspective*, New Delhi: Manohar, 1987, S. 347–366; Sukhamoy Chakravarty, *Development Planning. The Indian Experience*, New Delhi: Oxford University Press, 1987; Vijay Joshi und Ian Malcolm David Little, *India. Macroeconomics and Political Economy 1964–1991*, Washington, D. C.: World Bank, 1994; Jagdish N. Bhagwati und Arvind Panagariya, *Why Growth Matters. How Economic Growth in India Reduced Poverty and the Lessons for Other Developing Countries*, New York: PublicAffairs, 2013.

11 Rabindranath Tagore, *Briefe über Russland* (1931), übers. von Arnold Boettcher, Leipzig: Reclam 1961. Die englische Übersetzung der Briefe Tagores wurde von den Behörden Britisch-Indiens schon bald nach ihrer Veröffentlichung verboten – das Verbot wurde erst nach der Unabhängigkeit Indiens aufgehoben.

12 Das Vorhaben der Grundbildung war durch die pädagogischen Ideen Mahatma Gandhis inspiriert, der es so formuliert hatte: «Mein Vorschlag lautet im Kern, Handwerkskunst zu lehren, nicht allein um der produktiven Arbeit willen, sondern um den Geist der Schüler zu entwickeln.» Ferner machte er geltend, Kinder zunächst das Lesen und Schreiben zu lehren, doch handwerkliche Fähigkeiten hintanzustellen, «hemmt ihr geistiges Wachstum». Vgl. Mohandas Karamchand Ghandi, «Basic Education» (1937), in: *The Selected Works of Mahatma Gandhi*, Bd. 6: *The Voice of Truth*, hg. von Shriman Narayan, Ahmedabad : Navajivan 1968, S. 508 u. 509.

13 Planning Commission, *The First Five-Year Plan*, New Delhi: Planning Commission, 1951, Kap. 13.

14 Interessanterweise stand Indien damit auch im Gegensatz zu Ratschlägen ganz anderer politischer Provenienz, etwa zu denen des Ökonomen Milton Friedman, der 1955 ein aufschlussreiches «Memorandum an die Regierung Indiens» verfasste, in dem er eindringlich darlegte, die indischen Planer würden die Bedeutung «physischen Kapitals» überbewerten, «Humankapital» hingegen gröblich vernachlässigen (vgl. Milton Friedman, «A Memorandum to the Government of India», Ms., 5. November 1955, online: indiapolicy.org/debate/Notes/friedman.htm).

15 Selbst ein harter Kritiker des Systems des *Licence Raj* und früher Verfechter einer Liberalisierung wie der Ökonom Raj Krishna erkennt an, dass viele der frühen Planungsinitiativen, etwa zum «Aufbau einer kräftigen und diversifizierten Investitionsgüterindustrie», eine «historische Notwendigkeit» waren (Raj Krishna, «Assessing India's Economic Development», in: *Mainstream*, 25. Oktober 1982; zitiert in Balakrishnan, «The Recovery of India», S. 56).

16 Zahlen nach Government of India, *Economic Survey 2011–12*, New Delhi: Ministry of Finance, 2012, statistischer Anhang, Tab. 1.4, S. A7.

17 Lal Bahadur Shastri, der ab Juni 1964 anderthalb Jahre lang Premierminister war,

unternahm kurzzeitig Anstrengungen zur Liberalisierung der Wirtschaft. Auch Indira Gandhi setzte diesen Kurs zunächst fort, nicht zuletzt aufgrund des Drucks internationaler Geldgeber, darunter IWF und Weltbank, als das Land 1966 durch Krieg, Dürre und Missernte in eine Zahlungsbilanzkrise geriet. Indira Gandhis Politik der Annäherung an Washington und die Abwertung der Rupie im gleichen Jahr kosteten sie öffentliche Zustimmung, woraufhin sie eine Kehrtwende vollzog. Zu diesen und weiteren Aspekten der Wirtschaftspolitik Indira Ghandis siehe, neben den bereits angeführten Studien, Charles Robert Hankla, «Party Linkages and Economic Policy. An Examination of Indira Gandhi's India», in: *Business and Politics* 8 (2006), H. 3, S. 1–29.

18 Hankla, «Party Linkages and Economic Policy», S. 11. Zur Verstaatlichung von Banken siehe Indraprasad Gordhanbhai Patel, *Glimpses of Economic Policy. An Insider's View*, New Delhi: Oxford University Press, 2002.

19 Bimal Jalan, «Indira Gandhi», in: Kaushik Basu/Annemie Maertens (Hg.), *The New Oxford Companion to Economics in India*, New Delhi: Oxford University Press 2012, S. 282. Wie Jalan weiter feststellt, war zu jener Zeit «Politik der Hauptantrieb der ökonomischen Weichenstellungen Indira Gandhis» (ebd., S. 283).

20 Siehe Jean Drèze und Amartya Sen, *India. Economic Development and Social Opportunity*, Oxford: Oxford University Press, 1995, Tab. 9.3; siehe Himanshu, «Wages in Rural India. Sources, Trends, and Comparability», in: *Indian Journal of Labour Economics* 48 (2005), H. 2, S. 375–406; ferner Tabelle A.5 im statistischen Anhang dieses Buches. Es gibt darüber hinaus diverse Hinweise, dass die Pro-Kopf-Ausgaben der Armen in den achtziger Jahren schneller stiegen als die der Reichen, zumindest in ländlichen Gebieten (siehe Angus Deaton und Jean Drèze, «Food and Nutrition in India. Facts and Interpretations», in: *Economic and Political Weekly*, 14. Februar 2009, S. 42–65, Tab. 4).

21 Siehe etwa Datt und Ravallion, «Shining for the Poor Too?»; ferner Tabelle A.5 im statistischen Anhang dieses Buches.

22 Arunabha Ghosh, «Pathways through Financial Crisis. India», in: *Global Governance* 12 (2006), H. 4, S. 413–429, hier S. 419. Die erste Runde wirtschaftlicher Reformen wird in Indien gewöhnlich nicht mit einem vom IWF verordneten Stabilisierungsprogramm in Verbindung gebracht, doch genau das war letztlich der Fall, auch wenn der Finanzminister im Parlament unterstrich, Indien sei «nur an Bedingungen gebunden, die es sich selbst gesetzt hat» (ebd., S. 418).

23 Berechnet nach Angaben von Pro-Kopf-Ausgaben zu konstanten Preisen in: National Sample Survey Office, *Key Indicators of Household Consumer Expenditure in India 2009–2010*, New Delhi: NSSO, 2011; siehe ferner Shalini Gupta, «Food Expenditure and Intake in the NSS 66th Round», in: *Economic and Political Weekly*, 14. Januar 2012, S. 23–26, Tab. 1. Die Zahlen sollten vor dem Hintergrund der sich vergrößernden Lücke betrachtet werden, die sich mit den Jahren zwischen den Angaben der Pro-Kopf-Ausgaben, die das NSSO zur Verfügung stellt, und Schätzungen der durchschnittlichen Konsumausgaben aus der volkswirtschaftlichen Gesamtrechnung auftat. (Letztere lässt tendenziell auf höhere Zahlen schließen.) Die offenkundigste Erklärung hierfür ist, dass die landesweiten statistischen Stichproben des NSSO die Konsumausgaben der Mittelschicht zunehmend zu niedrig veranschlagen, beispielsweise weil reichere Menschen häufiger die Mitwirkung an den Erhebungen verweigern oder aber ihre Ausgaben zu niedrig beziffern. Wie eine Untersuchung aus jüngerer Zeit es formulierte, scheint es «wahrscheinlich, dass die Erhebungen das Wachstum der Einkommen am oberen Ende der Skala

nicht erfassen» (World Bank, *Perspectives on Poverty in India. Stylised Facts from Survey Data*, Washington, D.C.: Word Bank, 2011, S. xvii). Allerdings deutet nichts darauf hin, wie die Weltbank-Studie ebenfalls feststellt, dass die Stichproben des NSSO die Entwicklung der Pro-Kopf-Ausgaben *der ärmeren Bevölkerung* falsch darstellen würden, und darum geht es uns hier in erster Linie.

24 Siehe etwa Deaton und Drèze, «Food and Nutrition in India», Tab. 4.

25 Diese Entwicklung löste übrigens offenbar ein gewisses Entsetzen in bestimmten Kreisen von Wirtschaft und Politik aus, und es gab auch verschiedentlich Bemühungen, die «Explosion der Lohnkosten» in diesem Bereich einzudämmen, insbesondere durch das Entkoppeln von NREGA und gesetzlichem Mindestlohn; siehe Swaminathan A. Aiyar, «Agricultural Wages have Skyrocketed. Poor have Benefited from GDP Growth», in: *Economic Times*, 7. Juni 2011; ders., «Wage Boom Proves Inclusive Growth», in: *Economic Times*, 7. Juli 2011.

26 Siehe UNCTAD, *Trade and Development Report 2011*, New York: United Nations, 2011, Tab. 1.4.

27 Siehe etwa Dennis Tao Yang, Vivian Weijia Chen und Ryan Monarch, «Rising Wages. Has China Lost its Global Labor Advantage?», in: *Pacific Economic Review* 15 (2010), H. 4, S. 482–504; demnach belegten «aggregierte Zahlen aus zahlreichen Quellen in der Zeit zwischen 1978 und 2007 in China dramatisch steigende Löhne» (ebd., S. 482). Die Studie schätzt eine Versiebenfachung der Reallöhne im genannten Zeitraum.

28 Siehe hierzu auch J. Dennis Rajakumar, «Size and Growth of Private Corporate Sector in Indian Manufacturing», in: *Economic and Political Weekly*, 20. April 2011, S. 95–103; Asian Development Bank, *Asian Development Outlook 2012. Confronting Rising Inequality in Asia*, Manila: ADB, 2012. Zwar sank der Anteil der Arbeitslöhne an der industriellen Wertschöpfung im betrachteten Zeitraum in vielen Ländern, doch zeigt sich der Rückgang in Indien besonders ausgeprägt, und der Anteil dort ist heute einer der niedrigsten weltweit.

29 Siehe Government of India, *Report of the Expert Group to Review the Methodology for Estimation of Poverty*, New Delhi: Planning Commission, 2009, S. 14; sowie dies., «Press Note on Poverty Estimates, 2009–10», New Delhi: Planning Commission, März 2012, Tab. 2. Beide Darstellungen rekurrieren auf die von der Tendulkar-Kommission festgelegte Armutsgrenze und gehen insofern methodisch gleich vor.

30 Ashkok Kotwal, Bharat Ramaswami und Wilima Wadhwa, «Economic Liberalization and Indian Economic Growth. What's the Evidence?», in: *Journal of Economic Literature* 49 (2011), H. 4, S. 1152–1199; siehe insb. Abb. 13, S. 1186 sowie die Interpretation der Zahlen durch die Autoren. Weitere Studien, die aus unterschiedlichen Blickwinkeln den nur zögerlichen Rückgang der Armut in Indien im Verlauf der vergangenen zwanzig Jahre beleuchten, sind etwa D. Jayaraj und S. Subramanian, «A Chakravarty-D'Ambrosio View of Multidimensional Deprivation. Some Estimates for India», in: *Economic and Political Weekly*, 6. Februar 2010, S. 53–65; Chakrangi Lenagala und Rati Ram, «Growth Elasticity of Poverty. Estimates from New Data», in: *International Journal of Social Economics* 37 (2010), H. 12, S. 923–932; Sabina Alkire und Suman Seth, «Multidimensional Poverty Reduction in India between 1999 and 2006. Where and How?», OPHI Working Paper 60, Oxford Poverty and Human Development Initiative, University of Oxford 2013; Ashkok Kotwal und Arka Roy Chaudhuri, «Why is Poverty Declining so Slowly in India?», Vortrag, Silver Jubilee Conference of the Indira Ghandi Institute of Development Research, Mumbai 2013.

31 Tatsächlich wurde die Armutsgrenze auf Empfehlung der Tendulkar-Kommission höher veranschlagt; siehe Government of India, *Report of the Expert Group*.

32 Zu dieser Frage, insbesondere zum Wachstum ohne Beschäftigungseffekte in der Industrie, existiert eine umfangreiche Forschungsliteratur, siehe etwa Michelle Alessandrini, «Jobless Growth in Indian Manufacturing: A Kaldorian Approach», Discussion Paper 99, Centre for Financial and Management Studies, University of London 2009; K. P. Kannan und G. Raveendran, «Growth Sans Employment. A Quarter Century of Jobless Growth in India's Organised Manufacturing», in: *Economic and Political Weekly*, 7. März 2009, S. 80–91; Kotwal, Ramaswami und Wadhwa, «Economic Liberalization and Indian Economic Growth»; Jayan Jose Thomas, «India's Labour Market during the 2000s. Surveying the Changes», in: *Economic and Political Weekly*, 22. Dezember 2012, S. 39–51.

33 Einen spezifischen Aspekt dieses Problems haben wir bereits 1995 in unserem ersten Buch zur Entwicklung in Indien erörtert: «Selbst wenn Indien einen Großteil der weltweiten Computersoftware-Branche an sich ziehen sollte, bliebe das für die Masse der Armen, die weder lesen noch schreiben kann, weitgehend bedeutungslos. Es mag vielleicht deutlich weniger attraktiv sein, einfache Taschenmesser oder verlässliche Wecker zu produzieren als die allerneueste Software zu programmieren, doch die Fertigungsindustrie bietet den chinesischen Armen ein Einkommen, das die Softwarebranche den indischen Armen nicht – zumindest nicht direkt – verheißen kann.» (Drèze/Sen, *India. Economic Development and Social Opportunity*, S. 39)

34 Um noch einmal Kotwal, Ramaswami und Wadhwa zu zitieren: Es gibt «zwei Indien: das der qualifizierten Manager und Ingenieure, die bislang in der Lage waren, die Chancen zu nutzen, die sich ihnen durch die Globalisierung boten, und das andere, das der großen Masse einer kaum gebildeten Bevölkerung, die von wenig produktiver Arbeit im informellen Sektor lebt – größtenteils nach wie vor in der Landwirtschaft.» (Dies., «Economic Liberalization and Indian Economic Growth», S. 1196)

35 Siehe hierzu auch Deaton und Drèze, «Food and Nutrition in India». Wie die Autoren feststellen, ließen sich die verringerten Nährstoffaufnahmemengen zum Teil dadurch erklären, dass beispielsweise durch weniger anstrengende körperliche Betätigung oder verbesserte epidemiologische Bedingungen die benötigten Kalorien- und sonstigen Nährstoffmengen zurückgingen. Allerdings heben Deaton und Drèze zugleich hervor, dass höhere Pro-Kopf-Einkommen der armen Bevölkerung diese (wie auch immer zustande gekommenen) verringerten Nährwertanforderungen mehr als kompensiert hätten, da höhere Einkommen sich gewöhnlich in höherem Nahrungsmittelkonsum niederschlagen. Ungeachtet der (unbestätigten) Hypothese veränderter Nährwertanforderungen ist es daher angebracht, die verringerten Nährstoffaufnahmemengen für bedenklich zu halten.

36 Die Literatur hierzu ist nahezu unüberschaubar, siehe jedoch etwa Douglass C. North, *Institutionen, institutioneller Wandel und Wirtschaftsleistung*, übers. von Monika Streissler, Tübingen: Mohr, 1992; Ha-Joon Chang, *Kicking Away the Ladder. Development Strategy in Historical Perspective*, London: Anthem, 2002; Elhanan Helpman, *The Mystery of Economic Growth*, Cambridge, MA: Harvard University Press, 2004; Pranab K. Bardhan, *Scarcity, Conflicts, and Cooperation. Essays in the Political and Institutional Economics of Development*, Cambridge, MA: MIT Press, 2005; Eric D. Beinhocker, *Die Entstehung des Wohlstands. Wie Evolution die Wirtschaft antreibt*, übers. von Nikolas Bertheau, Landsberg am Lech: mi-Fachverlag, 2007; Michael J. Trebilcock und Ronald J. Daniels, *Rule of Law Reform and Development. Charting the Fragile Path of Progress*, Cheltenham: Elgar, 2008.

37 Daron Acemoglu und James A. Robinson, *Warum Nationen scheitern. Die Ursprünge von Macht, Wohlstand und Armut*, übers. von Bernd Rullkötter, Frankfurt a. M.: S. Fischer, 2013, S. 156.

38 Siehe insbesondere B. R. Ambedkar, *The Annihilation of Caste* (1936), Neuaufl. mit einer Einl. von Mulk Raj Anand, New Delhi: Arnold 1990. Die erdrückenden Auswirkungen des Kastensystems prangert auch Rammanohar Lohia an, ein weiterer engagierter Gegner desselben: «Kasten beschränken Chancen. Beschränkte Chancen fesseln Kräfte. Gefesselte Kräfte beschränken Chancen noch weiter. Wo Kasten bestehen, sind Chancen und Kräfte auf einen immer kleiner werdenden Kreis von Menschen beschränkt.» (Zitiert nach Lion M. G. Agrawal, *Freedom Fighters of India*, 4 Bde., Delhi: Isha, 2008, Bd. II, S. 212).

39 Ebd., S. 157.

40 Joel Mokyr, *The Gifts of Athena. Historical Origins of the Knowledge Economy*, Princeton, NJ: Princeton University Press, 2002; Helpman, *The Mystery of Economic Growth*.

41 Präambel des *Gakusei*, zitiert nach Kumaji Yoshida, «European and American Influences in Japanese Education», in: Inazo Nitobe (Hg.), *Western Influences in Modern Japan*, Chicago: University of Chicago Press, 1931, S. 34.

42 Kido Takayoshi, zitiert nach Irokawa Daikichi, *The Culture of the Meiji Period*, übers. von Marius B. Jansen, Princeton, NJ: Princeton University Press, 1985, S. 55.

43 Edward L. Glaeser, Rafael La Porta, Florencio Lopez-de-Silane und Andrei Shleifer, «Do Institutions Cause Growth?», in: *Journal of Economic Growth* 9: Jg. (2004), H. 3, S. 271–303.

44 Michael J. Trebilcock und Mariana Mota Prado, *What Makes Poor Countries Poor? Institutional Determinants of Development*, Cheltenham: Elgar, 2011, S. 36.

45 Empirische Studien haben zahlreiche Fälle aufgedeckt, in denen das Unwissen armer Patienten dazu genutzt wurde, sie zu prellen. Da sie keine Ahnung hatten, was sie bekamen, war es möglich, ihnen das letzte Geld aus der Tasche zu ziehen, und zwar für Therapien, die sie am Ende gar nicht erhielten. Siehe etwa Pratichi Trust, *The Pratichi Health Report*, Delhi: Pratichi Trust/TLM Books 2005; Jishnu Das, Alaka Holla, Veena Das, Manoj Mohanan, Diana Tabak und Brian Chan, «In Urban And Rural India, A Standardized Patient Study Showed Low Levels Of Provider Training And Huge Quality Gaps», in: *Health Affairs* 31 (2012), H. 12, S. 2774–2784.

46 In zwei klassischen Veröffentlichungen beschreiben die Ökonomen Paul Samuelson und Kenneth Arrow die Schwierigkeiten, die der privaten Versorgung in den Bereichen Bildung und Gesundheit entgegenstehen, insofern diese Bereiche Merkmale «öffentlicher Güter» tragen und in ihnen unter marktwirtschaftlichen Bedingungen Probleme asymmetrischer Information auftreten; siehe Paul A. Samuelson, «The Pure Theory of Public Expenditure», in: *Review of Economics and Statistics* 36 (1954), H. 4, S. 387–389; Kenneth Arrow, «Uncertainty and the Welfare Economics of Medical Care», in: *American Economic Review* 53 (1963), H. 5, S. 941–973.

47 Siehe Jean Drèze und Amartya Sen, *India. Development and Participation*, Oxford: Oxford University Press, 2002, sowie die dort angeführte Literatur.

48 Siehe hierzu Yale Center for Environmental Law and Policy und Columbia Center for International Earth Science Information Network, *Environmental Performance Index and Pilot Trend Environmental Performance Index*, New Haven, CT: Yale Center for Environmental Law and Policy, 2012. Was die «ökologische Leistungsbilanz» insgesamt angeht, rangiert Indien auf dem 125. Platz unter den 132 Ländern des Environmental Performance Index (EPI), in der Region «Asien und Pazifik» be-

legt es den letzten Rang unter 21 Ländern, darunter Bangladesch, China, Pakistan und Nepal.

49 UNU-IHDP und UNEP, *Inclusive Wealth Report 2012. Measuring Progress Toward Sustainability*, Cambridge: Cambridge University Press, 2012, S. 310–311. Die Angaben sind allerdings grobe Schätzungen und wurden explorativ ermittelt.

50 Siehe Brijesh Pandey, «Ganga Dammed», in: *Tehelka*, 2. Juni 2012. Die Zahlen beruhen auf Regierungsangaben, die aufgrund des gesetzlichen Rechts auf Zugang zu Informationen freigegeben wurden; demnach sind im Flusslauf mehr als 600 Stauwerke geplant (darunter 155 «mittlere und große Dämme»).

51 Ramachandra Guha, «Terminal Damage», in: *Hindustan Times*, 24. Juli 2012. Zum unverantwortlichen Umgang Indiens mit der Umwelt siehe auch Praful Bidwai, *The Politics of Climate Change and the Global Crisis. Mortgaging our Future*, New Delhi: Orient Blackswan, 2012; Aseem Shrivastava und Ashish Kothari, *Churning the Earth. The Making of Global India*, New Delhi: Penguin, 2012; sowie die periodischen Berichte des Centre for Science and Environment zum «aktuellen Zustand der Umwelt in Indien», beispielsweise den Bericht *Excreta Matters*, New Delhi: Centre for Science and Environment, 2012.

52 Siehe hierzu Drèze und Sen, *India. Development and Participation*, Kap. 6; sowie Amartya Sen, *Die Idee der Gerechtigkeit*, übers. von Christa Krüger, München: C.H.Beck, 2010.

53 Siehe Nicholas Stern, *Der Global Deal. Wie wir dem Klimawandel begegnen und ein neues Zeitalter von Wachstum und Wohlstand schaffen*, übers. von Martin Richter, München: C.H.Beck, 2009; ders. «Ethics, Equity and the Economics of Climate Change», Working Paper 97, Centre for Climate Change Economics and Policy, London School of Economics 2012.

3. Indien in vergleichender Perspektive

1 Anand Giridharadas, *India Calling. An Intimate Portrait of a Nation's Remaking*, New Delhi: Fourth Estate, 2011, S. 1.

2 Siehe Jean Drèze und Amartya Sen, *India. Development and Participation*, Oxford: Oxford University Press, 2002, Kap. 3.

3 Die hier und im Folgenden referierten Zahlen nehmen Bezug auf die *World Development Indicators* (WDI) der Weltbank (online, abgerufen am 1. Januar 2013). Die WDI sind auch die Hauptquelle für weitere internationale Vergleiche in Entwicklungsfragen in diesem Buch; vgl. auch den statistischen Anhang.

4 Zahlen nach World Bank, *World Development Indicators 2012*, Washington, D. C.: World Bank, 2012 (aktuelle Daten online). Altersgruppenspezifische Angaben zum Grad der Alphabetisierung aus dem indischen Zensus von 2011 stehen zum Zeitpunkt der Abfassung dieses Buchs nicht zur Verfügung; es ist gut möglich, dass die Zahlen für Indien (und somit für Südasien) geringfügig besser ausfallen, sobald der Zensusbericht vorliegt.

5 Siehe Kapitel 6, Tab. 6.3.

6 Ein ähnliches Ergebnis zeigt sich bei der Betrachtung des sogenannten multidimensionalen Armutsindex (*Multidimensional Poverty Index* – MPI), auf den wir weiter unten noch zu sprechen kommen werden. Indien belegt dabei den elften Rang unter den vierzehn Ländern aus der betrachteten Gruppe, für die Daten zur Verfügung stehen (laut persönlicher Auskunft von Sabina Alkire).

7 Jüngste Studien mit multidimensionalen Armutsindizes, die zum Teil in den *Human*

Development Report 2013 eingingen, verweisen auf einen erstaunlich raschen Fortschritt in Nepal zwischen 2006 und 2011 (laut persönlicher Auskunft von Sabina Alkire). Diese neuen Entwicklungen müssen allerdings noch eingehender untersucht werden; siehe United Nations Development Programme, *Human Development Report 2013. The Rise of the South. Human Progress in a Diverse World*, New York: UNDP, 2013.

8 Oxfam International, *Serve the Essentials. What Governments and Donors Must Do to Improve South Asia's Essential Services*, New Delhi: Oxfam India Trust, 2006.

9 Zu den Problemen etwa im Gesundheitswesen siehe Nazmul Chaudhury und Jeffrey S. Hammer, «Ghost Doctors. Absenteeism in Rural Bangladeshi Health Facilities», in: *World Bank Economic Review* 18 (2004), H. 3, S. 423–441.

10 Nützliche Ansatzpunkte zum besseren Verständnis der Erfolge Bangladeschs bieten etwa Siddiq R. Osmani, «Social Security in South Asia», in: Ehtisham Ahmad, Jean Drèze, John Hills und Amartya Sen (Hg.), *Social Security in Developing Countries*, Oxford: Oxford University Press, 1991, S. 305–355; ders., «Towards Achieving the Right to Health», in: *Bangladesh Development Studies* 33 (2010), H. 1/2, S. 205–273; Simeen Mahmud, «Is Bangladesh Experiencing a Feminization of the Labour Force?», in: *Bangladesh Development Studies* 29 (2003), H. 1/2, S. 1–37; Binayak Sen, Mustafa Mujeri und Quazi Shahabuddin, «Explaining Pro-Poor Growth in Bangladesh. Puzzles, Evidence, and Implications», in: Timothy Besley und Louise J. Cord (Hg.), *Delivering on the Promise of Pro-Poor Growth*, New York: Palgrave Macmillan, 2007, S. 79–118; World Bank, *Whispers to Voices. Gender and Social Transformation in Bangladesh*, New York: Word Bank, 2007; Wahiduddin Mahmud, «Social Development in Bangladesh. Pathways, Surprises, and Challenges», in: *Indian Journal of Human Development* 2 (2008), H. 1, S. 79–92; Sharifa Begum und Binayak Sen, «Maternal Health, Child Well-Being and Chronic Poverty. Does Women Agency Matter?», in: *Bangladesh Development Studies* 32 (2009), H. 4, S. 69–93; Naila Kabeer, «Between Affiliation and Autonomy. Navigating Pathways of Women's Empowerment and Gender Justice in Rural Bangladesh», in: *Development and Change* 42 (2011), H. 2, S. 499–528; Tracey Pérez Koehlmoos, Ziaul Islam, Shahela Anwar, Shaikh A. Shahed Hossain, Rukhsana Gazi, Peter Kim Streatfield und Abbas Bhuiya, «Health Transcends Poverty. The Bangladesh Experience», in: Dina Balabanova, Martin McKee und Anne Mills (Hg.), *Good Health at Low Cost. 25 years on*, London: London School of Hygiene and Tropical Medicine, 2011, S. 47–81; David Lewis, *Bangladesh. Politics, Economics, and Civil Society*, Cambridge: Cambridge University Press, 2011; Rehman Sobhan, «Bangladesh at 40. Looking Back and Moving Forward», vervielf. Ms., Centre for Policy Dialogue, Dhaka 2011, Mushtaque R. Chowdhury, Abbas Bhuiya, Mahbub Elahi Chowdhury, Sabrina Rasheed, Zakir Hussain und Lincoln C. Chen, «The Bangladesh Paradox. Exceptional Health Achievement despite Economic Poverty», in: *The Lancet* 382 (2013), Nr. 9906, S. 1734–1745.

11 Siehe zu diesem Zusammmenhang auch Jean Drèze und Amartya Sen, *Hunger and Public Action*, Oxford: Oxford University Press, 1989; dies., *India. Development and Participation*; sowie Amartya Sen, Ökonomie für den Menschen. *Wege zu Gerechtigkeit und Solidarität in der Marktwirtschaft*, übers. von Christiana Goldmann, München/Wien: Carl Hanser, 2000. Laut Angaben der Weltbank erhöhte sich in Bangladesch die «wirtschaftliche Beteiligung von Frauen […] von 9 % im Jahr 1983 auf 57 % im Jahr 2011» (zit. nach Chowdhury u. a., «The Bangladesh Paradox»). Die Zahlen verweisen, selbst mit einer erheblichen Schwankungsbreite

bei den älteren Angaben, auf eine frappierende Zunahme der Erwerbstätigkeit von Frauen, die in Indien ihresgleichen sucht.

12 Bei diesem letztgenannten Aspekt sollte indes nicht vergessen werden, zu erwähnen, dass im Parlament Bangladeschs Frauen über eine durch eine Quote festgelegte Anzahl von Sitzen verfügen; siehe etwa Pranab Kumar Panday, «Representation without Participation. Quotas for Women in Bangladesh», in: *International Political Science Review* 29 (2008), H. 4, S. 489–512. In Indien gab es, um gleichfalls eine Frauenquote einzuführen, den Vorschlag zu einer Verfassungsänderung (die *Women's Reservation Bill*), der aber im Parlament jahrelang blockiert wurde.

13 Siehe hierzu Drèze und Sen, *India. Development and Participation*, sowie die dort angegebene Literatur; ferner Kapitel 8 des vorliegenden Buchs.

14 Siehe beispielsweise Chowdhury u. a., «The Bangladesh Paradox».

15 Wir werden diese Frage ausführlicher in Kapitel 8 erörtern.

16 Es gibt erhebliche Unterschiede im Hinblick auf geschlechtsspezifische Disparitäten, einschließlich des Vorkommens selektiver Abteibungen weiblicher Föten, zwischen verschiedenen Regionen Indiens; ein Vergleich der statistischen Angaben aus Bangladesch mit einem gesamtindischen Durchschnitt kann entsprechend irreführend sein. (Verschiedene regionale Unterschiede werden wir noch im Laufe dieses Kapitels und in Kapitel 8 behandeln.) Aus demselben Grund ist allerdings auch festzuhalten, dass einzelne indische Regionen im Vergleich mit Bangladesch noch schlechter abschneiden als der Landesdurchschnitt.

17 Verschiedentlich wurde zudem die Möglichkeit diskutiert, dass in Indien ein Zusammenhang bestehe zwischen dem Fehlen sanitärer Einrichtungen und anhaltender Unterernährung bei Kindern auf außergewöhnlich hohem Niveau; siehe hierzu Dean Spears, «Effects of Rural Sanitation on Child Mortality and Human Capital. Evidence from India's Total Sanitation Campaign», Arbeitspapier, Research Institute for Compassionate Economics 2012; ders. «How Much International Variation in Child Height Can Sanitation Explain», Arbeitspapier, Research Institute for Compassionate Economics 2012; ders., «The Long and Short of Open Defecation», in: *The Hindu*, 14. März 2013. In einigen wenigen Ländern, darunter Tschad und Eritrea, ist die Häufigkeit offener Defäkation ähnlich hoch wie in Indien (oder sogar noch ein wenig höher). Doch gibt es offenkundig kein Land, das Indien in der flächenmäßig betrachteten Häufigkeit gleicht, was als der entscheidende Faktor im Hinblick auf die Gesundheitsgefährdung – und auf damit zusammenhängende Unterernährung von Kindern – gelten kann (laut persönlicher Auskunft von Dean Spears).

18 In verschiedenen indischen Bundesstaaten stellt Wasserknappheit ein Problem dar, auf das Kampagnen zur Benutzung von Toiletten stoßen. Bangladesch hat, da das Land über reichlich Grundwasser verfügt, in dieser Hinsicht möglicherweise einen komparativen Vorteil. Allerdings weisen auch indische Bundesstaaten mit ausreichenden Wasserressourcen (Westbengalen, Uttar Pradesh, Bihar und andere) eine viel größere Häufigkeit offener Defäkation auf als Bangladesch, so beispielsweise eine Rate von 39 Prozent in Westbengalen und 63 Prozent in Uttar Pradesh; siehe den statistischen Anhang, Tab. A.3.

19 Siehe beispielsweise Zafrullah Chowdhury, *The Politics of Essential Drugs. The Makings of a Successful Health Strategy. Lessons from Bangladesh*, London Zed Books 1995.

20 Siehe etwa Mahmud, «Social Development in Bangladesh»; Chowdhury u. a., «The Bangladesh Paradox»; Shams El Arifeen, Aliki Christou, Laura Reichenbach, Fer-

dous Arfina Osman, Kishwar Azad, Khaled Shamsul Islam, Faruque Ahmed, Henry B. Perry and David H. Peters, «Community-based Approaches and Partnerships. Innovations in Health-Service Delivery in Bangladesh», vervielf. Ms., International Centre for Diarrhoeal Disease Research, Dhaka 2012.

21 Der Anteil der Landbevölkerung, die durch die ländlichen Gesundheitskooperativen Zugang zu medizinischer Versorgung hatte, sank zwischen 1976 und 1983 (als die marktorientierten Wirtschaftsreformen einsetzten) von neunzig auf zehn Prozent. Diese Situation hielt zwei Jahrzehnte lang an. Ab 2004, als das System der «Neuen kooperativen medizinischen Versorgung» geschaffen wurde, vergrößerte sich der Kreis der Zugangsberechtigten rasch, und binnen weniger Jahre lag die Reichweite der Krankenversicherung wieder bei über neunzig Prozent der Bevölkerung. Siehe Shaoguang Wang, «Double Movement in China», in: *Economic and Political Weekly*, 27. Dezember 2008, S. 51–60, Abb. 6; zur neuen kooperativen medizinischen Versorgung siehe auch Winnie Yip und Ajay Mahal, «The Health Care Systems of China and India. Performance and Future Challenges», in: *Health Affairs* 27 (2008), H. 4, S. 921–932; Lin Chen, Arjan de Haan, Xiulan Zhang und Ward Warmerdam, «Addressing Vulnerability in an Emerging Economy. China's New Cooperative Medical Scheme (NCMS)», in: *Canadian Journal of Development Studies* 32 (2011), H. 4, S. 399–413; Qun Meng, Ling Xu, Yaoguang Zhang, Juncheng Qian, Min Cai, Ying Xin, Jun Gao, Ke Xu, J. Ties Boerma und Sarah L. Barber, «Trends in Access to Health Services and Financial Protection in China Between 2003 and 2011. A Cross-Sectional Study», in: *The Lancet* 379 (2012), Nr. 9818, S. 805–814; Winnie Yip, William C. Hsiao, Wen Chen, Shanlian Hu, Jin Ma und Alan Maynard, «Early Appraisal of China's Huge and Complex Health-Care Reforms», in: *The Lancet* 379 (2012), Nr. 9818, S. 833–842.

22 Siehe hierzu etwa Joseph Stiglitz, *Die Schatten der Globalisierung*, übers. von Thorsten Schmidt, Berlin: Siedler, 2002, Kap. 5.

23 Siehe etwa Alfio Cerami, «Welfare State Developments in the Russian Federation. Oil-Led Social Policy and ‹The Russian Miracle›», in: *Social Policy and Administration* 43 (2009), H. 2, S. 105–120. Zu postkommunistischen Wohlfahrtsstaaten in der ehemaligen Sowjetunion und in Osteuropa siehe ferner Mitchell Orenstein, «Postcommunist Welfare States», in: *Journal of Democracy* 19 (2008), H. 4, S. 80–94.

24 Siehe etwa Nicholas Barr und Ralph W. Harbison, «Overview. Hopes, Tears, and Transformation», in: Nicholas Barr (Hg.), *Labor Markets and Social Policy in Central and Eastern Europe*, Oxford: Oxford University Press, 1994, S. 1–28. Auf der Grundlage von Daten aus dem Jahr 1991 stellen die Autoren fest: «Bemerkenswert an den Sozialausgaben in Mittel- und Osteuropa ist, dass sie sich, bezogen auf ihren Anteil am BIP, nicht signifikant von den Ausgaben in den hoch industrialisierten Volkswirtschaften unterscheiden, in denen das Pro-Kopf-Einkommen bedeutend höher liegt.» (Ebd., S. 17)

25 Siehe Drèze und Sen, *Hunger and Public Action*, insb. Kap. 10; ferner dies., *India. Economic Development and Social Opportunity*.

26 Drèze und Sen, *India. Economic Development and Social Opportunity*, S. 183.

27 Siehe etwa Guido Cataife und Charles Courtemanche, «Is Universal Health Care in Brazil Really Universal?», Working Paper 17069, NBER, Cambridge, MA, 2011; Virgílio Afonso da Silva und Fernanda Vargas Terrazas, «Claiming the Right to Health in Brazilian Courts. The Exlusion of the Already Excluded?», in: *Law and*

Social Enquiry 36 (2011), H. 4, S. 825–853; Flavio Comim, «Poverty and Inequality Reduction in Brazil throughout the Economic Crisis», ISPI Analysis No. 106, ISPI, Mailand 2012; Flavio Comim und Pedro V. Amaral, «The Human Values Index. Conceptual Foundations and Evidence from Brazil», in: *Cambridge Journal of Economics* 37 (2012), H. 6, S. 1221–1241.

28 Claudia Jurberg und Gary Humphreys, «Brazil's March Towards Universal Coverage», in: *Bulletin of the World Health Organization* 88 (2010), H. 9, S. 646–647, hier S. 646. Guido Cataife und Charles Courtemanche kommen in ihrem Forschungsbeitrag zu dem Schluss, dass der Zugang zum öffentlichen Gesundheitssystem in Brasilien heute mehr oder weniger unabhängig von Einkommen und Ort funktioniere, auch wenn weiterhin bestimmte regionale Disparitäten bestehen (Cataife und Courtemanche, «Is Universal Health Care in Brazil Really Universal?»). Siehe zu Brasiliens Gesundheitssystem auch Jairnilson Paim, Claudia Travassos, Celia Almeida, Ligia Bahia und James Macinko, «The Brazilian Health System. History, Advances, and Challenges», in: *The Lancet* 377 (2011), Nr. 9779, S. 1778–1797, sowie die weiteren dort zu Brasilien versammelten Beiträge.

29 Sonia Fleury, «Brazil's Health-Care Reform. Social Movements and Civil Society», in: *The Lancet* 377 (2011), Nr. 9779, S. 1724–1725, hier S. 1724.

30 Siehe Martin Ravallion, «A Comparative Perspective on Poverty Reduction in Brazil, China and India», in: *World Bank Research Observer* 26 (2011), H. 1, S. 71–104, hier Tab. 1 und 2; wirtschaftliche Ungleichgewichte in Indien diskutieren wir ferner in Kapitel 8.

31 Siehe etwa Pedro H. G. Ferreira de Souza, «Poverty, Inequality and Social Politics in Brazil, 1995–2009», Working Paper 87, International Policy Centre for Inclusive Growth, Brasilia 2012; sowie die dort zitierte Literatur.

32 Einen informativen Überblick über die *Bolsa Família* bietet Fábio Veras Soares, «Brazil's Bolsa Família. A Review», in: *Economic and Political Weekly*, 21. Mai 2011, S. 55–60; siehe auch Francesca Bastagli, *The Design, Implementation and Impact of Conditional Cash Transfers Targeted on the Poor. An Evaluation of Brazil's Bolsa Família*, Dissertation, London School of Economics and Political Science 2008; Fábio Veras Soares, Rafael Perez Ribas und Rafael Guerreiro Osório, «Evaluating the Impact of Brazil's Bolsa Família. Cash Transfer Programmes in Comparative Perspective», in: *Latin American Research Review* 45 (2010), H. 2, S. 173–190; Ferreira de Souza, «Poverty, Inequality and Social Politics in Brazil»; sowie die dort zitierte Literatur. *Bolsa Família* ist indes nur ein einzelnes Programm, und trotz der enormen Aufmerksamkeit, die ihm im Ausland zuteilwurde, besteht das brasilianische System sozialer Absicherung aus weit mehr als diesem einen Paket.

33 Zum Teil auch aufgrund der Sozialhilfeprogramme stiegen die Einkommen der brasilianischen Armen relativ stark an, während das BIP pro Kopf gleichzeitig praktisch stagnierte; siehe Francisco H. G. Ferreira, Phillippe G. Leite und Martin Ravallion, «Poverty Reduction without Economic Growth? Explainign Brazil's Poverty Dynamics 1985–2004», in: *Journal of Development Economics* 93 (2010), H. 1, S. 20–36. Das steht in deutlichem Gegensatz zu Indien, wo sich der Anstieg der Pro-Kopf-Ausgaben der Armen, wie in Kapitel 2 beschrieben, während der vergangenen rund zwei Jahrzehnte nur auf einen Bruchteil des Wachstums des Pro-Kopf-BIP belief.

34 Siehe hierzu Barbara Bruns, David Evans und Javier A. Luque, *Achieving World-Class Education in Brazil*, Washington, D. C.: World Bank, 2012; sowie die dort zitierte Literatur.

35 Bruns, Evans und Luque, *Achieving World-Class Education in Brazil*, Abb. 1, S. 5. Wie die Studie zeigt, bewegte sich der Anteil der private Grundschulen besuchenden Kinder in Brasilien zwischen 1991 und 2009 konstant bei etwa 10 Prozent. In Indien betrug 2004/5 der Anteil der Kinder, die im Elementarbereich eine Privatschule (der brasilianischen *escola primária* vergleichbar) besuchten, hohe 28 Prozent (siehe im statistischen Anhang, Tabelle A.3); seither stiegen die Zahlen schnell weiter. Eine Untersuchung aus jüngster Zeit kommt zu dem Ergebnis, dass der Anteil heute annähernd 40 Prozent beträgt; siehe Pratham Education Foundation, *Annual Status of Education Report (Rural) 2012. Provisional Report*, Mumbai: Pratham Education Foundation, 2013. Auf Indiens Schulsystem werden wir noch näher in Kapitel 5 eingehen.

36 Bruns, Evans und Luque, *Achieving World-Class Education in Brazil.*

37 Ferreira de Souza, «Poverty, Inequality and Social Politics in Brazil», Tab. 3, S. 9.

38 Ferreira de Souza, «Poverty, Inequality and Social Politics in Brazil», Abb. 5, S. 10.

39 Bruns, Evans und Luque, *Achieving World-Class Education in Brazil*; zur PISA-Studie siehe auch Kapitel 5.

40 Zahlen nach Bruns, Evans und Luque, *Achieving World-Class Education in Brazil*, S. xxii. Die Feststellung gilt nicht nur für die Zahl der besuchten Schuljahre (durchschnittlich waren es 2009 bei 20-Jährigen aus der ärmsten Einkommensgruppe acht Jahre), sondern mehr oder weniger auch für die durch PISA-Testergebnisse belegten schulischen Leistungen (zumindest in Mathematik).

41 Siehe Gastón Pierri, «Development Strategies and Law in Latin America. Argentine, Brazilian and Chilean Conditional Cash Transfer Programs in Comparative Perspective», Working Papers 5/2012, Instituto Universitario de Análisis Económico y Social, Universidad de Alcalá 2012, Abb. 2, S. 11 (bezogen auf das Jahr 2008); siehe auch Francisco H. G. Ferreira und David Robalino, «Social Protection in Latin America. Achievements and Limitations», Policy Research Working Paper 5305, World Bank, Washington, D. C., 2010, Tab. 2, S. 37. Brasilien und Kuba bewegen sich bei den öffentlichen Ausgaben für Gesundheit und soziale Absicherung auf ähnlichem Niveau (nämlich in beiden Fällen bei etwa 20 Prozent des BIP); Kuba wendet allerdings mehr öffentliche Mittel für Bildung auf, sodass die Sozialquote insgesamt höher ausfällt als die Brasiliens.

42 Siehe hierzu Peter Lloyd-Sherlock, «Social Policy and Inequality in Latin America», in: *Social Policy and Administration* 43 (2009), H. 4, S. 347–363.

43 Dieser Abschnitt bezieht neben den Ergebnissen von Studien aus jüngster Zeit auch detaillierte Ergebnisse unserer früheren Untersuchungen zu den Entwicklungserfahrungen in Kerala, Himachal Pradesh und Tamil Nadu ein, siehe Drèze und Sen, *India. Development and Participation*; zu regionalen Unterschieden in Indien siehe Jean Drèze und Reetika Khera, «Regional Patterns of Human and Child Development», in: *Economic and Political Weekly*, 29. September 2012, S. 42–49.

44 Weitere für einzelne Bundesstaaten spezifische Indikatoren werden im statistischen Anhang präsentiert (Tabellen A.3 und A.4), und zwar nicht nur für die großen Staaten, sondern etwa auch für die kleineren in Nordostindien. Verschiedene kleinere Bundesstaaten, wie etwa Sikkim (und in gewisser Weise auch Manipur, Mizoram und Tripura), zeigen in mancherlei Hinsicht erfolgreiche Entwicklungsansätze. Solche Erfahrungen verdienen mehr Beachtung, als sie bislang erfahren haben.

45 Die Vorstellung mulitdimensionaler Armut geht davon aus, dass Armut sich in unterschiedlichen Dimensionen von Entbehrung manifestiert, also etwa durch schlechte Gesundheit, Bildungsmangel, Fehlen sanitärer Einrichtungen und verschiedene Arten

materieller Not. Eine Person gilt als multidimensional arm, wenn mehrere solcher Notlagen zusammenkommen und die Person in einem Drittel der durch Sozialindikatoren bewerteten Kategorien arm ist. Der Ansatz ermöglicht den Vergleich von Lebensstandards in verschiedenen Ländern, Regionen oder Gemeinwesen und geht über die einkommensbezogenen Kriterien hinaus, wie sie etwa der Weltbank-Maßstab («Zwei Dollar am Tag» – kaufkraftbereinigt) zugrunde legt. Zur Begründung und Verwendungsweise des Ansatzes siehe insb. Sabina Alkire und James Foster, «Counting and Multidimensional Poverty Measurement», in: *Journal of Public Economics* 95 (2011), H. 7/8, S.476–487.

46 Diese Staaten – ohne Odisha (vor 2011 Orissa) – bezeichnet auch das wenig schmeichelhafte Akronym BIMARU (*bimar* steht in Hindi für krank), abgeleitet aus den Namen der (alten) Bundesstaaten Bihar (einschließlich Jharkhand), Madhya Pradesh (einschließlich Chhattisgarh), Rajasthan und Uttar Pradesh. Bisweilen taucht das Akronym auch in der modifizierten Form BIMAROU auf, das dann Odisha miteinschließt.

47 Siehe Sabina Alkire und Maria Emma Santos, «Acute Multidimensional Poverty. A New Index for Developing Countreis», vervielf. Ms., Oxford Poverty and Human Development Initiative, University of Oxford 2012; Sabina Alkire und Suman Seth, «Multidimensional Poverty Index (MPI) Rates in Rural and Urban Indian States», vervielf. Ms., Oxford Poverty and Human Development Initiative, University of Oxford 2012 (online verfügbar: ophi.qeh.ox.ac.uk). Der Multidimensionale Armutsindex (*Multidimensional Poverty Index* – MPI) bezeichnet den prozentualen Anteil multidimensional armer Personen einer Bevölkerung, multipliziert mit der durchschnittlichen Zahl der Armutsdimensionen.

48 Die 27 Länder sind (absteigend nach Höhe des MPI): Niger, Äthiopien, Mali, Burkina Faso, Burundi, Somalia, Zentralafrikanische Republik, Mosambik, Guinea, Liberia, Angola, Sierra Leone, Ruanda, Benin, Komoren, Demokratische Republik Kongo, Senegal, Malawi, Tansania, Uganda, Madagaskar, Côte d'Ivoire, Mauretanien, Tschad, Sambia, Gambia und Nigeria. Insgesamt leben in diesen Ländern rund 600 Millionen Menschen, schätzungsweise 71 Prozent von ihnen in multidimensionaler Armut. In den genannten 7 indischen Bundessstaaten leben schätzungsweise 70 Prozent der Bevölkerung in multidimensionaler Armut. Weitere Details zu diesen Berechnungen bieten Alkire und Santos, «Acute Multidimensional Poverty».

49 Einer von Gaurav Datt und Martin Ravallion vorgelegten Zeitreihenanalyse auf einzelne Bundesstaaten bezogener Armutszahlen zufolge war Kerala in den fünfziger und sechziger Jahren der ärmste Staat Indiens, gemessen am Anteil der unter der Armutsgrenze lebenden Bevölkerung; siehe Gaurav Datt, Valerie Kozel und Martin Ravallion, «A Model-Based Assessment of India's Progress in Reducing Poverty in the 1990s», in: *Economic and Political Weekly*, 25. Januar 2003, S. 355–361. Auch Tamil Nadu gehörte zu den ärmsten Staaten (damals mehr oder weniger auf einer Stufe mit Bihar), während Punjab und Haryana damals bereits ein wesentlich geringeres Ausmaß an Armut als alle anderen großen Staaten aufwiesen. Wir danken Gaurav Datt dafür, uns Zugang zu den unveröffentlichten Armutsberechnungen gewährt zu haben.

50 Siehe Drèze und Sen, *Hunger and Public Action*; dies., *India. Economic Development and Social Opportunity*, Oxford: Oxford University Press, 1995; dies., *India. Development and Participation*; V.K. Ramachandran, «Kerala's Development Achievements», in: Jean Drèze und Amartya Sen (Hg.), *Indian Development. Selected Regional Perspectives*, Oxford: Oxford University Press, 1996, S. 205–356; so-

wie die dort zitierte Literatur; siehe auch Patrick Heller, *The Labor of Development. Workers and the Transformation of Capitalism in Kerala, India*, Ithaca, NY: Cornell University Press, 1999; Malayil A. Oommen (Hg.), *Rethinking Development. Kerala's Development Experience*, New Delhi: Concept, 1999; ders., «Development Policy and the Nature of Society. Understanding the Kerala Model», in: *Economic and Political Weekly*, 28. März 2009, S. 25–31; Achin Chakraborty, «Kerala's Changing Development Narratives», in: *Economic and Political Weekly*, 5. February 2005, S. 541–547; Prerna Singh, «We-ness and Welfare. A Longitudinal Analysis of Social Development in Kerala, India», in: *World Development* 39 (2010), H. 2, S. 282–293. Häufig ist in der Literatur die Rede vom «Modell Kerala», und bedauerlicherweise wurde der Ausdruck verschiedentlich uns zugeschrieben. Allerdings haben wir diese Rhetorik nie verwendet. Aus der Untersuchung der Entwicklung in Kerala – und in anderen Staaten, die gut abschneiden – ist zweifellos viel zu lernen, doch spricht nicht viel dafür, in Kerala ein Modell zu sehen, das mechanisch kopiert werden könnte.

51 Siehe etwa Thomas Isaac und Michael Tharakan, «Kerala. Towards a New Agenda», in: *Economic and Political Weekly*, 5. August 1995, S. 1993–2004; Joseph Tharamangalam, «The Perils of Social Development without Economic Growth. The Development Debacle of Kerala, India», in: *Bulletin of Concerned Asian Scholars* 30 (1998), Nr. 1, S. 23–34. Während manche Warnungen einfach nur düstere Prophezeiungen waren, zeigten andere zumindest insofern einen gewissen Nutzen, als sie die Aufmerksamkeit auf bestimmte Defizite des Vorgehens in Kerala lenkten, indem sie beispielsweise auf die Notwendigkeit hinwiesen, eine aktivere Wirtschaftspolitik zu betreiben und auf Marktentwicklungen zu achten. Die späteren Kurskorrekturen trugen möglicherweise solchen Bedenken Rechnung und schufen die Grundlage eines raschen Wirtschaftswachstums, das die aktive Sozialpolitik des Staats trug.

52 Zur Schulrevolution in Himachal Pradesh siehe PROBE Team, *Public Report on Basic Education*, New Delhi: Oxford University Press, 1999; sowie Anuradha De, Reetika Khera und Meera Samson, *PROBE Revisited. A Report on Elementary Education in India*, New Delhi: Oxford University Press, 2011. Allgemein zur Entwicklung in Himachal Pradesh siehe Kiran Bhatty, *Social Equality an Development. Himachal Pradesh and ist Wider Significance*, Dissertation, London School of Economics 2011; soweit die dort zitierte Literatur.

53 Siehe etwa Government of India, *Report of the Expert Group on Estimation of Proportion and Number of Poor*, New Delhi: Planning Commission, 1993; World Bank, *Perspectives on Poverty in India. Stylised Facts from Survey Data*, Washington, D. C.: Word Bank, 2011.

54 Siehe hierzu insbesondere Vivek Srinivasan, *Understanding Public Services in Tamil Nadu. An Institutional Perspective*, Dissertation, University of Syracuse, NY, 2010.

55 Ein solcher Ansatz entspricht auch der weithin belegten Erkenntnis, dass insbesondere im Bereich grundlegender Gesundheits- und Bildungsangebote das Erheben von Gebühren (für die Nutzung solcher Angebote) Negativanreize schafft, das heißt abschreckt. Dieser und weitere Aspekte der Bereitstellung grundlegender öffentlicher Infrastrukturangebote sollen in Kapitel 7 ausführlicher diskutiert werden.

56 Siehe etwa Oommen, «Development Policy and the Nature of Society»; Singh, «We-ness and Welfare»; Srinivasan, *Understanding Public Services in Tamil Nadu.*

57 Siehe Oommen, «Development Policy and the Nature of Society». Kerala beschreibt Oommen treffend als «Paradebeispiel einer Gesellschaft aus Bewegungen; nicht nur politischer, sondern auch sozialer, kultureller und ökologischer Bewegungen» (S. 31).

4. *Verantwortlichkeit und Korruption*

1 Wie John Vickers und George Yarrow in ihrem klassischen Werk zur Privatisierung anmerken, ist Wettbewerb die Voraussetzung für das Gelingen von Privatisierung – was auch heißt, dass sie misslingen kann, wenn es keinen oder nur wenig Wettbewerb gibt; siehe John Vickers und George Yarrow, *Privatization. An Economic Analysis*, Cambridge, MA: MIT Press, 1988.

2 Die relativen Vorzüge verschiedener Arten öffentlichen Engagements objektiv zu überprüfen, ist offenkundig notwendig. Abhijit Banerjee und Esther Duflo haben gezeigt, dass es möglich ist, mithilfe randomisierter Tests zu belastbaren Aussagen und Schlussfolgerungen auch in Bereichen zu kommen, in denen empirische Untersuchungen zuvor als unmöglich galten (oder zumindest unüblich waren); siehe Abhijit Banerjee und Esther Duflo, *Poor Economics. Plädoyer für ein neues Verständnis von Armut*, übers. von Susanne Warmuth, München: Knaus 2012.

3 Siehe Pranab Bardhan, *Awakening Giants, Feet of Clay. Assessing the Economic Rise of China and India*, Princeton, NJ: Princeton University Press, 2010, insb. Kap. 4. Eine detailliertere Darstellung des Energiesektors in China bietet das Centre for Environmental Science and Policy, «Rural Electrification in China 1950–2004. Historical Processes and Key Driving Forces», Working Paper 60, Program on Energy and Sustainable Development, Stanford University, 2006.

4 Bardhan, *Awakening Giants*, S. 56f.

5 Gurcharan Das weist auf den Bericht des Santhanam-Komitees aus dem Jahr 1966 hin, der Einblick in den Ablauf von Entscheidungsprozessen im öffentlichen Sektor gewährte – eine Beschreibung, die bedauerlicherweise nach wie vor zutrifft: «Um direkt benennbare Verantwortlichkeiten für Entscheidungen von größerer Tragweite zu vermeiden, besteht stets das Bemühen, Abteilungen und leitende Beamte in möglichst großer Zahl an solchen Entscheidungen zu beteiligen. Alle Erwägungen bedürfen der Schriftform, um umfassende Protokollierung zu gewährleisten. Akten müssen dementsprechend von einer Stelle zur anderen, von einem Ministerium zum anderen zur jeweiligen Bearbeitung weitergereicht werden – was für sich allein eine gewisse Zeit beansprucht. So braucht es Monate, bis eine Entscheidung getroffen und der betreffenden Stelle mitgeteilt ist.» (Gurcharan Das, *India Grows at Night. A Liberal Case for a Strong State*, New Delhi: Penguin, 2012,S. 224)

6 Zu diesen strukturellen Negativanreizen im Energiesektor vgl. Prayas Energy Group, «Ensuring Electricity for All. Overcoming Structural Disincentive», Präsentation bei der Round-Table-Konferenz «Electricity for All. Approaches and Challenges» am Giri Institute of Development Studies, Lucknow, 28. September 2012.

7 Wir plädieren nicht dafür, Subventionen für Strom grundsätzlich und ausnahmslos zu streichen. Es mag zum Beispiel gute Gründe geben, den Stromverbrauch armer Haushalte zu bezuschussen. Preisstaffelungen und differenzierte Tarife (einschließlich der in Indien «Teleskoptarife» genannten flexiblen Gebührensätze) sind heute in vielen Ländern in der Branche allgemein üblich und problemlos einzuführen, wenn der Verbrauch zuverlässig gemessen wird. In verschiedenen indischen Bundesstaaten wird mit relativ guten Ergebnissen durch solche Preisdifferenzierungen der Stromkonsum armer Haushalte bezuschusst. Im Kern geht es uns lediglich darum, solche Subventionierungen in jedem Fall zu hinterfragen und ihre Folgen verantwortungsvoll zu beurteilen. Es gibt keine überzeugende Rechtfertigung für regressive Konsumsubventionen, die privilegierten Konsumenten zugutekommen, nur weil Interessengruppen heute überall in Indien ihren Einfluss spielen lassen.

8 Siehe beispielsweise Integrated Research and Action for Development (IRADe), *Taming Diesel Subsidy to Curtail Inflation and Foster Economic Growth*, New Delhi: IRADe, 2012. Diesem Bericht zufolge verbrauchen allein Telekommunikationsmasten Energie aus 2,75 Mrd. Liter subventioniertem Heizöl jährlich, was den Fiskus mit rund 25 Mrd. Rupien belastet (umgerechnet rund 312 Mio. Euro). Würde man sie auf Solarenergie umstellen, sparte das zusätzlich noch 5,2 Mio. Tonnen CO_2-Emissionen jährlich.

9 Mitunter wird die Ansicht vertreten, Energiesubventionen zu reduzieren, schade in erster Linie armen Haushalten, da höhere Energiepreise zu einer Kettenreaktion und letztlich zu einer allgemeinen Preissteigerung führen. Allerdings sind Energiesubventionen eine umständliche und unwirtschaftliche Art, die Kaufkraft armer Haushalte zu schützen (während sie reicheren zugutekommen) – effektiver wäre es, arme Haushalte direkt zu unterstützen, durch Lebensmittelsubventionen, Beschäftigungsschutz, Transferzahlungen, öffentliche Gesundheitsleistungen etc. Unbewiesen ist zudem, dass Energiesubventionen tatsächlich dazu beitragen, Preissteigerungen zu dämpfen, da ein staatliches Haushaltsdefizit inflationsfördernd wirkt; vgl. IRADe, *Taming Diesel Subsidy*. Die Umweltschäden, die durch Energiesubventionen ebenfalls begünstigt werden – Luftverschmutzung, verstärkte Emissionen, Absenkung des Grundwasserspiegels durch Wasserverschwendung –, sprechen ebenfalls für ein Umdenken.

10 Siehe etwa Ashok Gulati und Sudha Narayanan, *The Subsidy Syndrome in Indian Agriculture*, New Delhi: Oxford University Press, 2003; Shenggen Fan, Ashok Gulati und Sukhadeo Thorat, «Investment, Subsidies, and Pro-Poor Growth in Rural India», in: *Agricultural Economics* 39 (2008), H. 2, S. 163–170.

11 Verschiedene Untersuchungen beleuchten diese Fragen, siehe etwa Dinesh Kumar Srivastava, C. Bhujanga Rao, Pinaki Chakraborty und T. S. Rangamannar, *Budgetary Subsidies in India. Subsidising Social and Economic Services*, New Delhi: National Institute of Public Finance and Policy, 2003; Stephen Howes und Rinku Murgai, «Subsidies and Salaries. Issues in the Restructuring of Government Expenditure in India», in: Peter S. Heller und Govinda M. Rao (Hg.), *A Sustainable Fiscal Policy for India. An International Perspective*, New Delhi: Oxford University Press, 2006, S. 216–271; Kirit Parikh, «The Logic of the Expert Group Report on Petroleum Prices», in: *Economic and Political Weekly*, 15. Mai 2010; Surya Sethi, «Analysing the Parikh Committee Report on Pricing of Petroleum Products», in: *Economic and Political Weekly*, 27. März 2010; Mukesh Anand, «Diesel Pricing in India», Working Paper 2012–108, National Institute of Public Finance and Policy, New Delhi, 2012; IRADe, *Taming Diesel Subsidy*; Rahul Lahoti, J. Y. Suchitra und Prodyumna Goutam, «Subsidies for Whom? The Case of LPG in India», in: *Economic and Political Weekly*, 3. November 2012.

12 Berechnet nach Government of India, «Revenue Forgone Under the Central Tax System. Financial Years 2010-11 and 2011-12», New Delhi: Ministry of Finance, 2012. Eine Reihe von Sachverständigenberichten, darunter der zweite Bericht der Kelkar-Kommission, sprachen sich dafür aus, zahlreiche Ausnahmeregelungen abzuschaffen, die Besteuerungsgrundlage zu verbreitern und die Einhaltung der steuerrechtlichen Vorschriften strenger durchzusetzen; siehe Government of India, *Report of the Task Force on Implementation of the Fiscal Responsibility and Budget Management Act, 2003*, New Delhi: Ministry of Finance, 2004. Dennoch gibt es, was das betrifft, kaum Fortschritte zu verzeichnen; nicht zuletzt findet sich darin ein Grund für Indiens gleichbleibend niedrige Steuereinnahmen trotz Wirtschafts-

wachstums. Auch hier stoßen wir auf einen interessanten Unterschied zu China. Ins Auge fällt zudem die viel breitere Basis der Einnahmen aus der privaten Einkommenssteuer in China (etwa 20 Prozent der Bevölkerung) gegenüber Indien (etwa 2 Prozent); siehe Thomas Piketty und Nancy Qian, «Income Inequality and Progressive Income Taxation in China and India, 1986–2015», in: *American Economic Journal. Applied Economics* 1 (2009), H. 2, S. 53–63.

13 Ein weiteres Beispiel falscher Großzügigkeit ist es, wertvolle natürliche Ressourcen (Land, Kohle, Erdgas, andere Bodenschätze, Funkfrequenzen) privaten Unternehmen zu Schleuderpreisen zu überlassen – in den vergangenen Jahren hob eine Welle von Skandalen diese Praxis ins öffentliche Bewusstsein (wobei vor allem der sogenannte Coalgate-Skandal und die Verschleuderung der 2G-Digitalfunklizenzen verständlicherweise für einige Empörung sorgten).

14 Siehe etwa Arundhati Roy, *Das Ende der Illusion. Politische Einmischungen*, übers. von Wolfram Ströle, München: Blessing, 1999; Felix Padel und Samarendra Das, *Out of this Earth. East India Adivasis and the Aluminium Cartel*, New Delhi: Orient Blackswan, 2010; Aseem Shrivastava und Ashish Kothari, *Churning the Earth. The Making of Global India*, New Delhi: Penguin, 2012. Die Zahl der seit der Unabhängigkeit Indiens im Zuge von Entwicklungsprojekten unfreiwillig oder zwangsweise Umgesiedelten (ohne also die Vertreibungen infolge bewaffneter Konflikte zu berücksichtigen) wird auf rund 60 Millionen Menschen geschätzt, die meisten Adivasis, Dalits oder Angehörige anderer benachteiligter Gruppen. In einem Bericht an den UN-Menschenrechtsrat stellt die indische Nationale Menschenrechtskommission fest, «den Vertriebenen [seien] gewöhnlich weder angemessene Unterstützung noch Rehabilitationsmaßnahmen» angeboten worden. Siehe insgesamt Planning Commission, *Faster, Sustainable and More Inclusive Growth. An Approach to the Twelfth Five-Year Plan*, New Delhi: Planning Commission, 2011, S. 50; Working Group on Human Rights in India and the UN, *Human Rights in India. Status Report 2012*, New Delhi: WGHR, 2012, S. 4 und Anh. E.

15 Was James Martin in seinem unerhört interessanten – und bedrückenden – Buch über Krieg und Frieden im Atomzeitalter das «Russische Roulette der Zivilisation» nennt, trifft nicht nur auf die weltweit existierenden Atomsprengköpfe zu, sondern angesichts des mangelhaften Schutzes gegen Unfälle, Sabotage oder Diebstahl in vielerlei Hinsicht auch auf die zivile Nutzung der Kernenergie. Siehe James Martin, *The Meaning of the 21st Century*, London: Eden Project Books, 2006.

16 In einem 1994 von der Internationalen Atomenergie-Organisation (IAEO) zusammengestellten Ranking von insgesamt 399 Kernkraftwerken fanden sich *alle* indischen Reaktoren (es gab damals neun) unter den letzten fünfzig und allein fünf unter den letzten sechs; siehe Peter Arnett, «Big Science, Small Results», in: *Bulletin of the Atomic Scientists*, Juli/August 1998. Bei derartigen Beurteilungen sind natürlich immer Zweifel angebracht (und diese wurde entsprechend kritisch hinterfragt), doch lässt sich kaum leugnen, dass die Risikobewertung indischer Kernkraftwerke auf ernsthafte Mängel verweist, was tatsächlich Anlass zur Sorge gibt; siehe hierzu auch M. V. Ramana, *The Power of Promise. Examining Nuclear Energy in India*, New Delhi: Penguin, 2012.

17 Gurcharan Das beschreibt in seinem Buch *India Grows at Night* nachvollziehbar, wie das System des *Licence Raj* dazu beitrug, die Korruption zu fördern. Er trifft den Nagel auf den Kopf, wenn er feststellt: «Der Staat muss entweder leistungsfähiger werden, oder seine Ambitionen zurücknehmen.» (Gurcharan Das, *India Grows at Night. A Liberal Case for a Strong State*, New Delhi: Penguin 2012,

S. 438) Aus den im vorliegenden Buch ausführlich erörterten Gründen, nicht zuletzt wegen der entscheidenden Bedeutung gut funktionierender öffentlicher Einrichtungen und Infrastruktur, bleibt Erstgenanntes in Indien eine Aufgabe von oberster Priorität. Das schließt die Bekämpfung der Korruption keineswegs aus, wie der Umstand belegt, dass in den meisten Ländern, die in internationalen Vergleichen die geringste Korruption aufweisen, darunter etwa Schweden, Dänemark, Kanada und Singapur, der jeweilige öffentliche Sektor der Wirtschaft bedeutend größer ist als in Indien (vgl. ebd., S. 226).

18 Aufschlussreiche Beispiele für Sozialaudits und deren Möglichkeiten, Transparenz und Verantwortlichkeit herzustellen, beschreiben Karuna Vakati Aakella und Sowmya Kidambi, «Challenging Corruption with Social Audits», in: *Economic and Political Weekly*, 3. Februar 2007; Dipa Sinha, «Social Audit of Midday Meal Scheme in AP», in: *Economic and Political Weekly*, 1. November 2008; Sowmya Kidambi, «Termites, Earthworms, and Other Organic Gardeners», in: *Seminar* 625, September 2011.

19 Das ist eine Erfahrung mit dem relativ erfolgreichen Right to Information Act. Auch wenn Strafen gegen Beamte, die Anfragen ignorieren, recht selten verhängt werden, bringt die Angst vor Strafe die meisten unter ihnen auf Trab.

20 Siehe Kaushik Basu, «Why, for a Class of Bribes, the Act of Giving a Bribe Should be Treated as Legal», vervielf. Ms., Ministry of Finance, New Delhi 2011 (online verfügbar: nmin.nic.in/workingpaper/act_giving_bribe_legal.pdf); kritisch kommentiert dies Jean Drèze, «The Bribing Game», in: *Indian Express*, 23. April 2011.

21 Abschnitt 12 des Prevention of Corruption Act bestimmt, dass auch die «Anstiftung» zu einer durch das Gesetz verbotenen Handlung (etwa das Annehmen von Bestechungsgeldern) eine strafbare Handlung darstellt; Abschnitt 24 regelt, dass Personen, die bezeugen, Schmiergeld «angeboten oder dem zugestimmt» zu haben, von der Strafverfolgung nach Abschnitt 12 ausgenommen sind.

22 In China bestimmt das Ergänzungsgesetz zum Strafgesetzbuch von 1997, dass Geldleistungen nur dann eine Straftat sind, wenn mit ihnen beabsichtigt ist, «sich ungerechtfertigte Vorteile zu verschaffen»; Xingxing Li macht allerdings geltend, dass die Bestimmung in China relativ geringe Wirkung zeigte; siehe Xingxing Li, «Bribery and the Limits of Game Theory – the Lessons from China», Gastbeitrag im Blog der *Financial Times*, 2012 (online verfügbar: blogs.ft.com).

23 A. G. Noorani beklagt, «keine andere Demokratie» kenne solch weitreichende Immunitätsbestimmungen für Beamte und Parlamentarier wie Indien; A. G. Noorani, «How the Political Class has Looted India», in: *The Hindu*, 30. Juli 2012.

24 Siehe Central Information Commission, *Annual Report 2011/12*, New Delhi: CIC, 2012, Tab. 2.1, S. 10. Eine Evaluation des indischen Right to Information Act unternehmen Society for Participatory Research in Asia, *Demanding Accountability from the State. An Assessment of Right to Information*, New Delhi: PRIA, 2008; dies., *Accessing Information under RTI. Citizens' Experiences in Ten States*, New Delhi: PRIA, 2009; Price Waterhouse Coopers, *Understanding the «Key Issues and Constraints» in Implementing the RTI Act*, New Delhi: PwC, 2009; Public Cause Research Foundation, «State of Information Commissions in India. A Performance Evaluation», 2009 (online verfügbar: www.rtiawards.org); RTI Assessment and Analysis Group, «Safeguarding the Right to Information», 2009 (online verfügbar: www.rti-assessment.org); einen nützlichen Überblick gewährt Alasdair Roberts, «A Great and Revolutionary Law? The First Four Years of India's Right to Information Act», in: *Public Administration Review* 70 (2010), H. 7, S. 925–933.

25 Eine detaillierte Diskussion des öffentlichen Verteilungssystems (*Public Distribution System* – PDS) bietet Kapitel 7.

26 Ähnliche Aspekte und Bedenken (zweifelhafte technische Zuverlässigkeit, Missbrauchsmöglichkeiten, Probleme des Datenschutzes etc.) tauchten vor kurzem in den heftigen Debatten um das sogenannte UID-Projekt auf, das biometrische und alle möglichen anderen personenbezogenen Daten zu einer eindeutigen Kennziffer (*unique identifier*) zusammenführen soll; siehe Usha Ramanathan, «A Unique Identity Bill», in: *Economic and Political Weekly*, 24. Juli 2010; R. S. Sharma, «Identity and the UIDAI. A Response», in: *Economic and Political Weekly*, 28. August 2010; Reetika Khera, «The UID Project and Welfare Schemes», in: *Economic and Political Weekly*, 26. Februar 2011; Bharat Bhatti, «Aadhaar-enabled Payments for NREGA Workers», in: *Economic and Political Weekly*, 8. Dezember 2012.

27 Raghabendra Chattopadhyay und Esther Duflo, «Impact of Reservation in Panchayati Raj», in: *Economic and Political Weekly*, 28. Februar 2004. Im Zusammenhang mit der Umsetzung des National Rural Employment Guarantee Act (NREGA) interessant ist darüber hinaus, dass der Korruption eher Einhalt zu gebieten scheint, wenn Maßnahmen oder Arbeiten durch Gram Panchayats statt durch Regierungsbehörden wie die Forst- oder Wasserverwaltung veranlasst werden; siehe Reetika Khera, *The Battle for Employment Guarantee*, New Delhi: Oxford University Press, 2011.

28 Gabrielle Kruks-Wisner, «How Rural India Negotiates with the State», in: *Business Line*, 3. Juli 2012. Kruks-Wisner stellt darüber hinaus fest, dass in Tamil Nadu Frauen, Dalits und Angehörige anderer benachteiligter Gruppen offenbar in Gram Panchayats eher eine Stimme haben als in traditionellen Institutionen; siehe dies., «Seeking the Local State. Gender, Caste and the Pursuit of Public Services in post-Tsunami India», in: *World Development* 39 (2011), H. 7, S. 1143–1154.

29 Organisationen und Initiativen wie die Association for Democratic Rights, die National Campaign for People's Right to Information, die Bewegung India Against Corruption, die Aam Aadmi Partei und Hunderte kleinerer Gruppen auf lokaler oder bundesstaatlicher Ebene spielten eine wesentliche Rolle dabei, das Interesse der Öffentlichkeit an Fragen von Verantwortung und Verantwortlichkeit, Transparenz und partizipatorischer Demokratie zu wecken und demokratisches Engagement zu fördern.

30 Centre for Media Studies, *India Corruption Study 2010*, New Delhi: CMS, 2011, S. 3.

31 Adam Smith, *Theorie der ethischen Gefühle* (1759/1790), übers. von Walther Eckstein, Hamburg: Meiner, 2004, S. 243.

32 Siehe hierzu Smith, *Theorie der ethischen Gefühle*; sowie Amartya Sen, *Rationality and Freedom*, Cambridge, MA: Harvard University Press, 2002.

33 Smith, *Theorie der ethischen Gefühle*, III. Teil, 2. Kap., insb. S. 195.

34 Einem von uns wurde die Ehre zuteil, zwischen 1992 und 1994 für die Anti-Mafia-Kommission des italienischen Parlaments unter Vorsitz von Luciano Violante als wissenschaftlicher Berater tätig zu sein, die sich unter anderem mit den Ursachen der um sich greifenden Korruption und deren Zusammenhang mit der Welt des Verbrechens befasste. Auffälligerweise waren die häufigsten von den Tätern vorgebrachten Rechtfertigungen für ihre korrupten Machenschaften, (1) «Alle tun es, nicht bloß ich», und (2) «Ich könnte in einer Welt der Konkurrenz nicht bestehen, wenn ich nicht den gleichen Verhaltensregeln wie die anderen folgen würde». Doch die Verhaltensnormen waren im Wandel begriffen, und es zeigte sich, dass die neuen Maßstäbe der Integrität viel schneller übernommen wurden als zunächst be-

fürchtet, selbst in einem Land, das nach wie vor für die Allgegenwart von Korruption bekannt ist.

5. Die zentrale Bedeutung der Bildung

1 Rabindranath Tagore im Interview mit der *Iswestija* (1930), zitiert nach: Krishna Dutta und Andrew Robinson, *Rabindranath Tagore. The Myriad-Minded Man*, New York: St. Martin's Press, 1995, S. 297.

2 Siehe hierzu Amartya Sen, *Die Idee der Gerechtigkeit*, übers. von Christa Krüger, München: C.H.Beck, 2010, Kap. 17; sowie Katharine G. Young, *Constituting Economic and Social Rights*, Oxford: Oxford University Press, 2012.

3 Salma Sobhan, *Legal Status of Women in Bangladesh*, Dhaka: Bangladesh Institute of Legal and International Affairs, 1978.

4 Siehe hierzu Kapitel 8 sowie die dort zitierte Literatur.

5 Siehe PROBE Team, *Public Report on Basic Education*, New Delhi: Oxford University Press, 1999; Pratichi Trust, *The Pratichi Education Report I*, Delhi: Pratichi Trust/TLM Books, 2002; ders., *The Pratichi Education Report II – Primary Education in West Bengal. Changes and Challenges*, Delhi/Kolkata: Pratichi Trust, 2009.

6 Eine Abneigung der Kinder gegen den Schulbesuch gab es bisweilen, doch relativ selten, die Gründe waren in der Regel allzu strenge Unterrichtsmethoden oder körperliche Strafen. Doch hat das nichts zu tun mit einer generellen Schulunlust, die eindeutig keine der Untersuchungen beobachtete. Siehe Pratichi Trust, *A Child's View of the World*, Kolkata: Pratichi Trust/Child Rights and You, 2012; ders., *The Joy of Reading*, Kolkata: Pratichi Trust/Child Rights and You, 2012, ist ein Bericht über eine Reihe von Kinderlesefesten.

7 Adam Smith, *Der Wohlstand der Nationen. Eine Untersuchung seiner Natur und seiner Ursachen* (1776), übers. von Horst Claus Recktenwald, München: C.H.Beck, 1974, V. Buch, Kap. 1.3.2, S. 664–665; siehe auch ebd., I. Buch, Kap. 2.

8 Zum Bildungswandel im Japan des 19. Jahrhunderts siehe unter anderem Ronald Dore, *Education in Tokugawa Japan*, London: Routledge, 1965; Carol Gluck, *Japan's Modern Myths. Ideology in the Late Meiji Period*, Princeton, NJ: Princeton University Press, 1985; Marius B. Jansen (Hg.), *The Cambridge History of Japan*, Bd. 5: *The Nineteenth Century*, Cambridge: Cambridge University Press, 1989; ders., *The Making of Modern Japan*, Cambridge, MA: Harvard University Press, 2002.

9 Siehe Gluck, *Japan's Modern Myths*, S. 166; sowie die dort zitierte Literatur.

10 Wir haben diese Kontraste bereits in früheren Arbeiten erörtert, siehe vor allem Jean Drèze und Amartya Sen, *Hunger and Public Action*, Oxford: Oxford University Press, 1989; dies., *India. Development and Participation*, Oxford: Oxford University Press, 2002.

11 Weitere Details, einschließlich Informationen zu einzelnen Bundesstaaten bietet der statistische Anhang, Tabelle A.3.

12 Es gab eine ältere buddhistische Gründung in Taxila, im heutigen Pakistan. Dieses Zentrum konzentrierte sich auf religiöse Unterweisung und buddhistische Gelehrsamkeit, entwickelte dabei aber nicht die pädagogische Offenheit und Liberalität, wie sie Nalanda auszeichnete. Insofern ähnelte Taxila eher der al-Azhar-Universität, einer sehr alten und angesehenen muslimischen Universität in Kairo, die ein paar hundert Jahre nach Nalanda gegründet wurde. In al-Azhar entwickelte sich in

enger Verbindung zur Theologie ein System der akademischen Lehre, das zu Recht weltbekannt wurde.

13 Die Notwendigkeit radikaler Schritte zur Verbesserung der Qualität von Forschung und Lehre an nichtwestlichen Universitäten unterstreicht die gemeinsam von Weltbank und UNESCO getragene Task Force on Higher Education and Society unter der Leitung von Mamphela Ramphele und Henry Rosovsky; siehe World Bank und UNESCO, *Higher Education in Developing Countries. Peril and Promise. Report of the Task Force on Higher Education and Society*, Washington, D.C.: World Bank, 2000.

14 Siehe Anuradha De, Reetika Khera und Meera Samson, *PROBE Revisited. A Report on Elementary Education in India*, New Delhi: Oxford University Press, 2011; PROBE Team, *Public Report on Basic Education.* Die Untersuchung bezog auch den Bundesstaat Himachal Pradesh ein; allerdings nimmt dieser, nicht zuletzt auch im Hinblick auf Elementarbildung, ein wenig eine Sonderstellung ein, die bereits in Kapitel 3 erörtert wurde. Weitere wertvolle Einblicke in Indiens Grundschulsystem eröffnen Suman Bhattacharjea, Wilima Wadhwa und Rukmini Banerji, *Inside Primary Schools*, Mumbai: ASER, 2011.

15 Die hier angegebene Quote für den Schulbesuch in der Altersgruppe der Sechs- bis Zwölfjährigen liegt deutlich über dem Wert, den wir weiter oben für die Altersgruppe der Sechs- bis Vierzehnjährigen für das gleiche Schuljahr (2005/6) nannten; letztere Zahlen basieren auf der Erhebung des National Family Health Survey (NFHS-3). Von Unterschieden der Altersgruppenbegrenzung abgesehen, mögen die abweichenden Ergebnisse darauf zurückzuführen sein, dass die NFHS-Erhebung nicht die Schulanmeldung allein zum Kriterium macht, da, wie bereits angemerkt, Schwänzen in Indien weitverbreitet ist. Möglicherweise sind die Zahlen in den NFHS-3-Ergebnissen aber auch ein wenig zu niedrig veranschlagt, da beispielsweise nicht klar wird, warum manche Zahlen niedriger sind als in den NFHS-2-Ergebnissen von 1998/99; siehe hierzu International Institute for Population Sciences, *National Family Health Survey (NFHS-2). India*, Mumbai: IIPS, 2000; dass., *National Family Health Survey (NFHS-3) 2005–06. India*, Mumbai: IIPS, 2007.

16 Siehe De u.a., *PROBE Revisited*, S. 2. Die Schulen ohne Mittagsmahlzeit befanden sich vor allem in Bihar, wo sich das Schulspeisungsprogramm 2006 noch immer in der Einführungsphase befand, ungeachtet einer vom Obersten Gericht bereits 2002 getroffenen Entscheidung, die die staatlichen Grundschulen verpflichtet, Mahlzeiten anzubieten.

17 Eine weitere Untersuchung jüngeren Datums, die auf einer Stichprobe von landesweit mehr als 3000 Schulen beruht, kam zu ähnlichen Ergebnissen: Durchschnittlich waren weniger als die Hälfte der Lehrkräfte mit Unterrichtstätigkeiten beschäftigt. Die Ergebnisse der PROBE-Erhebung fielen, bezogen auf Nordindien, sogar schlechter aus. (Keine Unterrichtstätigkeit bedeutet, dass *alle* Lehrkräfte mit anderen Dingen beschäftigt sind.) Der Absentismus betrug in der landesweiten Studie zwischen 15 Prozent in Maharashtra und 42 Prozent in Jharkhand, der landesweite Durchschnitt lag bei 25 Prozent. Siehe Michael Kremer, Karthik Muralidharan, Nazmul Chaudhury, Jeffrey Hammer und F. Halsey Rogers, «Teacher Absence in India. A Snapshot», in: *Journal of the European Economic Association* 3 (2005), H. 2/3, S. 658–667.

18 Siehe K. Venkataramanam, «Learning by Rote Prevalent in Top Schools too», in: *The Hindu*, 16. Dezember 2011; Educational Initiatives, *Quality Education Study*, Bangalore: Educational Initiatives, 2011.

19 Siehe Maurice Walker, *PISA 2009 Plus Results*, Camberwell: Australian Council for Educational Research, 2011. Rund die Hälfte der an der Studie teilnehmenden Länder bzw. Regionen waren OECD-Länder, doch gab es auch einige Entwicklungs- und Schwellenländer, darunter Albanien, Brasilien, Kolumbien, Kasachstan, Kirgisistan, Mexiko, Thailand, Tunesien und Uruguay.

20 Die Ergebnisse der Schulleistungstests sollten allerdings vor dem Hintergrund der Tatsache betrachtet werden, dass ein großer Teil der Kinder in Elementarschulen Lernende in der ersten Generation sind. Die Eltern können ihren Kindern in schulischen Dingen nur wenig oder gar keine Hilfe anbieten, und da es in den Familien an jeglicher Bildungstradition mangelt, fällt es viel schwerer, ein Interesse an den Dingen zu entwickeln oder sich auf das Lernen zu konzentrieren. Da Ziele und Ambitionen eine wichtige Rolle bei der Verbesserung von Bildungsleistungen spielten, gehört es zu den zentralen Aufgaben des schnell expandierenden Schulsystems, gerade den niedrigen Ansprüchen einer Generation, die zum ersten Mal eine Schule besucht, besondere Aufmerksamkeit zu widmen. Das alles soll indes keineswegs von den schockierenden Ergebnissen ablenken, die die Studien zur Bildungsqualität an indischen Schulen und die Schulleistungstests indischer Schülerinnen und Schüler zutage förderten. Siehe Caroline Sarojini Hart, *Aspirations, Education and Social Justice. Applying Sen and Bourdieu*, London: Bloomsbury 2012.

21 Siehe Lant Pritchett und Varad Pande, «Making Primary Education Work for India's Rural Poor», Social Development Papers, South Asia Series 95, World Bank, Washington, D. C., 2006; Bhattacharjea u. a., *Inside Primary Schools*; Kartik Muralidharan, «Priorities for Primary Education Policy in India's 12th Five Year Plan», vervielf. Ms., Department of Economics, University of California San Diego, 2012; Shobhini Mukerji und Michael Walton, «Learning the Right Lessons. Measurement, Experimentation and the Need to Turn India's Right to Education Act Upside-Down», in: IDFC Foundation, *India Infrastructure Report 2012. Private Sector in Education*, New Delhi: Routledge India, 2012, S. 109–126; sowie die dort zitierte Literatur. Darüber hinaus siehe auch Pratham Education Foundation, *Annual Status of Education Report (Rural) 2011. Provisional Report*, Mumbai: Pratham Education Foundation, 2012; dies., *Annual Status of Education Report (Rural) 2012. Provisional Report*, Mumbai: Pratham Education Foundation, 2013.

22 Siehe Lant Pritchett und Amanda Beatty, «The Negative Consequences of Overambitious Curricula in Developing Countries», Working Paper RWP12-035, Kennedy School of Government, Harvard University, 2012.

23 Siehe hierzu auch Sangeeta Goyal und Priyanka Pandey, «How Do Government and Private Schools Differ?», in: *Economic and Political Weekly*, 2. Juni 2012; Shobhini Mukerji und Wilima Wadwha, «Do Private Schools Perform Better than Public Schools? Evidence from Rural India», Vortrag auf der 55. Jahreskonferenz der Comparative and International Education Society, Montreal, Quebec, 2012.

24 Siehe den Statusbericht der Pratham Education Foundation, *Annual Status of Education Report (Rural) 2012*, der auf einer landesweiten Erhebung der schulischen Leistungen beruht.

25 Einem Bericht zufolge gibt es «deutliche Anzeichen, dass kognitive Fähigkeiten der Bevölkerung – und nicht nur die bloße Tatsache, eine Schule besucht zu haben – erheblichen Einfluss auf den individuellen Verdienst, die Einkommensverteilung und das Wirtschaftswachstum haben» (Eric A. Hanushek und Ludger Woessmann, «The Role of Cognitive Skills in Economic Development», in: *Journal of Economic Literature* 46 (2008), H. 3, S. 607–668, hier S. 607).

26 Dieser Abschnitt geht zurück auf Amartya Sen, «The Country of First Boys», in: *The Little Magazine* 6 (2005), H.1/2, S. 7–17.

27 Das zeigt die Arbeit der Mamidipudi Venkatarangaiya Foundation (MVF), einer nichtstaatlichen Organisation in Andhra Pradesh. Im Rahmen ihrer Kampagne gegen Kinderarbeit hat die MVF für Zehntausende Kinder Möglichkeiten geschaffen, noch einmal (oder zum ersten Mal) eine Schule zu besuchen und die Abschlussprüfung der 7. Klasse abzulegen. Die meisten bestanden die Prüfung nach nur einem Jahr intensiver Betreuung.

28 Zu ähnlichen Schlussfolgerungen, wenn auch ausgehend von anderen Fragestellungen, kommt Geeta Kingdon, «The Implications of the Sixth Pay Commission on Teacher Salaries in India», RECOUP Working Paper 29, Faculty of Education, University of Cambridge, 2010.

29 Siehe OECD, *Education at a Glance 2011. OECD Indicators*, Paris: OECD Publishing, 2011, Tafel D 3.3 und Tab. D 2.4. Die OECD nennt keine Zahlen für China (oder Indien).

30 Siehe Muralidharan, «Priorities for Primary Education Policy». Die Situation würde sich vermutlich anders darstellen, wenn Lehrergehälter umgekehrt auf die eine oder andere Art mit einer bestimmten Unterrichtsqualität oder der Kompetenz der Lehrkräfte verknüpft wären, doch in Indien ist das nicht der Fall.

31 Die Berichte der Central Pay Commission sind, technisch gesprochen, lediglich Empfehlungen, doch werden diese Gehaltsempfehlungen in der Regel ohne Abstriche von der Zentralregierung übernommen; die Regierungen der einzelnen Bundesstaaten schließen sich dem binnen kurzer Zeit an. Das Ganze vollzieht sich weitgehend ohne Debatte und wird sowohl von den Mainstream-Medien als auch von Wirtschaftsprofessoren (die allerdings zu den Hauptnutznießern gehören) widerspruchslos als eine unabwendbare Angelegenheit hingenommen.

32 Ausführlicher wird dies diskutiert in Drèze und Sen, *India. Development and Participation*, Kap. 5; sowie De u. a., *PROBE Revisited*; siehe auch Geeta Kingdon und Vandana Sipahimalani-Rao, «Para Teachers in India. Status and Impact», in: *Economic and Political Weekly*, 20 March 2010; sowie die dort zitierte Literatur.

33 Einen Überblick und Belege bieten Muralidharan, «Priorities for Primary Education Policy»; Mukerji und Walton, «Learning the Right Lessons».

34 Siehe etwa Lant Pritchett und Rinku Murgai, «Teacher Compensation», in: National Council of Applied Economic Research, *India Policy Forum 2006/07*, New Delhi: Sage, 2007, S. 123–178; Muralidharan, «Priorities for Primary Education Policy».

35 Siehe zu diesem Punkt Pankaj S. Jain und Ravindra H. Dholakia, «Feasibility of Implementation of Right to Education Act», in: *Economic and Political Weekly*, 20. Juni 2010.

36 Ein Schulgutschein-System gilt vielen in Indien als ideales Mittel, um die Defizite im Bildungssystem zu beheben und Prinzipien der Verantwortlichkeit durchzusetzen. Es mag tatsächlich verlockend erscheinen, zu denken, mithilfe eines Gutscheinsystems lasse sich das Schulwesen in einen florierenden Markt verwandeln, auf dem die Schulen um staatliche Mittel konkurrieren und die Eltern die Schule ihrer Kinder ganz vernünftig nach Qualität und Reputation aussuchen. Ein solches Plädoyer kümmert sich allerdings in der Regel nicht um internationale Erfahrungen mit derartigen Ansätzen, die die vielen Schwierigkeiten und Beschränkungen von Gutscheinsystemen offenbaren. Für das Scheitern derartiger Versuche jedenfalls gibt es zahlreiche Beispiele, und das einzige landesweit erfolgreiche Modell einer Einfüh-

rung von Schulgutscheinen scheint Chile zu sein – ein Land allerdings, das administrative Strukturen aufweist, die in Indien schlechterdings fehlen. Das chilenische Gutscheinsystem arbeitet zudem vor dem Hintergrund eines bestehenden und relativ gut funktionierenden Systems kommunaler Schulen, die für die Privatschulen in gewisser Weise Mindeststandards setzen; zudem besuchen weiterhin etwa die Hälfte der chilenischen Kinder öffentliche Schulen. Der letztlich recht praxisferne Enthusiasmus für Schulgutscheine beruht darüber hinaus, in Indien wie anderswo, auf dem ziemlich unbegründeten Glauben, privates Unternehmertum, das auf manchen Gebieten so gut funktioniert, könne auch in der Schulbildung den notwendigen Wandel schaffen, wenn es nur gelingt, die ärmeren Schülerinnen und Schüler einzusammeln – ein Glaube, der seine Stärke aus politischer Ideologie bezieht, während die Empirie das Gegenteil belegt. Siehe Clive Belfield und Henry M. Levin, «Vouchers and Public Policy. When Ideology Trumps Evidence», in: *American Journal of Education* 111 (2005), H. 4, S. 548–567; ferner etwa Helen Ladd, «School Vouchers. A Critical Review», in: *Journal of Economic Perspectives* 16 (2002), H. 4, S. 3–24; Varun Gauri und Ayesha Vawda, «Vouchers for Basic Education in Developing Economies. An Accountability Perspective», in: *World Bank Research Observer* 19 (2004), H. 2, S. 259–280; Chang-Tai Hsieh und Miguel Urquiola, «The Effects of Generalized School Choice on Achievements and Stratification. Evidence from Chile's Voucher Program», in: *Journal of Public Economics* 90 (2006), H. 8–9, S. 1477–1503; Cecilia Elena Rouse und Lisa Barrow, «School Vouchers and Student Achievement», in: *Annual Review of Economics* 1 (2009), S. 17–42.

37 Paul A. Samuelson, «The Pure Theory of Public Expenditure», in: *Review of Economics and Statistics* 36 (1954), H. 4, S. 387–389.

38 Schon vor vielen Jahren diskutierte Albert Hirschman sehr eindrucksvoll die Probleme, die mit dem «Ausweichen» oder der «Abwanderung» verbunden sind. Da Schulbildung in gewisser Weise ein, wie Hirschman das nennt, «Liebhaberartikel» ist, verstärken sich die Probleme; siehe Albert O. Hirschman, *Abwanderung und Widerspruch. Reaktionen auf Leistungsabfall bei Unternehmungen, Organisationen und Staaten*, Übers. von Leonhard Walentik, Tübingen: Mohr Siebeck, 1974.

39 So berichtete die *Economic Times* (am 7. Juni 2012) von einer Sitzung des Central Advisory Board of Education (CABE), bei der Erziehungsminister aus mehreren Bundesstaaten anwesend waren. «Kinder in den staatlichen Schulen lernen überhaupt nichts mehr», lautete die Klage, und auch Eltern würden aufhören, «darauf zu achten, dass Kinder sich den Prüfungsstoff aneignen». Gleichwohl gab es auch Positives zu vermelden. Einige Staaten hatten begonnen, Instrumente zur umfassenden und kontinuierlichen Evaluation zu entwickeln (beispielsweise einfallsreiche Beurteilungshefte für jedes Kind). Der tatsächliche Einsatz solcher Instrumente in den Schulen steht allerdings noch ganz am Anfang, und vermutlich erfordert die Umsetzung eine längere Phase des Learning by Doing.

40 Eine zusammenfassende Kritik formuliert das PROBE Team, *Public Report on Basic Education*, Kap. 6.

41 Die zuständige Behörde, das Central Board of Secondary Education (CBSE), empfiehlt im Handbuch zur umfassenden und kontinuierlichen Evaluation in den oberen Klassen der Elementarschule, Kinder auf der Grundlage von Indikatoren zu bewerten, darunter etwa: «interessiert sich für den nationalen Unabhängigkeitskampf», «bleibt auch unter widrigen Bedingungen bedächtig und ruhig», «findet es natürlich und leicht, mit anderen seine Gefühle zu teilen und zu diskutieren», «ver-

wendet Gestik, Mimik und Intonation, um Punkte hervorzuheben», «widerspricht allen, die Schule und Schulprogramme kritisieren», «schafft Computer-Animationen» und «schreibt Literaturkritiken». Von Lehrerinnen und Lehrern wird erwartet, tägliche Beobachtungen festzuhalten; auch hier gibt das Handbuch Beispiele: «Sarbari war anderer Ansicht als ich; sie begründete ihren Standpunkt, doch unaufgeregt. Shanti hingegen wurde wütend, weil Sarbari mit mir diskutierte.» Nun mögen solche vergleichenden Beurteilungen ihre Berechtigung haben, doch können sie niemals die Rolle übernehmen, die eine eher traditionellen Benotung schulischer Leistungen und Fortschritte weltweit spielt, wenn es um Lesen, Schreiben, um das Verfassen eines Aufsatzes, um Rechnen und das Sammeln nützlicher Informationen geht. Zum Handbuch des CBSE siehe Disha Nawami, «Continuously and Comprehensively Evaluating Children», in: *Economic and Political Weekly*, 12. Januar 2013.

42 Dieses Thema diskutieren vertieft Manabi Majumdar und Kumar Rana, «In Defence of Public Education. Voices from Bengal», in: *Economic and Political Weekly*, 6. Oktober 2012.

43 Der Right to Education Act verlangt zwar von allen Lehrerinnen und Lehrern eine bestimmte monatliche Anzahl Unterrichtsstunden, «einschließlich der Vorbereitungszeit», doch bleibt das eine recht symbolische Bestimmung, da es keine Möglichkeit gibt, die Vorbereitungszeit wirklich zu überprüfen. Und auch die im Gesetz festgelegte Rechenschaftspflicht der Lehrkräfte dem Schulmanagement-Komitee gegenüber (dem auch Eltern angehören) bleibt eine Geste, da das Komitee zum einen keine disziplinarischen Befugnisse hat und zum anderen in den Ausführungsbestimmungen des Gesetzes festgelegt ist, dass die Einberufung des Komitees dem leitenden Lehrer obliegt.

44 Siehe etwa PROBE Team, *Public Report on Basic Education*; Muralidharan, «Priorities for Primary Education Policy».

45 Siehe Government of India, *National Policy on Education 1986 (With Modifications Undertaken in 1992)*, New Delhi: Ministry of Human Resource Development, 1992.

46 Der Pratichi Trust etwa arbeitet seit einigen Jahren mit der All Bengal Primary Teachers Association und anderen Lehrergewerkschaften in Westbengalen zusammen, unter anderem in Fragen der Verantwortlichkeit von Lehrern, mit sehr guten und ermutigenden Ergebnissen. Siehe etwa Kumar Rana (Hg.), *Kalamchari*, Kolkata: Pratichi Institute and UNICEF, 2012; ferner Manabesh Sarkar und Kumar Rana, «Roles and Responsibilities of the Teachers' Unions in the Delivery of Primary Education. A Case of West Bengal», Pratichi Occasional Paper no. 3, Pratichi Trust, Kolkata, 2010; Manabi Majumdar und Kumar Rana, «In Defence of Public Education. Voices from Bengal», in: *Economic and Political Weekly*, 6. Oktober 2012.

6. Die Krise des indischen Gesundheitssystems

1 Siehe Jean Drèze und Amartya Sen, *India: Development and Participation*, Oxford: Oxford University Press, 2002, S. 300–303. Drei Jahre später wiederholten wir die Suche interessehalber für die erste Jahreshälfte 2003. In diesem Zeitraum fand sich tatsächlich ein Artikel zu einem Gesundheitsthema – nämlich zur sogenannten «SARS-Krise» in China als einer «potentiellen Bedrohung der Wirtschaft Asiens».

2 Siehe Citizens' Initiative for the Rights of Children Under Six, *Focus on Children*

Under Six, New Delhi: Citizens' Initiative, 2006, Kap. 1; HAQ: Centre for Child Rights, *Says a Child ... Who Speaks for my Rights? Parliament in Budget Session 2005*, New Delhi: HAQ, 2005.

3 Doch selbst diese Länder weisen höhere Impfraten als etwa Uttar Pradesh auf, wo mehr als doppelt so viele Menschen leben wie in den vier genannten Ländern zusammen; und auch in Afrika südlich der Sahara sind es nur die allerärmsten Länder (wie der Tschad oder Somalia), in denen Kinder seltener geimpft werden als in Uttar Pradesh. Siehe UNICEF und Government of India, *Coverage Evaluation Survey 2009*, New Delhi: UNICEF, 2010, Tab. 4.8, S. 33; UNICEF, *The State of the World's Children 2012*, New York: UNICEF, 2012, Tab. 3, S. 96–99.

4 Der in den neunziger und frühen 2000er Jahren zu verzeichnende, sehr langsame Fortschritt beim Impfschutz lässt sich sehr deutlich an den Ergebnissen des National Family Health Survey (NFHS-3) von 2005/6 ablesen, doch blieb das weitgehend unbemerkt. Wie wir im Verlauf des Kapitels noch sehen werden, gibt es Anzeichen dafür, dass in jüngster Vergangenheit größere Fortschritte zu verzeichnen sind. Allerdings bestehen die aus langer Vernachlässigung resultierenden Defizite fort, sodass die Impfraten in Indien im internationalen Vergleich immer noch sehr niedrig sind. Siehe hierzu die Ergebnisse des International Institute for Population Sciences, *National Family Health Survey (NFHS-3) 2005–06. India*, Mumbai: IIPS, 2007.

5 Sporadisch wird auf die Probleme in indischen Fachpublikationen hingewiesen, beispielsweise in Pädiatrie-Zeitschriften, doch ansonsten wird das Thema in den Medien offenkundig allgemein ignoriert. Dabei sind allein Maserninfektionen Schätzungen zufolge jedes Jahr für den Tod von 100 000 Kindern verantwortlich. Während viele arme Länder in den Jahren seit 2000 die Zahl tödlich verlaufender Maserninfektionen dramatisch reduzieren konnten, waren Indiens Fortschritte so gering, dass zwischen 2000 und 2010 der Anteil des Landes an der globalen Masernsterblichkeit von 16 Prozent auf 47 Prozent anstieg. Es waren Jahre, so scheint es, da «[a]lle Länder durch strategische Maßnahmen die Masernsterblichkeit verringerten, außer Indien» (Philippe Duclos, Jean-Marie Okwo-Bele, Marta Gacic-Dobo und Thomas Cherian, «Global Immunization: Status, Progress, and Future», in: *BMC International Health and Human Rights* 9 (2009), Suppl. 1, S2, S. 3). Siehe ferner Vipin M. Vashishtha, «Routine Immunization in India», in: *Indian Pediatrics* 46 (2009), H. 11, S. 991–992; T. Jacob John und Panna Choudhury, «Accelerating Measles Control in India», in: *Indian Pediatrics* 46 (2009), H. 11, S. 939–943.

6 Der Sieg über Polio in Indien ist ein bedeutender Meilenstein, doch der Preis dafür war die bedauernswerte Vernachlässigung vieler anderer wichtiger Gesundheitsziele – etwa der Schutzimpfungen bei Kindern – durch die Fixierung einzig auf den Kampf gegen Polio während der vergangenen rund zwanzig Jahre. Das gesamte Impfprogramm in Indien aber braucht mehr öffentliche Mittel und eine bessere Infrastruktur. Über die «Paralysierung durch Polio» schreiben Vinod Kumar Paul, Harshpal Singh Sachdev, Dileep Mavalankar, Prema Ramachandran, Mari Jeeva Sankar, Nita Bhandari, Vishnubhatla Sreenivas, Thiagarajan Sundararaman, Dipti Govil, David Osrin und Betty Kirkwood, «Reproductive Health, and Child Health and Nutrition in India. Meeting the Challenge», in: *The Lancet* 377 (2011), Nr. 9762, S. 332–349.

7 Siehe Nazmul Chaudhury, Jeffrey Hammer, Michael Kremer, Karthik Muralidharan und F. Halsey Rogers, «Missing in Action. Teacher and Health Worker Absence in Developing Countries», in: *Journal of Economic Perspectives* 20 (2006), H. 1,

S. 91–116. Kaveri Gill untersuchte 2008/9 öffentliche Gesundheitseinrichtungen in vier Bundesstaaten und kam zu dem Schluss, Absentismus «grassiert auf allen Ebenen und durch alle Beschäftigtengruppen hindurch» (Kaveri Gill, «A Primary Evaluation of Delivery under the National Rural Health Mission», Working Paper 1/2009, Programme Evaluation Organisation, Planning Commission, New Delhi 2009, S. 32).

8 Siehe Abhijit Banerjee, Angus Deaton und Esther Duflo, «Health Care Delivery in Rural Rajasthan», in: *Economic and Political Weekly*, 28. Februar 2004.

9 Siehe S. Sreevidya und B. W. C. Sathyasekaran, «High Caesarean Rates in Madras (India). A Population-based Cross-sectional Study», in: *BJOG. An International Journal of Obstetrics and Gynaecology* 110 (2003), H. 2, S. 106–111. Ähnliche Geschäftspraktiken von privaten Anbietern im indischen Gesundheitswesen beschreiben Sunil Nandraj, «Unhealthy Prescriptions. The Need for Health Sector Reform in India», in: *Informing Reforming. Newsletter of the International Clearinghouse of Health System Reform Initiatives*, April–Juni 1997; ders., «Unregulated and Unaccountable. Private Health Providers», in: *Economic and Political Weekly*, 4. Januar 2012; Sunil Nandraj, V. R. Muraleedharan, Rama V. Baru, Imrana Qadeer und Ritu Priya, *The Private Health Sector in India*, Bombay: CEHAT, 2001.

10 Siehe Gurcharan Das, *India Grows at Night. A Liberal Case for a Strong State*, New Delhi: Penguin, 2012; Gurcharan Das und Jeffrey Hammer, «Strained Mercy. Quality of Medical Care in Delhi», in: *Economic and Political Weekly*, 28. Februar 2004; Jeffrey Hammer, Salimah Samji und Yamini Aiyar, «Understanding Government Failure in Public Health Services», in: *Economic and Political Weekly*, 6. Oktober 2007.

11 Größtenteils Lob spenden dem RSBY etwa D. Narayana, «Review of the Rashtriya Swasthya Bhima Yojana», in: *Economic and Political Weekly*, 17. Juli 2010; D. Rajasekhar, Erlend Berg, Maitreesh Ghatak, R. Manjula und Sanchari Roy, «Implementing Health Insurance. The Rollout of Rashtriya Swasthya Bhima Yojana in Karnataka», in: *Economic and Political Weekly*, 14. Mai 2011; Gita Sen, «Universal Health Coverage in India. A long and Winding Road», in: *Economic and Political Weekly*, 25. Februar 2012; Anup K Karan and Sakthivel Selvaraj, «Why Publicly Financed Health Insurance Schemes are Ineffective in Providing Financial Risk Protection», in: *Economic and Political Weekly*, 17. März 2012; Vibha Varshney, Alok Gupta und Aparna Pallavi, «Universal Health Scare», in: *Down to Earth*, 30. September 2012.

12 Das ist nicht, zumindest noch nicht, die explizite politische Begründung, doch, wie Gita Sen anmerkt, gibt es «viele einflussreiche Stimmen, die es gerne sähen, wenn sich das Gesundheitssystem (noch stärker) zu einem unregulierten und lukrativen Privatmarkt entwickelte, sowohl im Bereich medizinischer Leistungen als auch bei der Krankenversicherung und in der Ausbildung des medizinischen Personals» (Gita Sen, «Universal Health Coverage in India. A long and Winding Road», in: *Economic and Political Weekly*, 25. Februar 2012, S. 52). Ähnliche Befürchtungen äußerten viele Beobachter im Vorfeld der Beratungen zum 12. Fünfjahresplan, siehe etwa Rakhal Gaitonde und Abhay Shukla, «Setting Up Universal Health Care Pvt. Ltd.», in: *The Hindu*, 13. September 2012; Vibha Varshney, «Planning Commission Push to Health Care Privatization», in: *Down to Earth*, 9. August 2012; Vibha Varshney, Alok Gupta und Aparna Pallavi, «Universal Health Scare», in: *Down to Earth*, 30. September 2012.

13 Ein Bericht von USAID, grundsätzlich privaten Krankenversicherungen gegenüber aufgeschlossen, erkennt das Problem sehr deutlich: Die «Übernahme von Krankenhauskosten ist fast immer der Grundstein der Krankenversicherung [...]. Allgemein gesprochen, passt die Übernahmestruktur der Krankenversicherung nicht zu den Belastungen, die in Indien durch Krankheit entstehen» (U. S. Agency for International Development, *Private Health Insurance in India. Promise and Reality*, New Delhi: USAID/India, 2008, S. 1).

14 Viele problematische Aspekte des RSBY-Programms (*moral hazard*, das Übergewicht von Klinikbehandlungen, fehlende Regulierung) verdeutlichte in jüngster Zeit eine Serie nicht erforderlicher Hysterektomien. Tausende von Frauen in Bihar, Chhattisgarh und weiteren Bundesstaaten waren von Ärzten und privaten Gesundheitsanbietern, die daran ansehnlich verdienten, dazu bewogen worden, sich ohne wirkliche medizinische Notwendigkeit die Gebärmutter entfernen zu lassen, weil die Krankenversicherung die Kosten übernahm; siehe etwa Swapna Majumdar, «Forced Hysterectomies, Unscrupulous Doctors», 2013 (online verfügbar: southasia.oneworld.net). Dieser spezielle Fall kam ans Licht, aber wahrscheinlich gibt es noch weitere.

15 Die Relevanz von Behinderung, um zu verstehen, was Gerechtigkeit im Hinblick auf die Gesundheitsversorgung verlangt, diskutiert der Abschnitt «Behinderungen, Ressourcen und Befähigungen» in Amartya Sen, *Die Idee der Gerechtigkeit*, übers. von Christa Krüger, München: C.H.Beck, 2010, S. 286–288.

16 In den Gesundheitssystemen anderer OECD-Staaten spielen in den meisten Fällen Krankenversicherungen eine zentrale Rolle. Eine Ausnahme bildet Großbritannien, wo der National Health Service jeder Person kostenlose medizinische Versorgung «am Leistungsort» bietet. In der Mehrzahl der Fälle tragen die Krankenversicherung staatliche oder (wie in Deutschland und Japan) öffentliche Krankenkassen ohne Profitabsichten. Nur sehr wenige Länder vertrauen auf kommerziell ausgerichtete Versicherungsunternehmen, und wo das der Fall ist, unterliegen diese einer strengen Aufsicht. Einen informativen Überblick über die Gesundheitssysteme in 13 OECD-Staaten bietet The Commonwealth Fund, *International Profiles of Health Care Systems*, Washington, D. C.: The Commonwealth Fund, 2010.

17 Siehe Government of India, *Report of the Health Survey and Development Committee*, 2 Bde., Calcutta: India Press, 1946; dass., *High-Level Expert Group Report on Universal Health Coverage for India*, New Delhi: Planning Commission, 2011. Die Regierung ist noch dabei, sich über die Empfehlungen des zweiten Berichts eine Meinung zu bilden.

18 In Mexiko hat das 2003 aufgelegte Programm «Soziale Sicherheit in der Gesundheit» (*Sistema de Protección Social en Salud* – SPSS) zu schnellen Fortschritten in Richtung einer flächendeckenden allgemeinen Gesundheitsversorgung beigetragen; eine entscheidende Rolle spielt darin das nationale öffentliche Krankenversicherungssystem Seguro Popular, das dazu dienen soll, «wirksame medizinische Versorgung als universelles Recht, basierend auf den Bürgerrechten» zu gewährleisten – offenkundig hat Mexiko diese ehrgeizigen Ziele 2012 erreicht, siehe das Editorial «A Crucial Juncture for Health in Mexico», in: *The Lancet* 380 (2012), Nr. 9837, S. 76; ferner Richard Horton, «Offline: Universal Coverage, Universally», in: *The Lancet* 380 (2012), Nr. 9851, S. 1370. Eine hervorragende Analyse der Funktionsweise des SPSS und des Seguro Popular bieten Felicia Maria Knaul u. a., «The Quest for Universal Health Coverage. Achieving Social Protection for All in Mexico», in: *The Lancet* 380 (2012), Nr. 9849, S. 1259–1279.

19 Den Erfordernissen von Fairness und Gerechtigkeit im Gesundheitswesen und Fragen der öffentlichen Verantwortung widmet sich ausführlich Jennifer Prah Ruger, *Health and Social Justice*, Oxford: Oxford University Press, 2009.

20 Peter Svedberg zeigt eindringlich, wie extrem die Unterernährung von Kindern in Indien ist, gerade im internationalen Vergleich; siehe Peter Svedberg, *Poverty and Undernutrition. Theory, Measurement, and Policy*, Oxford: Oxford University Press, 2000.

21 Siehe UNICEF, *The State of the World's Children 2012*, Tab. 2. Die Aussage übergeht die Situation in Timor-Leste, wo die Ernährungslage noch schlechter als in Indien ist, allerdings bei einer Bevölkerung von knapp einer Million Menschen.

22 Siehe hierzu Micronutrient Initiative und UNICEF, *Vitamin and Mineral Deficiency. A Global Progress Report*, Ottawa: Micronutrient Initiative, 2004; dies., *Investing in the Future. A United Call to Action on Vitamin and Mineral Deficiencies*, Ottawa: Micronutrient Initiative, 2009. Die hier wiedergegebenen Angaben des National Nutrition Monitoring Bureau sind zitiert nach Tara Gopaldas, «Hidden Hunger», in: *Economic and Political Weekly*, 26. August 2006, Tab. 1.

23 Unterentwicklung im Hinblick auf Größe und Gewicht im Kleinkindalter verweisen häufig auf schwere Mangelerscheinungen. Ernste gesundheitliche Probleme in der Kindheit oder im späteren Leben sind gewöhnlich die Folgen. Statistisch belegt sind zudem Benachteiligungen auf vielen Gebieten, die in direktem Zusammenhang mit jenen Merkmalen von Unterentwicklung stehen. Wachstumsstörungen aufgrund von Unterernährung im Kindesalter beispielsweise sind tendenziell verknüpft mit schlechterer Bildung, unsteter Beschäftigung und geringerem Einkommen. Eine neuere Studie stellte, ausgehend von Daten aus Indien, eine starke Korrelation zwischen der kindlichen Entwicklung und den Lernerfolgen fest (unter Berücksichtigung einer Reihe anderer Variablen). Tatsächlich ist der Gradient der Lernergebnisse in Abhängigkeit von der Entwicklung der Körpergröße bei den indischen Daten weitaus steiler als bei früheren Studien unter Verwendung von US-Daten; siehe Dean Spears, «Height and Cognitive Achievement among Indian Children», in: *Economics and Human Biology* 10 (2011), H. 2, S. 210–219.

24 Der indische Teil der Studie untersuchte in Süd-Delhi eine große Gruppe von Kindern aus wohlhabenden Familien, in denen wenigstens ein Familienmitglied über akademische Bildung verfügte (17 Bildungsjahre) und in denen auch ansonsten beste Bedingungen gegeben waren – gerade im Hinblick auf die Situation der Frauen während der Schwangerschaft und die Kinderbetreuung. Diese privilegierten Kinder, aufgewachsen in einem glücklichen Umfeld, zeigten, wie die WHO-Studie ergab, die gleiche «Entwicklungskurve» (im Hinblick auf Größe und Gewicht in bestimmten Altersabschnitten) wie Gleichaltrige in den anderen untersuchten Ländern, das heißt in Brasilien, Ghana, Norwegen, Oman und den USA. Siehe WHO Multicentre Growth Reference Study Group und Mercedes de Onis, «Assessment of Differences in Linear Growth Among Populations in the WHO Multicentre Growth Reference Study», in: *Acta Pædiatrica* 95 (2006), Suppl. 450, S. 56–65.

25 Siehe ferner Angus Deaton und Jean Drèze, «Food and Nutrition in India. Facts and Interpretations», in: *Economic and Political Weekly*, 14. Februar 2009; Seema Jayachandran und Rohini Pande, «Last Gets Least. Parental Preferences as a Cause of India's High Rate of Child Stunting», vervielf. Ms., Harvard University, 2013; Angus Deaton, *The Great Escape. Health, Wealth and the Origins of Inequality*, Princeton, NJ: Princeton University Press, 2013.

26 Vulimiri Ramalingaswami, Urban Jonsson und Jon Rohde, «The Asian Enigma», in: UNICEF, *The Progress of Nations 1996*, New York: UNICEF, 1996 (online verfügbar: www.unicef.org/pon96/nuenigma.htm). Im Titel des Aufsatzes ist, ein wenig irreführend, vom «asiatischen Rätsel» die Rede, doch ist die Situation in Südasien das eigentliche Thema.

27 Siehe Siddiq Osmani und Amartya Sen, «The Hidden Penalties of Gender Inequality. Fetal Origins of Ill-Health», in: *Economics and Human Biology* 1 (2003), H. 1, S. 105–121; Santosh Mehrotra, «Child Malnutrition and Gender Discrimination in South Asia», in: *Economic and Political Weekly*, 11. März 2006; Nira Ramachandran, «Women and Food Security in South Asia», in: Basudeb Guha-Khasnobis, S. S. Acharya und Benjamin Davis (Hg.), *Food Insecurity, Vulnerability and Human Rights Failure*, New York: Palgrave, 2007, S. 219–240.

28 Angaben nach verfügbaren Daten aus verschiedenen Demographic and Health Surveys (DHS) (online unter: www.measuredhs.com); siehe ferner Deaton und Drèze, «Food and Nutrition in India», Tab. 13. DHS sind vergleichbare, in vielen Ländern weltweit durchgeführte Haushaltserhebungen (in Indien bekannt als National Family Health Surveys). Die Angaben zu Afrika südlich der Sahara sind bevölkerungsgewichtete Durchschnittswerte, in die verfügbare DHS-Daten aus 32 Ländern eingingen.

29 Zu den Opfern des mangelnden Interesses an der Ernährungssituation gehört das System der Erhebung von Ernährungsdaten selbst. Die NFHS-3-Daten sind bereits über acht Jahre alt; zum Zeitpunkt der Abfassung dieses Buchs stehen sehr wenige Informationen über zwischenzeitliche Entwicklungen zur Verfügung. Erste Ergebnisse eines (erst noch durchzuführenden) NFHS-4 sind nicht vor frühestens 2015 zu erwarten. Informationslücken von zehn Jahren tragen nicht dazu bei, durch geeignete Maßnahmen zeitnah und effektiv auf Indiens Ernährungsprobleme zu reagieren.

30 Dieser Abschnitt stützt sich in Teilen auf die Beiträge Jean Drèzes zum Bericht der Citizens' Initiative for the Rights of Children Under Six, *Focus on Children Under Six*; siehe auch Jean Drèze, «Universalization with Quality. ICDS in a Rights Perspective», in: *Economic and Political Weekly*, 26. August 2006; Working Group for Children Under Six, «Strategies for Children Under Six», in: *Economic and Political Weekly*, 29. Dezember 2007; dies., *Strategies for Children Under Six. Update and Recommendations for the 12th Plan*, New Delhi: Public Health Resource Network, 2012.

31 Offenkundig gilt es, die Aufmerksamkeit auf das zu richten, was Sudhir Anand und Kollegen, inspiriert durch Albina du Boisrouvray, die «Kosten der Untätigkeit» nannten. Die durch Nichtstun verursachten Kosten – oder besser Verluste – können immens sein; etwas zu unternehmen, um den durch Untätigkeit ansonsten entstehenden Schaden zu verhindern, wäre zumindest häufig mit weniger Kosten verbunden. Siehe Sudhir Anand, Chris Desmond, Habtamu Fuje und Nadejda Marques, *The Cost of Inaction. Case Studies from Rwanda and Angola*, Cambridge, MA: Harvard University Press, 2012.

32 Detailliertere und für einzelne Bundesstaaten spezifizierte Angaben finden sich im statistischen Anhang, Tabelle A.3.

33 Das ist die Kernaussage der Entscheidung des Obersten Gerichts vom 13. Dezember 2006; siehe Citizens' Initiative for the Rights of Children Under Six, *Focus on Children Under Six*, S. 143–144.

34 Wie das Schulspeisungsprogramm für alle Schulkinder gehört das Angebot in den

Anganwadis zu den wenigen Maßnahmen zum Wohle von Kindern, bei denen Indien China einen Schritt voraus war. Wissenschaftlich untersucht wurden die indischen Initiativen durch die China Development Research Foundation unter der Leitung von Lu Mai. In den vergangenen Jahren machte China auf diesen Feldern große Fortschritte.

35 Siehe Monica Jain, «India's Struggle against Malnutrition. Is the ICDS Program the Answer?», vervielf. Ms., Department of Economics, University of California, Riverside, 2012 (online verfügbar: monica-jain.com/wp-content/uploads/2011/10/Job-Market-Paper_Monica-Jain1.pdf). Ähnliche Ergebnisse lassen Eeashani Kandpal zu dem Schluss kommen, «selbst in ihrer gegenwärtigen Form schaffen die ICDS solide [ökonomische] Erträge», ganz abgesehen von der besseren Entwicklung der Kinder, wie sie sich etwa im Wachstum zeigt (Eeashani Kandpal, «Beyond Average Treatment Effects. Distribution of Child Nutrition Outcomes and Program Placement in India's ICDS», in: *World Development* 39 (2011), H. 8, S. 1410–1421, hier S. 1420); siehe auch Gautam Hazarika und Vejoya Viren, «The Effect of Early Child Developmental Program Attendance on Future School Enrollment in Rural North India», in: *Economics of Education Review* 34 (2013), S. 146–161.

36 Siehe hierzu Sudha Narayanan, «Child Development as an ‹Investment›», in: Citizens' Initiative for the Rights of Children Under Six, *Focus on Children Under Six*, S. 34, sowie die dort zitierte Literatur; ferner Harold Alderman, «The Economic Cost of a Poor Start in Life», in: *Journal of Developmental Origins of Health and Disease* 1 (2010), H. 1, S. 19–25; Harold Alderman und Jere R. Behrman, «Reducing the Incidence of Low Birth Weight in Low-Income Countries has Substantial Economic Benefits», in: *World Bank Research Observer* 21 (2006), H. 1, S. 25–48; Harold Alderman und Susan Horton, «The Economics of Addressing Nutritional Anemia», in: Klaus Kraemer und Michael B. Zimmermann (Hg.), *Nutritional Anemia*, Basel: Sight and Life Press, 2007, S. 19–36; Milagros Nores und W. Steven Barnett, «Benefits of Early Childhood Interventions Across the World, (Under) Investing in the Very Young», in: *Economics of Education Review* 29 (2010), H. 2, S. 271–282.

37 So unternahm beispielsweise Maharashtra erhebliche Anstrengungen, die ICDS-Angebote für unter Zweijährige zu verbessern. Eine neuere Erhebung stellte dort in dieser Altersgruppe seit 2005/6 große Fortschritte im Hinblick auf Gesundheit und Ernährung fest (d. h. seit dem dritten National Family Health Survey), darunter einen deutlichen Rückgang der Wachstumsstörungen durch Unterentwicklung; siehe International Institute for Population Sciences, *Comprehensive Nutrition Survey in Maharashtra 2012. Fact Sheet (Provisional Data)*, Mumbai: IIPS, 2012.

38 Die Bedeutung, die es hat, der Unterstützung in sehr jungem Alter Priorität einzuräumen, unterstreichen die Untersuchungen James Heckmans und seiner Kollegen zu den frühen Determinanten menschlicher Verwirklichungschancen sowie natürlich die umfangreiche Literatur zur Ökonomie kindlicher Entwicklung; siehe etwa James J. Heckman, «Capability Formation, Early Intervention, and Long-Term Health», Vortrag beim Outcomes Research Workshop, University of Chicago, 1. Oktober 2008; Gabriella Conti und James J. Heckman, «The Developmental Approach to Child and Adult Health», NBER Working Paper 18664, National Bureau of Economic Research, Cambridge, MA, 2012, sowie dort zitierte frühere Arbeiten.

39 Siehe Planning Commission, «Evaluation Study on Integrated Child Development Scheme», PEO Report 218, New Delhi: Programme Evaluation Organisation/Planning Commission, 2011, Tab. 5.2.

40 Es finden sich einige Hinweise für in den vergangenen Jahren zu verzeichnende deutliche Fortschritte im Hinblick auf funktionierende ICDS-Angebote auch in anderen Bundesstaaten; siehe etwa für Maharashtra: International Institute for Population Sciences, *Comprehensive Nutrition Survey in Maharashtra 2012*; für Odisha: Voice for Child Rights Odisha, *A Study on Status of Service Delivery of SNP & Pre Schooling Education under Integrated Child Development Services (ICDS)*, Bhubaneshwar: VCRO, 2012; für Madhya Pradesh: Vikas Samvad, Spandan und Community Development Centre (CDC), «Towards Building a Comprehensive Community-Based Model Against Malnutrition. Results of the Baseline Survey», Bhopal, Februar 2013; für Chhattisgarh: Samir Garg, «Grassroot Mobilisation for Children's Nutrition Rights», in: *Economic and Political Weekly*, 26. August 2006; sowie Sheila C. Vir, «Mitanin Initiative and Nutrition Security Innovation Chhattisgarh State, India. An Evaluation», Projektbericht, State Health Resource Centre, Chhattisgarh, 2012.

41 Jean Drèze und Amartya Sen, *India. Development and Participation*, Oxford: Oxford University Press, 2002, Kap. 6; siehe ferner V. R. Muraleedharan, Umakant Dash und Lucy Gilson, «Tamil Nadu 1980s–2005. A Success Story in India», in: Dina Balabanova, Martin McKee und Anne Mills (Hg.), *«Good Health at Low Cost». 25 years on*, London: London School of Hygiene and Tropical Medicine, 2011, S. 159–192. Private Anbieter haben auch in Tamil Nadus Gesundheitssektor Konjunktur, doch dessen ungeachtet gibt es gute Möglichkeiten zur kostenlosen Behandlung der meisten gesundheitlichen Beschwerden auch in öffentlichen Einrichtungen.

42 Siehe Drèze und Sen, *India. Development and Participation*, S. 213–218.

43 Siehe etwa Leela Visaria, «Innovations in Tamil Nadu», in: *Seminar* 489, Mai 2000; Jean Drèze, «Tamil Nadu Viewed from the North», in: Citizens' Initiative for the Rights of Children Under Six, *Focus on Children Under Six*, S. 101; Vivek Srinivasan, *Understanding Public Services in Tamil Nadu. An Institutional Perspective*, Dissertation, Syracuse University, 2010; Reetika Khera, 2012; Dipa Sinha, *Health and Human Development. Comparative Experiences of Tamil Nadu and Uttar Pradesh*, Dissertation, Jawaharlal Nehru University, 2013.

44 Ähnliche Recherchen hatte Sinha auch in Uttar Pradesh geplant, doch die Gesundheitszentren waren, wie sie schreibt, die meiste Zeit geschlossen, und «in den ausgewählten Dörfern wussten die Befragten nicht, wo das nächste PHC zu finden ist» (Dipa Sinha, *Health and Human Development. Comparative Experiences of Tamil Nadu and Uttar Pradesh*, Dissertation, Jawaharlal Nehru University, 2013).

45 Siehe Sinha, *Health and Human Development*, Tab. 3.11; National Sample Survey Organisation, «Morbidity, Health Care and the Condition of the Aged. NSS 60th Round (January–June 2004)», Report 507, NSSO, New Delhi, 2006.

46 Siehe auch im statistischen Anhang, Tab. A.3.

47 Das öffentliche Gesundheitswesen in Tamil Nadu beleuchten insbesondere Monica Das Gupta, B. R. Desikachari, K. K. Datta, P. Padmanaban, Rajendra Shukla und T. V. Somanathan, «How Might India's Public Health Systems Be Strengthened? Lessons from Tamil Nadu», in: *Economic and Political Weekly*, 6. März 2010. Neben anderen Aspekten ist am Gesundheitssystem in Tamil Nadu hervorzuheben, dass es auch für Katastrophenfälle gut gerüstet ist. Die Weltgesundheitsorganisation stellte nach dem Tsunami von 2004 fest, dem Bundesstaat sei es gelungen, Epidemien zu vermeiden, und nannte dies «eine wahrhaft bemerkenswerte Leistung». Auch in anderen Bundesstaaten waren Hilfskräfte aus Tamil Nadu bei Katastro-

phen im Einsatz, so bei einer Choleraepidemie 1994 in Gujarat und bei einem Pestausbruch 1999 in Odisha.

48 Siehe im statistischen Anhang, Tab. A.3.

49 Eine erhellende Fallstudie zu einem Modell-Anganwadi in Tamil Nadu liefert S. Vivek, «A Thriving Anganwadi in Tamil Nadu», in: Citizens' Initiative for the Rights of Children Under Six, *Focus on Children Under Six*, S. 105.

50 Auch in den nordindischen Bundesstaaten sind in den Anganwadis vor Ort die Beschäftigten durchgehend Frauen, doch auf den Ebenen Ausbildung, Verwaltung und Planung sind es in der Regel Männer, bisweilen auch aus anderen Behörden, etwa dem Veterinäramt, dorthin versetzt; siehe Rights of Children Under Six, *Focus on Children Under Six*, Kap. 6.

51 Die soziale Absicherung von Menschen im informellen Sektor wie auch Initiativen, um die prekäre Existenz der sozial Ungeschützten (beispielsweise von Witwen, von behinderten und alten Menschen) abzusichern, sind weitere sozialpolitische Felder, auf denen Tamil Nadu (zusammen mit Kerala) weit vorne liegt. Siehe hierzu Drèze und Sen, *India. Development and Participation*, sowie die dort angegebene weitere Literatur.

52 Siehe Reetika Khera, «Revival of the Public Distribution System. Evidence and Explanations», in: *Economic and Political Weekly*, 5. November 2011; Jean Drèze und Reetika Khera, «A Bill that Asks too Much of the Poor», in: *The Hindu*, 5. September 2012. Kapitel 7 diskutiert das öffentliche Verteilungssystem in Indien und in Tamil Nadu eingehender.

53 Siehe Reetika Khera und Karuna Muthiah, «Slow but Steady Success», in: *The Hindu*, 25. April 2010; Reetika Khera, *The Battle for Employment Guarantee*, New Delhi: Oxford University Press, 2011; ferner Srinivasan, *Understanding Public Services in Tamil Nadu*.

54 Siehe Samuel Paul, Suresh Balakrishnan, Gopakumar Thampi, Sita Sekhar und M. Vivekananda, *Who Benefits from India's Public Services?*, New Delhi: Academic Foundation, 2006. Die Studie untersucht detailliert fünf Bereiche der öffentlichen Grundversorgung: Trinkwasserversorgung, medizinische Grundversorgung, Elementarbildung, das öffentliche Verteilungssystem und den öffentlichen Nah- und Fernverkehr.

55 Siehe Srinivasan, *Understanding Public Services in Tamil Nadu*, S. 6. Das Für und Wider des Targeting im PDS diskutieren wir in Kapitel 7.

56 Auf K. S. Sanjivis Initiative hin kam es 1958 zum Aufbau eines freiwilligen Gesundheitsdienstes (ergänzt durch eine einkommensabhängige Krankenversicherung mit eingebauter Progression), einer bemerkenswerten Institution, die zeigte, wie viel soziale Kooperation im Gesundheitswesen bewirken kann, statt die Dinge in der Hand von Ärzten zu belassen, die nur Patienten behandeln, die sich die – häufig völlig überhöhten – Honorare leisten können; siehe Rasheeda Bhagat, «The Great ‹Little› Man», in: *The Hindu*, 23. Dezember 2003.

57 Vivek Srinivasan, *Understanding Public Services in Tamil Nadu. An Institutional Perspective*, Dissertation, Syracuse University, 2010, S. 156. In einer Fallstudie zu einem Dalit-Weiler verdeutlicht Srinivasan anschaulich das Auftreten und den Einfluss solchen Protestierens: «Es ging jedes Mal mit zahlreichen Petitionen, Demonstrationen, Protestversammlungen und Verhandlungen einher, bis eine neue Handpumpe, Straßenlaterne, Landstraße oder auch anderes erst einmal sicher waren.» (Ebd., S. 177).

58 In China ist der Staat der größte Arbeitgeber im Gesundheitssektor, in Indien hin-

gegen sind in diesem Sektor viele Freiberufler und Selbstständige tätig (häufig mit unzureichender Ausbildung oder medizinischer Qualifikation). In China steht zudem mehr medizinisches Personal im Verhältnis zur Bevölkerungszahl zur Verfügung als in Indien, und das gilt selbstverständlich erst Recht im Hinblick auf das medizinische Personal in staatlichen Einrichtungen; auch die Unterschiede zwischen Städten und ländlichen Gebieten sind in China geringer. Diese und weitere Aspekte des Vergleichs zwischen China und Indien erörtern Sudhir Anand, «Measuring Health Workforce Inequalities. Methods and Application to China and India», in: *Human Resources for Health Observer*, Nr. 5/2010, Genf: WHO, 2010; Sudhir Anand und Victoria Fan, «The Health Workforce of India, 2001» (Bericht an die Planungskommission), Government of India, New Delhi, 2010.

59 Government of India, *Report of the Health Survey and Development Committee*, Bd. 1, S. 11.

60 Auch in diesem Fall kann Untätigkeit erhebliche Kosten verursachen; siehe Sudhir Anand, Chris Desmond, Habtamu Fuje und Nadejda Marques, *The Cost of Inaction. Case Studies from Rwanda and Angola*, Cambridge, MA: Harvard University Press, 2012.

61 Die dringende Notwendigkeit eines kollektiven Handelns auf den genannten Feldern ergibt sich teilweise auch daraus, dass die Verbesserung der öffentlichen Gesundheit wenig private Anreize bietet. Die öffentliche Gesundheit war ein wichtiger Faktor für die Entwicklung der Lebenserwartung in Europa, Japan und den Vereinigten Staaten; das gleiche gilt für Erfahrungen aus jüngerer Zeit in Ostasien (einschließlich Chinas) oder auch in Sri Lanka. In Indien indes ist öffentliche Gesundheit eines der am meisten vernachlässigten gesundheitspolitischen Themen überhaupt. So traten in den vergangenen rund fünfzig Jahren, wie zur Recht kritisiert wurde, Fragen öffentlicher Gesundheit «zunehmend in den Schatten ärztlicher Leistungen, die weitaus mehr politische und öffentliche Aufmerksamkeit erfahren» (Monica Das Gupta, B. R. Desikachari, K. K. Datta, P. Padmanaban, Rajendra Shukla und T. V. Somanathan, «How Might India's Public Health Systems Be Strengthened? Lessons from Tamil Nadu», in: *Economic and Political Weekly*, 6. März 2010, S. 48). Zur Vernachlässigung von Fragen öffentlicher Gesundheit siehe auch Monica Das Gupta, «Public Health in India. Dangerous Neglect», in: *Economic and Political Weekly*, 3. Dezember 2005.

62 Ein weiterer Bereich, den die Gesundheitspolitik in Indien weithin vernachlässigt, ist der Tabakkonsum. Der Staat offenbart hier erhebliche Defizite und erweist sich als unfähig, eine angemessene politische Linie gegen das Rauchen zu entwickeln – in diesem Fall übrigens auch in China. «Raucher verlieren im Vergleich zu Menschen, die niemals geraucht haben, mindestens ein Jahrzehnt Lebenserwartung», resümieren Prabhat Jha und seine Kollegen, doch wer vor dem vierzigsten Lebensjahr «mit dem Rauchen aufhört [...], vermindert das Risiko, das Weiterrauchen birgt, um rund 90 Prozent» (Prabhat Jha, Chinthanie Ramasundarahettige, Victoria Landsman, Brian Rostron, Michael Thun, Robert N. Anderson, Tim McAfee und Richard Peto, «21st-Century Hazards of Smoking and Benefits of Cessation in the United States», In: *The New England Journal of Medicine* 368 (2013), H. 4, S. 341–350, hier S. 341). Die staatlicherseits ergriffenen Maßnahmen gegen das Rauchen, im Wesentlichen Warnhinweise und höhere Tabaksteuern, reichen bei weitem nicht aus, um der Werbung und den versteckten, doch umso mächtigeren Avancen der nationalen und internationalen Tabakkonzerne etwas entgegenzusetzen. In diesem Zusammenhang siehe auch, besonders im Hinblick auf den Kauta-

bakkonsum, Santosh Sawalkar, Mahesh Deshmukh, Yogeshwar Kalkonde, Dharav Shah und Abhay Bang, «Tobacco vs Development. Private Spending on Tobacco in Gadchiroli District», in: *Economic and Political Weekly*, 2. Februar 2013.

63 Siehe etwa UNICEF/Government of India, *Coverage Evaluation Survey 2009*; ferner aktuellere statistische Erhebungen zum Gesundheitszustand aus neun Bundesstaaten, durchgeführt durch Mitarbeiter des Office of the Registrar General.

64 Zwischen 2005/6 und 2009 stieg der Anteil der Entbindungen in Krankenhäusern und Kliniken von 41 auf 74 Prozent aller Geburten, der Anteil der Entbindungen mit Unterstützung einer «ausgebildeten Geburtshelferin» stieg von 49 auf 76 Prozent; siehe UNICEF/Government of India, *Coverage Evaluation Survey 2009*; International Institute for Population Sciences, *National Family Health Survey (NFHS-3)*.

65 Amarjeet Sinha macht geltend, dass die NRHM-Initiative in einigen Staaten bereits bemerkenswerte Wirkung zeige und dazu «beitrage, dass das öffentliche [Gesundheits-]System in vielen Teilen des Landes wieder zu funktionieren anfängt» (Amarjeet Sinha, «Health Evidence from the States», in: *Economic and Political Weekly*, 11. Februar 2012, S. 17). Unter den angesprochenen Staaten fänden sich, so Sinha, nicht nur fortschrittliche wie Tamil Nadu, sondern auch andere wie beispielsweise Bihar, wo die Zahl der in Primary Health Centres untersuchten Patienten in nur vier Jahren von praktisch null auf 3500 monatlich in die Höhe schoss; siehe auch Amarjeet Sinha, *An India for Everyone. A Path to Inclusive Development*, New Delhi: Harper Collins, 2013.

66 Siehe Balabanova u. a., *«Good Health at Low Cost». 25 years on*, sowie die dort zitierte Literatur; ferner Scott B. Halstead, Julia A. Walsh und Kenneth S. Warren (Hg.), *Good Health at Low Cost*, New York: Rockefeller Foundation, 1985, wo die Möglichkeit, dass Gesundheit nicht viel kosten muss, vor dem Hintergrund von Erfahrungen aus verschiedenen Ländern – aus China, Costa Rica, Kerala und Sri Lanka – zum ersten Mal hervorgehoben wurde. Der Band *25 years on* fügt dem unter anderem noch Beispiele aus Bangladesch, Tamil Nadu und Thailand hinzu.

67 In Indien beträgt der Anteil der öffentlichen Gesundheitsausgaben am Bruttoinlandsprodukt armselige 1,2 Prozent, in China sind es 2,7 Prozent, in Thailand 2,9 Prozent, in Mexiko 3,1 Prozent und in Brasilien 4,2 Prozent (lt. World Bank, *World Development Indicators*, online). Gewiss sind diese Länder, legt man das BIP pro Kopf zugrunde, bedeutend reicher als Indien. Das trifft aber beispielsweise nicht auf Vietnam zu, das trotz eines geringeren BIP pro Kopf dem Ziel einer universellen Gesundheitsversorgung wesentlich näher als Indien ist und dessen öffentliche Gesundheitsausgaben sich auf 2,6 Prozent der Wirtschaftsleistung des Landes belaufen (siehe auch Kapitel 3).

68 Neben anderen inspirierenden Beispielen gehört zweifellos die Nationale Gesundheitsversammlung (National Health Assembly) in Thailand zu den Erfahrungen, von denen viel zu lernen wäre. 2007 durch ein Gesetz eingerichtet, ist die NHA ein Forum der nationalen Gesundheitspolitik, das auf seinen regelmäßigen Plenarsitzungen unter anderem auch von Bürgerinnen und Bürgern eingebrachte Erfahrungen und Berichte aus dem Gesundheitswesen erörtert. In Thailand gab es große und schnelle Fortschritte bei der nicht zuletzt von radikalen Gesundheitsinitiativen getragenen Realisierung einer Gesundheitsversorgung für alle, und unterstützt wurde der Prozess durch wechselseitigen Erfahrungsaustausch und Diskussionen zwischen Bürgerinnen und Bürgern auf der einen sowie Beschäftigten im Gesundheitswesen auf der anderen Seite.

7. Armut und soziale Unterstützung

1 Ausführlicher zur Notwendigkeit von Markt- und Nichtmarktinstitutionen sowie zu den Extremen der Marktmanie und der Marktphobie siehe Amartya Sen, *Ökonomie für den Menschen. Wege zu Gerechtigkeit und Solidarität in der Marktwirtschaft*, übers. von Christiana Goldmann, München: Hanser, 2000, sowie Jean Drèze und Amartya Sen, *India. Development and Participation*, Oxford: Oxford University Press, 2002.

2 Siehe Jean Drèze und Amartaya Sen, *Hunger and Public Action*, Oxford: Oxford University Press, 1989; dies., *India. Economic Development and Social Opportunity*, Oxford: Oxford University Press, 1995; dies., *India. Development and Participation*, Oxford: Oxford University Press, 2002, sowie die dort zitierte Literatur.

3 In diesem Buch werden wir uns nicht eingehender mit der eher moralischen Frage befassen, die ebenfalls als wichtig erachtet werden kann, nämlich ob bestimmte Formen zwischenmenschlicher Beziehungen überhaupt dem Markt überlassen werden sollten, selbst wenn der Markt gut funktioniert. Als einer der Ersten hat John Stuart Mill diese Frage aufgeworfen, als er die Sklaverei für moralisch nicht akzeptabel erklärte, selbst wenn diejenigen, die als Sklaven verkauft wurden, bei dieser Transaktion bereitwillig mitmachten (siehe John Stuart Mill, *Über die Freiheit* [1859], auf der Grundlage der Übersetzung von Else Wentscher neu hg. von Horst D. Brandt, Hamburg: Meiner, 2011, Kap. V). Siehe auch Michael Sandel, *Was man für Geld nicht kaufen kann. Die moralischen Grenzen des Marktes*, übers. von Helmut Reuter, Berlin: Ullstein, 2012, und Robert Skidelsky und Edward Skidelsky, *Wie viel ist genug? Vom Wachstumswahn zu einer Ökonomie des guten Lebens*, übers. von Ursel Schäfer und Thomas Pfeiffer, München: Kunstmann, 2013, wo wichtige Aspekte dieses Themas erörtert werden.

4 Siehe Drèze und Sen, *Hunger and Public Action*, Kap. 7.

5 Siehe neben anderen bahnbrechenden Beiträgen auf diesem Gebiet Kenneth Arrow, «Uncertainty and the Welfare Economics of Medical Care», in: *American Economic Review* 53 (1963); George Akerlof, «The Market for ‹Lemons›. Quality Uncertainty and the Market Mechanism, in: *Quarterly Journal of Economics* 80 (1970); Michael Spence, «Job Market Signalling», in: *Quarterly Journal of Economics* 83 (1973); Joseph Stiglitz, «The Theory of ‹Screening›, Education, and the Distribution of Income», in: *American Economic Review* 65 (1975); M. Rothschild und J. E. Stiglitz, «Equilibrium in Competitive Insurance Markets. An Essay on the Economics of Imperfect Information», in: *Quarterly Journal of Economics* 90 (1976); J. E. Stiglitz und A. Weiss, «Credit Rationing in Markets with Imperfect Information», in: *American Economic Review* 71 (1981).

6 Robert Aumann, «What is Game Theory Trying to Accomplish?», in: K. Arrow und S. Honkapohja (Hg.), *Frontiers of Economics*, Oxford: Basil Blackwell, 1987, S. 35 f. Siehe zu diesem Thema auch Richard S. Thaler und Cass Sunstein, *Nudge. Wie man kluge Entscheidungen anstößt*, übers. von Christoph Bausum, Düsseldorf: Econ, 2009; Abhijit Banerjee und Esther Duflo, *Poor Economics. Plädoyer für ein neues Verständnis von Armut*, übers. von Susanne Warmuth, München: Knaus, 2012; Sukhamoy Chakravarty u. a., «Experimental Economics. A Survey», in: *Economic and Political Weekly*, 27. August 2011, sowie die dort zitierte Literatur.

7 Zum Mittagessenprogramm in Indien und seinem weitreichenden sozialen Nutzen siehe Jean Drèze und A. Goyal, «The Future of Midday Meals», in: *Economic and Political Weekly*, 1. November 2003; Reetika Khera, «Mid-Day Meals in Primary

Schools. Achievements and Challenges», in: *Economic and Political Weekly*, 18. November 2006; Jean Drèze und Reetika Khera, «Mid-Day Meals in Primary Schools», in: A. Kumar und A. P. Singh (Hg.), *Elementary Education in India. Issues and Challenges*, New Delhi: Uppal, 2009; Farzana Afridi, «Child Welfare Programs and Child Nutrition. Evidence from a Mandated School Meal Programm in India», in: *Journal of Development Economics* 92 (2010); Farzana Afridi, «The Impact of School Meals on Student Participation in Rural India», in: *Journal of Development Studies* 47 (2011); Farzana Afridi, B. Barooah und R. Somanathan, «School Meals and Classroom Effort. Evidence from India», Working Paper, International Growth Centre, London School of Economics 2013; R. Jayaraman und D. Simroth, «The Impact of School Lunches on Primary School Enrollment. Evidence from India's Midday Meal Scheme», Working Paper 11-11, European School of Management and Technology, Berlin 2011; A. Singh, A. Park und S. Dercon, «Schools Meals as a Safety Net. An Evaluation of the Midday Meal Scheme in India», Discussion Paper 9031, Centre for Economic Policy Research, London 2012. Einschränkungen beim «inter-dining» (Menschen aus verschiedenen Kasten speisen gemeinsam) spielen eine wichtige Rolle bei der Durchsetzung und Beibehaltung des Kastensystems. Schulmahlzeiten können diese sozial regressiven Normen durchbrechen, doch in einigen Fällen war das Mittagessenprogramm selbst von Kastenvorurteilen bestimmt, wenn etwa Eltern aus höheren Kasten ihren Kindern nicht gestatten wollten, etwas zu essen, was von Frauen aus niederen Kasten gekocht wurde. Siehe beispielsweise Drèze und Goyal, «The Future of Midday Meals»; S. Thorat und J. Lee, «Caste Discrimination and Food Security Programmes», in: *Economic and Political Weekly*, 24. September 2005; Subhash Gatade, «Schools of Discrimination», in: *Infochange*, Januar 2013.

8 Der nächste «BPL-Zensus», der eigentlich 2007 durchgeführt werden sollte, wurde mehrfach verschoben, was vor allem mit der anhaltenden Verwirrung über die methodische Ermittlung des BPL zu tun hatte. Eine neue Methode wurde mit dem 2011 begonnenen Socio-Economic and Caste Census (SECC) ins Spiel gebracht, doch sie wurde heftig kritisiert, noch bevor der Zensus beendet war. Am 3. Oktober 2011 nahmen die Planungskommission und das Ministerium für ländliche Entwicklung in einer gemeinsamen Verlautbarung einige Aspekte dieser Methode zurück (etwa die Verwendung von offiziellen Armutsschätzungen in den einzelnen Bundesstaaten, um die BPL-Liste zu «deckeln»). Zu der Zeit, da wir dies schreiben, ist unklar, wie die BPL-Haushalte aus den SECC-Daten ermittelt werden sollen.

9 Ähnliches gilt für die Integrated Child Development Services (ICDS), die im vorangegangenen Kapitel vorgestellt wurden. Vor gut zehn Jahren gab es Pläne, diese Leistungen auf Kinder aus BPL-Haushalten zu begrenzen. Das wäre ebenfalls falsches Targeting gewesen, denn Ernährungsmängel und andere Defizite indischer Kinder sind beileibe nicht auf arme Haushalte beschränkt. Auch andere Überlegungen (etwa die Rolle sozialer Normen bei der Kinderbetreuung und der Einfluss von «Externalitäten», etwa im Zusammenhang mit Infektionskrankheiten) sprechen in diesem Zusammenhang gegen eine Zielgruppenorientierung. Wie bei den Mittagessen hat auch die jüngste Universalisierung der ICDS (also das Gegenteil des ursprünglich geplanten Targeting) das Programm mit neuem Leben erfüllt.

10 Das geschah (auf Druck des Finanzministeriums), kurz bevor die «National Rural Employment Guarantee Bill» im Dezember 2004 im Parlament eingebracht wurde. Für nähere Einzelheiten siehe Ian MacAuslan, «India's National Rural Employment Guarantee Act. A Case Study of How Change Happens», in: D. Green (Hg.),

From Poverty to Power. How Active Citizens and Effective States Can Change the World, Oxford: OXFAM International, 2008; und Deepta Chopra, «National Rural Employment Guarantee Act (NREGA) in India. Towards an Understanding of Policy Spaces», Diss., Department of Geography, University of Cambridge 2010; Deepta Chopra, «Policy Making in India. A Porous and Relational Process of ‹State Craft›», in: *Pacific Affairs* 84 (2011).

11 Siehe dazu ausführlicher Reetika Khera, «Trends in Diversion of Grain from the Public Distribution System», in: *Economic and Political Weekly*, 21. Mai 2011; Reetika Khera, «Revival of the Public Distribution System. Evidence and Explanations», in: *Economic and Political Weekly*, 5. November 2011; Jean Drèze, «Poverty, Targeting and Food Security», in: *Seminar* 634 (2012); Jean Drèze und Reetika Khera, «Chhattisgarh Shows the Way», in: *The Hindu*, 13. November 2010; Jean Drèze und Reetika Khera, «A Bill that Asks too Much of the Poor», in: *The Hindu*, 5. September 2012. Einiges deutet darauf hin, dass dieser stärker inklusive Ansatz nicht nur die allgemeine Funktionsweise des Systems verbessert, sondern auch positive Auswirkungen auf die Armutsverringerung hat (Drèze und Khera, «A Bill that Asks too Much of the Poor»). Sollte sich das bewahrheiten, stünde das in gewissem Widerspruch zu den Behauptungen der Targeting-Befürworter, wonach man die staatlichen Ressourcen auf die Armen konzentrieren müsse, um eine möglichst große Reduktion der Armut zu erreichen.

12 Dazu gehört auch die Literatur zum Wohlfahrtsstaat in Europa, wo der Universalismus die Sozialpolitik deutlich beeinflusst hat. Wie Tony Judt gezeigt hat, hat dieses Prinzip auch entscheidend dazu beigetragen, die politische Unterstützung der Mittelschicht für den Wohlfahrtsstaat zu sichern: «In den meisten Fällen wurde dies durch das ‹universalistische Modell› erreicht. Statt die öffentlichen Leistungen an das Einkommen zu knüpfen (in dem Fall hätten sich Besserverdienende sofort beschwert, für Dinge zahlen zu müssen, die sie nicht in Anspruch nehmen), wurde allen das gleiche Angebot gemacht: kostenlose Schulbildung, kostenlose oder günstige medizinische Versorgung, Renten und Arbeitslosenunterstützung.» Siehe Tony Judt, *Dem Land geht es schlecht. Ein Traktat über unsere Unzufriedenheit*, übers. von Matthias Fienbork, München: Hanser 2011, S. 50.

13 Siehe beispielsweise P. Dutta, S. Howes und R. Murgai, «Small but Effective. India's Targeted Unconditional Cash Transfers», in: *Economic and Political Weekly*, 25. Dezember 2010; Aashish Gupta, «The Old-age Pension Scheme in Jharkhand and Chhattisgarh», Working Paper, Department of Economics, Allahabad University 2013; und M. Marulasiddappa, P. Raonka und I. Sabhikhi, «Social Security Pensions for the Elderly. A Case Study», vervielf. Ms., Planning and Development Unit, Allahabad University 2013.

14 T. V. Sekher, «Ladlis and Lakshmis. Financial Incentive Schemes for the Girl Child», in: *Economic and Political Weekly*, 28. April 2012, S. 58. Zur Komplementarität von bedingten Geldleistungen und der staatlichen Versorgung mit grundlegenden Leistungen siehe Francesca Bastagli, «Conditional Cash Transfers as a Tool of Social Policy», in: *Economic and Political Weekly*, 21. Mai 2011 und Sudha Narayanan, «A Case for Reframing the Cash Transfer Debate in India» in: *Economic and Political Weekly*, 21. Mai 2011.

15 Die große Anziehungskraft kostenlosen Essens ist vielfach bestätigt. Ein weiteres Beispiel findet sich bei Banerjee und Duflo, *Poor Economics*, die berichten, dass die Verteilung geringer Mengen an kostenlosen Hülsenfrüchten in Impfstationen Mütter und Kinder dorthin bringt.

16 Als erster Bundesstaat hat Tamil Nadu dieses Modell eingeführt, das dann Nachahmer in anderen Bundesstaaten fand. Belege für die positiven Auswirkungen auf den Schulbesuch finden sich, mit Bezug auf Bihar, bei K. Muralidharan und N. Prakash, «Cycling to School. Increasing Secondary School Enrollment for Girls in India», Vortrag auf der jährlichen Growth and Development Conference, Indian Statistical Institute, New Delhi, Dezember 2012.

17 Siehe J-PAL, «The Price is Wrong. Charging Small Fees Dramatically Reduces Access to Important Products for the Poor», J-PAL Bulletin, Adul Latif Jameel Poverty Action Lab, Massachusetts Institute of Technology, April 2011, verfügbar unter www.povertyactionlab.org/publication/the-price-is-wrong und M. A. Bates u. a., «The Price is Wrong», in: *FACTS Reports*, Sondernummer 4 (2012) sowie die dort zitierten Untersuchungen.

18 Diese Erkenntnis verdanken wie ebenfalls der Verhaltens- und Experimentalökonomik, insbesondere der jüngsten Literatur zu «sozialen Präferenzen» – siehe etwa E. Fehr und U. Fischbacher, «Why Social Preferences Matter. The Impact of Non-selfish Motives on Competition, Cooperation and Incentives», in: *Economic Journal* 112 (2000); Samuel Bowles und Sung-Ha Hwang, «Social Preferences and Public Economics», in: *Journal of Public Economics* 92 (2008); S. Bowles und S. P. Reyes, Economic Incentives and Social Preferences. A Preference-based Lucas Critique of Public Policy», Working Paper 2009-11, Department of Economics, University of Massachusetts 2009.

19 Siehe Richard Titmuss, *The Gift Relationship. From Human Blood to Social Policy*, London: Allen & Unwin, 1970. Siehe auch C. Mellström und M. Johannesson, «Crowding Out in Blood Donation. Was Titmuss Right?», in: *Journal of the European Economic Association* 6 (2008); und Michael Sandel, *Was man für Geld nicht kaufen kann. Die moralischen Grenzen des Marktes*, übers. von Helmut Reuter, Berlin: Ullstein, 2012.

20 Samuel Bowles, «Social Preferences and Public Economics. Are Good Laws a Substitute for Good Citizens?», Working Paper, Santa Fe Institute, New Mexico 2007. Ein verwandtes Phänomen ist, dass Beamte und staatliche Funktionsträger, bei denen bestimmte Pflichten mit Anreizen versehen sind, dazu neigen, andere Pflichten zu vernachlässigen oder sogar ganz zu ignorieren. Dieses Verhaltensmuster hat man beispielsweise in Indien bei den «accredited social health activists» (ASHA) beobachtet, also denen, die bei der National Rural Health Mission in vorderster Reihe arbeiten.

21 Einen informativen Überblick bietet Sekher, «Ladlis and Lakshmis». Auf das Thema geschlechtsselektiver Abtreibungen in Indien kommen wir in Kapitel 8 zurück.

22 Für nähere Einzelheiten zu dem Prozess, an dessen Ende NREGA verabschiedet wurde, siehe Jean Drèze, «Employment Guarantee and the Right to Work», in: N. G. Jayal und P. B. Mehta (Hg.), *The Oxford Companion to Politics in India*, New Delhi: Oxford University Press, 2010, wieder abgedruckt in Reetika Khera (Hg.), *The Battle for Employment Guarantee*, New Delhi: Oxford University Press; auch MacAuslan, «India's National Rural Employment Guarantee Act»; Chopra, «National Rural Employment Guarantee Act (NREGA) in India». Eine nützliche Einführung in die Wirtschaftsliteratur zu NREGA bieten Khera (Hg.), *The Battle for Employment Guarantee*, und Government of India, *Government of India, MG-NREGA Sameeksha. An Anthology of Research Studies on the Mahatma Gandhi National Rural Employment Guarantee Act, 2005*, New Delhi: Orient Blackswan, 2012. Das Gesetz wurde im Oktober 2009 in «Mahatma Gandhi National Rural Employment Guarantee Act» umbenannt.

23 Unter dem Gesetz hat jeder Erwachsene, der in ländlichen Regionen lebt, das Recht, binnen 15 Tagen nach seinem Antrag vor Ort staatlich beschäftigt zu werden, und zwar maximal 100 Tage pro Haushalt und Jahr. Wenn keine Arbeit zur Verfügung gestellt werden kann, soll ein Arbeitslosengeld gezahlt werden, auch wenn das in der Praxis selten geschieht. Für weitere Einzelheiten zu den Rechten der Arbeitskräfte unter NREGA sowie anderen Aspekten des Gesetzes siehe beispielsweise N. Dey, J. Drèze und R. Khera, *Employment Guarantee Act. A Primer*, New Delhi: National Book Trust, 2006.

24 Zum *employment guarantee scheme* (EGS) in Maharashtra siehe beispielsweise S. Mahendra Dev und A. Ranade, «Employment Guarantee Scheme and Employment Security», in: S. Mahendra Dev u. a. (Hg.), *Social and Economic Security in India*, New Delhi: Institute of Human Development, 2001; Aruna Bagchee, «Political and Administrative Realities of Employment Guarantee Scheme», in: *Economic and Political Weekly*, 15. Oktober 2005 und ältere dort zitierte Arbeiten. In den siebziger und achtziger Jahren waren pro Tag durchschnittlich rund eine halbe Million Menschen im Rahmen dieses Programms beschäftigt, wenn auch zu sehr niedrigem Lohn. In den neunziger Jahren jedoch lief sich dieses Programm aus nicht ganz geklärten Gründen ein wenig tot; siehe dazu M. Moore und V. Jadhav, «The Politics and Bureaucratics of Rural Public Works. Maharashtra's Employment Guarantee Scheme», in: *Journal of Development Studies* 42 (2006). Der erste Entwurf des National Rural Employment Guarantee Act wurde weitgehend aus dem in Maharashtra geltenden Employment Guarantee Act übernommen.

25 Zu diesem Aspekt des Beschäftigungsgarantieprogramms in Maharashtra siehe beispielsweise Shaji Joseph, «Power of the People. Political Mobilisation and Guaranteed Employment», in: *Economic and Political Weekly*, 16. Dezember 2006; und Anuradha Joshi, «Do Rights Work? Law, Activism, and the Employment Guarantee Scheme», in: *World Development* 38 (2010).

26 Das ist nur eine – die grundlegendste – der zahlreichen «Transparenzsicherungen», die in das Gesetz eingebaut wurden (und später in die NREGA-Richtlinien). Vorgeschrieben sind des Weiteren regelmäßige Aktualisierungen der «job cards» der Arbeiter, obligatorische Sozialaudits, strenge Regelungen für die Lohnauszahlung, eine durchgängige Computerisierung und Ähnliches. Für weitere Einzelheiten siehe beispielsweise Khera (Hg.), *The Battle for Employment Guarantee*.

27 NREGA trat im Februar 2006 in 200 Distrikten in Kraft – und zwar in den ärmsten Distrikten, zumindest nach einem von der Planungskommission entwickelten «Rückständigkeitsindex». Am 1. April 2007 wurde das Gesetz auf weitere 130 Distrikte ausgedehnt, am 1. April 2008 schließlich auf das gesamte Land.

28 Siehe Government of India, *MGNREGA Sameeksha*, S. 4. Die NREGA-Beschäftigungszahlen, die sich aus dem National Sample Survey für 2009/10 ergeben, liegen etwas niedriger, nämlich bei rund 42 Millionen Haushalten, die Arbeit fanden, im Gegensatz zu 52 Millionen, die das Ministerium für ländliche Entwicklung für das gleiche Jahr verkündete. Die NSS-Schätzungen könnten jedoch etwas zu niedrig angesetzt sein (beispielsweise aufgrund von Abrufproblemen), und die Wahrheit liegt wie so oft vermutlich irgendwo in der Mitte.

29 Zu den positive Auswirkungen von NREGA auf die Löhne in der Landwirtschaft siehe Mehtabul Azam, «The Impact of Indian Job Guarantee Scheme on Labor Market Outcomes. Evidence from a Natural Experiment», Discussion Paper 6548, Forschungsinstitut zur Zukunft der Arbeit, Bonn 2011; C. Imbert und J. Papp, «Equilibrium Distributional Impacts of Government Employment Programs. Evi-

dence from India's Employment Guarantee», vervielf. Ms., Princeton University, NJ 2011; E. Berg u. a., «Can Rural Public Works Affect Agricultural Wages? Evidence from India», Working Paper 2012-05, Centre for the Study of African Economies, University of Oxford, 2012. Die ersten dieser Veränderungen (vor allem die Ausbezahlung der vorgeschriebenen Mindestlöhne) wurden im Januar 2009 zum Teil wieder rückgängig gemacht, als die Zentralregierung versuchte, NREGA und Mindestlohngesetz zu «entkoppeln». Gegen diesen Schritt gab es jedoch juristische Klagen, und zu der Zeit, in der dieses Buch geschrieben wurde, stellte die Regierung in dieser Frage gerade neue Überlegungen an.

30 Siehe dazu insbesondere Imbert und Papp, «Equilibrium Distributional Impacts of Government Employment Programs». Diese Studie kommt zu dem Schluss, dass sich der indirekte Nutzen von NREGA für ländliche Haushalte in Gestalt höherer Löhne im Privatsektor in etwa in der gleichen Größenordnung bewegt wie der direkte Nutzen in Form von NREGA-Löhnen. Zu den damit verbundenen Vorzügen von NREGA siehe unter anderem Y. Liu und K. Deininger, «Poverty Impacts of India's National Rural Employment Guarantee Scheme. Evidence from Andra Praesh», Vortrag für ein Treffen der Agricultural and Applied Economics Association, Denver, Colorado, 25.–27. Juli 2010; F. Afridi, A. Mukhopadhyay und S. Sahoo, «Female Labour Force Participation and Child Education in India. The Effect of the National Rural Employment Guarantee Scheme», Discussion Paper 6593, Forschungsinstitut zur Zukunft der Arbeit, Bonn 2012; John Papp, «Essays on India's Employment Guarantee, Diss., Princeton University, NJ; S. Klonner und C. Oldiges, «Can an Employment Guarantee Alleviate Poverty? Evidence from India's National Rural Employment Guarantee Act», Konzeptpapier, Universität Heidelberg 2013.

31 Siehe beispielsweise Jean Drèze und Reetika Khera, «The Battle for Employment Guarantee», in *Frontline*, 3. Januar 2009, wieder abgedruckt in Khera (Hg.), *The Battle for Employment Guarantee*; Liu und Deininger, «Poverty Impacts of India's National Rural Employment Guarantee Scheme»; Imbert und Papp, «Equilibrium Distributional Impacts of Government Employment Programs»; Silvia Mangatter, «Does the Mahatma Gandhi National Rural Employment Guarantee Act (MGNREGA) Strengthen Rural Self-Emploment in Bolpur Subdivision (West Bengal, India)?», Magisterarbeit, Wirtschaftswissenschaftl. Fakultät, Universität Marburg (2011); Dutta u. a., «Does India's Employment Guarantee Scheme Guarantee Employment?», In: *Economic and Political Weekly*, 21. April 2012; Government of India, *MGNREGA Sameeksha*; Yanyan Liu und Barrett, «Heterogeneous Pro-Poor Targeting in the National Rural Employment Guarantee Scheme», in: *Economic and Political Weekly*, 9. März 2013.

32 Government of India, *MGNREGA Sameeksha*, S. 4.

33 Siehe Government of India, *MGNREGA Sameeksha*, S. 19. Wichtigste Ausnahme ist hier Uttar Pradesh, wo der Frauenanteil bei der NREGA-Beschäftigung noch bei unter einem Fünftel liegt.

34 Siehe Drèze und Khera, «The Battle for Employment Guarantee». Das Programm bietet Frauen nicht nur als NREGA-Arbeiterinnen gute Beschäftigungschancen, sondern auch als Aufseherinnen («Kolleginnen»), Datenerfasserinnen, Projektleiterinnen und so weiter. Die Bezahlung gleicher Löhne für Frauen und Männer auf allen Ebenen ist ein weiterer wichtiger Beitrag von NREGA zur Gleichberechtigung auf dem Land.

35 Siehe beispielsweise Sudha Narayanan, «Employment Guarantee, Women's Work and Child Care», in: *Economic and Political Weekly*, 1. März 2008; National Fede-

ration of Indian Women, «Socio-economic Empowerment of Women under NREGA», Bericht an das Ministry of Rural Development, 2008; R. Khera und N. Nayak, «Women Workers and Perceptions of the National Rural Employment Guarantee Act», in: *Economic and Political Weekly*, 24. Oktober 2009, wieder abgedruckt in Khera (Hg.), *The Battle for Employment Guarantee*; A. Pankaj und R. Tankha, «Empowerment Effects of the NREGS on Women Workers. A Study in Four States», in: *Economic and Political Weekly*, 24. Juli 2010; I. Hirway und S. Batabyal, *MGNREGA and Women's Empowerment*, New Delhi: UN Women South Asia, 2012; Afridi, Mukhopadhyay und S. Sahoo, «Female Labour Force Participation and Child Education in India»; C. Dheeraja und K. H. Rao, *Changing Gender Relations. A Study of MGNREGA Across Different States*, Hyderabad: NIRD, (im Erscheinen).

36 Dies ist eine der Botschaften, die sich aus den Sozialaudits zu NREGA-Arbeiten überall im Land ergeben; siehe beispielsweise Jean Drèze, Reetika Khera und Siddhartha, «Corruption in NREGA. Myths and Reality», in: *The Hindu*, 22. Januar 2008. Ein weiterer entsprechender Hinweis ist der, dass die offiziellen Beschäftigungszahlen des Ministeriums für ländliche Entwicklung und die Schätzungen des unabhängigen National Sample Survey zur NREGA-Beschäftigung im Laufe der Zeit immer stärker übereinstimmen. Selbst in Bihar entdeckte eine Studie jüngst eine beträchtliche Übereinstimmung zwischen den offiziellen Zahlen und umfragebasierten Schätzungen zur Zahl der Arbeitsplätze, die durch NREGA geschaffen wurden; siehe Dutta u. a., *Rozgar Guarantee? Assessing India's Biggest Anti-Poverty Program in India's Poorest State*, Washington, D. C.: World Bank, (im Erscheinen).

37 Siehe beispielsweise Centre for Science and Environment, «An Assessment of the Performance of the National Rural Employment Guarantee Programme in Terms of its Potential for Creation of Natural Wealth in India's Villages» (2008), verfügbar unter knowledge.nrega.net; Drèze und Khera, «The Battle for Employment Guarantee»; SAMARTHAN, «Impact Assessment of MGNREGA in Madhya Pradesh», Bericht an die Poverty Monitoring and Policy Support Unit, State Planning Commission, Madhya Pradesh, 2010; T. Shah u. a., «Asset Creation through Employment Guarantee? Synthesis of Student Case Studies in Nine States of India», International Water Management Institute 2010; V. C. Shah und M. Makwana, «Impact of NREGA on Wage Rates, Food Security and Rural Urban Migration in Gujarat», Agro-economic Research Centre, Sardar Patel University, Vallabh Vidyanagar 2011; Shilp Verma, «MGNREGA Assets and Rural Water Security. Synthesis of Field Studies in Bihar, Gujarat, Kerala and Rajasthan», Berichtsentwurf, International Water Management Institute Anand 2011. In der von Drèze und Khera zitierten Umfrage wurden die NREGA-Tätigkeiten nicht nur von NREGA-Arbeitern positiv gesehen (92 Prozent sahen ihre Arbeit als «nützlich» oder «sehr nützlich»), sondern auch von den Befragern (81 Prozent).

38 Siehe Government of India, *MGNREGA Sameeksha*, Kap. 3 sowie die dort genannten Untersuchungen; siehe auch A. Aggarwal, A. Gupta und A. Kumar, «Evaluation of NREGA Wells in Jharkhand», in: *Economic and Political Weekly*, 1. September 2012.

39 Zu den zahlreichen operativen Problemen und anderen Hürden, die NREGA ungünstig beeinflusst haben (darunter auch die wenig begeisterte, oft sogar richtiggehend feindselige Haltung der Bürokratie gegenüber NREGA in vielen indischen Bundesstaaten), siehe die verschiedenen Beiträge in Khera (Hg.), *The Battle for Employment Guarantee*. Siehe auch P. Ambasta, P. S. Vijay Shankar und M. Shah, «Two Years of NREGA. The Road Ahead», in: *Economic and Political Weekly*,

23. Februar 2008; und National Consortium of Civil Society Organisations, *NREGA Reforms. Building Rural India*, erster NCCSO-Bericht zu NREGA 2009, verfügbar unter www.nregaconsortium.in; dass., MGNREGA. Opportunities, Challenges and the Road Ahead, zweiter NCCSO-Bericht zu NREGA 2011, verfügbar unter www.nregaconsortium.in.

40 Klage bei Gericht einzureichen ist für die meisten NREGA-Arbeiter angesichts ihrer Armut und ihres mangelnden gesellschaftlichen Einflusses keine wirkliche Option. Tatsächlich ist bislang noch kein einziger NREGA-Arbeiter vor Gericht gezogen, um seine Ansprüche durchzusetzen, obwohl NREGA Gesetz ist und regelmäßig dagegen verstoßen wird, und selbst Gerichtsverfahren im öffentlichen Interesse waren höchst selten (wir wissen bislang nur von dreien). Ein Grund ist vermutlich, dass ein Prozess jede Menge Sorgen und Kosten mit sich bringt, sich oft lange hinzieht und die Chancen auf Entschädigung meist eher schlecht stehen. Dieser Aspekt des Rechtssystems bedeutet eine enorme Bürde für NREGA und für die Sozialgesetzgebung ganz allgemein.

41 In einigen führenden Staaten gab es interessante Initiativen in dieser Richtung. So hat etwa Andhra Pradesh ein System der automatischen Entschädigung für NREGA-Beschäftigte eingeführt, wenn es bei der Lohnzahlung zu Verzögerungen kommt. Jeder Schritt des Zahlungsvorgangs ist computerisiert, was es ermöglicht herauszufinden, wer für die Verzögerungen verantwortlich ist, und diesen oder diese dann wenn nötig zu bestrafen. Das ist ein gutes Beispiel für die in Kapitel 4 erörterte Möglichkeit, Verantwortlichkeitsprobleme mit Hilfe der Technik zu lösen – vorausgesetzt, es besteht die politische Bereitschaft, diese Verantwortlichkeit zu stärken. Für weitere Einzelheiten siehe S. Chopra und R. Khera, «Cutting Delays in NREGA Wages», verfügbar unter www.ideasforindia.in (2012).

42 Dieser Abschnitt stützt sich vor allem auf die Gemeinschaftsarbeiten von Jean Drèze und Reetika Khera; siehe «The BPL Census and a Possible Alternative», in: *Economic and Political Weekly*, 27. Februar 2010; «Chhattisgarh Shows the Way»; «PDS Leakages. The Plot Thickens», in: *The Hindu*, 13. August 2011; «A Bill that Asks too Much of the Poor», in: *The Hindu*, 5. September 2013; «Poverty and the Public Distribution System», vervielf. Ms., Institute of Economic Growth, Delhi University; Khera, «Revival of the Public Distribution System»; Drèze, «Poverty, Targeting and Food Security».

43 Diese Beschreibung des PDS muss notwendigerweise skizzenhaft bleiben. Für weitere Einzelheiten siehe beispielsweise S. Jha und B. Ramaswami, «How Can Food Subsidies Work Better? Answers from India and the Philippines», ADB Economics Working Paper 221, Asian Development Bank, Manila (2010); und Khera, «Revival of the Public Distribution System».

44 Streng genommen gelten die Armutsschätzungen, mit denen die Zuteilungen an die einzelnen Bundesstaaten festgelegt werden, nur für die «BPL-Quote». Die APL-Quote steht letztlich im Ermessen der Zentralregierung und dient vor allem dazu, überschüssige Nahrungsmittelbestände abzubauen. In den ersten Jahren des 21. Jahrhunderts war sie für einige Zeit ausgesetzt, wurde dann jedoch wiederbelebt, als die Nahrungsmittelerträge weiter zunahmen.

45 Überall im Land sind «Antyodaya»-Haushalte (die Ärmsten der Armen) berechtigt, pro Monat 35 Kilogramm subventionierten Getreides vom PDS zu beziehen. Der Einfachheit halber verbuchen wir diese Gruppe hier unter der Kategorie der BPL-Haushalte. Tatsächlich aber waren die Antyodaya ursprünglich eine Unterkategorie der BPL-Gruppe.

46 Siehe u. a. Jha und Ramaswami, «How Can Food Subsidies Work Better?», und A. Kotwal, M. Murugkar und B. Ramaswami, «PDS Forever?», in: *Economic and Political Weekly*, 21. Mai 2012.

47 Siehe insbesondere Khera «Revival of the Public Distribution System». Fallstudien zu einzelnen Bundesstaaten bieten auch Anindita Adhikari, «Strong Revival», in: *Frontline*, 31. Dezember 2011; Ankita Aggarwal, «The PDS in Rural Orissa. Against the Grain?», in: *Economic and Political Weekly*, 3. September 2011; Jijo Jose, «The PDS Learning Curve», in: *Down to Earth*, 18. August 2011; Swathi Meenakshi, «Universalism for Real. The PDS in Tamil Nadu and Himachal Pradesh», teilweise veröffentlicht in *The Tribune*, 7. September 2011; Ria Singh Sawhney, «The PDS in Rajasthan. A New Start», teilweise veröffentlicht in *The Tribune*, 7. September 2011; Raghav Puri, «Reforming the Public Distribution System. Lessons from Chhattisgarh», in: *Economic and Political Weekly*, 4. Februar 2012.

48 In einigen Distrikten von Chhattisgarh werden auch Hülsenfrüchte über das PDS verteilt, und zwar zu 5 Rupien je Kilo (auch das ist ein symbolischer Preis, auf dem Markt muss man mindestens das Zehnfache bezahlen).

49 Siehe etwa Khera «Revival of the Public Distribution System»; Drèze und Khera, «Chhattisgarh Shows the Way»; Puri «Reforming the Public Distribution System»; John Parker, «Development in India. A Tale of Two Villages», in: *The Economist*, 17. November 2012; Sheila C. Vir, «Mitanin Initiative and Nutrition Security Innovation Chhattisgarh State, India. An Evaluation», Projektbericht, State Health Resource Centre, Chhattisgarh 2012. Diese Feststellung gilt allerdings nicht für die südlichen Teile von Chhattisgarh (die alte «Bastar»-Region), wo bewaffnete Konflikte dafür sorgen, dass der Verwaltungsapparat und die Selbstverwaltungsinstitutionen nicht mehr normal funktionieren.

50 Siehe beispielsweise Jean Drèze, «Right to Food and Public Accountability», in: *The Hindu*, 5. Dezember 2001, wo auch die eingangs dieses Kapitels berichtete Begebenheit geschildert wird.

51 Siehe Drèze und Khera, «A Bill that Asks too Much of the Poor»; dies., «Poverty and the Public Distribution System», vervielf. Ms., Institute of Economic Growth, Delhi University 2013. Der «Armutsgefälle-Index» auf dem Land lag 2009/10 für ganz Indien um rund 18 Prozent niedriger als ohne PDS-Transfers, in Chhattisgarh und Tamil Nadu sogar um 40 bis 50 Prozent niedriger. Siehe dazu auch Himanshu, «The Dubious Promise of Cash Transfers«, in: *Livemint*, 14. März 2013.

52 Siehe Khera, «Revival of the Public Distribution System».

53 Siehe Drèze und Khera, «A Bill that Asks too Much of the Poor».

54 Zur Vorstellung, dass der Staat den «Anstoß» für privates Verhalten gibt, siehe Thaler und Sunstein, *Nudge*. Selbst wenn das PDS auf Reis und Weizen beschränkt bleibt, scheint es die Kalorienzufuhr besser zu steigern als eine entsprechende Geldzahlung; siehe Himanshu und A. Sen, «In-kind Food Transfers. Impact on Poverty Reduction and Nutrition», vervielf. Ms., Jawaharlal Nehru University, New Delhi 2013.

55 Siehe Khera, «Revival of the Public Distribution System», Tabelle 8.

8. Im Griff der Ungleichheit

1 B. R. Ambedkar, *The Annihilation of Caste* (1936), Neuausgabe mit einer Einleitung von Mulk Raj Anand, New Delhi: Arnold, 1990, S. 47. Und weiter heißt es: «Das Kastensystem ist nicht nur eine *Arbeiter*teilung, was etwas ganz anderes ist als eine

*Arbeits*teilung – es stellt auch eine Hierarchie dar, in der die Arbeiterteilungen noch stufenweise erfolgen.» Dieses Merkmal der Kastenhierarchie als einem System der «abgestuften Ungleichheit» (wie Ambedkar es bezeichnet) macht es als Arbeiterteilung noch verheerender und noch widerstandsfähiger gegenüber Veränderungen.

2 Siehe etwa Jean Drèze und Amartya Sen, *India, Development and Participation*, Oxford: Oxford University Press, 2002, Tabelle 5.1, S. 147 f.

3 Siehe u. a. Benaabdelaali Wail, H. Said und K. Abdelhak, «A New Data Set on Educational Inequality in the World, 1950–2010, Gini Index of Education by Age Group» (2011), verfügbar unter www.education-inequality.com/Article/BHK,%20 2011.pdf; J. Crespo-Cuaresma, K. C. Samir und P. Sauer, «Gini Coefficients of Educational Attainment, Age Group Specific Trends in Educational (In)Equality», Vortrag beim Jahrestreffen der Population Association of America, San Francisco, 3. bis 5. Mai 2012, verfügbar unter paa2012.princeton.edu; M. S. Emran und F. Shilpi, «Gender, Geography and Generations, Intergenerational Educational Mobility in Post-Reform India», Vortrag auf der IGC-ISI-Konferenz, Indian Statistical Institute, New Delhi, Juli 2012.

4 Selbst in jüngeren Altersgruppen ist der Gini-Koeffizient bei der Dauer des Schulbesuchs in Indien nach wie vor sehr hoch. So lag er im Jahr 2000 in der Altersgruppe der 25- bis 29-Jährigen bei 0,5, während er im Vergleich dazu in einem bildungsmäßig gleicheren Land wie Südkorea unter 0,1 lag, wo Bildung unter Jugendlichen fast «vollkommen gleich verteilt ist»; siehe Crespo-Cuaresma, Samir und Sauer, «Gini Coefficients of Educational Attainment», S. 10. Die Autoren liefern eine eindrucksvolle Fallstudie zur Bildungsungleichheit in Indien und Südkorea und darüber, wie sie sich im Laufe der Zeit verändert hat – in Südkorea ging sie drastisch zurück, in Indien nicht. Dabei ist es so, dass der Gini-Koeffizient der Schuljahre die Bildungsungleichheiten in Indien noch deutlich *unterschätzt*, denn bei der Qualität der Schulen und des Unterrichts bestehen, wie gesehen, enorme Disparitäten, was die Ungleichheiten beim «quantitativen» Schulbesuch noch weiter vergrößert – und zwar deutlich stärker als in vielen anderen Ländern.

5 Zitiert nach Lion Agrawal, *Freedom Fighters of India*, Bd. 2, New Delhi: Isha, 2008, S. 214. Zu Lohias Leben und Denken siehe Yogendra Yadav, «On Remembering Lohia», in: *Economic and Political Weekly*, 2. Oktober 2010; ders., «What is Living and What is Dead in Rammanohar Lohia», in: *Economic and Political Weekly*, 2. Oktober 2010.

6 Eine andere hartnäckige soziale Spaltung ist die zwischen den Adivasi (den «benachteiligten Stämmen», *scheduled tribes*) und dem Rest. Die Adivasi machen ungefähr acht Prozent der indischen Bevölkerung aus, und viele von ihnen haben unter den gleichen Benachteiligungen und Diskriminierungen wie die Dalits oder *scheduled castes* zu leiden; zudem werden sie ebenfalls beispielsweise häufig Opfer von Zwangsumsiedlungen. Während jedoch die Dalits ein bedeutsamer politischer Faktor sind, vertritt bislang kaum eine politische Organisation die Interessen der Adivasi, was ihre Marginalisierung in der indischen Gesellschaft verfestigt.

7 Siehe Jean Drèze und H. Gazdar, «Uttar Pradesh. The Burden of Inertia», in: Jean Drèze und Amartya Sen (Hg.), *Indian Development. Selected Regional Perspectives*, Oxford: Oxford University Press, 1996 im Hinblick auf Uttar Pradesh.

8 World Bank, *Perspectives on Poverty in India. Stylised Facts from Survey Data*, Washington, D. C.: World Bank, 2011, S. 23. Zur Einkommensungleichheit in Indien siehe R. Vanneman und A. Dubey, «Horizontal and Vertical Inequalities in India», in: J. Gornick und M. Jantti (Hg.), *Income Inequality. Economic Disparities and*

the Middle Classes in Affluent Countries, Stanford, CA: Stanford University Press, (im Erscheinen).

9 Siehe u. a. Angus Deaton und Jean Drèze, «Poverty and Inequality in India. A Reexamination», in: *Economic and Political Weekly*, 7. September 2002; A. Banerjee und T. Piketty, «Top Indian Incomes, 1922–2000», in: *World Bank Economic Review* 19 (2005); A. Jayadev, S. Motiram und V. Vakulabharanam, «Patterns of Wealth Disparities in India during the Liberalisation Era», in: *Economic and Political Weekly*, 22. September 2007; S. Sarkar und B. S. Mehta, «Income Inequality in India. Pre- and Post-Reform Periods», in: *Economic and Political Weekly*, 11. September 2010; World Bank, *Perspectives on Poverty in India*; Thomas E. Weisskopf, «Why Worry about Inequality in the Booming Indian Economy?», in: *Economic and Political Weekly*, 19. November 2011; Asian Development Bank, *Asian Development Outlook 2012. Confronting Rising Inequality in Asia*, Manila: ADB, 2012.

10 Siehe Deaton und Drèze, «Poverty and Inequality in India. A Reexamination»; Himanshu, «Recent Trends in Poverty and Inequality. Some Preliminary Results», in: *Economic and Political Weekly*, 10. Februar 2007; World Bank, *Perspectives on Poverty in India*; Gaurav Datt und Martin Ravallion, «Shining for the Poor Too?», in: *Economic and Political Weekly*, 13. Februar 2010; Radhicka Kapoor, «Inequality Matters», in: *Economic and Political Weekly*, 12. Januar 2013; A. Kotwal und A. Roy Chaudhuri, «Why is Poverty Declining so Slowly in India?», Vortrag auf der Silver Jubilee Conference des Indira Gandhi Institute of Development Research, Mumbai 2013.

11 Siehe u. a. R. Wilkinson und M. Marmot (Hg.), *Social Determinations of Health. The Solid Facts*, Genf: World Health Organization, [2]2003; und R. Wilkinson und K. Pickett, *The Spirit Level. Why More Equal Societies Almost Always Do Better*, London: Allen Lane, 2009.

12 Ausführlicher zu diesen und anderen sozialen Folgen ökonomischer Ungleichheit siehe Weisskopf, «Why Worry about Inequality in the Booming Indian Economy?» und die dort zitierte Literatur.

13 Zu diesem Thema findet sich jede Menge soziologischer und anthropologischer Literatur; einen kritischen Überblick gibt André Béteille, «The Peculiar Tenacity of Caste», in: *Economic and Political Weekly*, 31. März 2012. Zum Kastensystem (und wie es sich gerade verändert) im heutigen Indien siehe u. a. auch M. N. Srinivas, *Social Change in Modern India*, Delhi. Orient Longman 1995; C. J. Fuller, *Caste Today*, New Delhi: Oxford University Press, 1997; Ghanshyam Shah u. a., *Untouchability in Rural India*, New Delhi: Sage, 2006; Gail Omvedt, *Understanding Caste. From Buddha to Ambedkar and Beyond*, New Delhi: Orient Blackswan, 2010.

14 Eindrucksvolle Augenzeugenberichte über diese Unterdrückung stammen unter anderem von Laxman Gaikwad, *The Branded. Uchalya*, New Delhi: Sahitya Akademi, 1998; Omprakash Valmiki, *Joothan. A Dalit's Life*, New York: Columbia University Press, 2003; B. R. Ambedkar, *Reminiscences of Untouchability* (2011), Nachdruck aus Government of Maharashtra, *Dr Babasabeh Ambedkar. Writings and Speeches*, hg. von V. Moon, 16 Bde., Band 12, Mumbai: Department of Education, 1979–1998. Siehe auch Sharmila Rege (Hg.), *Writing Caste/Writing Gender. Narrating Dalit Women Testimonies*, New Delhi: Zubaan, 2006; und G. Shah u. a., *Untouchability in Rural India*, New Delhi: Sage, 2006.

15 Die Stellung der Kayashtas im traditionellen Varna-System (mit den vier Hauptkas-

ten der Brahmanen, Kshatriyas, Vaishyas und Shudras) ist nicht ganz klar und variiert in den verschiedenen Regionen Indiens. Sie gelten oft als Kshatriyas. Außer Zweifel steht, dass sie sich in dieser Kategorie befinden – fast ganz oben.

16 Zufälligerweise wurden allein sieben der 14 indischen Premierminister (Jawaharlal Nehru, Lal Bahadur Shastri, Indira Gandhi, Rajiv Gandhi, Gulzarilal Nanda, V. P. Singh und Chandra Shekhar) in Allahabad geboren, wuchsen dort auf, gingen dort zu Schule oder wurden dort gewählt.

17 Siehe u. a. zu den Medienhäusern: B. N. Uniyal, «In Search of a Dalit Journalist», in: *The Pioneer*, 16. November 1996; J. Balasubramaniam, «Dalits and a Lack of Diversity in the Newsroom», in: *Economic and Political Weekly*, 12. März 2011; und Robin Jeffrey, *India's Newspaper Revolution*, New Delhi: Oxford University Press, 2012. Zu den Unternehmensvorständen und Führungskräften in der Industrie: Harish Damodaran, *India's New Capitalists. Caste, Business, and Industry in a Modern Nation*, Ranikhet: Permanent Black, 2008; und D. Ajit, H. Donker und R. Saxena, «Corporate Boards in India. Blocked by Caste?», in: *Economic and Political Weekly*, 11. August 2012. Zu Polo-Mannschaften: Karan Tejpal, «My Rajput Friend Believed that Polo was Reserved for Them», in: *Tehelka*, 14. April 2012. Zu Cricketteams: Richard Cashman, *Players, Patrons and the Crowd*, Delhi: Orient Longman, 1980; S. Anand, «The Retreat of the Brahmin», in: *Outlook*, 10. Februar 2003; Andrew Stevenson, «A Class Act? Opinions Differ», in: *Sydney Morning Herald*, 5. Januar 2008. Zum Zeitpunkt von Stevensons Erhebung waren sieben von elf Spielern im indischen Cricketteam Brahmanen (dieser Kaste gehören nur rund vier Prozent der Inder an); der Leiter der nationalen Cricket-Akademie – ebenfalls Brahmane – tat dies als «Zufall» ab.

18 Siehe A. Chamaria, J. Kumar und Y. Yadav, «Survey of the Social Profile of the Key Decision Makers in the National Media», unveröff. Bericht, Centre for the Study of Developing Societies, New Delhi 2006.

19 Siehe D. Ajit, H. Donker und R. Saxena, «Corporate Boards in India. Blocked by Caste?», in: *Economic and Political Weekly*, 11. August 2012, Tab. 1, S. 41. Sie basiert auf der Untersuchung der Vorstandsmitglieder der 1000 wichtigsten (gemessen am Gesamtwert) Unternehmen Indiens. Siehe zur Kastenzugehörigkeit indischer Milliardäre A. Gandhi und M. Walton, «Where Do India's Billionaires Get Their Wealth?», in: *Economic and Political Weekly*, 6. Oktober 2012.

20 Eindrückliche Hinweise auf diese Benachteiligungen liefert der *Sachar Committee Report* (Government of India, *Social, Economic and Educational Status of the Muslim Minority of India. A Report*, New Delhi: Cabinet Secretariat, 2006).

21 Schätzungen zu den Geschlechtsunterschieden bei der Kindersterblichkeit in den einzelnen indischen Bundesstaaten finden sich im statistischen Anhang, Tabelle A.3.

22 Siehe United Nations, *Sex Differentials in Childhood Mortality*, New York: Population Division, United Nations, 2011, Tab. III., wo Schätzungen für die geschlechterspezifischen Kindersterblichkeitsraten aus 122 Ländern aufgeführt sind. Danach ist das Verhältnis von Mädchen zu Jungen bei der «Kindersterblichkeit» (also der Wahrscheinlichkeit, im Alter zwischen ein und vier Jahren zu sterben) in Indien höher als in jedem anderen Land der Welt.

23 Siehe u. a. C. P. Chandrasekhar und J. Ghosh, «Women's Work in India. Has Anything Changed?», in: *Macroscan*, August 2011, verfügbar unter www.macroscan.org; I. Mazumdar und N. Neetha, «Gender Dimensions. Employment Trends in India, 1993-94 to 2009-10», in: *Economic and Political Weekly*, 22. Ok-

tober 2011; und Jayan Jose Thomas, «India's Labour Market during the 2000s», in: *Economic and Political Weekly*, 22. Dezember 2012. Zensusdaten wie auch die Zahlen des National Sample Survey legen nahe, dass der Anteil der Frauen an den Beschäftigten in Indien in den letzten Jahrzehnten relativ stabil geblieben (und mit Sicherheit nicht gestiegen) ist.

24 Von den 184 Ländern, für die wir dank der *World Development Indicators* über Zahlen zum Beschäftigungsanteil von Frauen verfügen, haben nur 17 eine niedrigere «Partizipationsrate von Frauen am Arbeitsmarkt» (für Frauen ab 15 Jahren) als die erschütternden 29 Prozent, die für Indien zu Buche stehen. Die meisten dieser Länder liegen in Nordafrika und Westasien.

25 Die 33-Prozent-Norm ist ein von der Verfassung – 73. Amendment aus dem Jahr 1992 – garantiertes landesweites Minimum. Ein weiterer Verfassungszusatz, der diese Mindestquote von 33 auf 50 Prozent anheben sollte, ist vom Kabinett gebilligt, aber noch nicht als Gesetz verabschiedet. Unterdessen haben einige Bundesstaaten (darunter Bihar, Himachal Pradesh und Madhya Pradesh) bereits damit begonnen, 50 Prozent der Sitze in PRIs für Frauen zu reservieren.

26 Siehe u. a. R. Chattopadhyay und E. Duflo, «Impact of Reservation in Panchayati Raj», in: *Economic and Political Weekly*, 28. Februar 2004; siehe auch Beaman u. a., «Women Politicians, Gender Bias, and Policy-Making in Rural India», Hintergrundpapier für *The State of the World's Children 2007*, UNICEF 2006; Esther Duflo, «Women's Empowerment and Economic Development», Working Paper 17702, National Bureau of Economic Research, Cambridge, MA 2011; Sathe u. a., «Can the Female Sarpanch Deliver? Evidence from Maharashtra», in: *Economic and Political Weekly*, 16. März 2013 sowie die dort angegebene Literatur. Zwar gibt es immer mehr Belege dafür, dass die politische Repräsentation von Frauen auf lokaler Ebene einen deutlichen Unterschied macht (zumindest in Indien), aber die Auswirkungen exakt zu benennen ist alles andere als einfach – das ist noch immer ein lohnendes Forschungsfeld.

27 Siehe statistischer Anhang, Tabelle A.3.

28 Das ist ein weiteres Beispiel dafür, wie sich verschiedene Ungleichheiten (in diesem Fall kasten- und geschlechtsbedingte) gegenseitig verstärken. Viele radikale Denker und Reformer in Indien haben spätestens seit dem 18. Jahrhundert klar erkannt, dass sich Geschlechter- und Kastenhierarchien ergänzen und die einen nur schwer ohne die anderen aufzubrechen sind. Die heftigsten Kritiker des Kastensystems waren ihrer Zeit auch beim Eintreten für Frauenrechte oft weit voraus. Beispielhaft genannt seien hier nur Tarabai Shinde, Jotirao Phule, B. R. Ambedkar und Periyar. Siehe etwa B. R. Ambedkar, «Castes in India. Their Mechanism, Genesis and Development», in: *Indian Antiquary* 41 (1917), wieder abgedruckt in Manoranjan Mohanty (Hg.), *Class, Caste and Gender*, New Delhi: Sage, 2004; K. Veeramani (Hg.), *Periyar on Women's Rights, Selected Speeches and Writings of Periyar E. V. Ramasami*, Madras Emerald Publishers 1992; Rosalind O'Hanlon, *A Comparison between Women and Men. Tarabai Shinde and the Critique of Gender Relations in Colonial India*, Madras: Oxford University Press, 1994; V. Geetha, «Periyar, Women and an Ethic of Citizenship», in: *Economic and Political Weekly*, 25. April 1998; Chitra Sinha, *Debating Patriarchy. The Hindu Code Bill Controversy in India (1941–1956)*, New Delhi: Oxford University Press, 2012; Sharmila Rege (Hg.), *Against the Madness of Manu. B. R. Ambedkar's Writings on Brahmanical Patriarchy*, New Delhi: Navayana, 2013.

29 United Nations Office on Drugs and Crime, «Rape at the National Level. Number

of Police-Reported Offences», Tabelle verfügbar unter unodc.org (aufgerufen am 21. Januar 2013).

30 Siehe Amartya Sen, «Gender and Cooperative Conflict», in: I. Tinker (Hg.), *Persistent Inequalities*, New York: Oxford University Press, 1990; Drèze und Sen, *India. Development and Participation.*

31 Siehe Drèze und Sen, *India. Development and Participation*, sowie die dort zitierte Literatur.

32 Siehe dazu Amartya Sen, *Resources, Values and Development*, Cambridge, MA: Harvard University Press, 1984, Kap. 5 und 16; und Sen, «Gender and Cooperative Conflict»; siehe auch Nancy Folbre, «Hearts and Spades. Paradigms of Household Economics», in: *World Development* 14 (1986); J. Brannen und G. Wilson (Hg.), *Give and Take in Families*, London: Allen & Unwin, 1987; und M. A. Ferber und J. A. Nelson (Hg.), *Beyond Economic Man*, Chicago, IL: Chicago University Press, 1993.

33 Bina Agarwal, *A Field of One's Own*, Cambridge: Cambridge University Press, 1994.

34 Dieses Thema haben wir in unseren früheren Büchern ausführlich behandelt: Jean Drèze und Amartya Sen, *India. Economic Development and Social Opportunity*, Oxford: Oxford University Press, 1995; dies., *India. Development and Participation.* Dort finden sich auch die empirischen Untersuchungen, auf denen unsere Analyse beruht.

35 Zu den verschiedenen Aspekten, welche Rolle die Aktivierung von Frauen bei der Geburtenkontrolle und der Kindersterblichkeit spielt, siehe M. Murthi, A. M. Guio und J. P. Drèze, «Mortality, Fertility and gender Bias in India. A District Level Analysis, in: *Population and Development Review* 21 (1995); und J. P. Drèze und M. Murthi, Fertility, Education and Development. Evidence from India», in: *Population and Development Review* 27 (2001) sowie die dort zitierte Literatur. Siehe auch John Cleland, «Education and Future Fertility Trends, with Special Reference to Mid-Transitional Countries», in: *Population Bulletin of the United Nations*, Sonderheft, 48/49 (2002); S. Kishor und K. Gupta, «Women's Empowerment in India and its States. Evidence from the NFHS», in: Economic and Political Weekly, 14. Februar 2004; Øystein Kravdal, «Child Mortality in India. The Community-level Effect of Education», in: *Population Studies* 58 (2004); Baker u. a., «The Education Effect on Population Health. A Reassessment», in: *Population and Development Review* 37 (2011); LeVine u. a., *Literacy and Mothering. How Women's Schooling Changes the Lives of the World's Children*, Oxford: Oxford University Press, 2012; United Nations Population Fund, *State of World Population 2012. By Choice, not Chance. Family Planning, Human Rights and Development*, New York: UNFPA, 2012.

36 Tatsächlich scheint die Neigung zu einer geschlechtsselektiven Abtreibung bei gebildeteren Frauen ausgeprägter zu sein. Siehe P. Jha u. a., «Trends in Selective Abortions of Girls in India. Analysis of Nationally Representative Birth Histories from 1990 to 2005 and Census Data from 1991 to 2011», in: *The Lancet* 377 (2011). Dabei handelt es sich freilich um eine bivariate Korrelation, und es ist nicht ganz klar, ob sie auch noch gilt, wenn man beispielsweise auch noch den ökonomischen Status berücksichtigt (das Pro-Kopf-Einkommen steht in positiver Korrelation zu weiblicher Bildung, aber auch zur Häufigkeit geschlechtsselektiver Abtreibung).

37 Siehe Leila Seth, «The Girl Child and Governance», Vorlesung am India Internati-

onal Centre, New Delhi, 19. Juli 2012. Wertvolle Hinweise zum Wesen dieser patriarchalen Geisteshaltung und ihrem Einfluss auf die Familienplanung liefern M. John u. a., «Dispensing with Daughters. Technology, Society, Economy in North India», in: *Economic and Political Weekly*, 11. April 2009; P. Arokiasamy und S. Goli, «Explaining the Skewed Child Sex Ratio in Rural India», in: *Economic and Political Weekly*, 20. Oktober 2012.

38 Siehe dazu Amartya Sen, «Well-Being, Agency and Freedom. The Dewey Lectures 1984», in: *Journal of Philosophy* 82 (1985); ders., *Rationality and Freedom*, Cambridge, MA: Harvard University Press, 2002; ders., «Open and Closed Impartiality», in: *Journal of Philosophy* 99 (2002).

39 Siehe dazu Jha u. a., «Trends in Selective Abortions of Girls in India». Unabhängige Schätzungen von Bhalotra und Cochrane bewegen sich in der gleichen Größenordnung – rund eine halbe Million geschlechtsselektive Abtreibungen pro Jahr im Zeitraum zwischen 1995 und 2005. Siehe S. Bhalotra und T. Cochrane, «Where Have All the Young Girls Gone? Identifying Sex selection in India», Working Paper 10/254, Centre for Market and Public Organisation, University of Bristol, 2010.

40 S. Kumar und K. M. Sathyanarayana, «District-level Estimates of Fertility and Implied Sex Ratio at Birth in India», in: *Economic and Political Weekly*, 18. August 2012, S. 71, und statistischer Anhang, Tab. A.1. Den verfügbaren Zahlen nach zu urteilen, hat kein Land auf der Welt ein niedrigeres Geschlechterverhältnis bei Kindern als diese indischen Distrikte (oder auch als Haryana insgesamt), auch wenn in einigen chinesischen Provinzen noch weniger Mädchen auf 1000 Knaben kommen; siehe United Nations Population Fund, *Sex Imbalances at Birth, Current Trends, Consequences and Policy Implications*, Bangkok: UNFPA, 2012.

41 Kumar und Sathyanarayana, «District-level Estimates of Fertility and Implied Sex Ratio at Birth in India», gehen allerdings davon aus, dass diese Verzerrung nur recht gering ausfällt.

42 Kumar und Sathyanarayana, «District-level Estimates of Fertility and Implied Sex Ratio at Birth in India».

43 Wenn wir uns kleinere Bundesstaaten anschauen, so gibt es in der Nordostecke des Landes eine gewisse Ausnahme von dieser statistischen Zweiteilung.

44 Weiterführend siehe Drèze und Sen, *India, Development and Participation*, Kap. 7. Die Zahlen für das Geschlechterverhältnis bei Kindern aus dem Jahr 2001 unterscheiden sich leicht von den in Tabelle 8.3 aufgeführten, denn die früheren Zahlen basierten auf «vorläufigen Bevölkerungsgesamtzahlen» aus dem Zensus von 2001.

45 Siehe dazu auch Jha u. a., «Trends in Selective Abortions of Girls in India».

46 Siehe u. a. David Sopher (Hg.), *An Exploration of India, Geographical Perspectives on Society and Culture*, Ithaca, NY: Cornell University Press, 1980; T. Dyson und M. Moore, «On Kinship Structure, Female Autonomy, and Demographic Behavior in India», in: *Population and Development Review* 9 (1983); Barbara D. Miller, *The Endangered Sex, Neglect of Female Children in Rural North India*, Ithaca, NY: Cornell University Press, 1981; dies., «Changing Patterns of Juvenile Sex Ratios in Riral India, 1961 to 1971», in: *Economic and Political Weekly*, 3. Juni 1989. In diesem Aufsatz untersuchte Miller das «Geschlechterverhältnis bei Jugendlichen» (und zwar zu einer Zeit, da geschlechtsselektive Abtreibungen selten waren, sodass Ungleichgewichte bei diesen Zahlen vor allem auf unterschiedliche Sterblichkeitsraten von Knaben und Mädchen zurückzuführen waren) und stieß auf ein allgemeines Muster «Norden/Westen» vs. «Süden/Osten», allerdings mit anderen Grenzen. Dieses Muster unterscheidet sich, ähnlich wie das hier herausge-

arbeitete, vom häufiger diskutierten Nord-Süd-Gegensatz, der oft bei der Analyse regionaler Unterschiede bei den Geschlechterverhältnissen in Indien beschworen wird. Wir wollen an dieser Stelle mitnichten behaupten, dass der regionale Gegensatz beim Verhältnis von weiblichen zu männlichen Kindern auch für andere Aspekte der Geschlechterbeziehungen in Indien gilt. Die Details der regionalen Unterschiede bei Geschlechterbeziehungen, Verwandtschaftssystemen und damit zusammenhängenden Dingen in Indien sind dafür einfach viel zu komplex, wie Irawati Karve schon vor vielen Jahren gezeigt hat. Siehe Irawati Karve, *Kinship Organization in India*, Bombay: Asia Publishing House, 1968.

47 Einen kleinen Hoffnungsschimmer bildet die Tatsache, dass sich das Verhältnis von Mädchen zu Knaben bei den 0- bis 6-Jährigen in den vier «mädchenärmsten» Bundesstaaten (Punjab, Haryana, Gujarat, Jammu und Kaschmir) zwischen 2001 und 2011 verbessert hat, auch wenn die Zahlen in all diesen Bundesstaaten noch immer stark darauf hindeuten, dass hier massiv geschlechtsselektive Abtreibungen weiblicher Föten stattfinden.

48 Schon 1776, also lange bevor Unternehmen über so große Macht verfügten, wie sie das heute tun, warnte Adam Smith vor der Einmischung wirtschaftlicher Interessen in die Politik: «Das Interesse der Kaufleute aller Branchen in Handel und Gewerbe weicht aber in mancher Hinsicht stets vom öffentlichen ab, gelegentlich steht es ihm auch entgegen. [...] Jedem Vorschlag zu einem neuen Gesetz oder einer neuen Regelung über den Handel, der von ihnen kommt, sollte man immer mit großer Vorsicht begegnen. Man sollte ihn auch niemals übernehmen, ohne ihn vorher gründlich und sorgfältig, ja, sogar misstrauisch und argwöhnisch geprüft zu haben [...].» (Adam Smith, *Der Wohlstand der Nationen. Eine Untersuchung seiner Natur und seiner Ursachen* (1776), übers. von Horst Claus Recktenwald, München: C.H.Beck, 1974, Buch I, Kap. 11, Tl. 3, Schluss des Kapitels, S. 292).

49 Siehe Jean Drèze und Reetika Khera, «Glucose for Lok Sabha?», in: *Hindustan Times*, 14. April 2008, worauf der Rest dieses Abschnitts fußt. Die verzerrenden Auswirkungen der ungleichen Macht des Unternehmenssektors in Indien, darunter auch die «zunehmende private Aneignung öffentlichen Reichtums», sind umfassend dargestellt in Raghuram Rajan, «Is There a Threat of Oligarchy in India?», Rede vor der Handelskammer Bombay aus Anlass ihres Gründungsjubiläums, 10. September 2008, verfügbar unter http://faculty.chicagobooth.edu/raghuram.rajan. Siehe auch Gandhi und Walton, «Where Do India's Billionaires Get Their Wealth?», und Atul Kohli, *Poverty Amid Plenty in the New India*, Cambridge: Cambridge University Press, 2012.

9. Demokratie, Ungleichheit und öffentlicher Vernunftgebrauch

1 Zur Geschichte und den sich verändernden Vorstellungen von Demokratie siehe Alan Ryan, *On Politics. A History of Political Thought from Herodotus to the Present*, London: Allen Lane, 2012 sowie Ian Shapiro, *Democratic Justice*, New Haven, CT: Yale University Press, 1999 und John Dunn, *Democracy. A History*, New York: Atlantic Monthly Press, 2005)

2 Ramachandra Guha, *India After Gandhi. The History of the World's Largest Democracy*, London: Macmillan, 2007.

3 Siehe dazu Bela Bhatia, «Awaiting Nachiso. Naga Elders Remember 1957», in: *Himal*, August 2011.

4 R. N. Ravi, «The Biggest Impediment to Peace», in: *The Statesman*, 8. Juli 2012.

Siehe zu diesem Thema auch Jeevan Reddy Committee, «Report of the Committee to Review the Armed Forces (Special Powers) Act, 1958», Bericht an die indische Regierung, verfügbar unter www.hindu.com/nic/afa; Sanjoy Hazarika, «An Abomination Called AFSPA», in: *The Hindu*, 12. Februar 2013; ders., «It is Just not Just», in: *Hindustan Times*, 11. März 2013.

5 Dr. Binayak Sen ist ein bekanntes Opfer dieses Gesetzes, aber es gibt auch noch viele andere. So wurden jüngst Tausende von Menschen (einem Bericht zufolge waren es 8000), die gegen die Errichtung eines Atomkraftwerks in Koodankulam protestierten, wegen Aufwiegelung verhaftet; siehe Soumik Mukherjee, «1 Democratic Protest. 8000 Sedition Cases. Is this a Free Country?», in: *Tehelka*, 8. September 2012.

6 Pankaj Mishra, «How India is Turning into China. And Not in a Good Way», in: *New Republic*, 31. Dezember 2012.

7 So bewarben sich bei den Wahlen zur Lok Sabha zwischen 1989 und 2009 durchschnittlich 199 Parteien. Siehe A. Kaushik und R. Pal, «How Representative Has the Lok Sabha Been?», in: *Economic and Political Weekly*, 12. Mai 2012, S. 78.

8 Siehe statistischer Anhang, Tab. A.3.

9 Siehe statistischer Anhang, Tab. A.3.

10 Siehe u. a. Sanjay Kumar, «Patterns of Political Participation. Trends and Perspective», in: *Economic and Political Weekly*, 26. September 2009.

11 Chandra Bhan Prasad, «Shades of Mobility», in: *Outlook*, 31. Oktober 2011.

12 Diese Rolle des indischen Supreme Court unterscheidet sich deutlich von dem, was in den USA als «juristischer Aktivismus» kritisiert wird. Der indische Ansatz impliziert ein ganz anderes Verständnis davon, wie bindend die Verfassung für Gerichtsentscheidungen ist. Das unterscheidet sich insbesondere von dem in den USA mitunter recht beliebten «Originalismus». Einige innere Widersprüche des «originalistischen» Ansatzes (wie ihn Antonin Scalia und einige andere Richter am US Supreme Court vertreten) werden diskutiert in Amartya Sen, «Rights, Laws and Language», in: *Oxford Journal of Legal Studies* 31 (2011).

13 Die Verfassungsartikel werden hier und im Folgenden zitiert nach der deutschen Übersetzung der indischen Verfassung in verfassungen.net (http://www.verfassungen.net/in/verf49-i.htm).

14 B. R. Ambedkar (1950), «Basic Features of the Indian Constitution», wieder abgedruckt in Valerian Rodrigues (Hg.), *The Essential Writings of B. R. Ambedkar*, Oxford: Oxford University Press, 2002, S. 490.

15 Samuel Huntington, *The Third Wave. Democratization in the Late Twentieth Century*, Norman, OK/London: University of Oklahoma Press, 1991, S. 9.

16 Siehe zu dieser Frage Amartya Sen, *Die Idee der Gerechtigkeit*, übers. von Christa Krüger, München: C.H.Beck, 2010, insbesondere die Kapitel 15–17.

17 John Rawls, *Collected Papers*, Cambridge, MA: Harvard University Press, 1999, S. 579 f. Siehe auch seine Schriften *Eine Theorie der Gerechtigkeit* (1971), übers. von Hermann Vetter, Frankfurt a. M.: Suhrkamp, 1979, *Politischer Liberalismus* (1993), übers. von Wilfried Hinsch, Frankfurt a. M.: Suhrkamp, 2003 und *Gerechtigkeit als Fairness. Ein Neuentwurf* (2001), übers. von Joachim Schulte, Frankfurt a. M.: Suhrkamp, 2006.

18 Jürgen Habermas, «Drei normative Modelle der Demokratie. Zum Begriff deliberativer Demokratie», in: ders., *Die Einbeziehung des Anderen*, Frankfurt a. M.: Suhrkamp, 1996, S. 277–292.

19 Das Verhältnis von Demokratie und Gerechtigkeit wird diskutiert in Amartya Sen,

Die Idee der Gerechtigkeit, übers. von Christa Krüger, München: C.H.Beck, 2010, Kap. 15 und 16.

20 Upinder Singh schreibt: «Die Ideenwelt zutage zu fördern, die in [diesen Inschriften] enthalten ist, gehört unbedingt zur Analyse dieser materiellen Überreste aus der Vergangenheit.» (Singh, 2012, S. 131) Siehe auch Singh (2009) und die früheren klassischen Schriften von Romila Thapar (1963, 1984). Zu den jüngsten Interpretationen der Edikte des Ashoka siehe auch Rajeev Bhargava (im Erscheinen).

21 Die Rolle einer funktionierenden Demokratie bei der Vermeidung von Hungersnöten wurde erörtert in Amartya Sen, «Development: Which Way Now?», in: *Economic Journal* 93 (1983); und Jean Drèze und Amartya Sen, *Hunger and Public Action*, Oxford: Oxford University Press 1989. Zwar gab es einige Diskussionen darüber, inwieweit dieser Zusammenhang zutrifft und wie weit er reicht, doch empirische Belege aus aller Welt stützen diese These recht gut. Siehe auch das Editorial «Meanwhile, People Starve», in: *New York Times*, 14. August 2005.

22 Neueste Zahlen (für 20011/12) aus dem Registrar für Zeitungen.

23 Siehe Arundhati Roy, «Walking with the Comrades», in: *Outlook*, 29. März 2010.

24 Aufschlussreiche Analysen zu den Erfolgen und Mängeln der indischen Zeitungsbranche bieten N. Ram, «An Independent Press and Anti-Hunger Strategies», in: Jean Drèze und Amartya Sen (Hg.), *The Political Economy of Hunger*, 3 Bde., Oxford: Oxford University Press, 1990; ders., «The Changing Role of the News Media in Contemporary India», Rede als Vorsitzender der Sektion Contemporary India auf dem indischen Historikerkongress, 72. Session, Patiala, 10. Dezember 2011; ders., «Sharing the Best and the Worst. The Indian News Media in a Global Context», James Cameron Memorial Lecture an der City University London, 3. Oktober 2012. Siehe auch Robin Jeffrey, *India's Newspaper Revolution*, New Delhi: Oxford University Press, 2000; Prabhat Patnaik, «Markets, Morals and the Media», Convocation Address, Asian College of Journalism, Chennai 2002; P. Sainath, «The Medium, Message and the Money», in: *The Hindu*, 26. Oktober 2009; Ken Auletta, «Citizens Jain. Why India's Newspaper Industry is Thriving», in: *The New Yorker*, 8. Oktober (2012).

25 Shobhaa Dé, *Superstar India*, New Delhi: Penguin, 2008, S. 41.

26 Der Redaktionsleiter einer der führenden indischen Tageszeitungen (*The Times of India*) hat das jüngst in einen Interview so formuliert: «Wir sind nicht im Zeitungsgeschäft, wir sind im Anzeigengeschäft.» Siehe Auletta, «Citizens Jain».

27 Vor ein paar Jahren wurde Pepsi und Coca Cola vom Centre for Science and Environment bescheinigt, sie würden für ihre Produkte verunreinigtes Wasser verwenden. Doch laut dem gleichen Beobachter «sprangen die elektronischen Medien den Softdrink-Herstellern bei und verteidigten sie – beide sind wichtige Werbekunden für das Fernsehen».

28 Dazu (und zu der damit zusammenhängenden Frage der «Privatverträge» zwischen Medienhäusern und Unternehmensgruppen) siehe K. S. Reddy und P. Guha Thakurta, «‹Paid News›. How Corruption in the Indian Media Undermines Democracy», Entwurf des Berichts an den indischen Presserat 2010, verfügbar unter ocw.iimb.ernet.in; siehe auch P. Sainath, «The Medium, Message and the Money»; ders., «Paid News Undermining Democracy. Press Council Report», in: *The Hindu*, 21. April 2010; und P. Guha Thakurta, «Manufacturing ‹News›», in: *Economic and Political Weekly*, 2. April 2011.

29 Vipul Mudgal, «Rural Coverage in the Hindi and English Dailies», in: *Economic and Political Weekly*, 27. August 2011. Zu ähnlichen Ergebnissen für regionale Ta-

geszeitungen kommt The Hoot, «What Makes News. A Content Study of Regional Media» (2011), verfügbar unter www.thehoot.org.

30 Paranjoy Guha Thakurta, Bemerkung bei einem informellen Gespräch zwischen Medienredakteuren und der «Right to food»-Kampagne, Indian Social Institute, 29. November 2011.

31 Ashok Rudra, «Emergence of the Intelligentsia as a Ruling Class in India», in: *Economic and Political Weekly*, 21. Januar 1989. Rudras Analyse fußt auf einer sehr allgemein gefassten Interpretation des Begriffs «Intelligentsia», er verwendet ihn mehr oder weniger synonym für «Personen, die ihren Lebensunterhalt mit dem Verkauf geistiger Arbeit verdienen» (S. 144).

32 Siehe u. a. Government of India, *Elementary Education in India under Government Managements 2009-10, Selected Tables Based on DISE 2009-10*, New Delhi: National University of Educational Planning and Administration, 2011, Tab. 2.18, S. A-1 and A-51.

33 Siehe u. a. Government of India, *Report of the Task Force on Direct Taxes*, New Delhi: Ministry of Finance, 2002; dies., *Report of the Task Force on Indirect Taxes*, New Delhi: Ministry of Finance, 2002; dies., *Report of the Task Force on Implementation of the Fiscal Responsibility and Budget Management Act, 2003*, New Delhi: Ministry of Finance, 2004; siehe auch Amaresh Bagchi, R. K. Rao und B. Sen, «Raising the Tax-Ratio by Reining in the ‹Tax Breaks›. An Agenda for Action», Working Paper, Tax Research Unit, National Institute of Public Finance and Policy, New Delhi 2005 und andere dort erwähnte Expertenberichte.

34 Government of India, *Report of the Committee on Roadmap for Fiscal Consolidation*, New Delhi: Ministry of Finance, 2012, Anhang 2, S. 19.

35 In der indischen Verfassung gehört die Gesundheit zu den Dingen, für die Zentralregierung und Bundesstaaten gemeinsam verantwortlich sind, sodass ein Großteil der Ausgaben dafür von den Regierungen der Bundesstaaten getragen wird. Doch selbst zusammen geben die Regierungen, wie wir in Kapitel 6 gesehen haben, nur rund 1,2 Prozent des BIP für die Gesundheit aus – immer noch weniger als die Subventionen für Benzin und Düngemittel zusammengenommen. Wenn man bedenkt, dass ein Großteil der Ausgaben auf einzelstaatlicher Ebene in die Gehälter fließt, muss den Gesundheitsausgaben der Zentralregierung eine immer wichtigere Rolle zukommen.

36 Siehe Government of India, «Revenue Forgone Under the Central Tax System. Financial Years 2010-11 and 2011-12», New Delhi: Ministry of Finance, 2012. Siehe dazu auch die sehr informative Einschätzung von R. Kavita Rao, «Revenue Forgone Estimates. Some Analytical Issues», in: *Economic and Political Weekly*, 30. März 2013.

37 Wie in Kapitel 4 gezeigt, lassen sich einige der «Ausnahmen», aus denen sich die Zahlen für die entgangenen Einnahmen zusammensetzen, nicht so leicht in Form zusätzlicher Einnahmen erfassen (die Gesamtzahl dieser «entgangenen Einnahmen» ist eine Mischung aus realen und irrealen Zahlen), aber einige würden tatsächlich sehr gute Einnahmequellen darstellen. Die offenkundigen Anomalien beschränken sich keineswegs auf Gold und Edelsteine. So entgeht dem Staat beispielsweise ein ähnlicher Betrag (fast 600 Milliarden Rupien, umgerechnet 7,2 Mrd. Euro) durch Steuererleichterungen für «Rohöl und Mineralöle», die noch zu anderen regressiven Subventionen für Treibstoff hinzukommen. Noch mehr Geld geht verloren durch Steuerbefreiungen für «Maschinen» und die Möglichkeiten einer «beschleunigten Abschreibung»; daneben gibt es noch weitere «lächerliche Steuer-

anreize für indische Unternehmen, ihr Geld in Investitionsgüter zu stecken«, wie Jaithirth Rao, ein Unternehmensführer und wichtiger Kommentator, sie genannt hat («No Law for Worker Rights», in: *Tehelka*, 8. September 2012). Viele Expertenberichte haben vorgeschlagen, willkürliche Ausnahmen abzuschaffen, konnten aber das «Krebsgeschwür der Konzessionen« nicht heilen (M. Govinda Rao, «Curing the Cancer of Concessions», in: *Financial Express*, 5. Dezember 2011). Dabei geht es nicht nur darum, dass viele zusätzliche Einnahmequellen existieren, sondern dass ihr Vorhandensein von den «Defizitfalken» nicht wirklich anerkannt wird, die stets die «Haushaltsverantwortung« beschwören, sobald staatliche Mittel für das Wohlergehen und die Freiheit der ärmeren Inder eingesetzt werden sollen.

38 Zitiert in *The Times of India*, 6. Dezember 2012, und *The Economic Times*, 3. Januar 2013. Indien ist der weltgrößte Importeur von Gold; die Goldimporte beliefen sich 2011/12 auf geschätzt fast 1000 Tonnen im Wert von umgerechnet rund 60 Milliarden US-Dollar, was in etwa drei Prozent des indischen BIP entspricht (C. Rangarajan, Vorsitzender des Ökonomischen Beirats des Premierministers, zitiert nach *The Financial Express*, 2. Dezember 2012). Der jüngste Boom bei den Goldimporten war so groß, dass der jüngste Bericht des Finanzministeriums zu entgangenen Einnahmen (der gerade, als dieses Buch in Druck ging, veröffentlicht wurde) die Schätzung der Einnahmeverluste durch die Steuererleichterungen für Gold und Edelsteine deutlich nach oben korrigieren musste, nämlich von 570 Milliarden Rupien auf 660 Milliarden Rupien.

39 Ähnlich viele Gesetze oder Gesetzentwürfe der unterschiedlichsten Art «hängen» noch im Parlament, insbesondere die National Food Security Bill, die Lok Pal and Lokayuktas Bill, die Right of Citizens for Time Bound Delivery of Goods and Services and Redressal of their Grievances Bill, die Land Acquisition, Rehabilitation and Resettlement Bill (alle von 2011) sowie ein Verfassungszusatz (die «Women's Reservation Bill»), der ein Drittel aller Sitze im nationalen Parlament und in gesetzgebenden Versammlungen Frauen vorbehält.

10. Ein Plädoyer für Ungeduld

1 Siehe F. R. Harris, *Jamsetji Nusserwanji Tata. A Chronicle of His Life*, Bombay: Blackie, [2]1958, Kap. X; siehe auch Lovat Fraser, *Iron and Steel in India. A Chapter from the Life of Jamsetji N. Tata*, Bombay: The Times Press, 1919, Anhang D.

2 Government of India, *Report of the Health Survey and Development Committee*, 2 Bde., Kalkutta: India Press, 1946, Bd. 2, S. 1.

3 Siehe dazu Amartya Sen, *Ökonomische Ungleichheit*, übers. von Hans G. Nutzinger, Frankfurt a. M./New York: Campus, 1975; Anthony B. Atkinson, *The Economics of Inequality*, Oxford: Oxford University Press, 1975; ders., *Social Justice and Public Policy*, Brighton: Wheatsheaf, 1983; und J. Foster und A. Sen, «On Economic Inequality after a Quarter Century», in: Amartya Sen, *On Economic Inequality*, Oxford: Oxford University Press, [2]1997.

4 Rammanohar Reddy, «How is India Doing (2012)?», S. Guhan Memorial Lecture, Chennai, 5. Dezember 2012, auszugsweise veröffentlicht in *The Hindu*, 29. Dezember 2012.

5 Zitiert nach Emma Rothschild, *The Inner Life of Empires. An Eighteenth-Century History*, Princeton, NJ: Princeton University Press, 2011, S. 127.

SACHREGISTER

AUS DEM VERLAGSPROGRAMM